国家社科基金
GUOJIA SHEKE JIJIN HOUQI ZIZHU XIANGMU
后期资助项目

新时代中国国家治理思想研究

滕明政　著

学习出版社

图书在版编目（CIP）数据

新时代中国国家治理思想研究 ／ 滕明政著. -- 北京 ：
学习出版社，2024. 12. -- ISBN 978-7-5147-1292-6

Ⅰ. D092

中国国家版本馆 CIP 数据核字第 20242KX157 号

新时代中国国家治理思想研究
XINSHIDAI ZHONGGUO GUOJIA ZHILI SIXIANG YANJIU

滕明政　著

责任编辑：李紫薇
技术编辑：朱宝娟
装帧设计：楠竹文化

出版发行：学习出版社
　　　　　北京市崇外大街11号新成文化大厦B座11层（100062）
　　　　　010-66063020　010-66061634　010-66061646
网　　址：http://www.xuexiph.cn
经　　销：新华书店
印　　刷：北京市密东印刷有限公司

开　　本：710毫米×1000毫米　1/16
印　　张：23.75
字　　数：402千字
版次印次：2024年12月第1版　2024年12月第1次印刷

书　　号：ISBN 978-7-5147-1292-6
定　　价：51.00元

如有印装错误请与本社联系调换，电话：010-66064915

国家社科基金后期资助项目

出 版 说 明

后期资助项目是国家社科基金设立的一类重要项目，旨在鼓励广大社科研究者潜心治学，支持基础研究多出优秀成果。它是经过严格评审，从接近完成的科研成果中遴选立项的。为扩大后期资助项目的影响，更好地推动学术发展，促进成果转化，全国哲学社会科学工作办公室按照"统一设计、统一标识、统一版式、形成系列"的总体要求，组织出版国家社科基金后期资助项目成果。

全国哲学社会科学工作办公室

序 一

新时代国家治理：一个值得研究的新命题
——读滕明政的《新时代中国国家治理思想研究》

30 年前，我曾提出衡量一本书质量之优劣的"五尺度说"，即选题是否具有重大价值；对提出的问题所给予的分析框架是否恰当；提出的理论观点是否深刻独到且提供新概念新话语新观点新知识；论证是否深入，逻辑结构是否严谨；是否符合学术规范，文字是否流畅。30 年来，这 5 条标准经受住了实践的检验。因此，我试图从这 5 个方面，对滕明政博士的新著《新时代中国国家治理思想研究》作一简要评述。

一、选题站在学术前沿具有重要意义

党的十八届三中全会首次将"国家治理"写入中央文件，党的十九届四中全会也通过了《中共中央关于坚持和完善中国特色社会主义制度 推进国家治理体系和治理能力现代化若干重大问题的决定》，全面论述了国家治理现代化问题。全面建成小康社会后，全面建成社会主义现代化强国便是党的中心任务。为此，党的二十大进一步对"以中国式现代化全面推进中华民族伟大复兴"作出战略部署。本书作者围绕"国家治理""现代化"等问题展开，梳理了国家治理从统治、管理到治理的学术转型，从西方到东方的空间转换，从新中国成立到新时代的时代演化，对新时代治理什么样的国家、怎样治理国家进行了有益的探索，站在了学术前沿，具有重要意义。

二、提出具有一定解释力的分析框架

对于新时代中国国家治理这样一个宏大命题，选取什么样的分析框架展开分析和解释，是一个不得不认真思考的基础性问题。面面俱到的研究显然超出了单个研究者的能力，尤其对于青年学者来说更是力有所不逮；勉强为之，也难免给人蜻蜓点水、浅尝辄止的感觉。如果只论述一两个方面，又难免给人留下只见树木不见森林的印象。故作者在谋篇布局方面巧妙构思，精准捕捉到习近平总书记关于国家治理的重要论述——"国家治理体系和治理能力是一个国家的制度和制度执行能力的集中体现"，形成了"制度"的分析框架，把国家治理体系理解为由人执行的制度，把国家治理能力理解为人们执行制度的能力。作者不仅在微观层面专门论述了制度和制度执行力及其相互关系，而且在宏观层面也分析了制度（法治、德治以及评估体系等）和制度执行力（治理主体及其能力建设）。"制度"分析框架如同一把打开国家治理宝藏的钥匙，使国家治理最核心的秘密一下子呈现在读者面前。作者可谓用心良苦，以此丰富和深化了新时代中国国家治理的研究。

三、观点独到且有一定启发

邓小平曾经讲过："不以新的思想、观点去继承、发展马克思主义，不是真正的马克思主义者。"诚然如此，学者要学习理论、研究理论，也要结合新的实践发展书写新的理论。作者经过认真研究，说了一些新话。例如：（1）提出治理体系与治理能力的"四种组合"模式。制度本身有善恶，人的能力也有好坏。我们通常所默认的，或者说我们所想象的只是制度能力善恶好坏四种组合中的一种，即"善制良能"。这是一种美好的向往，同时是一种思维误区，因为它忽略了其他组合。现实的复杂性告诫我们，只有以好的制度提升好的能力，以好的能力完善好的制度，才能真正推进国家治理现代化；倘若制度是坏的、能力是恶的，那么不仅不能推进国家治理现代化，反而会葬送中国特色社会主义的伟大事业。因此，一定要注意制度和能力本身的价值属性，发掘好的、避免坏的；一定要注意营造良好的政治生态，下大气力拔"烂树"、治"病树"、正"歪树"，扬正气、蕴清气、硬骨气，以优良的党风政风促进民风社风的好转。通过提出治理体系与治理能力"四种组合"的分析框架，有助于从理论上深化对新时代中国国家治理现代化思想的研究。（2）提出"结构化党建"的问题。"文化大革命"结束以来，中国共产党加强和改进自身建设的一个显著特点，就是结构化党建，即分维度、分模块地推进党的建设。换句话说，论述党的建设一定具有几个基本维度，在谈完这些基本维度之后，再根据情势的需要添加其他内容。作为党的建设基础文本的全国党的代表大会报告很好地佐证了这一特点。"结构化党建"，既表明当下党的建设的整体布局是什么样的，同时，党的建设维度排列的顺序也表明哪些维度在当下是需要着重加强的。（3）解读"治标为治本赢得时间"。"赢得时间"至少体现在两个方面：一是为制度建设赢得时间，因为制度建设本身需要一个过程，从制度的创立、修改、完善等都需要时间和实践的检验；二是为党和政府重塑形象赢得时间，党和政府需要通过治标式反腐，尤其是"打虎""拍蝇""猎狐"，来表明自己真正反腐的决心，赢得民众对党和政府的信任。事实上，我们看到党的十八大以后，在治标式反腐后，中央已经逐渐从治本上开始了反腐的制度建设，构建一体推进不敢腐、不能腐、不想腐体制机制。因此，中央很重视制度反腐。在反腐败这个"老大难"问题上，面对"依然严峻复杂"的反腐形势，可行的路径只能是"先治标后治本，治标为治本赢得时间"。因此，要充分认识"坚持标本兼治，当前要以治标为主，为治本赢得时间"所蕴含的政治智慧。（4）设计基于"新发展理念"的国家治理测评体系。创新、协调、绿色、开放、共享五大新发展理念凝结着对新时代中国发展规律的深入思考，深刻回答了新时代中国要实现什么样的发展，怎样实现发展这个重大问题。"新发展理念就是指挥棒、红绿灯。"因此，基于五大新发展理念设计中国国家治理评估体系，实际上提供了一种把党中央政策落细落小落实的有益探索，有利于引导各治理主体心怀"国之大者"，增强贯彻执行党中央决策部署的政治自觉和政治主动，推动高质量发展和高质量治理。本研究从讲政治的角度构思了治理评估体系。（5）提出"治理民主"优于"自由民主"。一方面，"民主"是一种世界性语言和世界政治发展所追求的重要价值；另一方面，"治理"是中国自古以来就常采用的一种最基本的实践活动。中国在漫长的历史岁月里积累了非常丰富的治国经验。更重要的是，"民主"这个在反对封建专制主义过程中占据"C位"的概念，现在已经异化为西方国家干涉、颠覆他国政权的意识形态工具。当今世界各个国家的发展状况已经远非西方国家"民主与专制"的范式所能概括和解释的。我们需要创设一种新的话语去更好地解释各个国家的政治发展状况，而不能落入西方"民主与专制""民主与威权"范式的解释窠臼，等着被人家解读。我们要积极赢得并掌握"中国话语权"，就既不能使西方垄断话语权，成为西方话语的附庸；也不是要压制西方的话语，而是拥有与西方平等对话交流的话语权，让具有中国正能量的话语影响世界。"治理"就是一种"好话语"。根据各个国家治理的好坏优劣，可以将世界划分为良治国家和劣治国家，即确立"良治与劣治"的话语与标准。"治理民主"这一中国式的,并且与西方"自由民主"相对应的概念,更新和扩大了"民主"话语权,可以成为与西方争夺"民主"话语权的重要概念。作者的这些探索,具有一定的创见性和启发性,提供了"学术增量"。当然,这还需要作出进一步深入的论证,也可以讨论。

四、论证较为深入

在研究内容及论证上,作者合理吸收和借鉴了中宣部、中央党校(国家行政学院)等官方机构编写的习近平新时代中国特色社会主义思想辅导读物的有益成果,以及已有的"七领域说""十方面说",坚持全面和重点有机统一,参考实践活动三要素——主体、中介和客体,在此基础上,增加了前置的"目标"和后置的"反馈",形成了"目标—主体—中介—客体—反馈"的基本论证框架。其中,"目标"对应第一章,"主体"对应第二章和第七章,"中介"对应第四章、第五章和第六章,"客体"对应第三章,"反馈"对应第八章、第九章和第十章。这种设计体现了作者的哲学思考。

五、语言规范流畅

作者也较为重视用通俗的语言讲述深刻的道理,在遣词造句上比较用心,注重坚持政治、学理、大众相统一,注重具体且可感知,注重平等对话交流式的话语言说方式,这使本书具有较强的可读性。

习近平总书记指出:"这是一个需要理论而且一定能够产生理论的时代,这是一个需要思想而且一定能够产生思想的时代。"从本书成果可以看出,滕明政博士为总结中国实践、研究中国理论、构建中国话语,作出了青年学者应有的贡献。尽管书中有一些观点和表述仍值得进一步商榷,有一些学理研究和论证仍需要进一步深化,逻辑上也有进一步理顺的空间,但他作为青年学者,这种努力与探索是值得鼓励的。我们坚信:只要我国哲学社会科学工作者共同努力,就一定能够回答好中国之问、世界之问、人民之问、时代之问。

韩庆祥

[作者系中共中央党校(国家行政学院)
专家工作室领衔专家、国家一级教授、博士生导师]

序　二

新时代中国国家治理思想研究的创新性成果

　　自从国家产生以来，如何使国家有效运转便成为无数仁人志士孜孜不倦的追求。不同时代有不同的任务，因而需要提出不同的治国方案。中国特色社会主义进入新时代，习近平总书记就新时代"建设什么样的社会主义现代化强国、怎样建设社会主义现代化强国"这一重大时代课题提出一系列原创性的新理念新思想新战略，推动党和国家事业取得历史性成就、发生历史性变革。系统梳理和研究这些新理念新思想新战略，对于深化"国家治理体系和治理能力现代化"命题的理解具有十分重要的意义。尤其当中国已经全面建成小康社会，"从现在起，中国共产党的中心任务就是团结带领全国各族人民全面建成社会主义现代化强国、实现第二个百年奋斗目标，以中国式现代化全面推进中华民族伟大复兴"之时；尤其当中国的发展已经引起世界广泛关注，世界各国纷纷解读中国发展模式、总结中国成功经验之时，我们自己更不能缺位，更要主动揭示中国发展奥秘，凝练中国国家治理标识性概念，推动构建新时代中国国家治理理论。滕明政博士的新著《新时代中国国家治理思想研究》，为推进这一问题的学术研究作出了积极且富有成效的探索。该书具有如下特点。

一、研究视角新

　　从制度的视角分析国家治理，全书贯穿"制度与人"的分析主线。在基本观点上，坚持把制度理解为由人执行的制度，把人理解为执行制度的人，国家治理现代化就是要实现制度与人的良性互动。以制度的完善来提升人的能力，以能力的提升来完善制度。体现在内容设计上，不仅在微观上把论述制度与人结合起来，有专门的章节集中论述国家治理体系与国家治理能力问题；而且在宏观上也把论述制度与论述人的能力结合起来，即论述制度建设后，接着论述"人"的能力提升。这样的安排有助于人们深入理解习近平总书记"把国家治理体系和治理能力现代化结合在一起"的思想，达到古人所谓"人法兼资，而天下之治成"的效果。

二、论证结构新

在整体把握的基础上，聚焦"目标—主体—中介—客体—反馈"等最基本的内容，持续稳定地关注相关问题，把研究导向深入，从而较好地避免了采用"领域说"的窘境：或者面太宽，单个研究者力有所不逮；勉强为之，也容易出现"为了全面而失去精确"的问题；或者面太窄，聚焦于政治、经济、文化等某个具体领域或具体问题（这种研究当然有意义，有利于推动相关研究走深走实），对于想整体把握新时代中国国家治理问题来说，又不免有"为了精确性失去视野"之憾。因此，本书坚持全面论与重点论相统一，相对较好地解决了如何有效研究宏大命题的问题。

三、分析方法新

运用大历史观揭示制度对社会发展的反作用力及其在长期历史变迁中的作用，制度的成功是古代中国成功的重要原因，中央集权制、科举制、郡县制等制度都是中国在人类社会发展中的伟大制度创新，它们为古代中国的兴盛提供了重要的制度支撑；而制度的失败则为近代中国的失败埋下了伏笔。同时，揭示制度在现时段社会发展中的作用，在没有技术革新的条件下，通过制度创新也能提高生产率和实现经济增长。1978年，家庭联产承包责任制下的农业技术肯定比集体化时代的技术水平低下，但是农业产出却远远高于半机械化的集体农业。这就表明，在同样的技术甚至更落后的技术条件下，只要制度安排合理有效，适合生产力发展水平，那么就可以得到较大的社会产出。因此，全面建设社会主义现代化国家，更需要发挥制度的作用。

四、内容阐释新

提出治理体系与治理能力的"四种组合"模式。制度本身有善恶，人的能力也有好坏。首先，要努力追求"善制良能"，制定好的制度，提升好的能力，以达到制度与人的正向互动，实现国家治理的最优状态。其次，要积极改造"善制恶能"之"恶能"和"坏制良能"之"坏制"。最后，要竭力避免"坏制恶能"。提出治理体系与治理能力"四种组合"的分析框架，有助于从理论上深化人们对新时代中国国家治理现代化思想的研究。设计基于五大新发展理念的国家治理评估体系，实际上提供了一种把党中央政策落细落小落实的有益探索，有利于引导各治理主体心怀"国之大者"，增强贯彻执行党中央决策部署的政治自觉和政治主动，推动实现高质量发展和高质量治理。即是说，本书从讲政治的角度构思了治理评估体系。此外，对于"结构化党建""治标为治本赢得时间""治理民主"等解读也不乏新意。

总之，《新时代中国国家治理思想研究》作为一部专门研究新时代中国国家治理思想的力作，一些阶段性成果已经被"学习强国"学习平台、人民网、光明网等媒体转载，被地方党政机关采纳，列入党委理论学习中心组学习资料，产生了较好的社会影响。但诚如作者所言："新时代中国国家治理是个发展着的重大命题，跟得太紧容易失去'视野'，离得太远则可能不够'精确'，因此，目前本书对一些问题的研究仍然仅限于'点到为止'，研究得不够深入。"希望作者继续深入研究这些问题，为学术界贡献更多高水平的研究成果。

陈金龙

（作者系教育部"长江学者"特聘教授，

华南师范大学马克思主义学院教授、博士生导师）

序　三

研究国家治理思想的新作

党的十九届四中全会通过并公布《中共中央关于坚持和完善中国特色社会主义制度　推进国家治理体系和治理能力现代化若干重大问题的决定》之后，国家治理问题成为学术理论界一大热点，无论是理论权威还是学术新秀，都表现出高度的关注热情和研究兴趣。南方科技大学思想政治教育与研究中心的滕明政博士，就是学术新秀中的一员，经过多年的研究和撰写，他的国家社科基金后期资助项目书稿《新时代中国国家治理思想研究》已经完成，日前邮寄给我一份，并嘱我写一份简单评介。我初步阅读了几遍，感觉总体质量不错，主要有3个方面的印象。

一、研究框架比较完整

书稿从新时代中国国家治理宏伟目标开局，从主体、客体、动力等十大方面进行论述，对新时代国家治理的思想理念和结论观点进行了梳理，形成了比较完整的研究逻辑框架。之所以说是完整的逻辑框架，就是因书稿围绕新时代国家治理思想这一核心主题，从不同维度上阐释和表达这一核心主题的内涵与外延，无论从要素呈现还是逻辑建构上都较完整和系统。

第一，从要素上看，国家治理思想的不同环节认知与结论，基本都已经涵盖进去并体现出来。无论是价值体系还是实践抓手、无论是治理主体还是治理客体、无论是明显特点还是重大意义，都是新时代国家治理思想必须思考的基本要素，对这些要素的认知与思考必然得出全新的结论。本书稿在这方面的总结与概括还是具有一定的合理性的，符合新时代国家治理思想客观要素的实际状况。有些概括和总结还具有一定的创新性，体现了作者在这方面较为独到的研究。如关于新时代国家治理的价值支撑，就是一个比较有特点的概括与总结。因为国家治理思想必须有价值引领，没有价值引领和支撑的国家治理就缺乏根与魂。作者考虑到了这方面的要求，将价值体系纳入新时代思想的要素体系之中，体现了作者在这方面有着深入研究。

第二，从结构上看，要素是孤立的，要素必须通过一定的内在联通机制，才能形成一定的结构体系，只有搭建起结构，逻辑才能明晰起来，研究框架的完整性与系统性才能体现出来。书稿将新时代国家治理思想的各个要素之间的内在联系较为清晰地梳理出来，由宏伟目标开始，到重大意义结束，通过层层递进式的阐释与表达，将理论线索较为明确而具体地呈现出来。

二、研究内容比较丰富

新时代国家治理思想是一个庞大的体系，涉及的内容十分丰富。内容是要素的展开与具体化。只有将要素转化成内容，思想体系的主张与观点才能呈现出来。书稿在呈现新时代国家治理思想基本要素的基础上，对每个思想要素的具体内容进行了表述。这主要从 2 个方面体现出来。

第一，研究内容比较全面。基于要素的全面性，研究内容就有了全面的前提。从国家治理现代化的思想理念出发，到以人民为中心的国家治理要求，再到国家治理的制度保障等，这些内容涉及政治、经济、文化、社会、生态等方方面面的研究内容，书稿通过对这些研究内容的阐释与分析，形成了较为全面的观点。

第二，有些研究内容比较深刻。新时代国家治理思想在马克思主义国家学说的基础上，延续新民主主义革命时期根据地政权建设的红色基础，继承新中国成立以来国家治理的经验，从新时代的特征与要求出发，创新性发展了人类政治思想史的国家治理理论，具有非常深邃的原则论述、制度安排和行动保障。书稿对这些深刻的内容观点有着一定的阐释与分析，比较好地表达了新时代国家治理思想的重要立场和原则。

三、研究方法比较合理

新时代国家治理思想的丰富性与深刻性，必须通过一定的研究方法才能观察出来，并在观察的基础上进行准确阐释与表达，没有科学的研究方法，往往无法形成学理性分析，而只能是空洞的标签和口号。书稿之所以能够得出比较全面和深刻的研究结论和研究观点，就在于运用了合理的研究方法。这主要从 2 个方面体现出来。

第一，文本解读与分析方法运用比较合理。新时代国家治理思想的主要载体就是文献文本，特别是习近平总书记的重要讲话和党中央的重要文件。这些文件包含了十分丰富而且非常精准的观点，需要以文本解读法对系列文献进行比照式、递进式、沉浸式的分析与阐释，只有这样才能准确把握和表达新时代国家治理思想的精髓要义。书稿在深入阅读《习近平谈治国理政》全四卷、《习近平著作选读》全两卷等重要文献中有关国家治理内容的基础上，以相关主题进行呈现，能够较好地将党的十八大以来的国家治理思想发展脉络、特征清晰揭示出来。

第二，图表分析法运用得比较合理。有些信息和观点，用图表呈现方式来表达具有简洁明了、直观通达的优点，在学术研究中有着独特的作用。书稿多处运用图表的方式对相关内容和观点进行呈现，达到了预期效果。如关于"统治""管理"与"治理"的比较分析，就采用了这种方法，使读者一目了然，达到了研究的预期效果。

尽管书稿在内容观点的准确性、话语表达的学理性、技术规范的严谨性方面，还需要进一步打磨，但是瑕不掩瑜，现在经作者的修改完善，呈现在广大读者面前的，不失为一部高质量的学术作品。

谢迪斌
（作者系中央马克思主义理论研究和建设
工程首席专家，广东外语外贸大学党史党建
研究中心主任、教授、博士生导师）

序 四

解读中国之路、中国之治、中国之理的新作

近期，滕明政同志以博士论文为基础获批的国家社科基金后期资助项目"习近平关于国家治理重要论述研究"（项目批准号：19FKSB021）准备结项出版，明政博士希望我为其撰写序言，作为他的博士论文指导老师，我欣然接受，并借此机会向他表示祝贺。

2013 年，党的十八届三中全会首次将"国家治理"写入中央文件，提出："全面深化改革的总目标是完善和发展中国特色社会主义制度，推进国家治理体系和治理能力现代化。"对于党中央这一新的重要论断，我作为马克思主义理论工作者，当然应该予以高度重视，于是我指导明政密切关注该问题。次年 8 月，在筹备全国中国特色社会主义理论研究会成立大会暨"首届中国特色社会主义理论与实践论坛"期间，经过深入讨论，最终确定以"习近平国家治理思想"作为他的博士论文选题。此后，明政开展了持续深入的研究，发表了一系列有较好社会反响的阶段性成果，并在此基础上形成了这本专著。

在研究思路上，本书贯穿"制度与人"的分析主线。在基本观点上，坚持"把制度理解为由人执行的制度，把人理解为执行制度的人，国家治理现代化就是要实现制度与人的良性互动。以制度的完善来提升人的能力，以能力的提升来完善制度"。体现在内容设计上，不仅在微观上把论述制度与人结合起来，有专门的章节集中论述国家治理体系与国家治理能力问题；而且在宏观上也把论述制度与论述人的能力结合起来，即论述完制度（作为"硬制度"的法治和作为"软制度"的德治）建设后，紧接着论述"人"的能力的提升（重点论述领导国家治理的中国共产党如何加强和改进自身建设）。这样的安排，一方面体现习近平总书记"把国家治

理体系和治理能力结合在一起"的思想，另一方面也希望达到古人所谓"人法兼资，而天下之治成"的效果。

在学术观点上，本书提出许多富有价值的观点。例如，将国家治理的目标分为工具性目标和价值性目标，提出工具性目标偏重强调"促进国家治理体系和治理能力现代化"，价值性目标偏重强调"实现中华民族伟大复兴的中国梦"。工具是中性的，别人可以用，我也可以用；西方国家可以用，东方国家也可以用；资本主义国家可以用，社会主义国家也可以用。因此，推进新时代中国国家治理需要大胆吸收和借鉴其他有益成果，为我所用。而价值则是有倾向性的，反映了人的需要及其满足程度。不同人有不同的需要，不同国家和社会亦有不同的需要，甚至相同的人、国家和社会在不同时间、不同地点也会有不同的需要。因此要明确新时代中国国家治理是为了实现民族复兴、国家富强和人民幸福，而不是其他；要紧紧围绕实现"两个一百年"奋斗目标，推动新时代的中国国家治理。

再如，探讨国家治理体系和治理能力的四种结合，提出制度与能力的结合并不天然地就能推进国家治理现代化，因为制度本身有善恶，人的能力也有好坏。因此，首先，要努力追求"善制良能"，即是说，我们要制定好的制度，提升好的能力，以达到制度与人的正向互动，实现国家治理的最优状态。其次，要积极改造"善制恶能"之"恶能"和"坏制良能"之"坏制"。有了好的制度，执行制度的能力达不到，好的制度也无法落实。例如，唐太宗时，因为有房玄龄、杜如晦、魏徵等一大批贤吏严于执法，《贞观律》得到有效实施；而唐德宗时，朝堂上"小人多，君子少"，《贞观律》就难以实施。所以，要加强人的改造，提升人执行制度的能力。同样，人的能力素质没有问题，但制度有问题，那么好人也会没法做好事，如佞于隋而诤于唐的裴矩，不是其本性发生了什么变化，而是政治生态（制度）不同了。所以，要加强制度建设，营造良好的政治生态。这两种情形普遍存在，是国家治理中需要集中解决的。最后，要竭力避免"坏制恶能"，比如既得利益者利用所掌握的资源、积极培植代理人，拉帮结派、搞团团伙伙，极力阻挠制度变革，甚至推出维护既得利益者、损害广大民众的坏制。所以，习近平总书记严正地指出，中国共产党"从来不代表任何利益集团、任何权势团体、任何特权阶层的利益"。"坏制恶能"这种情况虽然很少，但影响极恶劣、破坏性极大，必须竭力避免。

又如，本书提出和分析"结构化党建""治理民主"等新概念，评析"革命理想高于天""党纪严于国法""治标为治本赢得时间"等热点问题，从讲政治角度设计基于新发展理念的中国国家治理评估体系等，使本书具有前沿性、基础性、学术性、政治性等特点和优点。

总之，与同类作品相比，本书质量较为上乘，有一些新视角、新观点、新论断，语言通俗，可读性强。因而本书既可以作为学术研究作品，也可以作为理论普及作品。此外，值得注意的是，全面建成小康社会后，全面建成社会主义现代化强国便是新时代党的中心任务。为此，党的二十大进一步部署"以中国式现代化全面推进中华民族伟大复兴"问题，党的二十届三中全会研究"进一步全面深化改革，推进中国式现代化"问题。本书围绕"国家治理"和"现代化"等问题展开，出版后亦可以作为学习宣传党的创新理论成果的重要读物。

徐志宏

（作者系中国人民大学教授、博士生导师，
首都师范大学原党委副书记）

目　　录

Contents

导论　国家治理：一个中国大有可为的
理论和实践命题

　　自从私有制产生、阶级分化，导致国家产生以来，如何使国家有效运转、阶级冲突可控成为古往今来仁人志士们的不懈追求。时代在发展，问题在涌现，每一时代总有每一时代的问题，不同的时代必然会有不同的治国方案。换句话说，作为实践的国家治理由来已久，可谓自从有国家产生就已有之；而作为话语尤其是专有名词的"国家治理"则是近些年的事情，之于中国则是党的十八届三中全会以后的事情。加强对国家治理这样一个古老的重大实践问题、崭新的时代话语问题的学术研究，有助于中国更好地全面建设社会主义现代化国家。

第一节　国家治理：从统治、管理到治理

　　历史是旧的，但历史书常写常新。以新理论新话语解读历史，可以从新视角展现历史多彩的一面，能够帮助人们更加全面深刻地理解当时的时代际遇、施政对策与鲜明特征。

一、概念的界定

　　从词源的角度来看，统治、管理和治理具有其独特的生成环境，但也有相通之处。而从政治学的角度来看，三者在解释权力运行方面，各有侧重。

（一）统治

　　统治的基本意思是，一个人或一个政权为维持其生存与发展，运用权力以支配其领土及个人的行为。具体来说，它主要有 3 层意思：第一层

意思是统率治理；第二层意思是凭借政权、地位来控制、管理国家或地区；第三层意思是支配。

从国家尤其是国家起源的角度来看，统治指的是以实力为基础的，一者对他者的占有、使用和支配等。统治的政治色彩浓重，直接关乎权力、地位、利益。国家是阶级统治的工具，社会自然划分为统治阶级和被统治阶级。恩格斯在《家庭、私有制和国家的起源》一文中讲道："国家是社会在一定发展阶段上的产物；国家是承认：这个社会陷入了不可解决的自我矛盾，分裂为不可调和的对立面而又无力摆脱这些对立面。而为了使这些对立面，这些经济利益互相冲突的阶级，不致在无谓的斗争中把自己和社会消灭，就需要有一种表面上凌驾于社会之上的力量，这种力量应当缓和冲突，把冲突保持在'秩序'的范围以内；这种从社会中产生但又自居于社会之上并且日益同社会相异化的力量，就是国家。"① 通俗地讲，统治意味着我强你弱，我说你听；我居高临下，你俯首而听；我是统治者，你是被统治者。

（二）管理

管理是一种带有强烈的行政色彩的对组织的资源进行有效整合以达成组织既定目标与责任的动态创造性活动，自上而下的指令与服从是其显著特点② 。大致来说，它主要有3方面意思：第一是负责某项工作使之顺利进行；第二是保管和料理；第三是照管并约束（人或事物）。

从政治学的角度来看，管理是政府的基本行为，它没有统治那种浓重的政治色彩，社会也不以阶级斗争为主要任务；相反，国家和政府更多地致力于发展，尤其是经济发展。如果说统治更像企业的董事长，侧重权力的归属；而管理则更像CEO，侧重权力的使用。管理虽然也以国家强制力为基础，并且都有自上而下相对单向度的权力运行偏好，但它的运行方式更加有章可循。国家和政府机构制度化，马克斯·韦伯（Max Weber）的官僚科层制得到广泛的应用；国家和政府机构人员职业化，他们的新称谓是公务员而不是"臣子"，他们忠于岗位、忠于国家而不是忠于君主；国家和政府运作的方法更加多样，法律、命令、意识形态、经济等是国家和政府管理的手段；国家和政府管理的目标是提高绩效，而不只是单纯地掌握权力。

---

① 《马克思恩格斯选集》第4卷，北京，人民出版社2012年版，第186~187页。
② 芮明杰：《21世纪的选择：新经济、新企业与新管理》，《学术月刊》2004年第2期；芮明杰：《论有效管理》，《科学学与科学技术管理》1998年第6期。

（三）治理

"治理"在汉语中主要有4种基本的含义，一是管理、统治，得到管理、统治；二是指理政的成绩；三是治理政务的道理；四是处理，整修。

在西方语境中，治理原指控制、引导和操纵。20世纪末，西方学者赋予"治理"以新的含义，主张政府向社会放权和授权，实现多主体、多中心、去中心化的治理；主张弱化政治权力，实现政府与社会的合作治理，甚至是社会自身的多元自我治理。从政治学的角度来看，治理是公共权威为实现公共利益而进行的管理活动和管理过程①。在我们原先的观念中，"公共权威"主要指党政权力机关；而现在，治理所指的"公共权威"不仅包括党政权力机关，也包括非政府的其他组织。即是说，当下我们所谈论和使用的"治理"有两个特质，一是"多中心"（Polycentric），政党、政府、人民团体、社会组织等，都可以是治理的主体；二是"协作"（Collaborative），原先的党政权力机关不再只是高高在上地发号施令，而是与其他治理主体共同地参与到治理中来——既挂帅也亲征。与之相适应，权力运行的向度也不再仅是从上到下，而是包含了从下到上，甚至从中间向上、向下延伸开来。

二、特征的分析

统治、管理和治理分别代表了不同时期人们治国理政时所采用的主导方式，在治理主体、运作手段、权力使用等方面呈现出各自独特的一面。

（一）统治的特征

就统治而言，政治与行政是相对一体的，或者说行政总体上是从属于政治的，国家和统治者的活动体现出浓重的政治色彩，即以夺取和捍卫权力为旨要，在某种意义上"统治＝政治统治"。统治阶级是国家运行的唯一主体，它的职权包罗万象，任何想参与治国理政的人，必须得到统治阶级的认可，成为其中一员才有可能行使该权力。在这一阶段，国家的运作是以"暴力"为基础的，同时辅之以教化的手段来掌控民众的思想。很多国家或地区统治者的权力通常来源于暴力革命，并往往被某种神秘力量庇佑。最高统治者——教皇或君主往往被视为"神"在人间的代表，代表"神"统治着人民。由此，该阶段呈现出权力主导的特点。体现在具体的

---

① 俞可平：《中国治理变迁30年（1978—2008）》，《吉林大学社会科学学报》2008年第3期。

国家社会生活中，人们首先从政治的角度想问题办事情，敌我色彩浓重。

对这种权力支配型社会，马克思曾有一个精到的论述——他们"不能代表自己，一定要别人来代表他们"[①]。也就是说，在国家职能突出强调政治统治时，统治阶级无所不包的政治权力支配着广大劳动人民，人民作为"臣子"而非主人匍匐而活，整个国家和社会形成以权力为中心的同心圆结构。

（二）管理的特征

就管理而言，政治与行政二分，政治色彩逐渐淡化，管理、服务的职能愈加彰显。这个时期，国家逐渐实现了"统一"，政治权力的角逐越来越依赖于经济的发展，国家的重心逐渐转向谋求更大的经济发展，使得权力来源的"神授论"转向"民授论"——主权在民，人民才是国家的主人。政权的更替越来越依靠和平的选举，而非暴力的革命，政党政治成为这个阶段最主要的方式。与官僚科层制广泛应用相适应，行政方法多样化，法律、命令、意识形态、经济等都是国家和政府进行管理的手段，尤其是作为人民意志集中体现的法律成为国家和政府最重要和最依赖的方式。国家和政府存在的目的已不仅仅是维护手中的权力不旁落，更要不断满足人民的需求，致力于更好的发展。[②]

与统治阶段相比，国家和政府不再无所不包，其职权相对"缩小"。后来随着资本主义的发展，尤其是出于应对经济危机的需要，政府职权在某种程度上又有些许扩大。如果说统治更强调所有权，即国家是我的，你得臣服于我，否则就镇压你，那么管理就更侧重经营权，行使人民赋予的权力，综合运用制度、法律等各种手段，产出更多的绩效。

（三）治理的特征

就治理而言，它兴起于20世纪90年代，是对"国家失败"和"市场失败"的一种回应。随着社会分工的细化、人类社会面临的问题越来越复杂，这些问题已不是党和政府依靠自身力量所能解决的。而与此同时，随着市场经济的深入发展，产生了各种各样的主体，他们希望而且在实际中已经越来越多地参与国家治理，并在其中发挥了很大的作用。于是"多中

---

① 《马克思恩格斯选集》第1卷，北京，人民出版社2012年版，第763页。

② 郝铁川认为近代以来的西方政府管理大体经历了3个阶段：第一阶段是18、19世纪，西方政府管理的指导思想是"最好的政府，最少管理"；第二阶段是19世纪末至20世纪上半叶，西方政府管理的指导思想是"最好的政府，最大服务"；第三阶段是从20世纪下半叶到现在，西方政府的管理指导思想是"最好的政府，用市场机制与非政府组织合作等方式提供最大的公共服务"。参见郝铁川：《从"统治"到"治理"》，《文汇报》2002年6月7日。

心治理"成为许多人的共识，权力不再被党和政府独家垄断，即是说，与管理相比，主体更加多元化是治理的显著特点。在各个治理主体之间，权力的运行既自上而下，又自下而上，彼此相互影响，逐渐形成网状的权力运行模式。党和政府职能不断优化，专心致力于公共政策的制定及监督执行，即首先当好裁判员。一方面，私营部门的管理方式可以被引入公共管理之中，例如政府购买非政府组织（Non-Governmental Organization，NGO）的服务；另一方面，管理本身适应市场的规律，公众可以选择接受某个组织或某个部门的管理与服务。[1]党和政府、人民团体、社会组织等多元治理主体在法律的框架内彼此界定各自职权，互相配合，共同致力于更好地治理国家和社会。

在这一时期，政治色彩逐渐隐去，强制作为一种保留手段，仅在突破底线时使用。日常的治理更多地采用合作、引导、协商、沟通等方式，突出强调平等、自愿和互动[2]，而不仅仅是权力自上而下的单向度运作。治理是一种偏重于工具性的政治行为（或曰相对中性的行为）。因为无论在哪一种社会政治体制下，当政者都希望有更低的行政成本、更高的行政效率，提供更好的公共服务，获得更多的大众支持。换言之，都希望自己执政的国家有良好的治理，即实现"善治"[3]。"统治""管理""治理"三者的特征如表0-1所示。

需要指出的是，"统治""管理"和"治理"三者之间并不是单纯的替代关系。3个阶段的划分只是表明：在不同历史时期，由于面临任务的不同，执政者采取某种手段为主而已，并不意味其他手段都不存在或都不发挥作用。事实上，即使同一历史时期，不同国家所采取的手段也有差异。

表0-1 "统治""管理""治理"三者的特征

	统治	管理	治理
政治色彩	浓重	逐渐淡化	不明显（寓政治于服务中）
治理主体	统治阶级（单一）	党政（单一）	党政+NGO等（多元）
运作手段	强制（手段单一）	带有制度性的纵向支配和管控（手段多样）	强制+引导、协商、沟通、参与（手段丰富）

---

[1] 张康之：《论政府的非管理化——关于"新公共管理"的趋势预测》，《教学与研究》2000年第7期。

[2] 俞可平：《治理和善治引论》，《马克思主义与现实》1999年第5期。

[3] 俞可平：《推进国家治理体系和治理能力现代化》，《前线》2014年第1期。

续表

	统治	管理	治理
权力向度	单向度（自上而下）	单向度为主（自下而上越来越多）	多向度（自上而下、自下而上相互交织，呈现网状）
权力来源	暴力革命、天赋神权	人民主权（法律）	人民主权（法律＋契约）
显著特点	权力主导	制度建设和绩效考核凸显	强调参与和治理过程

　　资料来源：笔者根据现有资料汇总。

第二节　国家治理：从西方到中国

　　除了可以从纵向的历史角度理解国家治理的概念演进，还可以从横向的国别和区域角度理解国家治理的内涵变迁。

一、治理的兴起

　　现代治理思潮的兴起得益于自组织理论和实践的发展。随着世界政治经济的深刻变化，社会日益复杂化，在国家正式组织之外产生了诸多的"团体／组织"，这些"团体／组织"之间的交流互动越来越频繁，使得正式的制度已经不能完全涵盖和规范这些"团体／组织"的活动。具有相对自主性的"团体／组织"之间彼此相互依赖但关系复杂，于是"团体／组织"之间逐渐衍生出一种协调机制。英国著名学者鲍勃·杰索普（Bob Jessop）指出："这种协调机制在进行经济、政治和社会的协调方面发挥的作用超过市场或等级制。"[①]梅恩兹（Renate Mayntz）通过研究发现，长于谈判是自组织的重要特点，因此，自组织治理的一个重要逻辑便是谈判。它们谋求通过谈判形成共识，催生共同产品[②]。

　　随着经济全球化的推进，自组织得到迅猛发展。经济的全球化突破了各国的经济活动空间与国家领土的相对一致性，于是自组织出场——自

---

　　① ［英］鲍勃·杰索普：《治理的兴起及其失败的风险：以经济发展为例的论述》，漆蕪译，《国际社会科学杂志（中文版）》1999 年第 1 期。

　　② Renate Mayntz. Modernization and the Logic of Interorganizational Networks, *Knowledge and Policy*, 1993, 6(1).

己来协调来重建秩序①。例如，某些大型跨国企业凭借其在相关领域的优势地位，直接定义了该领域的规则，使其产业链条上的中小企业不得不接受它提出的规则和秩序。

经济领域的这种变动，旋即影响到政治和社会领域。人们发现，企业的这种经营组织结构的变化，比传统的手段更能有效地实现资源的合理配置。于是，原先作为主要协调手段的市场和国家，其地位和作用相对降低，而企业、自组织双边、多边的"谈判经济"的重要性逐渐上升。在这种经营组织结构的推动下，企业的规模和实力迅速膨胀，其活动空间从地方延伸到地区乃至全国，而且越来越多地在国际上活动。从而引发民族国家和地区某种程度上的"空心化"，即原来国家的某些权力被这些组织分割了，某些机制变得不那么有效了。

在企业自组织地位和作用提升的同时，一些带有官方性质的政治经济组织也在积极地"开疆扩土"。20世纪90年代，联合国开发计划署、世界银行等在援助非洲时，就引进了自组织来提高援助的效果。因为联合国开发计划署、世界银行等机构发现它们的援助既不能解决当地贫困问题，也不能增进民主，原因就在于它们的援助很多都被当政者据为己有。于是，它们引进第三方机构来参与治理，这一举措取得了巨大的成效。在总结这一实践的基础上，作为理论的治理思想逐渐生成。

其实，为更好地应对行政管理变化以及调整公共部门的责任，世界银行早在1983年年初就从理论上探讨了"治理"，并于1989年首先使用了"治理"一词，具体词语为"治理危机"（Governance Crisis）②。1995年，詹姆斯·N. 罗西瑙（James N. Rosenau）在《没有政府的治理》一文中对"治理"的内涵进行了尝试性的界定，指出："治理是由共同的目标所支配的，这个目标未必出自合法的以及政治规定的职责，而且它也不一定需要依靠强制力量克服挑战而使别人服从。换句话说，与统治相比，治理是一

---

① 卡佩洛以公司经营组织结构为例，分析了经济领域的这种变化。他指出：20世纪60年代流行大型、垂直整合的公司，70年代流行小型而独立自主、只负责某一阶段生产任务的企业。而从80年代后期开始，这两种传统模式逐渐被两类新型企业取代，一类是大规模网络化企业，其战略职能向几个方向延伸，置于强有力的集中领导之下；另一类是整合到多公司地方网络中的新型小企业。在整个网络系统，有一套不断演变的权力关系控制着技术创新的动态和网络成员的利益分配。网络化的公司被吸引从事多种商品的大量生产，而单一公司的竞争力则在于控制其可能成员手中的互补性资产。参见Roberta Capello. Industrial Enterprises and Economic Space: The Network Paradigm, *European Planning Studies*, 1996, 4(4).

② 杜飞进：《中国现代化的一个全新维度——论国家治理能力和治理体系现代化》，《社会科学研究》2014年第5期。

种内涵更为丰富的现象。它既包括政府机制，也包含非正式、非政府的机制，随着治理范围的扩大，各色人和各类组织得以借助这些机制满足各自的需要并实现各自的愿望。"① 简言之，"治理"是目标驱动而非权力驱动，是多元主体而非单一主体，是多种机制而非政府机制。罗西瑙所界定的"治理"含义，与我们今天所使用的治理概念较为接近，因此，这篇文章可谓现代治理思想的奠基之作。此后，治理作为一种思潮和实践，引起众多组织和研究者的关注②。

学者以及相关机构对"治理"概念进行了深入的探讨，取得了诸多成果，在很多方面的认识尽管有相通之处，但不得不承认，人们还远未达成普遍共识，本书使用目前"信众"最多的全球治理委员会的定义："治理是各种公共的或私人的个人和机构管理其共同事务的诸多方式的总和。它是使相互冲突的或不同的利益得以调和并且采取联合行动的持续过程。这既包括有权迫使人们服从的正式制度和规则，也包括各种人们同意或以为符合其利益的非正式的制度安排。它有 4 个特征：治理不是一整套规则，也不是一种活动，而是一个过程；治理过程的基础不是控制，而是协调；治理既涉及公共部门，也包括私人部门；治理不是一种正式的制度，而是持续的互动。"③

尽管治理思潮在理论界和实践操作中产生了很大的影响，但同政府

---

① ［美］詹姆斯·N. 罗西瑙：《没有政府的治理》，张胜军、刘小林等译，南昌，江西人民出版社2001 年版，第 5 页。

② 世界银行的报告指出："治理是利用机构资源和政治权威管理社会问题与事务的实践。"（参见 World Bank. *Managing Development: The Governance Dimension.* Washington D.C, 1991:5。）联合国开发计划署把治理定义为"基于法律规则和正义、平等的高效系统的公共管理框架，贯穿于管理和被管理的整个过程，它要求建立可持续的体系，赋权于人民，使其成为整个过程的支配者"。（参见 UNDP, Public Sector Management, *Governance, and Sustainable Human Development,* New York, 1995:9。）罗伯特·罗茨（Robert Rhodes）列举了 6 种关于治理的不同定义：（1）作为最小国家的管理活动的治理，它指的是国家削减公共开支，以最小的成本取得最大的效益；（2）作为公司管理的治理，它指的是指导、控制和监督企业运行的组织体制；（3）作为新公共管理的治理，它指的是将市场的激励机制和私人部门的管理手段列入政府的公共服务；（4）作为善治的治理，它指的是强调效率、法治、责任的公共服务体系；（5）作为社会—控制体系的治理，它指的是政府与民间、公共部门与私人部门之间的合作互动；（6）作为自组织网络的治理，它指的是建立在信任与互利基础上的社会协调网络。（参见［美］罗伯特·罗茨：《新的治理》，载俞可平：《治理与善治》，北京，社会科学文献出版社 2000 年版，第2~3 页。）让-皮埃尔·戈丹（Jean-Pierre Gaudin）认为"治理是一种集体产物，或多或少带有协商和混杂的特征。治理的最初（或再次）出现也是多极的（或多领域的），这一点和它的研究对象——决策过程——是一样的"。（参见［法］让-皮埃尔·戈丹：《何谓治理》，钟震宇译，北京，社会科学文献出版社 2010 年版，第 9 页。）

③ 全球治理委员会：《我们的全球伙伴关系》，载俞可平：《治理与善治》，北京，社会科学文献出版社 2000 年版，第 45 页。

可能有失败、市场有缺陷一样，治理也不是完美无瑕的，治理本身也有失败的风险，鲍勃·杰索普指出，治理存在"合作与竞争、开放与封闭、治理性与灵活性以及责任与效率"四对"两难困境"①。而且治理总有一种强调非政府组织/自组织重要性的倾向，在某种程度上忽视传统治理主体的作用，其治理效果并不像它自己所宣称的那样美好；对国家主权概念的轻视以及超越民族国家界限的冲动，使治理理论面临很大的政治风险②，因而很多国家/政府对治理理论采取"提防"态度。

也正是在这个基础上，杰索普提出"元治理"（Metagovernance）——作为治理的治理。在他看来，"鉴于治理机制五花八门，形形色色，以及因此相应地需要建立适当的宏观组织能力，处理影响深远的组织间关系变化而又不致破坏民族国家的基本一致性和完整性，发挥元治理角色的作用就非常必要"③。谁来承担这个元治理的角色，杰索普认为应当由国家来承担。林茨（Juan J.Linz）和斯泰潘（Alfred Stepan）认为，国家实体需要基本公共行政或有效的官僚体制存在④。在贝尔（Stephen Bell）、霍穆尔（Andrew Hindmoor）和莫尔斯（Frank Mols）等人看来，20 世纪 80 年代前的改革，"忽略国家作为中心的劝导能力和国家信念也是治理战略的一部分"⑤，这是不应该的。埃文斯（Peter B. Evans）等在其主编的《找回国家》一书中直言：掏空国家的理念已经失去往日的光彩。因此，"国家治理"并不是简单地如其他治理类型——在"治理"一词前加入修饰限定性词语，进而构成新的组合词组⑥，"国家治理"意味着国家在治理中的地位和作用重新被认识。

于是，当我们再回过头来看这段历史的时候，我们发现治理的兴起实际上以一种新的方式参与了"市场与国家"这个重要命题的争论。一方面，我们看到"治理"思想强调主体多元，反对传统的党政一元化的治理

---

① ［英］鲍勃·杰索普：《治理的兴起及其失败的风险：以经济发展为例的论述》，漆蕪译，《国际社会科学杂志（中文版）》1999 年第 1 期。

② 刘世军、刘建军等：《大国的复兴：国家治理体系与治理能力现代化》，上海，上海人民出版社 2014 年版，第 300 页。

③ ［英］鲍勃·杰索普：《治理的兴起及其失败的风险：以经济发展为例的论述》，漆蕪译，《国际社会科学杂志（中文版）》1999 年第 1 期。

④ Juan J. Linz, Alfred Stepan. *Problems of Democratic Transition and Consolidation*, Baltimore: Johns Hopkins University Press, 1996:11.

⑤ Stephen Bell, Andrew Hindmoor, Frank Mols. Persuasion as Governance: A state-centric relational Perspective, *Public Administration*, 2010, 88(3).

⑥ 藏雷ештин：《国家治理现代化：理论认知、历史阐释及其实现路径》，载张明澍、田改伟、陈海莹：《国家治理问题研究》，北京，中国社会科学出版社 2015 年版，第 11~27 页。

模式，重视社会组织的作用；另一方面，我们看到"治理"思想如果缺乏宏观架构，则容易将治理活动导向无政府状态。这就需要我们在思考治理问题的时候，注意从"自由主义"和"国家主义"的争论中汲取智慧。自由主义者认为，"人们联合成为国家和置身于政府之下的重大的和主要的目的，是保护他们的财产"①，在市场能够发挥作用的领域，政府应该退出，当好"守夜人"。"管得少的政府才是好政府"是他们所尊奉的信条。国家主义者认为，自由放任的市场并不能有效解决资源配置问题，周期性的资本主义经济危机就是最好的例子。所以，约翰·梅纳德·凯恩斯（John Maynard Keynes）指出："国家可以向远处看，从社会福利着眼，计算资本边际效率，故我希望国家多负起直接投资之责。"②

20 世纪 30 年代经济大危机之前，自由主义盛行；30 年代之后，国家干预盛行；70 年代经济滞胀，重新反思国家干预的新自由主义崛起；2008 年金融危机以来，政府频频出手救市，国家主义重出江湖。因此，不要迷信自由主义，更不能盲从国家主义，综合运用两种手段才是王道。面对兴起的治理思潮同样如此，不要在被学界、商界、政界等热炒的"治理"面前乱了方寸。立足中国的实际，批判借鉴，以我为主，为我所用，才能真正把中国治理好。

二、治理的发展

从 20 世纪 90 年代提出治理概念、兴起治理思潮以来，治理的理论和实践都得到长足的发展，治理的方式日益丰富、层次日益拓展。

（一）治理方式的丰富

实践发展不断提出理论创新的新课题，产生了"网络治理""参与式治理""合作治理""整体性治理"等多种方式。

1. 网络治理（Network Governance）。随着经济全球化、技术进步飞速化，经济环境越趋复杂化，这不仅加大了经济组织的竞争强度，而且更加大了提高竞争绩效的决策难度③，于是网络治理应运而生。

网络治理是指"在一定的框架和合约规定下，政府通过行政授权、

---

① ［英］洛克：《政府论》（下），叶启芳等译，北京，商务印书馆 1964 年版，第 77 页。

② ［英］约翰·梅纳德·凯恩斯：《就业利息和货币通论》，高鸿业译，北京，商务印书馆 1983 年版，第 140 页。

③ Aggarwal Raj. Technology and Globalization as Mutual Reinforcers in Business: Reorienting Strategic Thinking for the New Millennium, *Management International Review*, 1999, 39(2).

购买服务等合作方式与其他非政府部门一起为实现公共利益最优化而采取的协同行动"①。最初的网络治理主要指治理主体的多元化，即主要取"网"的密密麻麻之意。后来随着互联网的大众化普及程度越来越高，网络治理又增添了运用互联网治理以及治理互联网等新的内容。相对而言，网络治理与科层治理的主要区别如表 0-2 所示。网络治理虽然具有优势，但也不是完美无缺的，它存在着多头管理、分段监管、职能交叉和职责不清，以及由此导致的效率欠佳等问题②。

表 0-2 科层治理与网络治理的比较

	科层治理	网络治理
组织形式	正式组织，权威结构	正式与非正式组织，关系链接
治理时效	滞后	及时
治理渠道	少	多
治理成本	高	低
治理行为	被动与消极	主动与积极
制度形态	企业内的制度安排	参与者间的关系安排

资料来源：彭正银：《网络治理理论探析》，《中国软科学》2002 年第 3 期。

2. 参与式治理（Participatory Governance）。参与式治理倡导政府与社会的伙伴关系，认为只有培育公共精神，培育公民社会，才能增强真正的代表性，也才能重塑政府合法性③。它的兴起主要有两个重要原因：一是代议制民主由于"代表"本身代表"部分"的倾向，使其缺失互利精神④，于是有人提出："凡生活受到某项决策影响的人，就应该参与那些决策的制订过程"⑤，而不仅仅是被代表。二是传统的官僚制无法应对日益增多的经济和社会问题，缺乏回应性，并且效率越发低下。参与式治理与传统决策的区别如表 0-3 所示。参与式治理作为一个决策框架，有利于政府

---

① 姚引良、刘波等：《地方政府网络治理与和谐社会构建的理论探讨》，《中国行政管理》2009 年第 11 期。

② 邹卫中、钟瑞华：《网络治理的关键问题与治理机制的完善》，《科学社会主义》2015 年第 6 期。

③ 罗重谱：《"第三条道路"理论与参与式治理模式的构建策略》，《四川省委党校学报》2008 年第 2 期。

④ 陶永谊：《代议制民主的设计缺陷》，http://blog.sina.com.cn/s/blog_4143acb40101fllx.html。

⑤ ［美］科恩：《论民主》，聂崇信、朱秀贤译，北京，商务印书馆 1988 年版，第 15 页。

自身决策的科学化和民主化，有助于重塑政府与公民的关系，有助于培育热心公共事务的负责任好公民①。但与此同时，参与式治理并未对现有的治理框架进行更新，即是说只是主张公民参与到现有的治理框架中，因此公民事实上仍处于"边缘"位置。总之，这种"中心—边缘"结构决定了参与式治理依然是一种包含着治理主体不平等内涵的治理模式，事实上，在实践中也产生了不少的问题②。

表0-3　传统决策和参与式治理的比较

	传统决策	参与式治理
政府行为	支配	促进
	说服	倾听
	聚合	授权
决策优先权	专家优先	公民优先
官僚行为	集权	分权
	标准化	问题导向
	控制	参与
学习模式	自上而下	自下而上
行为者	专家（外部人）	当地公民（内部人）

资料来源：陈剩勇、赵光勇：《"参与式治理"研究述评》，《教学与研究》2009年第8期。

3. 合作治理（Collaborative Governance）。合作治理一般指的是"一个或多个公共部门与非政府利益相关者一起参与正式的、以共识为导向的、商议的、旨在制定或执行公共政策或管理公共项目或资产的治理安排"③。有两个重要原因促使合作治理出场：一是全球化时代的通信越来越方便，为人们更加便捷高效沟通与合作创造了条件；二是现代问题具有复杂性、关联性，"单打一"解决问题的方法往往会"按下葫芦起来瓢"，不但收不到应有的效果，甚至会产生其他的问题，于是催生了合作的意愿④。合作

---

①　陈剩勇、赵光勇：《"参与式治理"研究述评》，《教学与研究》2009年第8期。

②　张康之：《对"参与治理"理论的质疑》，《吉林大学社会科学学报》2007年第1期。

③　Chris Ansell, Alison Gash. "Collaborative Governance in Theory and Practice", *Journal of Public Administration Theory and Practice*, 2008, 18 (4).

④　蔡岚：《合作治理：现状和前景》，《武汉大学学报（哲学社会科学版）》2013年第3期。

治理与合作型的信任关系密切相关，在现实的社会发展进程中，两者是一道成长起来的①。没有信任就谈不上合作，更不可能有合作治理。具体来说，合作治理可以从"3W1H"4个维度进行理解②。尽管日常生活中参与治理与合作经常并列使用，但其实两者还是有一些差异的，如表0-4所示。合作治理在某种程度上更加强调主体平等地共治，而不是从属性地加入别人的治理中。

表0-4　参与治理与合作治理的比较

		参与治理	合作治理
不同点	主体间地位	不平等	平等
	主体间结构	中心—边缘	环形
	互动过程	控制导向和控制秩序	合作导向和合作秩序
	信任类型	契约型信任	自然发生型信任
共同点		组织间的相互依存	
		组织间的资源交换与权力转移	
		以社会公共事务的有效处理和解决为目标	
		协商的互动过程	

资料来源：马小虎：《从参与治理到合作治理：社会治理的结构转型》，《濮阳职业技术学院学报》2016年第4期。

4. 整体性治理（Holistic Governance）。基于对20世纪80年代以来新公共管理改革造成碎片化的反思，整体性治理逐渐兴起。一方面传统公共行政的日益衰落、公共民意代表性的越发弱化，再加上单一的政府部门难以独自应对日益复杂的公共危机事件；另一方面政府以外组织/团体的力量却在壮大，在相当多的公共事务中发挥越来越重要的作用，再加上信

① 张康之：《走向合作治理的历史进程》，《湖南社会科学》2006年第4期。
② 合作治理：（1）谁合作？（Who collaborates?）公共部门和非政府利益相关者；（2）谁倡导合作？（Who sponsors collaboration?）由公共部门发起和倡导；（3）合作意味着什么？（What does collaboration mean?）合作的目的是制定或执行公共政策或管理公共项目或资产；（4）合作如何组织？（How is collaboration organized?）公共治理是一个正式的、以共识为导向的和商议的集体决策过程。（参见 Chris Ansell. "Collaborative Governance", in David Levi-Faur edited, *The Oxford Handbook of Governance*, New York: Oxford University Press, 2012:498-499。）

息技术的发展，又极大地便利了横向协调与纵向整合①，更加强化了政府
以外组织／团体的作用。对此英国工党提出"协同政府"，提倡通过协商、
协调、整合与合作的方式来实现社会平等、公正等民主价值②。一句话，
整体性治理不仅着眼于政府内部机构和部门的整体性运作，也主张政府与
政府以外组织／团体的有效整合。如果说，参与治理和合作治理是新兴主
体的主动行为，那么整体性治理则偏重政府主动。其特点可以在与传统官
僚制和新公共管理的比较中得出，如表 0-5 所示。

表 0-5　公共行政三种典范的比较

	传统官僚制	新公共管理	整体性治理
时期	1980 年前	1980～2000 年	2000 年后
管理理念	公共部门形态管理	私人部门形态管理	公私合伙／中央地方结合
运作原则	政府功能性分工	政府功能部分整合	政府整合型运作
组织形态	层级节制	直接专业管理	网络式服务
核心关怀	依法行政	运作标准与绩效指标	解决人民生活问题
成果检验	注重输入	产出控制	注重结果
权力运作	集中权力	单位分权	扩大授权
财务运作	公务预算	竞争	整合型预算
文官的规范	法律规范	纪律与节约	公务伦理与价值
运作资源	大量运用人力	大量利用信息科技	在线治理
政府服务项目	政府提供各种服务	强化中央政府掌舵能力	政策整合解决人民生活问题
时代特征	政府运作的逐步摸索改进	政府引入竞争机制	政府制度与人民需求科技、资源的高度整合

资料来源：彭锦鹏：《全观型治理：理论与制度化策略》，《政治科学论丛（台湾）》
2005 年第 23 期。

总体来说，治理方式的日益丰富大致反映了 3 个问题。

---

① 胡象明、唐波勇：《整体性治理：公共管理的新范式》，《华中师范大学学报（人文社会科学版）》2010 年第 1 期。

② 曾维和：《西方"整体政府"改革：理论、实践及启示》，《公共管理学报》2008 年第 4 期。

第一，问题意识。每一种新出现的治理方式大都是对旧有治理方式的修补与完善，企图通过提供一种新的治理方式来实现更好的治理。这一点尤其体现在合作治理对参与式治理的质疑与更新中，参与式治理中主体地位的不平等，形成了治理的"中心—边缘"结构，"中心"支配和利用"边缘"，即是说，尽管参与式治理的本意是吸引民众参与，但事实上并没有真正实现这一初衷。虽然在一定时期内，"中心"可以利用一定的技术性手段（如收买、胁迫等），使"边缘"参与到自己主导的治理中，但追求平等的内在冲动总会打破这种不平等，引导各主体实现平等治理。合作治理认识到这一问题，提出要重构治理主体之间的关系。可以说，合作治理与马克思所设想的"自由人联合体"具有相通性，展现了治理发展的未来图景，这当然是美好和令人向往的，很少有人对此提出疑议。然而实现之路是漫长的，"中心"放弃支配优势，要么基于"中心"的集体觉醒，从而主动让渡；要么基于民众的大联合，被迫让渡；而这两点都不是轻易能够实现的。

第二，技术发展。治理手段的丰富和发展在相当意义上有赖于技术的进步。比如，计算机和互联网极大地改变了人们信息生成、传递、收集、处理等的方式，网络治理、电子治理等才成为可能，人们可以根据大数据和人工智能预判未来发展走势，提前做好治理应对措施，也可以分析治理对象的偏好，提供个性化、定制化的治理服务。此外，技术发展对治理的推动还表现在，它拓展了治理的层级、领域和深度，像古代那种"天高皇帝远""皇权不下县"等问题已经得到极大的改善，中央权力可以直接到村甚至到人，大数据可以生成治理对象的"画像"。

第三，基本遵循。治理方式虽然越来越多，所追求的具体目标虽然各不相同，但仍然坚守着治理的基本精神，即治理是每个利益攸关者的事情，每个人都应该有适当的途径参与到治理中去，当政者也应该创设条件，让多元主体参与到治理中来，治理不能只是统治者或统治集团自己的事情；治理的手段也越发多样和柔性，协商、沟通等手段在现代治理活动中被广泛采用；追求"善治"、实现更好的治理、满足人民日益增长的美好生活需要，成为现代治理理论与实践的普遍追求等。

（二）治理层级的拓展

时代不断发展，治理活动越来越复杂，人们不可能期望用一种治理模式"包打天下"，于是不断衍生出全球、国家、地方、社区等维度的治理理论与实践。

1. 全球治理（Global Governance）。全球化是全球治理兴起的最主要的背景。随着全球化的推进，诸如环境污染、资源短缺、国际安全等问题日益超出国界，成为人们共同面临的问题。而应对这些挑战远超单个国家或地区的能力，因而现代全球治理思想兴起，是对全球化挑战的一种政治上的回应[①]。也就是说，解决全球性问题需要全世界携手应对，不仅要管好自己国内的事情，也要承担相应的国家责任；不仅公共机构负责治理，私人组织和个人也要参与治理。此外，全球治理还有一个直观的动因，那就是当时世界银行为使援助能被更好地利用，从而提高援助绩效，需要评估受援国的治理状况[②]。同样，对许多国际投资者来说，投资所在地"治理系统"的有效性，很大程度上影响着投资者的投资行为。也就是说，在全球化时代，许多跨国性的组织和个人，也都会以自我的方式评价和影响世界。安东尼·麦克格鲁（Anthony McGrew）认为，全球治理不仅意味着正式的制度和组织制定和维持管理世界秩序的规则和规范，而且意味着所有其他组织也都努力寻求对跨国规则和权威体系产生影响[③]，推动建立新的良好秩序。

全球治理听起来非常迷人，果真实现的话，必将有助于消除全球的无政府状态，以臻大同。但它实际上把无政府状态下的国际合作与国际制度的可能与可行作为理所当然的前提[④]。因而有学者直言，全球治理根本就不可能实现，它是一个脆弱的概念[⑤]，它所追求的"治理"只不过是另一个乌托邦式的幻想罢了。至少在当下确实如此，否则无法解释日本为什么能不顾国际社会的反对，一意孤行地将核废水排海。

2. 国家治理（State Governance）。由于中西方独特的政党与国家生成关系以及政党属性的差异，使得中西方对于国家治理的关注重点不太一样。西方语境中的国家治理，其实更多的是指政府治理，并且多从个人本位和人性恶等角度展开理论设计，逐渐形成了"小政府、强市场、大社会"的治理格局[⑥]；而中国基于独特的历史传统和文化沿袭，目前国家治

---

① R. O. Keohane. Governance in a Partially Globalized World, *American Political Science Review,* 2001, 95 (1).

② 俞可平：《国家治理评估：中国与世界》，北京，中央编译出版社 2009 年版，第 65 页。

③ ［英］戴维·赫尔德等：《全球大变革：全球化时代的政治、经济与文化》，杨雪冬译，北京，社会科学文献出版社 2001 年版，第 70 页。

④ Arie M. Kacowicz. *Global Governance, International Order, and World Order*, in David Levi-Faur edited, *The Oxford Handbook of Governance*, New York: Oxford University Press, 2012:695–696.

⑤ 唐贤兴：《全球治理：一个脆弱的概念》，《国际观察》1996 年第 6 期。

⑥ 刘志礼：《西方国家治理话语的逻辑、困境与警示》，《高校马克思主义理论研究》2016 年第 4 期。

理则主要是指中国共产党领导人民实行的治理。基于文章主题，我们主要论述中国国家层面的治理。

大致说来，国家治理的研究存在着两种主要的进路。一种是纵向的研究，即从历史的视角研究从国家统治到国家管理再到国家治理的演进。比如，俞可平提出了统治与治理的5个区别[①]，何增科认为"国家治理是指国家政权的所有者、管理者和利益相关者等多元行动者对社会公共事务的合作管理，目的是增进公共利益维护公共秩序"[②]。另一种是横向的研究，即从国别比较的角度研究从西方治理到中国国家治理的变迁，在分析西方治理模式的历史生成、特点、优势、不足等基础上，结合中国的实际探讨中国国家治理的相关问题。比如，王浦劬认为，"社会主义国家的国家治理，本质上即是政治统治之'治'与政治管理之'理'的有机结合"[③]。中国共产党人的国家治理是马克思主义国家理论指导下的国家治理，即国家的职能由政治统治与社会管理有机组成，无产阶级是国家的统治阶级，因此无论政治主张（特别是对国家基本职能的看法）还是价值取向（代表谁、为了谁、依靠谁等）都迥异于西方的国家治理。

3. 地方治理（Local Governance）。地方治理是研究治理问题的"麻雀"。一方面，就其层级来说，它次于全球治理和国家治理，是地方层面的治理；另一方面，就其治理元素来说，全球治理和国家治理包含的很多元素，地方治理也都有，有人也称地方治理为"缩小版"的国家治理。与此同时，地方治理与基层联系特别密切，是连接上层和基层的纽带。如果地方治理强有力，那么上层的意志就能够很好地传到基层，对我们破解"最后一公里"有很大帮助；也有助于把基层的民意传达给上层，使上层能够准确制定大政方针，所以治理好地方有助于治理好国家和社会。

有效性是理解中国治理尤其是地方治理的关键维度，老百姓最讲实际，最看实效，换句话说，格外注重结果导向。而西方关于地方治理的认知则侧重多元化，强调过程，沙安文（Anwar Shah）和沙萨娜（Sana Shah）指出，地方治理"既包括正式的组织机构如地方政府和政府各层级在追求集体行动中的直接和间接作用，也包括非正式的准则、网络、社区

[①]　俞可平：《论国家治理现代化》，北京，社会科学文献出版社2014年版，第2页。

[②]　何增科：《国家治理及其现代化探微》，《国家行政学院学报》2014年第4期。

[③]　王浦劬：《国家治理、政府治理和社会治理的基本含义及其相互关系辨析》，《社会学评论》2014年第3期。

组织、邻里联合会在追求集体行动中的作用"①。因此，西方语境中的地方治理，要求"多中心"治理而非"单中心"治理，要求整合国家、市场和公民的力量，实施共同治理社会公共事务的"第三条"道路。此外，需要指出的是，地方治理包含但不限于地方政府的治理。即是说，地方治理是地方层面的多元主体的共同治理，而地方政府治理则是以政府为中心的治理，主体相对单一。

4. 社区治理（Community Governance）。改革开放以来，中国社会结构发生了巨大的变化，最明显的就是"单位制"的解体。那些原来由单位提供的衣、食、住、行、学、生、老、病、死、伤残等各方面服务，现在都交给了社会。"为了解决这类问题，政府的注意力首先集中到街道办事处和居民委员会（简称'街居制'）。"②但与此同时，街居制面临着职能超载、职权有限和角色尴尬等问题③。于是，社会呼唤一种新的组织形态和管理体制来解决这些新矛盾和新问题，社区治理便应运而生。

通常来说，社区治理是指政府、社区组织、居民及辖区内营利组织、非营利组织等协调合作，有效供给社区公共物品，满足社区需求，优化社区秩序的过程与机制。社区治理主要依靠的不是行政权力，而是基于共同愿景的协调与合作。当然，社区治理大致经过了 3 个阶段的演变：第一个阶段是行政型社区治理，在这一阶段行政权力还是比较大的；第二个阶段是合作型社区治理，在这一阶段是政府与社区合作治理；第三个阶段是自治型社区治理，在这一阶段，行政管理的色彩越来越淡，政府支持建立以社区主导的治理模式④。社区治理虽然有效调动了辖区内的各种资源和力量，推动了社区良治，但与此同时，社区治理也面临着"社区多元主体博弈、社区失灵的出现以及 NGO 在社区治理中应有作用尚未得到充分体

---

① ［美］沙安文、沙萨娜：《地方治理新视角和地方政府角色转化》，刘亚平译，《公共行政评论》2009 年第 3 期。

② 李友梅：《社区治理：公民社会的微观基础》，《社会》2007 年第 2 期。

③ 就职能超载而言，我国目前的街居体系不仅承接了单位剥离出来的职能，还增加了很多新的管理领域；不仅要承担行政功能，还要承担社会功能，甚至有些街区还承担部分经济功能。就职权有限而言，从街道办事处来说，区级政府及各职能部门的"漏斗效应"将大量事务"漏"到街道一级，但街道办事处却没有相应的法定地位和权力来承接这些事务，往往出现的情况就是"看得见，摸得着，管不了"。就角色尴尬而言，居委会群众性自治组织的地位实际上被虚化，居委会除了按照居民委员会组织法规定的日常工作外，还要承担党、街道各部门交办的名目繁多的工作任务，实际上居委会变成了各级党委、政府部门工作的承受层、操作层和落实层。（参见何海兵：《我国城市基层社会管理体制的变迁：从单位制、街居制到社区制》，《管理世界》2003 年第 6 期。）

④ 魏娜：《我国城市社区治理模式：发展演变与制度创新》，《中国人民大学学报》2003 年第 1 期。

现"① 等问题。

值得注意的是，虽然用了治理层级的拓展这一说法，但并不表示"全球治理""国家治理""地方治理"和"社区治理"之间是时间先后的关系。相反，这几种治理方式在很多情况下是同时推进的。治理层级的拓展只是我们理解和把握各种各样治理时所建构的一种层级由大到小、领域从宏观到微观的逻辑结构。每一层级都有其存在的必要性，因为任何领域的治理缺位都会导致无序。就目前来讲，国家、政党、政府仍然是政治运行中无法绕开的主体。虽然治理强调多元共治，但国家、政党、政府这个主体是不能缺位的。治理理论与实践发展 30 年来的经验表明，不但治理没有政府不行，甚至即使有政府但其软弱无力也是不行的。正如美国国际关系理论的代表人物汉斯·摩根索（Hans J. Morgenthau）所说："只要这个世界在政治上由国家组成，国家利益在世界政治中就有决定意义。"② 因此，一定不能想当然地轻视政府、重视非政府组织。但与此同时，国家、政党、政府也不能越位，不同主体有不同的关注领域，不同主体也应该在自己擅长的领域里发挥好自己的作用。管了自己不该管、不擅长管的，往往就会诱发治理失败，这是考察以往治理活动得出的深刻教训。

三、治理的中国化

治理的中国化大致有两种路径：一种是从西方一般的治理到中国的国家治理；另一种是从西方本位的海外中国 / 中共研究到中国立场的中国国家治理。

（一）从西方一般的治理到中国的国家治理

作为一种工具（或者说政治行为）的"治理"，不是近代西方的产物，中国古代就已有之。事实上，一直到 20 世纪西方治理理论系统传入中国前，中国语境中的"治理""统治""管理"实际上指代的都是同一种政治行为。虽然"治理"一词在 20 世纪 80 年代中后期的学术研究中已经有不少人在使用，尤其是"社会治安综合治理"的概念不仅有实践活动的推进，更有理论活动的探索。例如，1987 年上海市举行首次社会治安综

---

①　康宇：《中国城市社区治理发展历程及现实困境》，《贵州社会科学》2007 年第 2 期。

②　［美］霍夫曼：《当代国际关系理论》，林伟成、刘小红、王建伟译，北京，中国社会科学出版社 1990 年版，第 4 页。

合治理理论研讨会[①]，姜文赞、杨明清、黄天伏、马结、常远[②]就社会综合治理的概念、基本思路、目标以及指标体系等都进行了探讨，但他们使用的"治理"概念实际上可以用"管理"来替换。

如同西方治理源于自组织理论和实践的发展，尤其是公司经营组织变革一样，中国的治理思想也从引介国外公司治理思想开始起步。例如，引介奥利弗·哈特（Oliver Hart）、玛格丽特·布莱尔（Margaret M.Blair）、奥伯利·西尔伯斯通（Aubrey Silberston）、约翰·凯（John Kay）、肯尼思·斯科特（Kenny Scott）、青木昌彦（Aoki Masahiko）、平田光弘（Mitsuhiro Hirata）、今井健一（Kenichi Imai）等人，以及 OECD 等组织关于公司治理的思想，《经济研究》《经济社会体制比较》《经济学动态》等重要刊物还为此策划了专题。与此同时，中国本土学者如吴敬琏、许小年、费方域、吴建斌、郑红亮、何浚、刘志远、蔡苏文等人在系统梳理国外公司治理理论的同时，开始积极探索中国公司治理问题的研究，以推动中国的经济发展和企业改革，构建中国特色的公司治理理论。

也正是从这时起，"治理"不再与"管理"完全等同。但这时的"治理"理论还局限于公司治理这一领域。直到 20 世纪 90 年代，以中央编译局俞可平团队为代表的中国学者们开始系统介绍国外的治理理论，治理理论在中国勃然兴盛，成为政治学、行政学、管理学等学科研究中的重要议题。中国人民大学的毛寿龙、张成福，复旦大学的唐贤兴，南京大学的孔繁斌，浙江大学的郁建兴等人也进行了大量探索，发表了一系列有影响力的文章。他们的这些研究成果为新时代中国国家治理思想提供了重要的思想源。但需要指出的是，这些研究对象主要是政府，对于作为执政党的中国共产党则着墨不多；并且这些研究主要针对操作层面的内容，没有上升到整个国家大政方针的高度。

2013 年，党的十八届三中全会将"国家治理"这一概念写入党的文件。此后，习近平总书记系统阐述了中国国家治理体系和治理能力的内容、目标和关系等问题。2014 年 2 月 17 日，习近平总书记又进一步强调中国国家治理的本土生成和借鉴西方的关系，指出："我国今天的国家治理体系，是在我国历史传承、文化传统、经济社会发展的基础上长期发

[①]　郁彦：《上海市举行首次社会治安综合治理理论研讨会》，《政治与法律》1987 年第 2 期。

[②]　姜文赞：《论社会治安综合治理的概念》，《政法论坛》1988 年第 4 期；杨明清、黄天伏：《试论社会治安综合治理》，《西北政法学院学报》1988 年第 1 期；马结、常远：《论社会治安综合治理的目标与指标体系》，《政法论坛》1989 年第 3 期。

展、渐进改进、内生性演化的结果。……不断学习他人的好东西，把他人的好东西化成我们自己的东西，这才形成我们的民族特色。"①2019年，党的十九届四中全会更是主要从中国实际出发，作出了《中共中央关于坚持和完善中国特色社会主义制度　推进国家治理体系和治理能力现代化若干重大问题的决定》，不仅总结了中国国家制度和国家治理体系13个方面的显著优势，而且对党的领导制度体系、人民当家作主制度体系、中国特色社会主义法治体系等方面的建设提出了具体要求，成为新时代推进中国国家治理现代化的纲领性文件②。

中国国家治理思想是对西方一般治理思想的提升与中国化改造，而不是简单地用西方的治理理论来剪裁中国的国家治理。袁红、孙秀民考察了中国共产党治国理政中的"治理"理念辨析，证明了中国国家治理的本土性。他们讲道，中国共产党正式使用"治理国家"一词，始于20世纪80年代初期③。1983年6月，第六届全国人民代表大会第一次会议通过的《政府工作报告》提出："新宪法是我国人民治理国家的总章程。"④这是中国共产党自执政以来在党和国家的重要文献中第一次使用"治理国家"一词。1986年，《中共中央关于全党必须坚决维护社会主义法制的通知》中再次使用了"治理国家"的提法，该文件指出："建国以后，本来应该充分发挥法制的作用来治理国家。"⑤由此可见，中国共产党从一开始使用"治理国家"这个词的时候，就与法制紧密联系在一起。在这里，"治理国家"的政治含义也十分明确，就是广大人民在党的领导下，管理好国家和社会的各项事务，其中重要的手段就是法制。党的十八届三中全会所使用的"国家治理"，不是从西方借过来的全新概念，而是从其70多年治国理政的历史，特别是改革开放40多年历史中生长出来的结果。在相当长的时间里，中国共产党沿用了革命年代成功的社会管理模式——组织化调控，执政党直接参与社会治理，不断通过组织建设与组织网络渗透的途径拓展国家治理空间，全面主导了国家的政治生活与国家治理活动⑥。但这种组织化调控是以中共掌控全局，消除不确定性时空为基本前提。当进入高度不确定性的社会时，面对无法消除的不确定性，单纯的组织化调控捉

---

① 《习近平谈治国理政》第1卷，北京，外文出版社2018年版，第105~106页。
② 《十九大以来重要文献选编》（中），北京，中央文献出版社2021年版，第269~298页。
③ 袁红、孙秀民：《中国共产党治国理政中的"治理"理念辨析》，《探索》2015年第3期。
④ 《十二大以来重要文献选编》（上），北京，人民出版社1986年版，第349页。
⑤ 《十二大以来重要文献选编》（下），北京，人民出版社1988年版，第1062页。
⑥ 唐皇凤：《新中国60年国家治理体系的变迁及理性审视》，《经济社会体制比较》2009年第5期。

襟见肘，必须借助其他力量来对抗风险社会，即不仅传统的治理主体——政党要继续参与治理，而且各种非政府组织也要积极参与治理①。

总之，中国的治理在一定程度上借鉴吸收了西方的治理思想，但同时它有自己的特点。一是关注国家层面的问题②。西方的治理以"社会"为中心，强调吸收社会多种力量参与治理，推进公民社会；而中国的治理以国家、政府为中心③，从一开始关注的就是国家层面的问题，而不是"民间"层面的问题。二是在中国共产党的领导之下进行。中国国家治理主要依靠党和政府的力量而不是非政府组织，即强调党领导下的治理。习近平总书记指出："国家治理体系是在党领导下管理国家的制度体系，……国家治理能力则是运用国家制度管理社会各方面事务的能力。"④"在党领导下"旗帜鲜明地指出了中国国家治理的特色，即是说中国的国家治理主体仍然是党和政府，尤其强调党的领导核心地位。三是重心是国内问题而不是国际问题，即强调首先办好中国自己的事情。这样一来，现代治理之于中国，就实现了从国外的一般治理思想到中国国家治理的范畴转换，实现了治理的中国化。国际上治理理论的合理成分，被有选择性地引入，与中国实际相结合，开始形成具有中国特色的国家治理思想⑤。

值得注意的是，正因为中国的国家治理不是一地一域的治理而是一个超大规模的治理，它具有 3 个重要特点。一是治理的难度和复杂程度异常之高。区域性的治理经验虽然宝贵，但放到全中国则不一定适宜。因此要重视地方治理的探索，但却不能将地方经验简单地生硬地向全国推广。其实，大国之"地方"也不小，因此，我们对地方治理的探索也是强调"确保试点封闭运行，风险可控"。二是顶层设计格外重要。从国际上看，人类已经进入全球高风险的社会，危机丛生；就国内而言，改革也进入了深水区、攻坚期，原先那种"摸着石头过河"的试错式发展道路已经越来越难以适应高度复杂的社会了，必须高度重视顶层设计。对此，习近平总

①　滕明政：《走向国家治理现代化的七个关键词》，载周敬青主编：《国家治理视角下的中外政党比较研究》，上海，上海人民出版社 2015 年版，第 41~58 页。

②　雷雨若：《"国家治理协同创新中心成立大会暨国家治理与全面深化改革"研讨会综述》，《中国行政管理》2014 年第 2 期。

③　杨光斌：《用"国家治理"引领时代的话语权》，《北京日报》2014 年 8 月 4 日。

④　《习近平著作选读》第 1 卷，北京，人民出版社 2023 年版，第 179 页。

⑤　滕明政：《走向国家治理现代化的七个关键词》，载周敬青主编：《国家治理视角下的中外政党比较研究》，上海，上海人民出版社 2015 年版，第 41~58 页。

书记强调："不谋全局者，不足谋一域。"① 三是中国的国家治理不能犯方向性错误。改革、治理不是不允许犯错，正如习近平总书记所强调："金无足赤，人无完人。党员干部也不可能不犯错误，也难免会有这样那样的缺点和不足。"② 常言道，"船小好掉头"，而中国却是一艘巨型母舰，巨大的惯性会使航船难以调整航向，所以习近平总书记告诫全党："决不能在根本性问题上出现颠覆性错误，一旦出现就无法挽回、无法弥补。"③

（二）从西方本位的海外中国 / 中共研究到中国立场的中国国家治理

海外对中国 / 中共的研究最初起源于"冷战"的需要，开始关注中国的制度、领导人和意识形态等。事实上，除了 20 世纪三四十年代的埃德加·斯诺（Edgar Snow）和安娜·路易斯·斯特朗（Anna Louise Strong）等极个别人士外，大部分学者无法进入中国，因而他们的研究资料严重不足。更为重要的是，他们在研究中国时，自觉不自觉地使用研究苏联时所用的方法，这种思维惯性使海外的中国研究在某种意义上成了"克里姆林学"（Kremlinology）的一个变种——"北京学"（Pekingology）④。对中国尤其是毛泽东和毛泽东思想的研究在 1968 年"巴黎风暴"前后形成一股高潮。改革开放后，国外研究者可以较为便捷地进入中国，对中国的研究逐渐升温。苏联解体、东欧剧变后，对中国共产党领导的社会主义国家，外国人士也提出了不少批评。进入 21 世纪以来，中国的迅速崛起在世界范围内引起了广泛关注，吸引了大量学者的注意力，对中国 / 中共的研究也因此得到蓬勃发展。

海外中国国家治理研究是海外对中国 / 中共的研究中的重要组成部分，其研究的主旨并不是现代意义上的"多元共治"，相反，它关注的是中国国家运行（广义的治理），尤其是政治经济运行。至于是否在研究中使用"治理"这一名词，无关宏旨。因此，我们在选取资料时，并不要求文章中必须出现"治理"一词，而更多关注文章的内容是否与中国国家层面的运行有关。借此思考，在海外中国研究中，以下这些人物及其观点尤其值得注意。

1. "中国崩溃论"。苏联解体后，弗朗西斯·福山（Francis Fukuyama）

---

① 《习近平谈治国理政》第 1 卷，北京，外文出版社 2018 年版，第 88 页。

② 《端正行为"正衣冠"——三评开展党的群众路线教育实践活动》，《新华每日电讯》2013 年 6 月 21 日。

③ 《习近平谈治国理政》第 1 卷，北京，外文出版社 2018 年版，第 348 页。

④ 沈大伟、张小溪：《美国的中国研究六十年》，《国际社会科学杂志（中文版）》2009 年第 2 期。

的"历史终结论"一时间甚嚣尘上。在众多资本主义国家看来，社会主义中国步苏联后尘走向崩溃是迟早的事。但美欧人士的"预言"未成真，于是"中国崩溃论"一度消停了下来。2000年，托马斯·罗斯基（Thomas G. Rawski）在《中国 GDP 统计出了什么问题》一文中提出，中国经济增长统计数据存在水分。一篇"学术文章"沉寂两年后①，经《新闻周刊》，西方报纸、杂志、电视台等一窝蜂地报道，迅即引起了公众的注意。2001年7月，美国华裔律师章家敦（Gordon G. Chang）出版了《中国即将崩溃》一书，极言"中国崩溃论"。他认为，中国内部问题重重，其经济繁荣是虚假的。在他看来，与其说 21 世纪将是中国的世纪，还不如说中国正在崩溃。他甚至语出惊人地给出崩溃时间表——"中国现行的政治和经济制度顶多 10 年罢了。"②2002年2月2日，章家敦发表《入世效应冲击中国势必走向衰退》继续兜售他的"中国崩溃论"。2002年1月，美国乔·斯塔德维尔（Joe Studwell）出版《中国梦：寻找地球上最后一个没有开发的大市场》一书，继续从经济角度鼓噪"中国崩溃"，他宣称："几乎所有在中国投资的跨国公司都上当受骗了。西方对中国的巨额投资最终将化为泡影。"古德曼（Merle Goldman）和马诺德（Roderick Macfarquhar）认为，中国的制度结构难以应对改革所带来的巨大变化，国家体制的调整将会危及现有的统治秩序③。美国管理学家彼得·杜拉克（Peter F. Drucker）在《下一个社会》中预言：如果历史可以当作指引，10年内中国将分裂④。

2. "中国威胁论"。尽管有苏联解体的现实，有福山"历史终结论"的向导，但面对这个不解体、不崩溃的庞然大物，一些人还是放心不下。1990年8月，日本村井友秀（Tomohide Murai）发表《论中国这个潜在

---

① 当时正是"中国威胁论"大行其道的时候。罗斯基教授在接受赵忆宁采访时表示"2000 年初正式开始了这方面研究，到了 2002 年，我也不明白为什么，报纸、杂志、电视台一窝蜂地争相报道，这才引起了公众的注意"，"我没有什么政府背景，不是政治活动家。""客观上我的观点倒是有助于反驳'中国威胁论'，因为他们（美国政府）认为中国实力增长太快，会对美国造成威胁，而我认为中国的增长率没有他们想象的那么快。"2002 年风向大变，罗斯基的观点因为符合官方和媒体的口味，即"中国的经济即将崩溃"，于是 2002 年罗斯基的文章火了。参见赵忆宁：《中国 GDP 增长率之争》，《浙江日报》2002 年 4 月 29 日。

② ［美］章家敦：《中国即将崩溃》，侯思嘉、阎纪宇译，台北，雅言文化出版股份有限公司 2002 年版，第 8~18 页。

③ 宋琳、韩奇：《理解中国国家治理：体制、领导与过程——相关文献的回顾与讨论》，《西北大学学报（哲学社会科学版）》2014 年第 5 期。

④ 钱镇：《谁在高唱"中国崩溃论"？对几种常见的西方唱衰中国论调的辨析》，《国际展望》2003 年第 22 期。

威胁》一文，开始宣传中国是潜在威胁者而不是建设者。1992 年，美国的罗斯·芒罗（Ross H. Munro）在《正在觉醒的巨龙：亚洲真正的威胁来自中国》一文中指出："这一列宁主义的、资本主义的、扩张主义的和重商主义的中国现在渐渐对美国基本的经济和战略利益提出重大的挑战。"[①] 1992 年年底至 1993 年冬，以《东亚新安全议程》和《中国的崛起》的发表为标志，"中国威胁论"逐渐系统化[②]。1996 年，亨廷顿（Samuel Phillips Huntington）的《文明的冲突与世界秩序的重建》一文的发表，标志着"中国威胁论"的理论化。在他看来，"中国的崛起和这个'人类历史上最大竞争者'的日益自我伸张，就将在 21 世纪初给世界的稳定造成巨大的压力"[③]。"中国威胁论"大致从 3 个维度展开：第一个维度是意识形态，社会主义、共产主义始终是"自由世界"的"威胁"；第二个维度是历史恩怨，漫长的国界线以及由此而来的历史积怨和分歧，使得中国始终是周边国家的"威胁"；第三个维度是现实发展，随着中国综合国力的增强，出现了经济威胁、军事威胁、粮食威胁等多种版本的威胁论[④]。

3."中国模式论"。最早掀起这股潮流的是乔舒亚·库珀·雷默（Joshua Cooper Ramo）。2004 年，他发表的题为"北京共识"的研究报告宣称：与强调资本流动开放、私有化、自由化和透明化的"华盛顿共识"式的经济发展道路截然不同，中国通过艰苦努力、主动创新和大胆实践，摸索出一个适合本国国情的发展模式，他将这一模式称为"北京共识"。在约翰·奈斯比特（John Naisbitt）等看来："中国已经开始展示一种与西方不同的、诱人的发展模式……它不仅经济繁荣、政治稳定，而且在世界大舞台上坚定地呈现着自己的价值观。"[⑤] 遭受美欧新自由主义药方折磨的俄罗斯，其学者对中国模式满是溢美之词，直接称"中国模式：魅力难以抗拒"[⑥]。洛丽塔·纳波利奥尼（Loretta Napoleoni）直言"中国模式成为最大赢家"。在她看来，"中国成功地创立了一种以经济活动为基础的社会主义。这一制度与其他体系相比在促进经济发展和财富增长方面无疑更为

① 赵可金：《西方关于中国发展道路的偏见》，《红旗文稿》2009 年第 9 期。

② Ross H. Munro. Awakening Dragon: The Real Danger in Asia Is from China, *Policy Review,* 1992(62).

③ ［美］亨廷顿：《文明的冲突与世界秩序的重建》，周琪、刘绯等译，北京，新华出版社 2010 年版，第 361 页。

④ 王运祥：《"中国威胁论"析》，《国际观察》1996 年第 3 期。

⑤ ［美］约翰·奈斯比特、［德］多丽丝·奈斯比特：《中国大趋势：新社会的八大支柱》，魏平译，北京，中华工商联合出版社 2009 年版，第 6 页。

⑥ 张兴华：《当代中国国家治理》，上海，华东师范大学，2014 年。

成功，取得了令人震惊的成就"①。马丁·雅克（Martin Jacques）在其著作《当中国统治世界》一书中指出："中国的成功表明，中国的国家模式注定要在全球范围内尤其是发展中世界发挥强大的影响力……次贷危机中盎格鲁—美国模式的崩溃，将使中国模式适用于更多的国家。"在他看来，中国的成功不仅体现在经济上的成功，更体现在中国开辟了一条崭新的现代化之路，"中国的现代化之路将大大有别于西方。中国将从根本上推动世界变革，其深度远远超出过去两个世纪中任何新兴的全球大国。这种前景常常被大大低估"②。

当然，对中国模式不仅有赞美者，也有批评者，比如，美国左翼学者马丁·哈特·兰兹伯格（Martin Hart-Landsberg）和保罗·伯克特（Paul Brukett）就认为："中国的市场改革并不通往社会主义的复兴，而是通往彻底的资本主义复辟。"③澳大利亚学者罗文凯（Rowan Callick）认为中国成功的关键在于"经济自由＋政治压制"④，这一总结得到国际上许多学者的认同。虽然这些总结抓住某些关键性的表征，但实事求是地讲，这些批评者大多是用既有的理论来剪裁中国的现实，存在着严重的西方中心主义倾向。

4. 中国治学派⑤。费正清（John King Fairbank）在《中国：传统与变迁》一书中全景式地展现了从古代中国到中华人民共和国的变迁面貌。吉尔伯特·罗兹曼（Gilbert Rozman）认真研究了中国现代化的起步、彷徨、动摇、发展、挫折、再发展的艰难历程，其著作中很多观点对于西方人士"如实"了解中国具有重要作用。日本学者岛田虔次（Shimada Kenji）研究了"中国近代思维的挫折"这样一个饶有意思的话题。邹至庄（Gregory C. Chow）先后发表《中国经济》（1985）、《了解中国经济》（1994）、《中国的经济转型》（2002）、《认识中国》（2004）和《中国经济转型》（2005）等专著，聚焦中国经济改革，并向中国政府建言献策。科

①　[意]洛丽塔·纳波利奥尼：《中国道路：一位西方学者眼中的中国模式》，孙豫宁译，北京，中信出版社2013年版，第8页。

②　[英]马丁·雅克：《当中国统治世界：中国的崛起和西方世界的衰落》，张莉、刘曲译，北京，中信出版社2010年版，第123页。

③　Martin Hart-Landsberg, Paul Burkett. China and Socialism: Market Reforms and Class Struggle, *Monthly Review*, 2004, 56(3).

④　Rowan Callick. The China Model: Political Meritocracy and the Limits of Democracy, *The American,* 2007, 76(1).

⑤　"中国治学派"这一概念不是说只有这些学者是治学的，其作品是学术的，而只是表明这些学者及其作品较为冷静客观地分析中国，作者本人及其作品较少被政治炒作。虽然从某种程度上看，他们不火，作品传播范围也有限，但他们的作品在政治热潮消退之后，仍然有人问津，一些研究命题、思考方法、基本观点至今仍具有启迪意义。

斯（Ronald H.Coase）在《变革中国》（2013）一书中详述了中国走向现代市场经济的波澜历程。除了专家学者个人，海外一些知名机构也纷纷加入探寻中国发展秘密的队伍中。经合组织发布了《中国治理》研究报告；美国兰德公司定期发布中国现状分析报告，例如《未来机动性展望：2030年的中国情景》《中共的国际行为：积极参与、善用机会、手段多样》等；英国久负盛名的伦敦国际战略研究所定期举行包括中国在内的世界性问题的讨论，发布《军事力量对比》和《战略形势报告》等。

随着中国的崛起，海外对中国/中共研究的兴趣越来越浓，其成果更可谓汗牛充栋。但有3部作品非常值得一提。一是美国乔治·华盛顿大学（The George Washington University）政治学和国际关系学教授沈大伟（David Shambaugh）的《中国共产党：收缩与调适》一书。在书中，沈大伟明确表示：与一些中国观察家们认为"中国的共产主义政党—国家由于诸多体制性痼疾而正处在自由落体的过程中"相反，他认为中国共产党为了解决所面临的许多挑战，"正在进行相当（但不是完全）有效的调整和改革，它吸取了其他共产主义政党—国家失败的教训，正在积极主动地进行自我制度改革和建设，从而维护了它的政治合法性和权力"①。在他看来，中国未来将会走向一种"兼收并蓄型国家"②（新型的混合政治体制）。需要指出的是，沈大伟写这本书的时候，采访了中国许多政要和顶级学术机构的知名学者，因而这本书对中国很多问题的分析很中肯。但遗憾的是，沈大伟后来出于"政治目的"，竟然兜售起"中国威胁论"，以至于被称为政治"变色龙"。二是美国布鲁金斯学会（Brookings Institution）约翰·桑顿中国中心主任以及外交政策项目和全球经济与发展项目资深研究员李侃如（Ken Lieberthal）的《治理中国：从革命到改革》一书。在书中，李侃如坦陈"许多西方社会科学的概念模式并不适用于中国的经验"，很多人在理解中国时试图用一些相对简单的印象来描绘中国，形成一些片面的、脆弱的、刻板化的印象。因此，李侃如希望全面阐释影响中国长期发展"深层的历史、制度和文化力量，细致挖掘它们的动力与意蕴"③，然后来中国分析当前的问题与挑战。借此思考，该书以历史为线

① ［美］沈大伟：《中国共产党：收缩与调适》，吕增奎、王新颖等译，北京，中央编译出版社2012年版，第11页。

② ［美］沈大伟：《中国共产党：收缩与调适》，吕增奎、王新颖等译，北京，中央编译出版社2012年版，第250页。

③ ［美］李侃如：《治理中国：从革命到改革》，胡国成、赵梅译，北京，中国社会科学出版社2010年版，"前言"第6页。

索，有机融入了比较政治学的分析方法，博观约取式地介绍了中国的政治、经济、社会、对外关系等方面的变革历程，并在此基础上分析当今中国面临的一系列挑战和发展前景，比较冷静、比较中肯，以至于中国著名学者王缉思评价道，"本书观察中国政治的广阔视角，是国内外许多相关著作难以企及的"①。三是香港中文大学（深圳）讲座教授（原新加坡国立大学东亚研究所所长）郑永年的《中国模式：经验与困局》一书。该书是华人学者在国际社会热议"中国模式"时的主动回应。郑永年认为"中国模式的崛起不仅对中国未来的发展具有意义，对世界的发展尤其是对发展中国家的发展也具有参考意义。"②因此，他以问题为线索，注重对中国发展实践的观察（经验观察），致力于揭示中国模式到底是什么，它如何发展而来，它的未来会怎样；注重历史的角度和比较的角度，旨在从中国的视角（历史）和国际的视角（比较）详述了中国的政治改革、经济改革、社会改革的模式、经验、问题与对策。在郑永年看来，"在国家建设问题上，中国并没有什么模式可以仿效和追求。其他发展中国家所经历过的不可能在中国重复。国家建设的方方面面，我们也不可能把它们一一穷尽。但不管怎样，最重要的不是从任何主义出发，来做些无结果的理想的实践，而是要从中国的实际政治情形出发，对现行制度进行渐进式的重建"③。

通过以上分析，我们大致了解了海外中国／中共研究的几大主要流派，应该讲既有惊讶、震惊，也有欣赏、感谢，但更多的还是责任与使命。

震惊于西方所谓"中国／中共研究"中那种近乎偏执的"西方中心主义"，这一点尤其体现在"中国崩溃论""中国威胁论"上，只要中国与西方所信奉的价值观、所采取的发展道路不同，他们就自然而然地认为中国错了，中国这样是行不通的；即使"行得通"，也是不"道义"的，必然会"威胁"别国。然而现实很无情，凡是采取这种立场、观点、方法、标准去研究中国、预言中国的，结果往往都被"打脸"。

欣赏于西方海外中国／中共研究时的问题性、尖锐性、突破性，很多研究大都直奔问题而来，毫不客气地指出中国存在的弊端（尽管有些失之偏颇），但直面问题的勇气是我们很多国内研究者（尤其是体制内的一些研究者）需要学习的。正如毛泽东所言："调查就像'十月怀胎'，解决问

① ［美］李侃如：《治理中国：从革命到改革》，胡国成、赵梅译，北京，中国社会科学出版社2010年版，"序"第2页。

② 郑永年：《中国模式：经验与困局》，杭州，浙江人民出版社2010年版，"前言"第4页。

③ 郑永年：《中国模式：经验与困局》，杭州，浙江人民出版社2010年版，第54~55页。

题就像'一朝分娩'。"①结论是在研究的结尾而不是在研究之初就预设的。反观我们有一些学者（当然西方也有）先有结论，后找论据：如果结果与设想的不一致，就修改结论（如出于政治考量），这样是不利于发现真问题的。在这一点上我们应该感谢他们，尽管这可能并不是他们的本意。他们不同的观察问题的方式方法，为我们提供了另一扇观察中国的窗户；而治理活动中一些共性的规律问题的探讨，也对更好地推动中国的国家治理有一些助益。

立足于中国实践，担负起建构中国国家理论的历史重任。我们研究中国的问题就是为了解决中国的问题。西方的理论构想再美好、实践经验再丰富，也不能直接拿来套用，而必须按照中国的实际进行中国化的改造。所谓问题是具体不是抽象的，问题是变化的而不是僵死的，要更好地推动中国国家治理，在理论与实践的发展中当然要汲取别人的智慧和经验，但是"洋教条"还是休矣，"外国的月亮比中国圆"还是罢了，中国人要有足够的自信。正如习近平总书记所指出的："我们积极学习借鉴人类文明的一切有益成果，欢迎一切有益的建议和善意的批评，但我们绝不接受'教师爷'般颐指气使的说教！"②事实上，"当代中国的伟大社会变革，不是简单延续我国历史文化的母版，不是简单套用马克思主义经典作家设想的模板，不是其他国家社会主义实践的再版，也不是国外现代化发展的翻版，不可能找到现成的教科书"③。对此，我们应该以我们正在做的事情为中心，"着眼解决新时代改革开放和社会主义现代化建设的实际问题，不断回答中国之问、世界之问、人民之问、时代之问，作出符合中国实际和时代要求的正确回答，得出符合客观规律的科学认识，形成与时俱进的理论成果更好指导中国实践。"④

第三节 新中国成立以来中国国家治理的经验教训

治国不易，治理大国不易，治理社会主义大国更不易。正如邓小平所感慨的，"我们现在所干的事业是一项新事业……没有现成的经验可学，

① 《毛泽东选集》第1卷，北京，人民出版社1991年版，第110页。
② 《习近平谈治国理政》第4卷，北京，外文出版社2022年版，第11页。
③ 《习近平谈治国理政》第2卷，北京，外文出版社2017年版，第344页。
④ 《习近平著作选读》第1卷，北京，人民出版社2023年版，第14页。

我们只能在干中学，在实践中摸索。"①新中国成立70多年来，以毛泽东、邓小平、江泽民、胡锦涛等同志为代表的中国共产党人，不断探索社会主义中国的治理之路，有辉煌成就也有严重失误，有狂飙突进也有循序渐进。总结这些艰辛探索中的经验教训对于更好地推进新时代中国国家治理现代化无疑具有十分重要的意义。

一、一切从实际出发

早在革命战争年代，毛泽东就曾指出："认清中国社会的性质，就是说，认清中国的国情，乃是认清一切革命问题的基本的根据。"②新中国成立后，党的八大准确地把握了当时中国的基本国情，郑重提出，"国内主要矛盾已经不再是工人阶级和资产阶级的矛盾"③，强调："我们国内的主要矛盾，已经是人民对于建立先进的工业国的要求同落后的农业国的现实之间的矛盾，已经是人民对于经济文化迅速发展的需要同当前经济文化不能满足人民需要的状况之间的矛盾。"④由此，任务也非常明确，就是要集中力量发展社会生产力，实现国家工业化，逐步满足人民日益增长的物质和文化需要。然而遗憾的是，1958年，党的八大二次会议改变了党的八大关于社会主要矛盾的正确判断，提出："在社会主义社会建成以前，无产阶级同资产阶级的斗争，社会主义道路同资本主义道路的斗争，始终是我国内部的主要矛盾。"⑤对中国国情和社会主要矛盾认识的偏差，"使党、国家、人民遭到新中国成立以来最严重的挫折和损失，教训极其惨痛"⑥。

事实上，任何治理活动都遵循着"国情—任务—举措"的基本逻辑。国情（或曰实际）是起点，如果起点错了，那么很难保证后面不会出错。所以，科学的国家治理一定要首先正确地把握实际，确定国家治理的问题域，以问题为导向，抓住关键矛盾，确定主要任务，制定有效举措。党的十一届三中全会以后，我们党科学分析我国社会主义初级阶段基本国

①《邓小平文选》第3卷，北京，人民出版社1993年版，第258~259页。

②《毛泽东选集》第2卷，北京，人民出版社1991年版，第633页。

③《中共中央文件选集（一九四九年十月—一九六六年五月）》第26册，北京，人民出版社2013年版，第254页。

④《中共中央文件选集（一九四九年十月—一九六六年五月）》第24册，北京，人民出版社2013年版，第248页。

⑤《中共中央文件选集（一九四九年十月—一九六六年五月）》第28册，北京，人民出版社2013年版，第6页。

⑥《中共中央关于党的百年奋斗重大成就和历史经验的决议》，北京，人民出版社2021年版，第14页。

情，肯定了党的八大的正确提法并作了进一步精简和提炼，提出"我国社会的主要矛盾是人民日益增长的物质文化需要同落后的社会生产之间的矛盾"①，作出了把党和国家工作中心转移到经济建设上来，实行改革开放的历史性决策，在这一正确的目标引领下，我国的经济和社会发展取得了一系列历史性的成就。我国国内生产总值由 1978 年的 3679 亿元增长到 2023 年的 126 万亿元，中国稳居世界第二大经济体、制造业第一大国、货物贸易第一大国、外汇储备第一大国。习近平总书记在庆祝改革开放40 周年大会上自豪地宣布："中国人民在富起来、强起来的征程上迈出了决定性的步伐！"②在庆祝中国共产党成立 100 周年大会上的讲话中，更是进一步提出："实现中华民族伟大复兴进入了不可逆转的历史进程！"③因此，我们应该格外重视从实际出发、解决突出矛盾的治国经验。根据中国新的发展实际和党的十九大对我国社会主要矛盾作出的新判断，更好地指引新时代的中国国家治理。

二、重视制度建设

要真正把依法治国这个治国方略落细落小落实，这是反思毛泽东同志晚年错误而得出的最深刻教训。这里的制度建设不仅包括制度创立，更包括制度执行，而且强调一定要把两者结合起来。这是防止毛泽东同志晚年错误的根本方法。因为，我们明显看到，毛泽东同志前期也非常重视民主法治，例如，他主持制定过《中华苏维埃共和国宪法大纲》，他提出"废止国民党一党专政"，建立各革命阶级的民主联合政府④。延安"窑洞对"更是给出了跳出历史周期率的一条新路——民主。"只有让人民来监督，政府才不敢松懈。只有人人起来负责，才不会人亡政息。"⑤后来，他主持制定了具有临时宪法性质的《中国人民政治协商会议共同纲领》，尤其是花了非常多的时间和精力主持制定了中华人民共和国第一部宪法。所以，"毛泽东在前期并非法律虚无主义者，而且其法制观念也是同民主政治相结合的"⑥。遗憾的是，毛泽东同志在晚年却"违反了他自己正确的东

---

① 《十二大以来重要文献选编》（上），北京，中央文献出版社 1986 年版，第 65 页。
② 《十九大以来重要文献选编》（上），北京，中央文献出版社 2019 年版，第 725 页。
③ 《习近平著作选读》第 2 卷，北京，人民出版社 2023 年版，第 480 页。
④ 《毛泽东选集》第 2 卷，北京，人民出版社 1991 年版，第 690 页。
⑤ 黄炎培：《80 年来》，北京，中国文史出版社 1982 年版，第 157 页。
⑥ 郭道晖：《毛泽东邓小平治国方略与法制思想比较研究》，《法学研究》2000 年第 2 期。

西"①，放弃了他的一些正确主张。

所以，我们不由得想起邓小平同志那句关于制度对人影响的名言——"制度好可以使坏人无法任意横行，制度不好可以使好人无法充分做好事，甚至会走向反面。"②不由得感慨，一定要制定好制度，一定要落实好制度。对此，习近平总书记在"不忘初心、牢记使命"主题教育总结大会上特别指出："我们党是吃过制度不健全的亏的。党的十八大以来，党中央坚持制度治党、依规治党，努力构建系统完备、科学规范、运行有效的制度体系，把全面从严治党提升到一个新的水平。"③因此，在新时代中国国家治理中，习近平总书记不仅重视建设好的制度，而且强调要把制度执行好，使纪律真正成为带电的"高压线"，使制度成为硬约束而不是"橡皮筋"。党的二十届三中全会通过的《中共中央关于进一步全面深化改革　推进中国式现代化的决定》明确将"坚持以制度建设为主线"作为进一步全面深化改革的"六条原则"之一，要求"加强顶层设计、总体谋划，破立并举、先立后破，筑牢根本制度，完善基本制度，创新重要制度"④。

三、规范运动式治理

运动式治理，通常指的是"执政党和国家官僚组织依托发达的宣传和组织系统，通过政治动员的方式集中社会资源，以实现国家各种治理目标，进而达成国家各项治理任务的治理方式"⑤。就其本义来说，它是一个中性名词，但存在被"污名化"的问题——好像一谈到运动式治理，就要搞政治运动。其实运动式治理绝无此意。当下中国国家治理对"运动式治理"的路径依赖，在相当程度上还是源于这种治理模式的有效性。一是雷厉风行，见效快。例如，2009 年在全国开展的整治互联网低俗之风专项行动中，仅用短短 4 个月时间，就依法关闭了 1518 家传播淫秽色情和低

---

① 《邓小平文选》第 2 卷，北京，人民出版社 1994 年版，第 298 页。

② 《邓小平文选》第 2 卷，北京，人民出版社 1994 年版，第 333 页。

③ 《习近平谈治国理政》第 3 卷，北京，外文出版社 2020 年版，第 543 页。

④ 《中共中央关于进一步全面深化改革　推进中国式现代化的决定》，《人民日报》2024 年 7 月 22 日。

⑤ 参见曹龙虎：《国家治理中的"路径依赖"与"范式转换"：运动式治理再认识》，《学海》2014 年第 3 期；唐皇凤：《常态社会与运动式治理——中国社会治安治理中的"严打"政策研究》，《开放时代》2007 年第 3 期；冯志峰：《中国运动式治理的定义及其特征》，《中共银川市委党校学报》2007 年第 2 期。

俗信息的违法网站[①], 极大地优化了网络环境, 收效非常明显。二是经验丰富, 运用熟。中国共产党已经形成了一套运用娴熟的运动式治理模式, 特别体现在扫黄打非, 以及扫黑除恶专项斗争中, 当然还有生态环境治理行动、重大安全事故专项治理等。三是资源整合, 补短板。改革开放以来, 尽管国家治理能力和水平有了很大的提升, 但对于中国这样一个大国来说, 中国的社会资源总量却相对有限, 而"一个国家治理方式的选择与治理能力的高低受制于现有国家治理资源的贫弱, 任何社会的调控形式的选择取决于社会资源总量所能允许的程度"[②]。运动式治理做出务必执行的指令, 能够在短时间内把有效的资源整合起来, 从而克服官僚主义的惰性与阻挠, 改善制度执行不力的状况。

当然, 如同任何一种制度都不可能尽善尽美, 运动式治理也有不足。一是运动式治理无法实现长效治理。这种"头痛医头、脚痛医脚"的治理模式往往"按下葫芦浮起瓢", 而且很容易助长投机主义心理, 觉得"谁遇上, 谁倒霉; 没遇上, 就赚了"[③]。二是运动式治理无助于引导民众理性的政治参与。运动式治理往往夸大了群众参与的作用, 寄希望于一次性解决问题, 从而为治理本身注入了过多非理性的因素[④]。当运动掀起时, 民众政治参与热情高涨, 但如果一而再再而三的运动并不能带来根本的改善, 就会消解民众的政治参与热情, 进而造成政治冷漠。三是运动式治理损害国家的制度化调控体系——官僚行政管理系统。尽管官僚系统在某种程度上存在着"效率低下, 甚至出现寻租、腐败等现象"[⑤], 而运动式治理虽然在某种程度上有助于解决官僚行政管理系统的弊端, 但却是以损害官僚行政管理系统的独立性和专业性为代价的。因此, 一定要规范运用运动式治理, 把它纳入法律框架内, 使其作为依法治国条件下一种非常态的治理手段, 防止演变成大规模的群众运动。要时刻提防运动式治理所隐含的"感情用事、丧失理性、主观随意、违背规律等破坏性特质"[⑥]。

但与此同时, 不能因为运动式治理存在一些问题, 就"把小孩同脏

① 《中国关闭数千家违法网站》, http://www.chinanews.com/it/itxw/news/2009/03-11/1598209.shtml。
② 王沪宁: 《社会资源总量与社会调控: 中国意义》, 《复旦学报 (社会科学版) 》1990年第4期。
③ 郎友兴: 《中国应告别 "运动式治理"》, 《同舟共进》2008年第1期。
④ 藏雷振: 《国家治理现代化: 理论认知、历史阐释及其实现路径》, 载张明澍、田改伟、陈海莹: 《国家治理问题研究》, 北京, 中国社会科学出版社2015年版, 第11~27页。
⑤ [英] 戴维·毕瑟姆: 《官僚制》, 韩志明、张毅译, 长春, 吉林大学出版社2005年版, 第10页。
⑥ 方盛举: 《对1949—1978年国家治理的反思》, 《云南行政学院学报》2015年第1期。

水一起倒掉"①。运动式治理所内在的组织动员力、组织调控力正是中国共产党作为马克思主义政党所特有的组织优势。很难想象放弃这种组织优势的中国共产党会在短时间内取得抗击新冠疫情的伟大胜利。因此，我们不能自废武功，而应该发扬长处，克服不足，要将运动式治理纳入制度的框架内，实行规范化运作，更好地发挥其应有的作用。当然，基于"文化大革命"的教训，当下运用运动式治理实际上已经尽可能地淡化政治色彩，不搞政治运动，这里所说的"政治"主要是指敌我矛盾，正如德国学者卡尔·施米特（Carl Schmitt）在《政治的概念》一书中所言："所有政治活动和政治动机所能归结成的具体政治性划分便是朋友与敌人。"②这里毫无阶级斗争熄灭论的意味，而只是强调要正确处理人民内部矛盾，不要把人民内部矛盾激化成敌我矛盾，要时刻谨防把阶级斗争扩大化。

四、重视道德教育

治理国家不仅要靠法治，也要靠德治。制度建设具有滞后性，并且制度如果没有道德浸润，难免会有一些人去钻制度的空子，使得制度难以发挥出应有的功效。毛泽东十分重视道德在国家治理中的作用，所以他倡导人们做一个"全心全意为人民服务"的人，"一个高尚的人，一个纯粹的人，一个有道德的人，一个脱离了低级趣味的人，一个有益于人民的人"。③在毛泽东看来，"榜样具有一般和理论宣传教育手段所不能比拟的、巨大的潜移默化的道德感召作用"④。因此，他特别重视发现榜样、树立榜样。在革命年代，他号召全党全军学习白求恩的"毫不利己、专门利人"的国际共产主义精神，学习刘胡兰"生的伟大，死的光荣"的革命大无畏精神，学习张思德做一个"全心全意为人民服务"的人。在和平时期，他号召学习"出差一千里，好事做了一火车"的雷锋，学习战天斗地的铁人王进喜，学习"心中装着别人，惟独没有自己"的人民好干部焦裕禄⑤，等等。道德教育、榜样示范虽然不是万能的，但它对于维系良好的社会公德和社会秩序具有独特的、不可或缺的作用，并在某种意义上"达到了以

---

① 《列宁全集》第 60 卷，北京，人民出版社 2017 年版，第 76 页。
② ［德］卡尔·施米特：《政治的概念》，刘宗坤、朱雁冰等译，上海，上海人民出版社 2014 年版，第 30 页。
③ 《毛泽东选集》第 2 卷，北京，人民出版社 1991 年版，第 660 页。
④ 段凤龙：《试论毛泽东的榜样教育》，《内蒙古财经学院学报（综合版）》2007 年第 2 期。
⑤ 王丽荣：《试论毛泽东的榜样教育——从学习雷锋好榜样谈起》，《毛泽东思想研究》2003 年第 6 期。

德治国的目的"①，这也正是现在人们普遍认为毛泽东时代人们善良淳朴、道德高尚、大公无私的重要原因之一。

同毛泽东一样，邓小平也非常重视用道德理想来治国，例如，他强调培育"四有新人"，倡导学习张海迪，要求"两个文明"一起抓，等等。江泽民注重从中华民族的传统美德中汲取营养，强调要发挥英雄模范人物的榜样力量，树立了徐虎、徐洪刚、李素丽等榜样。尤其值得一提的是，江泽民明确提出"以德治国"的概念，并将"以德治国"与"依法治国"一起提到了国家治理的高度。胡锦涛也非常重视道德建设和道德教育，不仅发掘了郭明义、沈浩、杨善洲等先进典型，而且还提出了"社会主义荣辱观""社会主义核心价值体系"等重要思想，直接启迪新时期国家治理必须重视以社会主义核心价值观为内核的德治。

第四节　新时代中国国家治理研究的基本界定

国家治理是一个宏大的命题，选取什么样的角度切入尤为重要。从纵向的历史视角来看，本书选取党的十八大以来的中国国家治理作为研究对象，体现出时代性，揭示新时代中国国家治理的新问题、新发展、新经验。从横向的国别视角来看，本书立足中国实际，体现出本土性，表明以我为主、为我所用的研究取向。从理论阐述的角度来看，本书采用结构分析的方法，体现出整体性，抓住新时代中国国家治理的骨干性内容而不是面面俱到，避免为了所谓精确性而失去视野。

一、研究的历史方位：新时代

中国特色社会主义进入新时代，这是党中央关于中国发展历史方位的重大判断，本书的研究就是基于这样一种时空背景。新时代"新"在哪里？大致来说，体现在以下几个方面。

（一）新的发展阶段

我国已经从"未发展起来"的阶段进入"发展起来"的阶段。其中最突出的就是经济发展实现历史性的飞跃。1978 年的 GDP 仅有 3679 亿元，而 2023 年达到 126 万亿元，稳居世界第二位；人均 GDP 从 1978 年

---

① 徐彤宇、肖林：《江泽民对毛泽东治国方略的继承与发展》，《甘肃社会科学》2006 年第 3 期。

的 385 元增长到 2023 年的 8.94 万元。中国的综合国力与美国的差距越来越小。这些成就都是我们能够非常直观感受到的，它不但意味着中国国家治理模式的初步成功，而且意味着新时代中国国家治理拥有的可支配资源远非之前可比。当然正如邓小平当年所言："发展起来以后的问题不比不发展时少。"①改革进入深水区、无人区，必须勇于改革、稳妥改革，才能更好地推动中国国家治理行稳致远。

（二）新的主要矛盾

经过长期努力，我国长期所处的短缺经济和供给不足状况已经发生根本性转变，220 余种产品产量居全球第一位，已经不是"落后的社会生产"了。与此同时，人民群众的需要在领域和重心上已经超出物质文化的范畴和层次，不单单是"物质文化需要"了，而是全方位的美好生活需求。因此，党的十九大郑重提出，新时代我国社会主要矛盾是"人民日益增长的美好生活需要和不平衡不充分的发展之间的矛盾"②。新的社会主要矛盾要求新时代中国国家治理在继续发展追求上作出相应的调整，不仅要继续做大"蛋糕"，而且要努力分好"蛋糕"，让人民共同享受改革发展的成果，更好地感受到社会主义的公平正义。

（三）新的奋斗目标

实现现代化是我们一直以来的不懈追求，从新中国成立后我们提出分两步走实现"四个现代化"，到改革开放以后我们提出"三步走"战略和"新三步走"战略实现现代化。起初的目标是到 21 世纪中叶基本实现现代化，党的十九大进一步提出提前 15 年基本实现现代化的奋斗目标。而到 21 世纪中叶则要全面建成社会主义现代化强国，突出了"全面"和"强"，而不仅仅是一般的现代化国家。这一目标既令人激动，更催人奋进。中华民族伟大复兴战略全局对新时代国家治理提出了更高的要求，不仅要如期实现第一个百年奋斗目标——全面建成小康社会（目前已经实现），更要接续奋斗、乘势而上确保如期实现第二个百年奋斗目标——全面建成社会主义现代化强国。征途漫漫，惟有奋斗。

（四）新的国际环境

"当今世界正经历百年未有之大变局"③是党中央对新时代国际环境的重大判断。世界经济中心自西向东转移，国际力量"南升北降"，科技和

---

① 《邓小平年谱（一九七五——一九九七）》下卷，北京，中央文献出版社 2004 年版，第 1364 页。
② 《习近平谈治国理政》第 3 卷，北京，外文出版社 2020 年版，第 9 页。
③ 《习近平谈治国理政》第 4 卷，北京，外文出版社 2022 年版，第 424 页。

产业加速迭代并深刻改变人们生产生活和思维方式，全球治理体系更加呼唤公平正义，人类命运更加休戚与共。而"中华民族伟大复兴，是造成世界百年未有之大变局的重要原因"①。这一方面表明中国实力增强，日益走近世界舞台中央，作用和影响力日益增大；另一方面也意味着，中国日益成为世界矛盾的中心，"树大招风"效应日益显现，需要倍加谨慎和小心。百年变局对新时代中国国家治理来说，更需要稳住阵脚，千万不能因为成绩而飘飘然，要警惕"捧杀"；更不能因为被人打压和遏制就一味妥协退让，要增强斗争意识和斗争本领，抵御任何"棒杀"。我们要全力把自己的事情办好，在此基础上，积极推动国际政治经济向着更加公平、更加公正的方向发展，努力构建人类命运共同体。

（五）新的指导思想

一代人有一代人的使命任务，一代人也需要一代人的指导思想。时代在发展，以与时俱进的理论创新成果武装头脑是中国共产党不断发展壮大的重要法宝。习近平新时代中国特色社会主义思想对新时代的"主义""国家"和"政党"等重大时代课题作出科学系统的回答②，成为新时代的指导思想。因此，新时代中国国家治理，必须坚持习近平新时代中国特色社会主义思想这个马克思主义中国化时代化的最新成果，尤其要全面学习贯彻"十个明确""十四个坚持""十三个方面成就"等内容。我们要学习吸收西方治理思想中的精华，但一定根据中国的实际情况应用之，而不是借此否定党的领导。"党的领导是中国特色社会主义最本质的特征"③，这是习近平新时代中国特色社会主义思想"十个明确"之首。不学习和贯彻新的指导思想，新时代中国国家治理极容易走偏，甚至会成为西方理论的"跑马场"。

（六）新的政党面貌

"中国共产党是中国特色社会主义事业的领导核心，处在总揽全局、协调各方的地位。"④因此，党自身的状态将直接影响中国特色社会主义事

---

① 《习近平新时代中国特色社会主义思想学习问答》，北京，学习出版社、人民出版社2021年版，第44页。

② 习近平总书记就新时代坚持和发展什么样的中国特色社会主义、怎样坚持和发展中国特色社会主义，建设什么样的社会主义现代化强国、怎样建设社会主义现代化强国，建设什么样的长期执政的马克思主义政党、怎样建设长期执政的马克思主义政党等重大时代课题，提出一系列原创性的治国理政新理念新思想新战略。参见《中共中央关于党的百年奋斗重大成就和历史经验的决议》，北京，人民出版社2021年版，第25~26页。

③ 《十八大以来重要文献选编》（中），北京，中央文献出版社2016年版，第298页。

④ 《习近平谈治国理政》第2卷，北京，外文出版社2017年版，第128页。

业是否能够顺利发展。新时代坚持全面从严治党、推进党的自我革命，特别是以雷霆万钧之力"打虎""拍蝇""猎狐"，"反腐败斗争取得压倒性胜利并全面巩固"①，党的建设新的伟大工程成效斐然，实现党的革命性重塑。此外，加强和改进党的领导方式和执政方式，党的科学执政、民主执政和依法执政的能力和水平不断提高，党的面貌焕然一新。"全面建设社会主义现代化国家、全面推进中华民族伟大复兴，关键在党。"②新时代中国国家治理要把党建设得更加坚强有力，始终成为中国特色社会主义领导核心，充分发挥先锋队作用，以优良的党风政风带动民风社风改善，以党的伟大自我革命推动伟大社会革命，推动实现中华民族伟大复兴。

二、研究的立足点：中国

源自西方的治理思想引入中国必须进行中国化的改造，以更好地适应中国国情、指导中国实践发展。因此，中国的国家治理思想与西方的国家治理思想既有相同的地方又有不同的地方。具体来讲，中国国家治理和西方治理的不同表现在以下 8 个方面，如表 0-6 所示。

表 0-6　中国国家治理与西方治理的比较

	西方治理	中国国家治理
治理侧重的主体	非政府组织（NGO）	政党（尤其是中国共产党）
治理特点	分权基础上的多元共治	政党有力地领导治理
治理模式	法治	法治＋组织动员（组织化调控）
治理手段	市场	市场＋国家／政府
对待 NGO 态度	政府购买 NGO 服务	政府购买 NGO 服务＋NGO 可控发展
治理体制	分权制衡，各司其职	民主集中，综合协调
民主观念	民主	全过程人民民主
治理目标	缺乏长远目标	有明确的长远目标

资料来源：笔者根据现有资料汇总。

（一）治理主体

西方特别强调政府之外的第三方（尤其是非政府组织）的作用，在

---

① 《习近平著作选读》第 1 卷，北京，人民出版社 2023 年版，第 13 页。
② 《习近平著作选读》第 1 卷，北京，人民出版社 2023 年版，第 52 页。

"小政府、大市场"的观念浸润中，詹姆斯·N. 罗西瑙更是提出"没有政府的治理"①的主张。而中国的国家治理，自始至终都强调一个前提——坚持中国共产党的领导。中国国家治理的主体首先强调的是党和政府，而不是党外组织。值得注意的是，随着人们对治理概念认识的提高，人们将越发深刻地认识到"没有政府的治理"只是一种理论假设②，在当代"没有国家或政府的治理是难以实现的"③。因此，对于中国来说，无论基于中国独特的国情，还是基于中西方有效的治理实践，党和政府都是国家治理最重要的主体。

（二）治理特点

尽管中西方治理都肯定了多元治理，并在一定程度上都给予多元治理主体相对独立的地位和权力。但相比较而言，西方政府以外的其他治理主体在谋求与政府相对平等地进行治理方面取得较大"进展"，在某种程度上能够"平等"地进行参与式治理或合作治理，并且对政府的依赖程度相对有限。而中国更强调要毫不动摇地坚持党的领导，国家治理是"党领导人民治理国家"。从某种意义上，甚至可以说，党和政府不可能给予其他治理主体同自己一样的地位，不可能接受平起平坐；中国的国家治理主体是有层级的，处于第一层级的必须是党和政府，即"国家、执政党和政府，依然会在整个治理结构中起着核心的作用"④，其他主体作为中国国家治理的重要参与者，甚至是党和政府治理的协助者和补充者。换句话说，中国强调党和政府要首先提升自己的治理能力以更好地带领其他主体开展好治理活动，而不是"退居二线"，让非政府组织等其他主体"唱主角"。

（三）治理模式

中西方治理都肯定了法治在现代国家治理中的作用。但中国国家治理更强调体现马克思主义政党优势的组织动员能力不能丢。中国国家治理，一方面，遵从法律的规定，强调法律是治国之重器，要坚持依法治国、依规治党；另一方面，强调发挥党组织快速反应、主动调适等方面的

---

① 詹姆斯·N. 罗西瑙在《没有政府的治理》一书中指出，治理指的是对于政府管理没有触及的领域，社会系统承担起管理职能，它既涉及政府机制，也包括非正式、非政府机制，随着治理范围的扩大，各类社会组织以及成员得以借助这些机制满足各自的需要、实现各自的愿望，治理表现出社会自主性的特点。参见［美］詹姆斯·N. 罗西瑙：《没有政府的治理》，张胜军、刘小林等译，南昌，江西人民出版社 2001 年版，第 5 页。

② 范逢春：《国家治理现代化的价值反思与标准研判》，《东南学术》2014 年第 6 期。

③ 赵龙跃：《全球化新趋势下的中国国家治理》，《国家治理》2014 年第 10 期。

④ 胡伟：《国家治理体系现代化与政治发展》，《解放日报》2014 年 6 月 14 日。

优势，使中国能够在短时间内完成重大突发事件的应对工作。这一点通过比较中国政府的汶川地震救灾与美国政府的"卡特里娜"飓风救灾，以及中西方在抗击新冠疫情期间的表现，就可以非常清晰地看出中西方国家治理模式的差异。

（四）治理手段

虽然中西方治理都注重运用政府和市场，但总的来讲，西方对政府持天然的警惕态度，只要能少用就少用，甚至衍生出"市场原教旨主义"等极端思想。而中国的国家治理，从一开始就强调政府这只"手"不能丢，"两手都要硬"。例如，在中国社会主义市场经济建立之初，江泽民就曾明确指出："我们搞的是社会主义市场经济，'社会主义'这几个字是不能没有的，这并非多余，并非'画蛇添足'，而恰恰相反，这是'画龙点睛'。所谓'点睛'，就是点明我们市场经济的性质。"[1]同样，党的十八届三中全会虽然提出"使市场在资源配置中起决定性作用"[2]，把市场的地位摆得很高；但接着又强调"更好发挥政府作用"[3]，不能忽视政府的作用，即我们坚持"有效市场"＋"有为政府"。实践证明：两条腿走路比一条腿走路，走得更稳、走得更快。

（五）对待NGO态度

中西方治理都接受了政府购买NGO服务这一理念。但总的来讲，对待NGO，西方是支持大于控制，而中国则是鼓励与管理（甚至控制）同步。一方面我们强调激发NGO等社会组织的活力，不但提出"适合由社会组织提供的公共服务和解决的事项，交由社会组织承担"[4]，还提出要"重点培育和优先发展行业协会商会类、科技类、公益慈善类、城乡社区服务类社会组织"[5]，从而为NGO在中国的发展提供了相对良好的条件。另一方面强调加强对NGO等社会组织的有效管理，引导它们依法有序开展活动，而不是放任自流。尤其值得注意的是，中央特别提及要加强对"在华境外非政府组织的管理"[6]。中国一直奉行不干涉他国内政的外交政策，因此不会借NGO干涉他国内政；而西方尤其是美国频频干涉他国内政，很多非政府组织其实一点也不非政府，例如，美国国家民主基金

---

① 《江泽民论有中国特色社会主义（专题摘编）》，北京，中央文献出版社2002年版，第69页。
② 《十八大以来重要文献选编》（上），北京，中央文献出版社2014年版，第513页。
③ 《十八大以来重要文献选编》（上），北京，中央文献出版社2014年版，第513页。
④ 《十八大以来重要文献选编》（上），北京，中央文献出版社2014年版，第539~540页。
⑤ 《十八大以来重要文献选编》（上），北京，中央文献出版社2014年版，第540页。
⑥ 《十八大以来重要文献选编》（上），北京，中央文献出版社2014年版，第540页。

会（The National Endowment for Democracy，NED）就是美国政府尤其是美国中央情报局（Central Intelligence Agency，CIA）的"白手套"。所以，中国政府谨慎对待 NGO 是很有道理的。

（六）治理体制

西方大多数国家奉行的是"分权制衡"，强调以权力制约权力才能真正约束住权力，在这方面西方国家确实有些经验。但不得不承认，这种分权制衡极易走形，出现互相推诿扯皮、效率低下等问题。更为严重的是，它形成了福山所谓的"否决政治"[1]。而且对非政府组织的强调，事实上形成了社会中心主义的体制运行模式，使权威的运行呈现碎片化[2]的态势。这样一来，国家"高层"内斗，例如，特朗普与拜登公开"斗嘴"，甚至人身攻击；国家"基层"分散，例如，新冠疫情期间，美国一些州竟然拦截其他州的防疫物资。长此以往，很难产生良好的治理效果。但中国文化里的"大一统"思想影响很大，在中国权力的分立则会导致分裂，这是被历朝历代的中国历史证明了的。所以，新时代中国国家治理在体制上仍然坚持的是民主集中制，强调在中国共产党的统一领导下，由其来综合协调中国各方力量，并以"先锋队"的模范作用和楷模榜样的引领作用带领全国人民朝着一致的目标前进。

（七）民主观念

中西方治理都很重视民主。但中西方在具体操作上则不尽相同。西方将"选举至上主义"发挥得淋漓尽致，认为没有选举就没有民主可言，积极组织选举，同时大力发动各种非政府组织监督国内选举。此外，美国也经常利用选举达到煽动他国"颜色革命"的目的。而在中国的国家治理中，选举只是人民当家作主的一种方式，中国历来就主张"选贤任能"，实行选举与选拔相结合的民主制度。在中国共产党看来，仅仅有选举这种表面的"代表性"并不够，治理要想取得实效，就必须具有回应性[3]。正如习近平总书记所言："民主不是装饰品，不是用来做摆设的，而是要用来解决人民需要解决的问题的。一个国家民主不民主，关键在于是不是

---

[1]　福山认为，美国宪法通过一系列制衡手段限制了行政权力，但这些制衡已经发生变异，从而形成了"否决政治"（Vetocracy）的怪象，两党热衷于滥用各种制度杠杆为对方设置障碍，"为斗争而斗争""为反对而反对"，极大地降低了国会和政府运行效率，甚至出现了政府"关门"这样的"奇事"。参见 Francis Fukuyama, Oh for a Democratic Dictatorship and not a Vetocracy, *Financial Times*, 2011-11-23。

[2]　陈亮：《西方治理理论的反思及中国国家治理现代化的经验借鉴》，《内蒙古社会科学（汉文版）》2015 年第 6 期。

[3]　王绍光：《国家治理》，北京，中国人民大学出版社 2014 年版，第 429~431 页。

真正做到了人民当家作主，要看人民有没有投票权，更要看人民有没有广泛参与权；要看人民在选举过程中得到了什么口头许诺，更要看选举后这些承诺实现了多少。"① 因此，中国共产党探索形成了全过程人民民主②。

（八）治理目标

美国、欧盟等的国家治理虽然在领导人任期内会有施政纲要，但总的来讲缺乏明确的长期目标，无论是宪法还是施政纲领，对此都没有明确的表述。我们司空见惯的是这些国家多党轮流坐庄所带来的政策上的"翻烧饼"，特别是"否决政治"使得这些国家政策的生命力极其堪忧。例如，美国第45任总统特朗普一上台就废除了前任总统奥巴马千辛万苦才争取通过的医保法案。中国则大为不同，不仅通过五年规划表明阶段性目标，通过十年规划、二十年规划表明中长期目标，而且通过《中国共产党章程》表达实现中华民族伟大复兴、实现共产主义等长远目标③。更重要的是，当我们把视野拉长，中国共产党已经走过百年岁月，但"为中国人民谋幸福、为中华民族谋复兴"的初心使命从未改变。

总之，中国国家治理汲取了西方国家治理的"多元共治"思想，这种汲取主要表现在肯定多元主体的作用，并积极鼓励多元主体参与到国家治理中。但又对其进行了中国化的改造，这种改造突出体现在，中国国家治理中的政党（包括政府）仍然起着领导作用，从而能有效防止治理上的"无政府主义"，但这个"领导"已不再仅靠强力，而更多的是依靠自身的先进性所形成的吸引力、共同事业的感召力。即是说在中国国家治理中，多元是前提，党政是多元主体的领导力量，其能力提升才是更为关键的。所以，理解中国的国家治理思想应该树立中国本位思想，注重中国实际、中国经验、中国问题的表达，而不应该简单地拿西方治理理论硬套中国实践，更不能将中国的国家治理等同于西方的治理。

三、研究对象的选择：国家治理体系和治理能力

通常来讲，治理活动指向谁，谁就是治理对象。例如，治理国家，国家就是治理对象；治理工业、农业、服务业，工业、农业、服务业就是治理对象。然而国家是一个综合体，这也就决定了治理对象的复杂性、综合性、多样性。中国的理论研究者们提出了国家治理的"七大领

---

① 《习近平谈治国理政》第4卷，北京，外文出版社2022年版，第258~259页。
② 《习近平谈治国理政》第4卷，北京，外文出版社2022年版，第9页。
③ 胡鞍钢：《从国家治理角度看中国的制度优势》，《求是》2014年第12期。

域"① "十五方面" "十六方面" "十九方面"，甚至 "三十方面" 等学说
（见表 0-7）。特别是有人建议以经济、政治、文化、社会、生态文明 "五
位一体" 总体布局 + 军事、外交、党建等基本领域 / 模块建构研究框架。
尽管这种 "领域说"（或称为 "五 +N" 的基本研究范式）被同一主题的
不少研究成果采用，例如党代会报告，以及《习近平新时代中国特色社会
主义思想学习纲要》《习近平新时代中国特色社会主义思想三十讲》等学
习读物和研究材料。尽管这种从具体领域来理解治理对象的想法比较直观
也较为普遍，但其实可以这样想却难以这样做，因为真正开展研究、撰写
报告时，就会发现采用这种框架尽管比较全面和基本，但容易被批评——
没在论证结构上下功夫。更重要的是，采用这种 "领域说" 的问题也很
突出——经济、政治、文化、社会、生态文明 "五位一体" 哪一个都不能
少；军事、外交、党建等少了哪一个也不全面，这样的体量架构绝非一个
青年研究者所能驾驭的。事实上，这种结构更适合那些官方组织的研究团
队，有足够的资源可以调配，集体攻关；抑或是实力超群的资深教授和专
家，有足够的能力可以驾驭，举重若轻。

同样，也有人建议把 "习近平谈治国理政" 的专题模块确立为研究
对象 / 客体。然而 "习近平谈治国理政" 系列图书是专题化 / 结构化的文
献汇编，其专题少则 10 多个，多则 20 多个。再加上该系列图书的问题导
向比较明显且极具时代性，因而尽管每卷中都有相类似的专题模块，但仍
有不少不一样的专题模块（见表 0-8）。借此思考，一是专题模块的变动
性有余而确定性不足，作为研究对象 / 客体好像不太适宜；二是如此多的
专题设计显然不太适合本研究成果的篇章结构；三是文献汇编的题材风格
也不太适合一般研究成果的表达方式。这就决定了本研究要重视 "习近平
谈治国理政" 系列图书，因为它是本研究的基本文献，但很难参照它建构
研究框架。

---

① 许耀桐认为，国家治理涉及七大领域和十种能力，即经济、政治、文化、社会、生态、军队
以及党的治理，改革、发展、稳定，内政、外交、国防，治党、治国、治军以及法治的能力。（参见许
耀桐：《习近平的国家治理现代化思想论析》，《上海行政学院学报》2014 年第 4 期。）郭强提出国家治
理越来越形成经济、政治、文化、社会、生态、执政党、国际关系七领域客体模式和国家、省、市、
县、乡、村、民七级客体模式。（参见郭强：《关于国家治理现代化若干问题的思考》，《科学社会主义》
2014 年第 1 期。）

表 0-7　关于新时代中国国家治理"领域"的比较

十五方面	十六方面	十九方面	三十方面
中共中央党校（国家行政学院）：《习近平新时代中国特色社会主义思想基本问题》，2020	中共中央宣传部：《习近平总书记系列重要讲话读本（2016年版）》，2016	中共中央宣传部：《习近平新时代中国特色社会主义思想学习纲要（2023年版）》，2023	中共中央宣传部：《习近平新时代中国特色社会主义思想三十讲》，2018
第一章　中国特色社会主义进入新时代	一、中华民族近代以来最伟大的梦想	一、中国共产党领导是中国特色社会主义最本质的特征	第一讲　习近平新时代中国特色社会主义思想是党和国家必须长期坚持的指导思想
第二章　新时代是奋斗者的时代	二、实现中华民族伟大复兴的必由之路	二、新时代坚持和发展中国特色社会主义	第二讲　坚持和发展中国特色社会主义是当代中国发展进步的根本方向
第三章　中国共产党领导是中国特色社会主义最本质特征	三、新的历史条件下治国理政总方略	三、以中国式现代化全面推进中华民族伟大复兴	第三讲　实现中华民族伟大复兴是近代以来中华民族最伟大的梦想
第四章　坚持以人民为中心的根本立场	四、奋力实现第一个百年奋斗目标	四、坚持以人民为中心	第四讲　党和国家事业历史性、根本性的变革和成就
第五章　坚持创新协调绿色开放共享的新发展理念	五、决定当代中国命运的关键一招	五、迈上全面建设社会主义现代化国家新征程	第五讲　中国特色社会主义新时代标示我国发展新的历史方位
第六章　开启全面建设社会主义现代化国家新征程	六、全力推进法治中国建设	六、全面深化改革开放	第六讲　我国社会主要矛盾的变化是关系全局的历史性变化
第七章　坚持全面深化改革和全面开放	七、打铁还需自身硬	七、全面推进依法治国	第七讲　坚持党对一切工作的领导

续表

十五方面	十六方面	十九方面	三十方面
第八章 经济发展新常态与实现高质量发展	八、以新发展理念引领发展	八、坚定不移全面从严治党	第八讲 以人民为中心是新时代坚持和发展中国特色社会主义根本立场
第九章 坚持和发展社会主义民主政治	九、主动适应、把握、引领经济发展新常态	九、以新发展理念引领高质量发展	第九讲 将全面深化改革进行到底
第十章 建设社会主义文化强国	十、充分发挥我国社会主义政治制度优越性	十、发展全过程人民民主	第十讲 坚定不移贯彻新发展理念
第十一章 努力让人民过上更好生活	十一、用社会主义核心价值观凝心聚力	十一、建设社会主义文化强国	第十一讲 决胜全面建成小康社会
第十二章 走向生态文明新时代	十二、让老百姓过上好日子	十二、让现代化建设成果惠及全体人民	第十二讲 开启全面建设社会主义现代化国家新征程
第十三章 民族复兴的坚强保障	十三、绿水青山就是金山银山	十三、建设美丽中国	第十三讲 实现我国经济高质量发展
第十四章 构建人类命运共同体	十四、建设一支听党指挥能打胜仗作风优良的人民军队	十四、坚定维护国家安全	第十四讲 形成全面开放新格局
第十五章 坚定不移推进全面从严治党	十五、推动构建以合作共赢为核心的新型国际关系	十五、把人民军队全面建成世界一流军队	第十五讲 用更加健全的制度体系保证人民当家作主
	十六、提高解决改革发展基本问题的本领	十六、保持香港、澳门长期繁荣稳定和实现祖国完全统一	第十六讲 社会主义协商民主广泛多层制度化发展
		十七、推动构建人类命运共同体	第十七讲 加快建设社会主义法治国家

续表

十五方面	十六方面	十九方面	三十方面
		十八、依靠顽强斗争打开事业发展新天地	第十八讲　推动社会主义文化繁荣兴盛
		十九、掌握马克思主义立场观点方法	第十九讲　建设具有强大凝聚力和引领力的社会主义意识形态
			第二十讲　在发展中保障和改善民生
			第二十一讲　打造共建共治共享的社会治理格局
			第二十二讲　建设美丽中国
			第二十三讲　坚持总体国家安全观
			第二十四讲　把人民军队全面建成世界一流军队
			第二十五讲　坚持"一国两制"和推进祖国统一
			第二十六讲　构建人类命运共同体
			第二十七讲　促进"一带一路"国际合作
			第二十八讲　毫不动摇把党建设得更加坚强有力
			第二十九讲　努力掌握马克思主义思想方法和工作方法

续表

十五方面	十六方面	十九方面	三十方面
			第三十讲 坚持用习近平新时代中国特色社会主义思想武装全党

资料来源：笔者根据现有资料汇总。

表0-8 《习近平谈治国理政》第1~4卷的专题模块概览

《习近平谈治国理政》第4卷的专题模块	《习近平谈治国理政》第3卷的专题模块	《习近平谈治国理政》第2卷的专题模块	《习近平谈治国理政》第1卷的专题模块
一、掌握历史主动，在新时代更好坚持和发展中国特色社会主义	一、谱写新时代中国特色社会主义新篇章	一、坚持和发展中国特色社会主义，实现中华民族伟大复兴的中国梦	一、坚持和发展中国特色社会主义
二、坚持党的全面领导	二、坚持和加强党的全面领导		
	三、完善和发展我国国家制度和治理体系		
三、始终坚持人民至上	四、坚持以人民为中心		
四、坚持敢于斗争			
五、统筹疫情防控和经济社会发展			
六、全面建成小康社会，开启全面建设社会主义现代化国家新征程	五、决胜全面建成小康社会，决战脱贫攻坚	二、决胜全面建成小康社会	二、实现中华民族伟大复兴的中国梦
七、把握新发展阶段，贯彻新发展理念，构建新发展格局	七、形成全面开放新格局	六、坚定不移贯彻新发展理念	
	八、增强忧患意识，防范化解风险挑战		

续表

《习近平谈治国理政》第4卷的专题模块	《习近平谈治国理政》第3卷的专题模块	《习近平谈治国理政》第2卷的专题模块	《习近平谈治国理政》第1卷的专题模块
八、坚定不移走高质量发展之路	九、推动经济高质量发展	七、适应、把握、引领经济发展新常态	四、促进经济持续健康发展
九、全面深化改革	六、推动全面深化改革实现新突破	三、将改革进行到底	三、全面深化改革
十、积极发展全过程人民民主	十、积极发展社会主义民主政治	八、发展社会主义民主政治	
十一、加快建设社会主义法治国家		四、建设社会主义法治国家	五、建设法治中国
十二、推进社会主义文化强国建设	十一、铸就中华文化新辉煌	九、坚定文化自信	六、建设社会主义文化强国
十三、以保障和改善民生为重点加强社会建设	十二、提高保障和改善民生水平	十、在发展中保障和改善民生	七、推进社会事业和社会管理改革发展
十四、坚持人与自然和谐共生	十三、促进人与自然和谐共生	十一、建设美丽中国	八、建设生态文明
十五、坚持走中国特色强军之路	十四、把人民军队全面建成世界一流军队	十二、开启强军兴军新征程	九、推进国防和军队现代化
十六、统筹发展和安全			
十七、坚持"一国两制"和推进祖国统一	十五、维护香港、澳门长期繁荣稳定,推进祖国和平统一	十三、坚持"一国两制",推进祖国统一	十、丰富"一国两制"实践和推进祖国统一
十八、弘扬全人类共同价值,推动构建人类命运共同体	十七、携手构建人类命运共同体	十七、推动构建人类命运共同体	
十九、完善全球治理,践行真正的多边主义			十五、积极参与多边事务
	十六、深入推进中国特色大国外交	十四、推进中国特色大国外交	十二、推动构建新型大国关系

续表

《习近平谈治国理政》第 4 卷的专题模块	《习近平谈治国理政》第 3 卷的专题模块	《习近平谈治国理政》第 2 卷的专题模块	《习近平谈治国理政》第 1 卷的专题模块
			十三、做好周边外交工作
			十四、加强与发展中国家团结合作
二十、推动"一带一路"建设高质量发展	十八、推动共建"一带一路"走深走实	十六、促进"一带一路"国际合作	
		十五、坚持和平发展，促进合作共赢	十一、走和平发展道路
二十一、以伟大自我革命引领伟大社会革命	十九、不忘初心，牢记使命，把党的自我革命推向深入	五、推动全面从严治党向纵深发展	十六、密切党同人民群众联系
			十七、推进反腐倡廉建设
			十八、提高党的领导水平

资料来源：笔者根据现有资料汇总。

实事求是地讲，研究的内容选择（或者说选取哪些治理对象作为研究内容）确实是一个十分关键但又异常棘手的问题。笔者在博士学位论文构思（含开题报告）阶段，就曾花费大量的时间和精力与博士学位论文的指导老师反复研究，并与开题报告评审委员会的专家们深入探讨。博士学位论文的指导老师和开题报告评审委员会的专家们均不建议优先采用"五+N"的基本研究范式。在导师和专家的启发下，笔者选择从"制度"的视角，而不是具体领域来界定研究客体。这源于习近平总书记从制度的视角来论述国家治理。习近平总书记指出："国家治理体系和治理能力是一个国家制度和制度执行能力的集中体现。"①制度和制度执行能力贯穿于政治、经济、文化、社会、生态等各个具体治理领域和治理活动，具有普遍性，有助于把握规律，因而具有研究的价值；同时制度和制度执行

———————
① 《习近平谈治国理政》第 2 卷，北京，外文出版社 2017 年版，第 91 页。

能力又相对稳定，不会短时间内就发生巨大变动，因而可以驾驭。因此，将国家治理体系（制度）和治理能力（制度执行能力）作为本书研究对象既有理论文献的依据（习近平总书记相关重要论述），又符合现实的研究条件，使本书的内容相对集中而不至于太宽泛，相对稳定而不至于变动太大，为解决如何有效研究宏大命题的问题提供了有益的思路。

第五节　新时代中国国家治理研究的基本构思

新时代中国国家治理是一个重大理论和实践问题，理论工作者、政府工作人员、企事业单位的从业人员等诸多人士基于自己的学习工作背景、知识储备、研究习惯等，开展了许多富有意义的分析和探讨，形成了许多有价值的研究成果，为本书提供了重要参考。但新时代中国国家治理是一个综合体，面面俱到的研究难以更加深刻地解释其内在本质，因此需要巧妙构思。

一、新时代中国国家治理研究的分析范式

本书采用了"目标—主体—中介—客体—反馈"的分析范式（见图0-1）。该范式源于实践活动三要素——主体、客体、中介，在此基础上，笔者增加前置的"目标"和后置的"反馈"而成。这一范式在全面论的基础上突出了重点，有利于持续稳定地关注国家治理的基本问题，把研究导向深入，而不至于面面俱到、浅尝辄止，抑或只见树木不见森林。

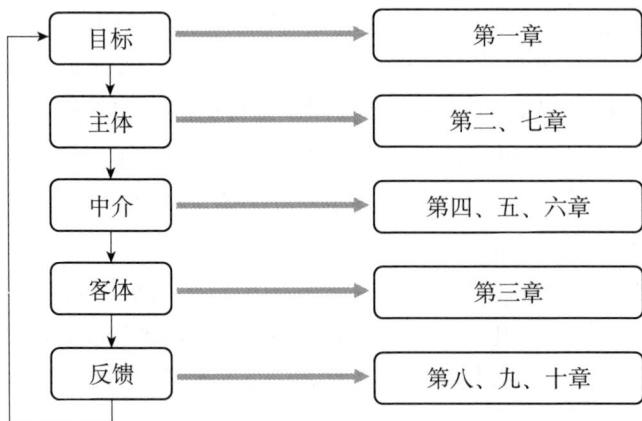

图 0-1　新时代中国国家治理研究的分析范式

（一）新时代中国国家治理研究的目标部分

主要从微观、中观和宏观 3 个方面展开分析。微观层面聚焦制度建设，推进国家治理体系和治理能力现代化，即要实现建构好的制度、提升制度执行力的目标；中观层面围绕国家治理活动，实现国家治理现代化，即要实现国家治理多元化、民主化、法治化等目标；宏观层面涉及整个国家发展，要使中国实现全面的现代化而不仅仅是治理的现代化，即要实现中华民族伟大复兴的中国梦。相对而言，现代化侧重工具性目标，是一个相对具体的目标，主要从手段的角度展开；中国梦侧重价值性目标，是一个相对综合的目标，主要是从目的的角度展开。此部分对应正文第一章。

（二）新时代中国国家治理研究的主体部分

主要从主体种类及作用、加强政党自身建设两个维度展开分析。新时代中国国家治理的基本主体是党和人民。尽管新时代中国国家治理也接纳了多元共治的思想，即中国国家治理的主体是多元的，政党、政府、人大、政协、其他党派和社会团体等都在国家治理中发挥自己的作用。但在社会主义中国，"国家的一切权力属于人民"[①]，即是说，人民是新时代中国国家治理最根本的主体。由于中国共产党是中国最广大人民意志和利益的忠实代表，党性和人民性是统一的，因而，中国共产党是中国国家治理的主体性力量，中国国家治理的实质或者说核心命题是"党领导人民有效治理国家"[②]。新时代中国国家治理的最大特点和优势就是坚持中国共产党的领导。推进中国国家治理现代化不仅要提升多元主体的治国能力，更要增强中国共产党自身的治国理政能力。由此，提出了加强和改进党的建设的问题，要让党始终成为新时代中国国家治理的坚强领导核心。此部分对应正文第二、七章。

（三）新时代中国国家治理研究的中介部分

主要从动力和保障两个维度展开论述。新时代中国国家治理的中介（或者说方式、手段）主要由提供动力的改革开放和提供保障的制度构成。改革开放作为国家治理的动力已经为实践所证明。用制度治理国家则是邓小平以来中国共产党人的一贯遵循，当然这里的制度应作广义的理解，既包括作为"硬"制度的法律法规，也包括作为"软制度"的道德、价值观等。即是说制度治国的制度既包括了外在的制度，也包含了心中的

[①] 《习近平谈治国理政》第 2 卷，北京，外文出版社 2017 年版，第 294 页。
[②] 《习近平谈治国理政》第 3 卷，北京，外文出版社 2020 年版，第 29 页。

律令，即要通过法治和德治的双轮驱动把国家治理好。用中国共产党的话语来表达就是全面推进依法治国，建设社会主义法治国家、法治政府、法治社会；全面培育和践行社会主义核心价值观，使社会主义核心价值观融入人们生产生活和精神世界，激励全体人民为实现中国梦而不懈奋斗。此部分对应正文第四、五、六章。

（四）新时代中国国家治理研究的客体部分

主要从客体分类及其相关关系的角度进行分析。国家治理的客体或者对象是新时代中国国家治理的一个基本问题，本书不是从"领域说"的角度去界定国家治理的客体，而是从"制度"的视角，将贯穿于一切国家治理活动中的共性元素——国家治理体系和治理能力（或曰制度和制度执行力）凝练出来作为研究客体。分析了国家治理体系（制度）的内涵、重要性以及探索的历程，国家治理能力（制度执行力）的内涵、建设的着力点等问题，并在此基础上剖析了国家治理体系（制度）和治理能力（制度执行力）之间的3层关系。此外，还提出了国家治理体系（制度）和治理能力（制度执行力）相结合有4种情况，因此我们的思维一定要严密，不能只想到"善制良能"而忽视其他情况。此部分对应正文第三章。

（五）新时代中国国家治理研究的反馈部分

主要围绕国家治理评估体系的相关问题展开论述。新时代中国国家治理的反馈机制或者评估体系是整个国家治理完整闭环中不可或缺的环节，基于此，本书探讨了国内外国家治理评估体系的基本现状、建立中国国家治理评估体系的必要性与重要性以及基本原则等问题，并尝试性地设计了基于五大新发展理念的新时代中国国家治理评估体系。旨在通过测评，一方面可以了解我们国家治理现代化的程度，另一方面可以明晰我们今后努力的方向。在此基础上，进一步探讨了新时代中国国家治理的特点和意义，作为评价与反馈的拓展。此部分对应正文第八、九、十章。

需要说明的是，本书正文的行文顺序基本按照分析结构"目标—主体—中介—客体—反馈"排布。有两处稍有不同：第一处是"主体"之政党建设的内容，没有紧接着主体的第二章来讲，而是放在第七章。因为这里的"主体"不仅包含了是什么，即主体有哪些、各自的功能及作用如何；还包含了怎么做，即作为中国国家治理最核心主体——中国共产党如何加强自身建设。在实际工作中，尤其是党的文件中，政党建设的内容一般都相对靠后，作为压轴的内容陈述。因此，本书将"主体"之政党建设的内容放在第七章。第二处是"客体"放在"中介"之前。因为本书中的"主体"和"客体"都比较侧重于是什么，而"中介"则侧重于怎么办，一口气讲完是什么，再讲怎么办，比较符合一般的思维习惯。再加上本书中"客体"的内容设计得相对较少，而"中介"的内容设计相对较多（主要是为了更加充分地论述主体如何作用于客体），如果"中介"放在"客体"前，那会给人讲完了"主体"，却迟迟不见"客体"的感觉。

二、新时代中国国家治理研究的相关关系论析

准确把握新时代中国国家治理的内涵与外延，需要认真分析与之相关联的一些概念，尤其需要恰当厘清新时代中国国家治理思想研究与习近平总书记关于国家治理重要论述研究的关系、习近平总书记关于国家治理重要论述研究与习近平治国理政理论研究的关系、新时代中国国家治理思想与习近平新时代中国特色社会主义思想的关系等。

（一）新时代中国国家治理思想研究与习近平总书记关于国家治理重要论述研究的关系

事实上，两者的相似程度极高。两者的差别主要在于，前者范围更广，既包含习近平总书记关于国家治理重要论述，也包含其他中央领导人关于国家治理重要论述，同时包含了全党在国家治理理论和实践探索中得到升华的思想结晶和理论创新成果。后者主要指习近平总书记关于国家治理重要论述。反映在资料引用上，前者更加多元，不仅包含习近平总书记的论述，还包含其他领导人的论述；而后者主要集中在习近平总书记的论述上。但其实如果了解中国的政治体制，就会发现这种差别并不十分显著。其一，我们实行集体领导制。习近平总书记是这个领导集体的核心，中央领导集体的很多思想和智慧由他代为向全党、全国、全世界宣示。其二，我们坚持民主集中制。中央的决策部署不只是中央领导人自己想出来的，而是广泛集中各方面智慧得来的。很多以习近平总书记和党中央名义颁布的文件实际上是全党全军全国各族人民集体智慧的结晶。即是说，新时代中国国家治理思想研究与习近平总书记关于国家治理重要论述研究在内容上是很相近的。考虑到著作出版命名的要求，本书将题目定为"新时代中国国家治理思想研究"更为妥当，且得到了同行专家的认可。

（二）习近平总书记关于国家治理重要论述研究与习近平治国理政理论研究的关系

就时间而言，习近平总书记关于国家治理重要论述的研究比习近平治国理政理论的研究稍早一点。前者大致兴起于党的十八届三中全会（2013年11月）提出"国家治理体系和治理能力现代化"命题以后。起初，很多研究成果直接以"习近平国家治理思想研究"为题；后来很多研究成果以"习近平关于国家治理重要论述研究""习近平国家治理现代化重要论述"为题。而后者则大致始于外文出版社出版《习近平谈治国理政》一书以后。

就内容而言，由于对"治理""统治""管理"等已经有相当的学术研究，因此，习近平总书记关于国家治理重要论述的研究从一开始就呈现出相对浓厚的学术气息，特别是政治学、公共管理（行政管理）等学科的学者利用已有的学术积淀，第一时间发表了较多有分量的著作。此后，研究的主力军主要转移到马克思主义理论、中共党史党建等学科。而对习近平治国理政理论的研究，则经历了书籍宣传、学习体会，再沉淀到学术研究的阶段。值得注意的是，当习近平治国理政理论的研究转入学术研究阶段后，习近平总书记关于国家治理重要论述的研究和习近平治国理政理论的研究在一定程度上实现了合流，研究的主题都是以习近平同志为核心的党中央治理什么样的国家、怎样治理国家，国家治理或治国理政的哲学基础、基本原则、理论体系、鲜明品格、重大意义、相关关系等。研究的方法基本都是以习近平总书记的重要讲话、指示批示等为蓝本，结合学科优势、专业背景、工作实际等进行解读的文献研究法，以期更好地领会以习近平同志为核心的党中央的战略意图，把握新一届中央领导集体的治国理念和执政方略。从事研究的主体人员大都具有马克思主义理论、中共党史党建等学科背景，且工作单位大都以马克思主义学院为主。

"国家治理"英文译为"State Governance"，"习近平谈治国理政"英文译为"Xi Jinping on Governance in China"，两者同大于异，并且在很多情况下通用。区别在于前者更强调"State"，即国家这个宏观整体；而后者则更强调"China"，即中国的事情，它包含了中国宏观和微观等的治理。因此，本书所研究的"习近平总书记关于国家治理重要论述"主要是指以习近平同志为核心的党中央领导集体治理中国的宏观战略规划，不具体展开讨论微观治理活动；同时，限于单个研究者的时间、经历等因素，聚焦贯穿于各个治理活动和治理领域中的制度和制度执行力，而不是经济、政治、文化、社会、生态、外交、军事以及党的领导和党的建设等具体领域，这也是本书在研究对象上不采用"领域说"的重要原因。

（三）新时代中国国家治理思想与习近平新时代中国特色社会主义思想的关系

自从党的十九大提出"习近平新时代中国特色社会主义思想"以来，这一概念就作为一个专有名词而存在；而新时代中国国家治理思想则是一个相对开放的名词。党的十九大和十九届六中全会已经较为明确地界定了习近平新时代中国特色社会主义思想的主要内容，即"十个明确""十四个坚持""十三个方面成就"等，强调它对"主义""国家"和"政党"三大时代课题的回答；而新时代中国国家治理思想主要聚焦于"新时代建设什么样的国家、怎样建设国家"，大约只相当于习近平新时代中国特色社会主义思想中"国家"这一个方面。习近平新时代中国特色社会主义思想是党和国家的指导思想，而新时代中国国家治理思想只是习近平总书记关于国家治理重要论述的一个相对理论化、系统化的表达。因此，两者尽管有一些内容比较相近，但总的来讲，两者的地位、范畴差距较大。

综上所述，笔者尝试性地将新时代中国国家治理定义为中国特色社会主义进入新时代，中国共产党带领人民，坚持改革开放，坚持依法治国与以德治国相结合，全面推进国家治理体系和治理能力现代化、全面建设社会主义现代化国家、全面推进中华民族伟大复兴的理论与实践活动。其中，进入新时代是中国国家治理的时空坐标；中国共产党带领人民既指出了新时代中国国家治理的主体，又揭示了"党领导人民有效治理国家"的鲜明特点；坚持改革开放，坚持依法治国和以德治国相结合是新时代中国国家治理的重要手段；全面推进国家治理体系和治理能力现代化、全面推进中华民族伟大复兴是新时代中国国家治理的目标追求。

第一章　新时代中国国家治理的宏伟目标

　　国家治理究竟要达成什么样的目标，这是国家治理首先需要回答的问题。正如毛泽东同志所言："旗子立起了，大家才有所指望，才知所趋赴。"①纵览党的十八大以来的中国国家治理理论与实践，国家治理的目标至少可以从 3 个基本层面进行理解。一是微观层面，聚焦制度，推进国家治理体系和治理能力现代化，即要实现建构好的制度、提升制度执行力的目标；二是中观层面，围绕国家治理活动，实现国家治理现代化，即要实现国家治理多元化、民主化、法治化等目标；三是宏观层面，涉及整个国家发展，要使中国实现全面的现代化而不仅仅是治理的现代化，即要实现中华民族伟大复兴的中国梦。

第一节　推进国家治理体系和治理能力现代化

　　国家治理现代化的内涵非常丰富，以制度的角度观之，新时代中国国家治理现代化集中表现为追求治理体系和治理能力的现代化。

一、从制度的角度理解新时代中国国家治理

　　从制度的角度理解新时代中国国家治理是习近平总书记的一个特色。习近平总书记指出："国家治理体系和治理能力是一个国家制度和制度执行能力的集中体现。"②因此，制度现代化是新时代中国国家治理所追求的一个具体目标。在党的十八届三中全会第二次全体会议上，习近平总书记就着重从制度现代化的角度论述了何谓"国家治理体系和治理能力现代

---

　　① 《毛泽东年谱（1893—1949）》（修订本）（上），北京，中央文献出版社 2013 年版，第 70 页。
　　② 《习近平谈治国理政》第 1 卷，北京，外文出版社 2018 年版，第 105 页。

化"。以至于有学者认为，党的十八届三中全会的一个重大贡献就是第一次提出了"制度现代化"的问题。[①]

关于国家治理体系现代化，习近平总书记指出，推进国家治理体系现代化就是"要适应时代变化，既改革不适应实践发展要求的体制机制、法律法规，又不断构建新的体制机制、法律法规，使各方面制度更加科学、更加完善，实现党、国家、社会各项事务治理制度化、规范化、程序化"[②]。即是说，国家治理体系现代化是一个通过制度的破立结合实现制度不断科学和优化的过程。借此思考，本书认为，国家治理体系的现代化意味着国家治理的基本制度符合时代潮流，能够根据时代的发展与时俱进地修改和完善国家治理制度；意味着国家治理权力的更替平稳有序，对我们这样一个大党、大国来说，权力制度化的平稳交接不仅必要，而且也体现了国家治理体系的成熟；意味着国家治理的组织架构以现代化的理念为指导，体现以公共服务为目的，以问题为导向，以现代技术为基础等；意味着国家治理的成本相对较低，而效能比较高；意味着国家治理的氛围风清气正，各个治理主体尤其是政党和政府干净干事、廉洁治理[③]。概言之，国家治理体系现代化意味着国家建构起好的制度。

关于国家治理能力现代化，习近平总书记指出，推进国家治理能力现代化就要"增强按制度办事、依法办事意识，善于运用制度和法律治理国家，把各方面制度优势转化为管理国家的效能，提高党科学执政、民主执政、依法执政水平"[④]。即是说，国家治理能力现代化就是制度执行力不断由低级到高级实现变革，从而使制度优势不断彰显，治理绩效不断提升的过程。借此思考，本书认为国家治理能力现代化，意味着以制度为基础，正确处理中央与地方、政府与市场、政党与政府、政府与公民等各种重大关系；意味着以治理主体为轴心，努力使各个治理主体到位不越位，有为不乱为，实现市场主体竞争有序、调控主体主动有度、社会主体积极有位、个人主体创业有利的经济社会状态[⑤]；意味着国家形成了"让一切劳动、知识、技术、管理、资本的活力竞相迸发"和"让一切创造社会财富的源泉充分涌流"的局面。[⑥] 概言之，国家治理能力现代化意味着国家

---

①　李君如：《治理什么样的国家，怎样治理国家？》，北京，外文出版社 2018 年版，第 144 页。

②　《习近平谈治国理政》第 1 卷，北京，外文出版社 2018 年版，第 92 页。

③　辛向阳：《推进国家治理体系和治理能力现代化的三个基本问题》，《理论探讨》2014 年第 2 期。

④　《习近平谈治国理政》第 1 卷，北京，外文出版社 2018 年版，第 92 页。

⑤　辛向阳：《推进国家治理体系和治理能力现代化的三个基本问题》，《理论探讨》2014 年第 2 期。

⑥　《十八大以来重要文献选编》（上），北京，中央文献出版社 2014 年版，第 137 页。

治理主体的制度执行力显著提升。

在推进国家治理体系和治理能力现代化问题上，习近平总书记不但分别论述了国家治理体系和治理能力现代化，而且强调要把"国家治理体系和治理能力现代化结合在一起"①。习近平总书记指出："国家治理体系和治理能力是一个有机整体，相辅相成，有了好的国家治理体系才能提高治理能力，提高国家治理能力才能充分发挥国家治理体系的效能。"②深刻理解以习近平同志为核心的党中央把"国家治理体系和治理能力现代化结合在一起提"③，就是要深刻认识治理体系和治理能力的密切联系，并在实践活动中将二者有机结合起来。制定制度的时候，要自觉将执行制度的人考虑在内，考虑到制度是为了人，因此制度的目的要善，例如，不能制定以牺牲人的健康幸福为代价来促进经济发展的法律法规；考虑到制度是由人执行的，因此制度的操作要可行，例如，不能再制定像"大跃进"时期那种超越实际、超越人的能力的制度规章；考虑到制度对人的引导，制度的价值要有超越性，即是说，制度不仅是对现实的反映，也是对未来的展望。虽然人们现在全面执行好这种制度可能有难度，但只要通过制度引导和人的努力将来就一定可以实现，例如，人人都遵守交通规则。与此同时，能力的提升也要自觉将制度考虑在内。考虑到制度的刚性，要遵守制度而不能随心所欲。历史经验表明：以人治推动法治，其结果大都仍是人治。因为，它破坏了制度的稳定性、严肃性和权威性。考虑到制度的与时俱进，要发挥人的主观能动性。一方面要根据新实践新问题，不断变革旧制度、推出新制度，而不能固守"本本"，不求创新；另一方面要因地制宜地运用制度，比如同样都是扶贫制度，新疆和贵州在具体实施细则上就不一样。所以，习近平总书记提出："扶贫开发贵在精准，重在精准，成败之举在于精准。……要坚持因人因地施策，因贫困原因施策，因贫困类型施策，区别不同情况，做到对症下药、精准滴灌、靶向治疗，不搞大水漫灌、走马观花、大而化之。"④总之，要科学制定好制度，因地制宜应用好制度，大力提升制度执行力。

---

① 《习近平关于全面深化改革论述摘编》，北京，中央文献出版社2014年版，第28页。
② 《习近平谈治国理政》第1卷，北京，外文出版社2018年版，第91页。
③ 《习近平关于全面深化改革论述摘编》，北京，中央文献出版社2014年版，第28页。
④ 《习近平谈扶贫》，《人民日报（海外版）》2016年9月1日。

二、推进国家治理体系和治理能力现代化的规定性

需要注意的是，新时代国家治理所要实现的治理体系和治理能力现代化是有方向规定性的。在中国推进国家治理现代化一定要从中国的实际出发，为了中国更好地发展。但一些别有用心之人故意淡化新时代中国国家治理的社会主义属性，借中立研究和宣传的名义，以西方国家的治理标准引导、阐释甚至评判中国国家治理，产生了极坏的社会影响。习近平总书记在省部级主要领导干部学习贯彻党的十八届三中全会精神全面深化改革专题研讨班开班式上专门强调"完善和发展中国特色社会主义制度、推进国家治理体系和治理能力现代化"，"这是两句话组成的一个整体"，"我们的方向就是中国特色社会主义道路"①。

事实上，"中国的改革开放，之所以被称为中国的第二次革命，强调的就是通过制度变革创新来解放和发展社会生产力，并且一开始就是作为社会主义基本制度的自我完善和发展提出来的"②。我们从来没有放弃社会主义的发展方向，正如习近平总书记在党的十八届三中全会上所说的："这次全会在邓小平同志战略思想的基础上，提出要推进国家治理体系和治理能力现代化。这是完善和发展中国特色社会主义制度的必然要求，是实现社会主义现代化的应有之义。"③即是说，我们的改革是为了社会主义的巩固和发展，而不是改旗易帜、另起炉灶。推进国家治理体系和治理能力现代化，如果背离了社会主义道路，那可真是迷了方向、走了邪路，是不可能真正推动中国发展与进步、人民幸福与安康的。

此外，习近平总书记关于推进国家治理体系和治理能力现代化重要论述坚持了唯物辩证法思想，没有搞割裂，更没有搞对立。一方面，习近平总书记提出，"我们在国家治理体系和治理能力方面还有许多亟待改进的地方"④，没有讳疾忌医，而是直面问题，努力解决与中国现代化发展不相适应的制度问题，不断提升制度的执行能力；另一方面，习近平总书记强调，"我们的国家治理体系和治理能力总体上是好的，是有独特优势的，是适应我国国情和发展要求的"⑤，从而分清了主流和支流，抓住了

---

① 《习近平谈治国理政》第 1 卷，北京，外文出版社 2018 年版，第 105 页。
② 李君如：《治理什么样的国家，怎样治理国家？》，北京，外文出版社 2018 年版，第 145 页。
③ 《习近平谈治国理政》第 1 卷，北京，外文出版社 2018 年版，第 90 页。
④ 《习近平谈治国理政》第 1 卷，北京，外文出版社 2018 年版，第 105 页。
⑤ 《习近平谈治国理政》第 1 卷，北京，外文出版社 2018 年版，第 105 页。

重点，没有自我矮化，更没有全盘否定，使我们坚定中国特色社会主义制度自信，更好地推动中国发展。

第二节　实现国家治理现代化

从一般的国家治理活动的角度观之，新时代中国国家治理现代化不仅要体现中国特色，更要体现世界各国治理现代化的一般要求，即新时代中国国家治理是走在人类国家治理的大道上，在解决全球国家治理的共同难题中提供了中国方案，贡献了中国智慧。

一、从现代化到国家治理现代化

现代化是 18 世纪工业革命以来世界诸多国家的发展追求，更是中国为之奋斗的主题[①]。西里尔·E. 布莱克（Cyril E. Black）指出："现代化可以看作是经济领域的工业化，政治领域的民主化，社会领域的城市化及价值观念的理性化的互动过程。"[②] 布莱克的这一定义不仅阐明了现代化涉及的几个主要观察维度——经济、政治、社会、价值（文化），而且还揭示了相应的目标追求——工业化、民主化、城市化、理性化。布莱克关于现代化的定义事实上已经成为很多人谈论和评判"何谓现代化"的基本范式。亨廷顿进一步提出："现代化是一个多方面的变化过程，它涉及人类思想和活动的一切领域。"[③] 这就极大地拓展了现代化的范畴。在现代化大潮面前，没有人可以置身事外，人们必须适应现代化。胡鞍钢也揭示了现代化对人们思维和实践的影响，在他看来，现代化"意味着整个社会的变革，各种传统关系、传统思维方式、生产方式和生活方式等变得更加'现代'的一种变化"[④]。罗荣渠从广义和狭义两个维度对现代化的内涵进行了较为全面系统的界定："广义的现代化主要是指自工业革命以来现代生产力导致社会生产方式的大变革，引起世界经济加速发展和社会适应性变化的大趋势；具体地说，这是以现代工业、科学和技术革命的推动力，

---

① 胡鞍钢：《中国国家治理现代化的特征与方向》，《国家行政学院学报》2014 年第 3 期。

② ［美］西里尔·E. 布莱克：《比较现代化》，杨豫、陈祖洲译，上海，上海译文出版社 1996 年版，第 7 页。

③ ［美］塞缪尔·亨廷顿：《变化社会中的政治秩序》，李盛平、杨玉生译，北京，华夏出版社 1988 年版，第 32 页。

④ 胡鞍钢：《中国国家治理现代化的特征与方向》，《国家行政学院学报》2014 年第 3 期。

实现传统的农业社会向现代工业社会的大转变，使工业主义渗透到经济、政治、文化、思想各个领域并引起社会组织与社会行为深刻变革的过程。狭义的现代化主要是指第三世界经济落后国家采取适合自己的高效率途径，通过有计划的经济技术改造和学习世界先进，带动广泛的社会改革，以迅速赶上先进工业国和适应世界环境的发展过程。"①其实，现代化是过程与状态的统一体，它既可以表示一种趋向更加"现代"的过程，又可以通过"横切面"的形式把握阶段性样态。从过程的角度来说，它指从传统农业社会向现代工业社会转变的历史过程；从状态的角度来说，它指完成现代化过程的工业化国家所处的发展状态和特点②。例如，我们把工业化实现程度作为判断一个国家是否进入发达国家的重要指标。

当把宏大的现代化聚焦到以国家为对象的研究时，现代化的研究就分解为国家现代化的研究、国家治理现代化的研究等。国家治理现代化是国家现代化的重要维度，由于本书侧重研究治理问题，因此着重分析的是国家治理现代化的相关问题。大致来说，人们非常关注的国家治理现代化的维度主要有以下两个。

（一）目标／结果维度

学者们认为国家治理现代化意味着全面的体系、成熟的制度、稳定的形态、规范的方式③，就是要按照"科学治理、全面治理、有效治理"④的要求，不断推进"国家治理主体、治理方式和治理规则的现代化"⑤，或者说不断推进"建设的现代化（硬件系统的现代化）、制度的现代化（软件系统的现代化）以及执政党的现代化"⑥。有学者明确表示，现代化的国家治理应该具有制度化、民主化、协同化、高效化等特征⑦，能够实现"国家有能力与权力有边界、权力受约束"的目标⑧，并为此提出了判断国家的治理体系（制度）是否实现现代化的"五个标准"：一是公共权力运行的制度化和规范化；二是民主化；三是法治；四是效率；五是协调⑨。

---

① 罗荣渠：《现代化新论——世界与中国的现代化进程》，北京，商务印书馆2004年版，第102页。
② 薛澜、李宇环：《走向国家治理现代化的政府职能转变：系统思维与改革取向》，《政治学研究》2014年第5期。
③ 王比学：《实现国家治理的现代化——专访〈加快建设法治中国研究〉课题组首席专家、最高人民法院副院长江必新》，《人民日报》2013年12月3日。
④ 蔡文成：《改革发展与国家治理体系现代化的建构》，《行政论坛》2014年第4期。
⑤ 李利军：《推进国家治理主体、治理方式和治理规则的现代化》，《中国发展观察》2013年第11期。
⑥ 陈宝生：《把握改革总目标深化国家治理现代化研究》，《国家行政学院学报》2014年第4期。
⑦ 参见刘建伟：《国家治理能力现代化研究述评》，《上海行政学院学报》2015年第1期。
⑧ 杨光斌：《用"国家治理"引领时代的话语权》，《北京日报》2014年8月4日。
⑨ 参见俞可平：《推进国家治理体系和治理能力现代化》，《前线》2014年第1期。

62　新时代中国国家治理思想研究

有学者进一步提出，我们通过治理说到底至少要达到 4 个目标：一是使经济社会具有强大的动力和活力；二是使经济社会达到平衡，实现和谐稳定；三是形成一个良性的秩序，人人尊崇制度、执行制度；四是人民过上美好幸福生活①。

（二）过程维度

中国的学者们探讨了如何从国家治理现代化的目标出发，设计出实现国家治理现代化的更好路径。有学者提出，"国家治理现代化以提高公共事务治理有效性为现实诉求，从中国现阶段的具体国情以及现代化建设的实际问题出发，通过整体发展的科学治理道路为中国的现代化建设提供有效保障"②，"是在维持特定国家政体基本制度框架不变的前提下，将现代政治和行政的一些技术、程序、机制引入国家治理的实际过程中特别是立法和决策过程中以提高国家治理的质量，同时实现国家治理主体的现代化"③。有学者进一步指出，国家治理现代化必须体现"公平正义"的理念④，强调"国家治理现代化过程在很大程度上等同于国家治理的公平化过程"⑤。此外，还有学者从经济学的视角分析了国家治理现代化，认为"国家治理现代化本质上是降低国家治理成本，提高国家现代化收益"⑥。

二、新时代中国国家治理现代化的基本要求

国内学者们的这些探索为本书提供了有益的借鉴，在此基础上，笔者认为全面推进新时代中国国家治理现代化，既要有横向的国际视野，反映全球国家治理理论与实践的最新进展，也要有纵向的历史视野，体现中国深厚的历史文化积淀；既要反映国家治理现代化的共性理念，体现全人类共同的价值追求，也要反映中国国家治理现代化的特殊国情，坚持以我们正在做的事情为中心。即是说推进新时代中国国家治理现代化就要在顺应全球化的大势中，不断彰显坚持党的领导、把自己的事情办好的中国治理特色；就要在适应多元化的要求中，不断丰富中国治理思想、完善中国

① 韩庆祥在读完本书书稿后与作者交流时提出的观点。
② 王彩波、陈亮：《中国特色国家治理现代化的核心要素及其表征——基于"价值多维性—主体层次性—方法复合性"的分析》，《江苏社会科学》2015 年第 4 期。
③ 何增科：《国家治理及其现代化探微》，《国家行政学院学报》2014 年第 4 期。
④ 参见范逢春：《国家治理现代化的价值反思与标准研判》，《东南学术》2014 年第 6 期。
⑤ 刘俊祥：《论国家治理的公平化》，《福建论坛（人文社会科学版）》2014 年第 2 期。
⑥ 胡鞍钢：《中国国家治理现代化的特征与方向》，《国家行政学院学报》2014 年第 3 期。

治理体系；就要在体现民主化的要求中，坚持人民当家作主的本质，坚持以党内民主带动人民民主，不断推进全过程人民民主；就要在追求法治化的目标中，不断破除权力本位、重塑法律权威，一体推进法治国家、法治政府、法治社会建设。

（一）要在顺应经济全球化的大势中，彰显新时代中国国家治理现代化的特色

经济全球化使世界紧密联系在一起。在这场被吉登斯（Anthony Giddens）称作"脱域化"运动的大潮中，民族国家的界限越来越模糊，时间空间的距离被科技的发展日益拉近，世界各地的人们真正成了"地球村"的"村民"，共生成为当代人的基本存在方式，"共同体"思想得到复兴。诚如马克思所预言："只有在共同体中，个人才能获得全面发展其才能的手段，也就是说，只有在共同体中才可能有个人自由。"[①]但与此同时，近代社会尤其是资本主义社会却是一个二律背反的社会，它一方面使资本的力量成为支配性的力量，"使一切国家的生产和消费都成为世界性的"[②]；另一方面它强调以"人权"取代"神权"，把个人无限放大，甚至可以讲，近代社会是以原子化的个人为逻辑始点建构起来的，形成了重个人轻集体的倾向，破坏了公共性，损伤了共同体。这就导致人们虽然身处全球化，一切发展、矛盾、问题和机遇都是世界性的，但个人主义的观点使人们缺乏充分的公共合作意识，以至于在面临全球性问题时或是"以邻为壑"，或是"束手无策"，成功对抗风险的能力变得异常薄弱。例如，面对日本不顾国际社会反对、一意孤行倾倒核污染水，目前人们仍没有十分有效的约束和惩戒机制。因此，如何重塑共同体意识，携手解决问题、抵御风险成为我们在全球化时代的重大命题。

经济全球化使人类进入高风险社会。全球化使人类社会的每一个方面都呈现出复杂性和不确定性迅速增长的趋势。这种复杂性和不确定性的迅速增长把人类引向了风险社会[③]。在风险社会中，一系列"危机事件"呈现在我们眼前，人类驾驭复杂性和不确定性的能力显得力所不及。从"9·11"事件到乌克兰危机，从亚洲金融危机到美国次贷危机，从"非典"到新冠疫情等，这些事件的发生使过去卓有成效的解决方法难以完全奏效，使过去掌控全局的治理主体显得力不从心。人们明显感觉到，"危

①　《马克思恩格斯选集》第 1 卷，北京，人民出版社 2012 年版，第 199 页。
②　《马克思恩格斯选集》第 1 卷，北京，人民出版社 2012 年版，第 404 页。
③　张康之：《合作的社会及其治理》，上海，上海人民出版社 2014 年版，第 24~25 页。

机事件""突发事件""危机管理"等词语在今天得到广泛和高频率的使用，传统管控式的社会治理方式成本明显上升但效果却越来越不理想，原先"救火队式"的治理主体已经难以扑灭社会丛生的问题之"火"。这样一来，寻求一种新的有效的社会治理方式成为人们的共识。

治理思想的兴起是对风险社会的回应。这种回应表现在两个方面。一是随着全球化的推进，诸如环境污染、资源短缺、疫情防控等问题日益超出传统国界，成为人们共同面临的问题。因而要求加强不同国家和地区人们之间的协作，于是现代全球治理思想兴起，它是对全球化挑战的一种政治上的回应①。联合国全球治理委员会明确指出："治理是各种公共的或私人的个人和机构管理其共同事务的诸多方式的总和。"②也就是说，人类共同面临的问题需要人们携手应对，不仅要管好自己国内的事情，也要承担相应的国家责任；不仅公共机构负责治理，私人组织或个人也要参与治理。二是风险社会、危机频发，以"控制"为基本特征的社会运行模式难以为继。在相当长的时间里，中国共产党沿用了革命年代成功的社会管理模式——组织化调控执政党直接参与社会治理，不断通过组织建设与组织网络渗透的途径拓展国家治理空间，全面主导了国家的政治生活与国家治理活动③。但这种组织化调控是以中国共产党掌控全局，消除不确定性空间为基本前提，它适用于低度复杂性和低度不确定性的社会。当进入高度复杂性和高度不确定性的社会时，面对无法消除的不确定性，单纯的组织化调控会加重人手短缺并且使成本异常高昂。这就是在新冠疫情防控常态化背景下，疫苗接种、核酸检测等大量基础性工作主要由志愿者而非党和政府工作人员直接承担的重要原因之一。因此，必须借助其他社会力量来对抗风险社会，即不仅要有传统的治理主体——党和政府要继续参与治理，而且也要积极吸纳各种非政府组织参与治理。

中国国家治理既要反映经济全球化的大势，也要具有中国特色。治理思想，尤其是西方治理思想的兴起就其根本来讲是为了回应全球性问题，最初提出的概念是"全球治理"。因此，中国国家治理需要明确的第一个问题就是，治理之于中国首先不是"全球治理"而是国内治理，即治

---

① R. O. Keohane. Governance in a Partially Globalized World, *American Political Science Review,* 2001, 95 (1).

② The UN Commission on Global Governance. *Our Global Neighborhood*, New York: Oxford University Press, 1995: 2.

③ 唐皇凤：《新中国 60 年国家治理体系的变迁及理性审视》，《经济社会体制比较》2009 年第 5 期。

理的重心是国内问题而不是国际问题，强调首先要把中国自己的事情办好。事实上，作为一个人口规模巨大的发展中国家，把自己的事情办好，本身就是对世界发展的巨大贡献。中国会根据自身与世界发展的具体要求，承担相应的国际义务，但绝不会把重心全部放在国际事务上，更不会借全球治理之名，干涉别国内政，强行向世界推销中国模式。

中国国家治理需要明确的第二个问题就是，治理之于中国不是要放弃党的领导，而是要重塑中国共产党的政治领导核心地位，即要科学回答"党领导人民有效治理国家"的核心命题，强调治理的主要依靠力量是国家机构而不是非政府组织，中国共产党的领导才是中国国家治理的显著特色。党的领导只能加强不能削弱。当然，权责相对应，其他治理主体参与国家治理，也应该赋予其相应的权力，但应该具体问题具体分析。例如成立经济、文化、卫生等组织，有助于弥补党和政府在这些领域的不足，提升党和政府在这些领域的治理能力和水平，那么就应该重视这些组织的权利诉求；但如果某些组织借"辅助"党和政府，提出不当政治诉求，特别是这些政治诉求旨在将中国引向西方的资本主义道路，那么就务必警惕这些组织的动机，对其不合理诉求应予以坚决回应。

总之，中国国家治理既要反映全球化的大势，积极接纳治理思想；也要根据中国的具体实际，进行中国化的改造，实现从全球治理到国家治理的范畴转换，形成具有中国特色的国家治理思想。当然我们也注意到，在全球化不断推进的同时，反全球化的声音从来没有停止过，而且也不乏逆全球化的操作和举动，例如，英国"脱欧"、美国"退群"。但全球化进程不会因为这些抵制而发生根本改变，正如习近平总书记所强调的，经济全球化确实带来了新问题，但"把困扰世界的问题简单归咎于经济全球化，既不符合事实，也无助于问题解决"①。中国将继续推进全球治理改革，致力于推进全球化。此外，适应经济全球化时代化的发展要求，也要与时俱进地采用智能化的治理手段，例如，在新时代国家治理中引入人工智能、深度学习、云计算等技术手段，在确保国家安全的前提下，推动国家治理理念的更新与手段的智能化有机协同，实现智慧治理。

（二）要在适应多元化的要求中，拓展对新时代中国国家治理现代化的认识

从统治到治理的一个重大变化就是治理主体更加多元。统治主体是

---

① 《习近平谈治国理政》第2卷，北京，外文出版社2017年版，第477页。

相对单一的，就是执政者（主要是政党/政府）；治理主体则是多元的，除了党和政府外，还包括非政府组织等①。中国治理主体由一元转变为多元，原因固然多样，如经济环境的宽松、社会观念的转型、社会选择的多样等。但最为主要也最为根本的，还是社会经济方面的转变——经济体制由计划转为市场，经济形式由一种转为多种，生产关系由单一转为多样②。公有制基础上的多种所有制经济共同发展，在调动人们积极性、促进经济增长的同时，也促使多种经济主体发展壮大，使社会结构更加复杂化、多元化。

随着多元主体日益发展壮大，其"自我意识"不断觉醒，政治参与愿望也越来越强烈。一方面，普通个体的自我意识觉醒，提出了许多个性化的自我需求；另一方面，社会组织的自我意识也在觉醒，不满足于参与特定领域、特定环节的事务，也试图参与一般的公共性事务。"与那些曾经辅助过国家治理社会的自愿组织不同，非政府组织不再把自己定位为一种社会治理的辅助工具，而是要求与国家合作承担乃至独立承担某些社会治理的职能。"③这支力量正在不断发展壮大，作用也日益凸显。截至2024年9月，全国在民政部门登记的各级各类社会组织88.3万家，遍及教育、卫生、科技、文化、劳动、民政、体育、中介服务和法律服务等经济、社会生活各个领域，在扩大内需、促进就业、提供公共服务、维护社会稳定、加强精神文明建设方面发挥着越来越重要的作用。尤其值得注意的是，全国社区社会组织（主要由社区居民和驻区单位发起成立）迅速发展，截至2022年年底，超过175万家④，在提供社区服务、推动基层治理现代化方面发挥了积极作用。这样一来，"作为服务提供者，政府只是一种选择，因为它在向谁和如何提供公共服务方面并没有垄断权"⑤；而作为服务享受者，普通社会大众也希望拥有选择多种服务的机会。

随着中国经济体制市场化改革的深入发展，人们的思想也在不断解放，因而要求冲破原有思想的束缚，对中国社会发展的一些基本概念、范畴要作出更加符合中国实际的阐释，进而开拓科学社会主义的新境界。在

①　滕明政：《推进国家治理体系和治理能力现代化的主体研究》，《特区实践与理论》2019年第6期。

②　刘京希：《政治生态论》，济南，山东大学出版社2007年版，第119页。

③　张康之、张乾友：《公共生活的发生》，北京，高等教育出版社2010年版，第121页。

④　《全国社区社会组织超过175万家》，《人民日报》2023年7月17日。

⑤　经济合作与发展组织：《分散化的公共治理——代理机构、权力主体和其他政府实体》，北京，中信出版社2004年版，第47页。

对社会主义的认识问题上，邓小平曾尖锐地指出，我们搞了几十年的社会主义，"社会主义是什么，马克思主义是什么，过去我们并没有完全搞清楚"。[①]为什么没有搞清楚，一个重要的原因就是：马克思恩格斯虽然提出了社会主义的构想，但没有机会来实践；列宁虽然有实践，但实践时间相对较短且俄国的国情毕竟不同于中国。因此就社会主义而言，它不仅是一种理论、一种制度，更是一种运动，它是在不断发展的。所以教条主义是不可取的，社会主义只能在干中学，在实践中不断探索开拓。正是在这种思想的指导下，邓小平突破传统苏联社会主义模式，结束了姓"资"姓"社"的争论，从社会主义本质的角度精辟回答了什么是社会主义、怎样建设社会主义，将计划与市场都作为经济手段而不是社会主义的本质，论证了社会主义国家也可以利用市场来解放和发展生产力，强调要在解放和发展生产力的基础上，不断优化生产关系，最终实现共同富裕，从而走出了一条极具中国特色的社会主义发展之路[②]。

在对中国共产党的认识问题上，早在革命时期，有人就特别强调党员的阶级出身，无视农民占中国人口绝大多数的基本国情，片面强调在工人中发展党员，甚至非要选个经验不足但工人出身的向忠发担任党的总书记，结果严重限制了党和中国革命事业的发展。后来毛泽东强调在农村中发展党员、建立党组织，但同时要加强思想教育，实现思想建党，这才扭转了局面。改革开放以来，又有不少人反对在新的社会阶层中发展党员，认为这有损党员队伍的纯洁性。但是这些新社会阶层是随着国家市场化改革而产生的，否定他们在很大程度上就否定了他们在我国改革开放事业中所作出的巨大贡献。对此，江泽民从建设有中国特色社会主义事业的实际出发，不断解放思想，肯定了新社会阶层中的广大人员也是"有中国特色社会主义事业的建设者"，提出"能否自觉地为实现党的路线和纲领而奋斗，是否符合党员条件，是吸收新党员的主要标准"[③]。这一调整为在新社会阶层中发展党员提供了重要的思想前提，从而扩大了党的群众基础，增强了党对新社会阶层的影响力，改变了这些经济、社会组织中党的工作薄弱的状况。当然，允许在新社会阶层中发展党员并不意味着降格以求，而是要坚持标准、确保质量、严格程序，把那些提出入党要求，符合党员条件的先进分子吸收到中国共产党中来。

---

①　《邓小平文选》第3卷，北京，人民出版社1993年版，第137页。
②　滕明政：《邓小平的批判性实践考察》，《中国矿业大学学报（社会科学版）》2015年第2期。
③　《江泽民文选》第3卷，北京，人民出版社2006年版，第286页。

总之，随着中国特色社会主义实践和理论的发展而对马克思主义基本概念、范畴进行新的阐释，对中国共产党治国理政的基本理念、方略进行新的构建，对于新时代中国特色社会主义政治发展的意义就在于，要不断解放思想、不断开阔视野、不断吸收和借鉴。因为，"社会主义要赢得与资本主义相比较的优势，就必须大胆吸收和借鉴人类社会创造的一切文明成果，吸收和借鉴当今世界各国包括资本主义发达国家的一切反映现代社会化生产规律的先进经营方式、管理方法"①。日益复杂的社会治理需要多元主体，也需要更新治理思想。经济基础决定上层建筑，我们既然已经肯定多种所有制，那必然就要肯定在此基础上所产生的多元主体、多种思想的发展，尤其不能惧怕西方思想。现代治理思想虽然源自西方，但只要有助于推进中国国家治理现代化，我们应该包容它、借鉴它、改造它，实现以我为主、为我所用，与时俱进地探索一主多辅的新时代中国国家治理模式。

（三）要在体现民主化的要求中，设计新时代中国国家治理现代化的方案

随着中国市场经济的发展，多种所有制经济及明晰的产权要求承认人们自身的正当利益，尤其是经济利益，于是人们就有了维护自身正当利益的诉求。这种诉求延伸到对公共权力的要求上，不断催生着民主化的诉求，即谋求与自己经济地位相适应的政治权利。与此同时，随着政治理念的转变及政治改革进程的推进，国家不断实行简政放权，尤其是随着互联网的普及和发展，民众参与政治生活的条件更加便利，他们参与公共问题讨论的热情被极大地激发出来，并积极参与到网络反腐、微博问政中来。为此，新时代中国国家治理现代化必须体现民主化的要求。

然而我们不得不承认，民主的话语权在相当长的时期里一直被西方垄断着，他们基于自身的实践，定义民主的标准并以之来判断其他国家的"民主"状况。达尼洛·佐洛（Danilo Zolo）在考察了古典和现代民主理论家的论述后，提出民主就是"多元化的政治精英群体相互竞争以确定领导权；一种有见地的公共观点能够评判政治的替代方案；自由选举，即给公民真正的权力来决定政治竞争的结果"②。在实践中逐渐形成了"民主＝选举"的政治简约化公式，造成一些国家和地区的民众仅在选举时拥有所

①《邓小平文选》第 3 卷，北京，人民出版社 1993 年版，第 373 页。

②［意］达尼洛·佐洛：《新加坡模式：民主、沟通和全球化》，载［英］凯特·纳什、阿兰·斯科特主编：《布莱克维尔政治社会学指南》，李雪、吴玉鑫、赵蔚译，杭州，浙江人民出版社 2007 年版，第 432 页。

谓民主权利，而选举结束后则陷入"无权"状态。选举民主发展中的问题，促使人们不断反思这种简约化的民主定义与民主实践。亨廷顿在研究新兴国家的政治转型之后郑重指出"在民主与选举之间划等号的做法"是值得怀疑的①。他清醒地认识到，西方的民主是建立在西方政治传统基础之上的，而东亚的民主有着自己的政治传统。遗憾的是，这种清醒的认识常常被故意"无视"。总之，我们不能简单地认为"（选举）民主是个好东西"，在没有建设好现代国家制度之前，过早引入大规模的选举民主会带来意想不到的负面效果。事实上，"很多发展中国家在没有进行基本国家制度建设之前，过早引入选举民主，因此演变成劣质民主。民主没有为他们带来经济发展、社会秩序和政治权利的实现。相反，在很多国家，民主往往和无政府、政治力量的恶斗和掠夺人民联系在一起的"②。对此，我们应该保持十分清醒的认识。

在发展中国特色社会主义民主政治时，我们要全面理解民主的内涵，既要重视程序（形式）民主，更要重视实质（内容）民主；谨防以形式民主之名，行专制独裁之实。我们应该坚持从实际出发，探索中国式民主发展道路，而不应该盲目照搬西方的民主体制。在实践中，中国共产党坚持发展全过程人民民主，"坚持国家一切权力属于人民，既保证人民依法实行民主选举，也保证人民依法实行民主决策、民主管理、民主监督，切实防止出现选举时漫天许诺、选举后无人过问的现象"③。其本质特征是"人民当家作主"，其具体路径是以党内民主带动人民民主。

党内民主带动人民民主是必然的。这是由中国政治发展逻辑和现行政治体制决定的。与西方国家先有国家后有政党不同，中国是先有中国共产党后有新中国，国家是政党政治发展的产物，由此决定了中国共产党在中国政治和社会发展中的领导地位，决定着中国民主政治发展的路径、模式和目标④。通俗地说，火车跑得快，全靠车头带；而中国共产党就是中国经济社会发展的"火车头"。中国共产党作为中国工人阶级的先锋队、中国人民和中华民族的先锋队，始终以自身的先进性成为中国推进民主化进程的表率与向导；中国共产党作为中国最广大人民利益的忠实代表，维

①　[美]塞缪尔·亨廷顿：《第三波：20世纪后期民主化浪潮》，刘军宁译，上海，上海三联书店1998年版，"序言"第7页。

②　郑永年：《中国的改革模式及其未来》，载陈明明主编：《转型危机与国家治理》，上海，上海人民出版社2011年版，第70~86页。

③　《习近平谈治国理政》第2卷，北京，外文出版社2017年版，第290页。

④　滕明政：《党建科学化：一个新阐释》，《重庆社会科学》2015年第2期。

护人民民主权利、发展人民民主是中国共产党的初心和使命在政治生活领域的集中表达；中国共产党作为社会主义事业的领导核心，只有不断健全党内民主生活，才能使党始终坚强有力，而党越坚强有力则推动人民民主的抓手越可靠、推力越强劲。否则在我们这样一个人口众多的大国发展民主极容易陷入无政府状态。

党内民主带动人民民主是可能的。这是由于中国共产党党内民主和人民民主的契合度高，党内民主和人民民主都是马克思主义性质的民主，都坚持党的领导地位和社会主义的根本政治制度；两者都贯彻民主集中制的基本原则，依靠发挥全体党员和广大人民的积极性、创造性，有秩序有步骤地推进民主政治；两者都把建设中国特色社会主义政治文明作为共同的目标，为全面建成小康社会创造政治条件①。此外，中国共产党的领导地位使其掌握了国家和社会发展的重要政治资源、经济资源和组织资源等，拥有对中国社会发展无可比拟的巨大影响力，使其有能力、有力量、有意愿推进人民民主。但与此同时，一定不要误读党内民主与人民民主的关系，错误地认为"以党内民主带动人民民主"是给民主的发展规定了一个先后次序——先发展党内民主，然后再发展人民民主；更不能将"以党内民主带动人民民主"理解为人民民主是党内民主的简单延伸与放大②。强调以党内民主带动人民民主，也绝不是让人民民主放慢步伐，更不是叫停人民民主，而是恰恰相反，它强调必须加快发展党内民主，以更好地积累经验，发挥示范作用③。

历史和实践一再证明，只要还存在政党政治，民生问题就始终是政党政治中的核心命题。在国外定期选举的政治中，当执政党不能搞好经济时，在下一次大选中就有败北危机，甚至被替换。因此，在任何意义上，民生的基本满足或曰基本正义的实现，是政党执政最为坚实的基础④。像中国这样一个共产党长期执政的国家，更是不敢忽视民生问题，因为"党的根基在人民、血脉在人民、力量在人民。失去了人民拥护和支持，党的事业和工作就无从谈起"⑤。所以，早在 1987 年，邓小平就指出："我们评价一个国家的政治体制、政治结构和政策是否正确，关键看三条：第

---

① 甄小英、李清华：《以党内民主推进人民民主》，《求是》2003 年第 12 期。

② 王俊拴：《党内民主对人民民主的示范和带动作用分析》，《政治学研究》2003 年第 2 期。

③ 王长江：《不要误读党内民主与人民民主的关系》，《中国党政干部论坛》2013 年第 1 期。

④ 杨光斌：《制度变迁与国家治理：中国政治发展研究》，北京，人民出版社 2006 年版，第 300 页。

⑤ 《习近平谈治国理政》第 1 卷，北京，外文出版社 2018 年版，第 367 页。

一是看国家的政局是否稳定；第二是看能否增进人民的团结，改善人民的生活；第三是看生产力能否得到持续发展。"①我们可以看到，邓小平从不抽象地谈论民主，他把对民主问题的探讨与民生问题的解决结合起来，这也是中国式民主的显著特点。总之，推进民主政治改革、实现新时代中国国家治理现代化，要汲取国外民主治理的有益经验，但最重要的还是从我们自己的实际出发，牢牢把握人民当家作主这个中国特色社会主义民主政治的本质要求，把民主的协商、选举、管理、决策、监督等环节有机结合，实现民主的方式、过程、结果等的有效贯通，真正体现中国民主治理的广泛、真实、有效。

（四）要在追求法治化的目标中，完善新时代中国国家治理现代化的体系

"法律是治国之重器，法治是国家治理体系和治理能力的重要依托"②，要从法治上为解决问题提供制度化方案。"良法"是"善治"的前提，是治理正当性、合法性和有效性实现的重要依托。一个国家只有严格执法，法令能够贯彻执行，国家才能治理整顿好，才能兴旺繁荣。而如果法律松弛，无法执行，则国家一定会产生动乱，国力也会越来越衰弱。总结"文化大革命"的教训，邓小平郑重提出："领导制度、组织制度问题更带有根本性、全局性、稳定性和长期性。"③他突出强调："制度好可以使坏人无法任意横行，制度不好可以使好人无法充分做好事，甚至会走向反面。"④于是邓小平大力推进党内法规和国家法律建设，在南方谈话中更是进一步提出"制度定型"的30年之约——"恐怕再有三十年的时间，我们才会在各方面形成一整套更加成熟、更加定型的制度。"⑤

党的十八大以来，我国法治建设取得了显著的成绩，但也存在一些不容忽视的问题，例如，法律缺少权威，违法成本低，难以对人们的行为起到真正的规制作用。就立法而言，忽视了社会承受能力对立法发展的制约作用，立法规模和速度在某些方面和一定程度上与现阶段社会对法律需求的实际水平及增长幅度不相适应，或者说现阶段已经不是无法可依，相反法律法规不可谓不多，以至于法律法规之间的协调性、兼容性等问题日

　　①《邓小平文选》第3卷，北京，人民出版社1993年版，第213页。
　　②《十八大以来重要文献选编》（中），北京，中央文献出版社2016年版，第141页。
　　③《邓小平文选》第2卷，北京，人民出版社1994年版，第333页。
　　④《邓小平文选》第2卷，北京，人民出版社1994年版，第333页。
　　⑤《邓小平文选》第3卷，北京，人民出版社1993年版，第372页。

益突出，使法律法规的权威性受到损伤。仅以党的十八大以来的首次清理党内法规为例，从新中国成立至 2012 年 6 月，关于规范党组织工作、活动和党员行为的中央党内法规和规范性文件共计 1178 件，其中宣布废止和失效的竟有 681 件，占 57.8%①，数量之多、占比之高清楚地表明，新时代国家治理在立法方面的主要问题不再是无法可依。就执法而言，存在执法制度尚未配套与健全、执法手段单一和强硬、执法人员素质和执法水平有待提高等问题。就司法而言，司法独立精神在实际操作中尚未完全得到体现，司法不公现象仍时有发生，特别是诸如孙小果案等事件严重侵蚀了人们对司法公正的信心，所以习近平总书记多次引用培根的名言："一次不公正的审判，其恶果甚至超过十次犯罪。因为犯罪虽是无视法律——好比污染了水流，而不公正的审判则毁坏法律——好比污染了水源。"②

　　推进新时代中国国家治理现代化，必须重塑法律的权威，着力解决有法不依、执法不严、违法不究、司法不公等问题。一是领导干部要带头知法、懂法、守法，法律面前人人平等，坚决反对"刑不上大夫"，特别对那些蓄意抗法的领导干部要严惩不贷。正如董必武所言："党员犯法，加等治罪。"③二是要建立完善的党和国家制度法规体系，既适应社会发展需求立法，又及时清理不再符合社会发展需要的法律法规，永葆制度的科学性、典范性、权威性和有效性。三是加强执法队伍力量，提高执法人员自身素质和执法水平，结合扫黑除恶常态化工作，"建立和完善领导干部干预司法活动、插手具体案件处理的记录、通报和责任追究制度"④，保障司法独立性。四是要强化监督作用，充分运用体制内外的各种监督主体，让权力在阳光下运行，让违法者付出高额的代价⑤。

　　习近平总书记高度重视"结合"这一重要方法论，因此，在论述新时代中国国家治理时，"把国家治理体系和治理能力现代化结合在一起"，强调要想治理好国家，单靠哪一个都不行。同样，推进国家治理法治化，不仅要重视法律法规的建设，即制度建设；还要按照法的精神破除权力本位⑥，不断提升治理者的法治思维和法治能力，一体推进法治国家、法治

---

① 盛若蔚：《中央党内法规制度完成全面"体检"》，《人民日报》2014 年 11 月 18 日。
② 《十八大以来重要文献选编》（中），北京，中央文献出版社 2016 年版，第 151 页。
③ 《建党以来重要文献选编（1921—1949）》第 17 册，北京，中央文献出版社 2011 年版，第 493 页。
④ 《十八大以来重要文献选编》（中），北京，中央文献出版社 2016 年版，第 168 页。
⑤ 盛若蔚：《中央党内法规制度完成全面"体检"》，《人民日报》2014 年 11 月 18 日。
⑥ 韩庆祥：《人的依赖—物的依赖—能力依赖——从权力本位走向能力本位》，《社会科学战线》1999 年第 3 期。

政府、法治社会建设。要打破原先政治运行中的权力逻辑、权力支配，确立德才兼备、以德为先的干部选用标准；坚决摒弃"谁给乌纱帽，就对谁负责"的不良之气，真正从权力本位转向能力本位、人民本位；坚决抵制"对上曲意逢迎，对下作威作福"的不良之风，从"官老爷"真正转向人民公仆。要全面考察治理者的德、能、勤、绩、廉，把"信念坚定、为民服务、勤政务实、敢于担当、清正廉洁的好干部标准"[1]落实到干部选拔任用工作中去，优化和重塑党员干部队伍。换句话说，从权力本位走向德才兼备，不仅是确立新的政治运行规则，更是培养新时代中国国家治理的新治理者。此外，对治理者要从"只进不出"走向"能进能出"，提高治理者队伍的流动性，即在退休制度的基础上，建立政治退出机制。犯了错误的治理者不能从一个职位调到另外一个职位，或者从公众的视线中"消失"一会儿又出来了，这将会严重影响公众对公共治理的信任。要通过建立终身追责机制，让治理者始终知敬畏、存戒惧、守底线，更好地推进新时代中国国家治理现代化。

与此同时，要重视价值观的建设，优化新时代中国国家治理现代化的环境。一个国家的强大不仅体现在物质上，也体现在精神文化上。[2]英国前首相撒切尔夫人（Margaret Hilda Thatcher）曾放言："你们根本不用担心中国，因为中国在未来的几十年内，甚至一百年内，无法给世界提供任何新的思想。"[3]尽管撒切尔夫人的观点充满偏见，但她着实给中国提出了一个尖锐问题：一个国家的思想，尤其是作为思想精华的核心价值观非常重要，它已经不再仅仅是一个国家内部的事情，而且还具有全球意义。对此，习近平总书记强调："世界上各种文化之争，本质上是价值观念之争，也是人心之争、意识形态之争，正所谓'一时之强弱在力，千古之胜负在理'。"[4]这就使得崛起中的中国不仅要继续重视物质财富的发展，还要重视思想文化及价值观的培育。党的十八大以来，习近平总书记不仅全面继承了我们之前对社会主义文化尤其是社会主义核心价值体系探索的有益成果，而且进一步提出积极培育和践行社会主义核心价值观，牢牢掌握意识形态工作领导权、管理权和话语权的时代课题和历史重任。

新时代中国国家治理现代化必须发挥社会主义核心价值观的引导作

---

① 《十八大以来重要文献选编》（中），北京，中央文献出版社 2016 年版，第 114 页。
② 滕明政：《新时代提升中国文化软实力之路径探析》，《深圳社会科学》2022 年第 5 期。
③ 韩连庆：《想法决定命运》，《中国科学报》2012 年 9 月 14 日。
④ 《习近平关于社会主义文化建设论述摘编》，北京，中央文献出版社 2017 年版，第 105 页。

用，习近平总书记指出："培育和弘扬核心价值观，有效整合社会意识，是社会系统得以正常运转、社会秩序得以有效维护的重要途径，也是国家治理体系和治理能力的重要方面。"①中国特色社会主义进入新时代，立足中华民族伟大复兴战略全局，面对世界百年未有之大变局和世纪疫情，要战胜世所罕见、史所罕见的困难和挑战，就越发需要统一思想、统一意志，坚定信心、坚定决心，而培育和践行社会主义核心价值观就是要为实现中国国家治理现代化提供强有力的精神力量，营造良好的文化软环境。

第三节　以中国式现代化全面推进中华民族伟大复兴

新时代中国国家治理现代化固然要提高制度设计和制度执行力，固然要追求多元、民主、法治等共性价值，但这些就是国家治理的最终目的吗？显然不是。新时代中国国家治理要在此基础上，有更为宏大深远的价值目标，那就是实现中华民族伟大复兴的中国梦。

一、中华民族伟大复兴的中国梦

中国梦是以习近平同志为核心的党中央对新时代中国国家治理目标的一种形象描述，是新时代中国国家治理各个具体目标最大公约数式的表达。

（一）实现中华民族伟大复兴凝聚着几代中国人的夙愿

只有创造过辉煌的民族，才懂得复兴的意义；只有历经过苦难的民族，才对复兴有深切的渴望。中国是一个有着 5000 多年文明史的大国，在历史上曾长期走在世界前列。在世界四大文明古国中，唯有中华文明有国有史一直传承到今天。中国古代的四大发明造福全世界②。然而，近代以来，由于西方列强的入侵和封建统治的腐败，中国逐渐沦为半殖民地半封建社会，国家蒙辱、人民蒙难、文明蒙尘，中华民族遭受了前所未有的劫难。梦想，渐渐成为一种奢谈，著名作家巴金痛心地说道："在现在的这种环境中……只能够使我做噩梦。"清华大学教授，著名诗人、作家、红学家俞平伯更是直言："我没有梦想。"是啊，当国家失去尊严，民族饱受屈辱之时，个人何敢言梦？

---

① 《习近平谈治国理政》第 1 卷，北京，外文出版社 2018 年版，第 163 页。
② 《习近平新时代中国特色社会主义思想三十讲》，北京，学习出版社 2018 年版，第 32 页。

但梦想是每一个人的神圣权利，特别对于中华民族这样一个坚韧不拔的民族来说，更是敢于言梦、敢于追梦。

1932 年 11 月 1 日，上海《东方杂志》以"梦想的中国"和"梦想的个人生活"为题，策划了一次征集"新年的梦想"活动，征集活动得到了热烈的响应。柳亚子、胡适、林语堂、徐悲鸿、巴金、茅盾等著名作家和社会名流纷纷积极参与。北洋政府外交总长罗文干盼望，政府能统一全国，免人说我无组织。内争的勇毅转用来对外，武官不怕死，文官不贪钱。妇女理家，崇尚勤俭，不学摩登。青年勤俭刻苦，不穿洋服，振兴国货。曾任教育部副部长、人民教育出版社社长和总编的叶圣陶希冀未来中国"个个人有饭吃，个个人有工作做；凡所吃的饭绝不是什么人的膏血，凡所做的工作绝不为充塞一个两个人的大肚皮"①。事实上，大部分"新年的梦想"对未来中国充满了希望，认为未来之中国，将是新锐青年的中国，不是昏庸老朽的中国，将是勤劳大众的中国，不是剥削阶级的中国。

无数仁人志士为实现中华民族伟大复兴这个中国人民和中华民族最伟大的梦想而不懈奋斗，广州三元里人民的抗英斗争、太平天国斗争、洋务运动、戊戌变法运动、义和团运动、辛亥革命接连而起，但都以失败而告终。中国共产党一经诞生，就接过前人探索的接力棒，"一百年来，中国共产党团结带领中国人民进行的一切奋斗、一切牺牲、一切创造，归结起来就是一个主题：实现中华民族伟大复兴"②。

中国梦是以习近平同志为核心的党中央对带领中国人民实现国家富强、民族振兴、人民幸福的庄严承诺。中国梦是国家的、民族的，也是个人的；是具有中国特色、能够凝聚中国国民精气神的，也是走在文明大道、能够与其他文明交流对话的。中国梦生动地传达了中国人民对中华民族伟大复兴的期盼。

（二）中华民族伟大复兴的中国梦具有非常丰富的内涵

1. 中国梦是国家富强、民族振兴、人民幸福的梦。2012 年 11 月 29 日，新当选中共中央总书记的习近平带领新一届中央领导集体参观中国国家博物馆《复兴之路》展览现场时，提出了"中国梦"这一新概念："实现中华民族伟大复兴，就是中华民族近代以来最伟大的梦想。这个梦想，凝聚了几代中国人的夙愿，体现了中华民族和中国人民的整体利益，是每

---

① 信夫：《一个世纪以前，也有一场"中国梦"诞生》，https://m.thepaper.cn/baijiahao_14717334。
② 《习近平著作选读》第 2 卷，北京，人民出版社 2023 年版，第 477 页。

一个中华儿女的共同期盼。历史告诉我们，每个人的前途命运都与国家和民族的前途命运紧密相连。国家好、民族好，大家才会好。"① 这一极具穿透力的新概念，旋即引发海内外全体中华儿女的强烈共鸣，也引起国际社会对新一届中央领导集体施政方针的广泛关注。

2013 年 3 月 17 日，习近平总书记在十二届全国人大一次会议闭幕会上不仅阐发了中国梦的内涵，而且还提出了圆梦的路径，他指出："实现全面建成小康社会、建成富强民主文明和谐的社会主义现代化国家的奋斗目标，实现中华民族伟大复兴的中国梦，就是要实现国家富强、民族振兴、人民幸福……实现中国梦必须走中国道路、必须弘扬中国精神、必须凝聚中国力量。"②

此后，他在出访俄罗斯、坦桑尼亚、美国等国家以及出席博鳌亚洲论坛、东盟会议等场合时多次阐述了中国梦。明确提出中国梦的基本内涵（本质）是国家富强、民族振兴、人民幸福。中国共产党确定了"两个一百年"的奋斗目标是，到 2020 年国内生产总值和城乡居民人均收入在 2010 年基础上翻一番，全面建成小康社会。到本世纪中叶，建成富强民主文明和谐的社会主义现代化国家，实现中华民族伟大复兴的中国梦。

2. 中国梦是国家的、民族的、个人的梦。习近平总书记指出："中国梦是国家的、民族的，也是每一个中国人的。"③ "中国梦归根到底是人民的梦，必须紧紧依靠人民来实现，必须不断为人民造福。"④ 在十八届中央政治局常委同中外记者见面时，他向世界宣告了新一届中央领导集体的奋斗目标——"人民对美好生活的向往，就是我们的奋斗目标。"⑤ 要不断满足人民对于"更好的教育、更稳定的工作、更满意的收入、更可靠的社会保障、更高水平的医疗卫生服务、更舒适的居住条件、更优美的环境"⑥ 的期盼。在接受国外媒体采访时，他再次重申了这一观点，指出："我的执政理念，概括起来说就是：为人民服务，担当起该担当的责任。"⑦

中国梦概念提出不久后，世界上最大的传播集团——WPP 集团（Wire & Plastic Products Group，WPP Group）专门发布了一份《中国梦的力量和

① 《习近平谈治国理政》第 1 卷，北京，外文出版社 2018 年版，第 36 页。
② 《习近平谈治国理政》第 1 卷，北京，外文出版社 2018 年版，第 39 页。
③ 《习近平谈治国理政》第 1 卷，北京，外文出版社 2018 年版，第 49 页。
④ 《习近平谈治国理政》第 1 卷，北京，外文出版社 2018 年版，第 40 页。
⑤ 《习近平谈治国理政》第 1 卷，北京，外文出版社 2018 年版，第 3 页。
⑥ 《习近平谈治国理政》第 1 卷，北京，外文出版社 2018 年版，第 4 页。
⑦ 《习近平谈治国理政》第 1 卷，北京，外文出版社 2018 年版，第 101 页。

潜力》的研究报告。该报告显示：实现国家梦想对于中国人来说更重要。约70%的中国人认为实现国家梦想对于他们来说很重要。而对于年轻人来说，持这种观点的人的比例上升到76%。中国人的个人梦想和国家梦想是互相依存的，大约2/3的中国人认为"中国梦是国家的梦"以及"中国梦是全体中国人的梦"。中国人希望通过实现国家梦想从而完成自己的个人梦想[①]。

3. 中国梦是凝聚国民、联通世界的梦。"中国梦是一种形象的表达，是一个最大的公约数，是一种为群众易于接受的表述。"[②]不仅中国老百姓易于接受，而且世界人民也易于理解。就语言而言，"梦想"是一种简洁而通用的语言，人们把对未来最美好的憧憬浓缩于此；就内容来讲，中国梦与非洲梦[③]、拉美梦[④]、美国梦[⑤]、东盟梦[⑥]等是相通的，与各国人民追求和平与发展的美好梦想是相通的[⑦]。

有研究表明，79%的中国人、72%的美国人和65%的英国人认为，"生活因有了梦想而更美好"，绝大多数的中国人都相信，"梦想给了我面对未来的信心"。世界各地人民的个人梦想都是非常相似的，体现了我们作为"人"所共同追求的价值。"身体健康"在中国人、美国人和英国人的个人梦想清单上都名列榜首。无论来自哪里，拥有美好的家庭生活、幸福和经济保障都排在个人梦想清单相对靠前的位置[⑧]。由此，中国梦起到了凝聚国民、联通世界的作用。

[①] The Power and Potential of the Chinese Dream，http://www.wpp.com/wpp/marketing/brandz/the-chinese-dream.

[②] 《习近平关于实现中华民族伟大复兴的中国梦论述摘编》，北京，中央文献出版社2013年版，第10页。

[③] 13亿多中国人民正致力于实现中华民族伟大复兴的中国梦，10亿多非洲人民正致力于实现联合自强、发展振兴的非洲梦。参见《习近平谈治国理政》第1卷，北京，外文出版社2018年版，第310页。

[④] 拉美和加勒比国家共同体的成立，充分表明拉美正在积极推进拉美独立运动先驱们倡导的团结协作、共同发展的梦想。参见《习近平谈治国理政》第1卷，北京，外文出版社2018年版，第57页。

[⑤] 中国梦要实现国家富强、民族复兴、人民幸福，是和平、发展、合作、共赢的梦，与包括美国梦在内的世界各国人民的美好梦想相通。参见《习近平谈治国理政》第1卷，北京，外文出版社2018年版，第279页。

[⑥] 中国梦同东盟各国寻求国家发展振兴、人民富裕幸福的追求和梦想息息相通，中国愿同东盟各国在实现理想的道路上携手并肩、心心相印、互帮互助，发挥各自优势，挖掘合作潜力，实现互利共赢。参见《习近平主席接受印度尼西亚和马来西亚媒体联合采访》，《人民日报》2013年10月3日。

[⑦] 赵成：《习近平会见21世纪理事会北京会议外方代表》，《人民日报》2013年11月3日。

[⑧] The Power and Potential of the Chinese Dream，http://www.wpp.com/wpp/marketing/brandz/the-chinese-dream.

二、中国式现代化

实现中国梦内在包含现代化的要求，没有现代化何谈实现中华民族的伟大复兴。因此，在圆梦的过程中，我们提出了分阶段实现现代化的目标——到 2035 年基本实现社会主义现代化，其中包含"国家治理体系和治理能力现代化基本实现"[①]；到本世纪中叶建成社会主义现代化强国，其中包含"实现国家治理体系和治理能力现代化"[②]，并且强调以中国式现代化全面推进中华民族伟大复兴。

（一）从"四个现代化"到"中国式现代化"

"中国式现代化"这一概念是习近平总书记在党的十九届五中全会上正式提出的。其实践探索最早可以追溯到 1861 年至 1895 年的洋务运动。洋务派打出"自强"和"求富"的旗帜，大规模引进西方先进的科学技术、兴办近代化军事工业和民用企业，是一场挽救清朝统治的自救运动。这一运动虽然最终由于清政府内部的腐败和外国势力的挤压而告失败，但在客观上促进了中国资本主义发展，启蒙了中国人的"现代化"意识，"是现代化的局部的慢启动"[③]。

其概念缘起至少可以追溯到新中国成立后的"四个现代化"。1954年 9 月 23 日，周恩来在第一届全国人民代表大会第一次会议所作的《政府工作报告》中，首次明确提出要"建设起强大的现代化的工业、现代化的农业、现代化的交通运输业和现代化的国防"[④]。1957 年 2 月 27 日，毛泽东在《关于正确处理人民内部矛盾的问题》的讲话中指出："将我国建设成为一个具有现代工业、现代农业、现代科学文化的社会主义国家。"[⑤]同年 3 月 12 日，毛泽东在中国共产党全国宣传工作会议上的讲话中指出："我们一定会建设一个具有现代工业、现代农业和现代科学文化的社会主义国家。"[⑥]1959 年 12 月到 1960 年 2 月，毛泽东在读苏联《政治经济学教科书》时又指出："建设社会主义，原来要求是工业现代化，农业现代化，科学文化现代化，现在要加上国防现代化。"[⑦]至此，毛泽东

① 《习近平谈治国理政》第 3 卷，北京，外文出版社 2020 年版，第 22 页。
② 《习近平谈治国理政》第 3 卷，北京，外文出版社 2020 年版，第 23 页。
③ 罗荣渠：《现代化新论——世界与中国的现代化进程》，北京，商务印书馆 2004 年版，第 498 页。
④ 《周恩来选集》，北京，人民出版社 1984 年版，第 132 页。
⑤ 《毛泽东文集》第 7 卷，北京，人民出版社 1999 年版，第 207 页。
⑥ 《毛泽东文集》第 7 卷，北京，人民出版社 1999 年版，第 268 页。
⑦ 《毛泽东文集》第 8 卷，北京，人民出版社 1999 年版，第 116 页。

首次全面地完整地提出了"四个现代化"的内容。

在"四个现代化"的提出与完善中，周恩来也做了大量的工作。1960年2月中旬，周恩来在读苏联《政治经济学教科书》时，建议将"科学文化现代化"改成"科学技术现代化"，这使得"四个现代化"的提法更加准确、科学。1963年1月29日，周恩来在上海市科学技术工作会议上强调科学技术现代化是"四个现代化"的关键，指出："我国过去的科学基础很差。我们要实现农业现代化、工业现代化、国防现代化和科学技术现代化，把我们祖国建设成为一个社会主义强国，关键在于实现科学技术的现代化。"[1] 同年11月17日到12月3日召开的第二届全国人民代表大会第四次会议，发出了"为把我国建设成为一个具有现代农业、现代工业、现代国防和现代科学技术的强大的社会主义国家而奋斗"[2] 的号召。1964年12月21日，周恩来在第三届全国人民代表大会第一次会议上，首次[3] 正式公布了中央建设"四个现代化"的战略任务，指出："今后发展国民经济的主要任务，总的来说，就是要在不太长的历史时期内，把我国建设成为一个具有现代农业、现代工业、现代国防和现代科学技术的社会主义强国，赶上和超过世界先进水平。"[4] 并提出了实现"四个现代化"的战略步骤，指出："第一步，建立一个独立的比较完整的工业体系和国民经济体系；第二步，全面实现农业、工业、国防和科学技术的现代化，使我国经济走在世界的前列。"[5]

虽然经历了"文化大革命"的严重干扰，但1975年1月在第四届全国人民代表大会第一次会议上，周恩来遵照毛泽东的指示，在《政府工作报告》中还是重申了在第三届全国人民代表大会第一次会议《政府工作报告》中提出的"分两步走、全面实现四个现代化"的战略[6]。拨乱反正、改革开放以来，邓小平高度重视"四个现代化"战略目标的实现，强调："我们从八十年代的第一年开始，就必须一天也不耽误，专心致志地、聚精会神地搞四个现代化建设。"[7] 此后，他又一再强调："我们党在现阶段

---

① 《周恩来选集》，北京，人民出版社1984年版，第412页。

② 《中共中央文件选集（一九四九年十月—一九六六年五月）》第35册，北京，人民出版社2013年版，第54页。

③ 毛泽东提出"四个现代化"的奋斗目标，但当时并没有立即向外界公布。后来是由第三次全国人民代表大会通过的《政府工作报告》正式公之于世的。

④ 《周恩来选集》，北京，人民出版社1984年版，第439页。

⑤ 《周恩来选集》，北京，人民出版社1984年版，第439页。

⑥ 《周恩来选集》，北京，人民出版社1984年版，第479页。

⑦ 《邓小平文选》第2卷，北京，人民出版社1994年版，第142页。

的政治路线，概括地说，就是一心一意地搞四个现代化。"①

1979年3月21日，邓小平在会见英中文化协会执行委员会代表团时提出："我们定的目标是在本世纪末实现四个现代化。我们的概念与西方不同，我姑且用个新说法，叫做中国式的四个现代化。"②在随后召开的党的理论工作务虚会上，邓小平进一步提出："现在搞建设，也要适合中国情况，走出一条中国式的现代化道路。"③"中国式的现代化"这一概念，突出强调从当时中国的具体实际出发，就是从"底子薄""人口多，耕地少"的国情出发，适当降低现代化标准，正如邓小平在会见日本首相大平正芳时所言："我们的四个现代化的概念，不是像你们那样的现代化的概念，而是'小康之家'。"④

1984年3月25日，邓小平在会见日本首相中曾根康弘时就"中国式现代化"的目标做了描述，指出："翻两番，国民生产总值人均达到八百美元，就是到本世纪末在中国建立一个小康社会。这个小康社会，叫做中国式的现代化。翻两番、小康社会、中国式的现代化，这些都是我们的新概念。"⑤1987年4月30日，邓小平在会见西班牙客人时明确提出了实现"中国式现代化"步骤——"三步走"⑥的战略构思。同年，"三步走"战略写入党的十三大报告："党的十一届三中全会以后，我国经济建设的战略部署大体分三步走。第一步，实现国民生产总值比一九八○年翻一番，解决人民的温饱问题。这个任务已经基本实现。第二步，到本世纪末，使国民生产总值再增长一倍，人民生活达到小康水平。第三步，到下个世纪中叶，人均国民生产总值达到中等发达国家水平，人民生活比较富裕，基本实现现代化。然后，在这个基础上继续前进。"⑦此后，中国共产党又进

---

① 《邓小平文选》第2卷，北京，人民出版社1994年版，第276页。

② 《邓小平年谱（一九七五——一九九七）》上卷，北京，中央文献出版社2004年版，第496页。

③ 《邓小平年谱（一九七五——一九九七）》上卷，北京，中央文献出版社2004年版，第502页。

④ 《邓小平年谱（一九七五——一九九七）》上卷，北京，中央文献出版社2004年版，第582页。

⑤ 《邓小平文选》第3卷，北京，人民出版社1993年版，第54页。

⑥ 邓小平指出："第一步在八十年代翻一番。以一九八○年为基数，当时国民生产总值人均只有二百五十美元，翻一番，达到五百美元。第二步是到本世纪末，再翻一番，人均达到一千美元。实现这个目标意味着我们进入小康社会，把贫困的中国变成小康的中国。那时国民生产总值超过一万亿美元，虽然人均数还很低，但是国家的力量有很大增加。我们制定的目标更重要的还是第三步，在下世纪用三十年到五十年再翻两番，大体上达到人均四千美元。做到这一步，中国就达到中等发达的水平。这是我们的雄心壮志。目标不高，但做起来可不容易。"参见《邓小平文选》第3卷，北京，人民出版社1993年版，第226页。

⑦ 《十三大以来重要文献选编》（上），北京，人民出版社1991年版，第16页。

一步提出"新三步走"①"分两个阶段"②等战略安排，不断推进中国的现代化建设。

党的二十大在总结之前理论和实践，尤其是继承和发扬党的十九届五中全会提出重要观点的基础上，集中概括了中国式现代化的中国特色、本质要求和重大原则，成为推进中国式现代化的总体规划和顶层设计，从而初步建立起中国式现代化理论体系。

（二）中国式现代化的五大特色

中国式现代化的五大特色是在比较中取得的，具体如下。

第一，中国式现代化是人口规模巨大的现代化。相对于目前全世界仅有10亿左右的现代化人口，中国式现代化要实现14亿多人口的现代化，这将会极大地改变整个世界现代化的人口版图。

第二，中国式现代化是全体人民共同富裕的现代化。相对于目前欧美很多现代化国家存在较为严重的贫富分化问题，特别是美国占领"华尔街运动"示威者所高喊的"1%的富人拥有着99%的财富"将这一问题暴露得淋漓尽致，中国式现代化要实现全体人民共同富裕，共同富裕路上一个也不落下。

第三，中国式现代化是物质文明和精神文明相协调的现代化。相对于西方单向度的现代化，一方面是物质财富极大丰富，另一方面却是精神极度空虚，中国式现代化则要实现物质文明和精神文明相协调，既要发达的物质文明，也要高度进步的精神文明。

第四，中国式现代化是人与自然和谐共生的现代化。相对于世界上很多国家走了先污染后治理的现代化发展之路，导致人口、资源、环境关系紧张，中国式现代化则要实现人与自然和谐共生，走出一条"生产发展、生活富裕、生态良好"的可持续发展道路。

---

① 党的十五大在我国经济发展"三步走"战略的第二步目标即将实现之际，提出了新的"三步走"发展战略，即21世纪"第一个十年实现国民生产总值比二〇〇〇年翻一番，使人民的小康生活更加宽裕，形成比较完善的社会主义市场经济体制；再经过十年的努力，到建党一百年时，使国民经济更加发展，各项制度更加完善；到世纪中叶建国一百年时，基本实现现代化，建成富强民主文明的社会主义国家"。参见《十五大以来重要文献选编》（上），北京，人民出版社2000年版，第4页。

② 在"两个一百年"奋斗目标交汇之际，党的十九大就决胜全面建成小康社会作出部署，明确了从2020年到本世纪中叶分两个阶段全面建设社会主义现代化国家的新的奋斗目标。即"从二〇二〇年到二〇三五年，在全面建成小康社会的基础上，再奋斗十五年，基本实现社会主义现代化"；"从二〇三五年到本世纪中叶，在基本实现现代化的基础上，再奋斗十五年，把我国建成富强民主文明和谐美丽的社会主义现代化强国"。参见《十九大以来重要文献选编》（上），北京，中央文献出版社2019年版，第20页。

第五，中国式现代化是走和平发展道路的现代化。相对于很多西方国家靠对外侵略扩张实现现代化，中国始终坚持走和平发展的现代化道路，跳出"国强必霸"的窠臼。这种崭新的现代化发展道路，给世界带去的不是血腥和暴力，而是温暖和希望。

（三）中国式现代化的 9 条本质要求

中国式现代化的 9 条本质要求可以从 3 个维度去理解和把握。

一是坚持中国共产党领导、坚持中国特色社会主义。这两条讲的是方向和道路，指明了实现中国式现代化的领导力量、实现路径。

二是实现高质量发展、发展全过程人民民主、丰富人民精神世界、实现全体人民共同富裕、促进人与自然和谐共生。这 5 条讲的正是"五位一体"总体布局，涵盖了经济、政治、文化、社会、生态文明方面现代化的实践要求，"突出中国式现代化本身的全面性、系统性、协调性和多维性，明确了中国式现代化的立体目标"[1]。

三是推动构建人类命运共同体、创造人类文明新形态。这两条讲的是中国式现代化对世界的影响和贡献，明确了中国式现代化的全球责任。[2] 中国式现代化以无可争辩的事实证明了"现代化≠西方化""现代化逻辑≠资本逻辑""现代文明≠资本主义文明"[3]，各国完全可以独立自主走出适合自己国情的现代化道路，从而打破西方对于现代化话语权的垄断，为世界文明提供了中国方案，注入了中国智慧。

（四）中国式现代化必须牢牢把握的 5 个重大原则

在新时代，推进中国式现代化，必须牢牢把握 5 个重大原则，即做到"五个坚持"——坚持和加强党的全面领导、坚持中国特色社会主义道路、坚持以人民为中心的发展思想、坚持深化改革开放、坚持发扬斗争精神[4]。"五个坚持"指明了在推进中国式现代化前进道路上"谁在领导、为谁而干、采取什么路径、动力之源何在、应具备什么样的精神状态"等基本问题[5]。

第一，中国式现代化是中国共产党领导的社会主义现代化，这是对中国式现代化的定性，是管总、管根本的。正如习近平总书记所指出：

---

①　张浩：《牢牢把握中国式现代化的本质要求》，《红旗文稿》2022 年第 24 期。

②　《习近平著作选读》第 1 卷，北京，人民出版社 2023 年版，第 20 页。

③　杨章文：《论中国式现代化道路的整体性逻辑》，《探索》2022 年第 1 期。

④　《习近平著作选读》第 1 卷，北京，人民出版社 2023 年版，第 22~23 页。

⑤　韩庆祥、张健：《论五个"重大原则"——从"五个坚持"看推进中国式现代化的实践要求》，《浙江社会科学》2022 年第 11 期。

"党的领导直接关系中国式现代化的根本方向、前途命运、最终成败。"①

第二，旗帜引领方向，道路决定命运。我们要始终高扬科学社会主义的大旗，坚持科学社会主义的基本原则不能丢②。我们要坚定不移走中国特色社会主义道路，既不走封闭僵化的老路，也不走改旗易帜的邪路。

第三，为了谁、依靠谁是一个根本问题，习近平总书记指出："只有坚持以人民为中心的发展思想，坚持发展为了人民、发展依靠人民、发展成果由人民共享，才会有正确的发展观、现代化观。"③要始终坚持人民是中国式现代化的目标追求。

第四，改革开放是决定当代中国命运的关键一招，也是推进中国式现代化的关键。推进中国式现代化必须向改革要动力、向开放要活力。必须着力破解深层次体制机制障碍，不断彰显中国特色社会主义制度优势，把我国制度优势更好转化为国家治理效能。

第五，在百年变局大背景下全面建设社会主义现代化国家、全面推进中华民族伟大复兴绝非易事。对此，习近平总书记指出："中华民族伟大复兴，绝不是轻轻松松、敲锣打鼓就能实现的，实现伟大梦想必须进行伟大斗争。"④因此，我们必须发扬斗争精神，坚定斗争意志，提高斗争本领，依靠顽强斗争打开事业发展新天地。此外，推进中国式现代化是一个系统工程，需要统筹兼顾、系统谋划、整体推进，正确处理好顶层设计与实践探索、战略与策略、守正与创新、效率与公平、活力与秩序、自立自强与对外开放等一系列重大关系⑤。

尽管新时代的"中国式现代化"与邓小平的"中国式的四个现代化"侧重点不一样（实现从标准低到模式新），但都是中国国家发展的总体性目标追求，而不是具体性目标追求。"国家治理现代化"不是笼统的国家现代化，即不像"中国式现代化"那样全面、综合；它聚焦国家现代化中的一个方面，即治理现代化。正因如此，所以我们看到党的十九大和二十大都把"国家治理体系和治理能力现代化"纳入建成社会主义现代化强国的总体目标之中。换句话说，国家治理现代化是中国式现代化的有机组成部分，是中国式现代化的基础性工程。总之，尽管中国式现代化与国家治

---

① 习近平：《中国式现代化是中国共产党领导的社会主义现代化》，《求是》2023年第11期。
② 《十八大以来重要文献选编》（上），北京，中央文献出版社2014年版，第458页。
③ 《习近平著作选读》第2卷，北京，人民出版社2023年版，第407页。
④ 《习近平著作选读》第2卷，北京，人民出版社2023年版，第257页。
⑤ 《习近平在学习贯彻党的二十大精神研讨班开班式上发表重要讲话强调　正确理解和大力推进中国式现代化》，《人民日报》2023年2月8日。

理现代化都包含现代化的指向，但前者更强调"中国式"，其比较的对象主要是美国式现代化、英国式现代化、日本式现代化等，突出强调现代化不只有一种模式，中国式现代化为解决世界现代化问题提供了全新的选择，开辟了全新的道路；而后者更强调"国家治理"，其比较的对象主要是地方治理、基层治理等，突出强调层级之高，讲的是国家层面的制度设计和制度执行问题。

需要说明的是，本书主要聚焦以习近平同志为核心的党中央关于国家治理体系和治理能力现代化相关论述的研究，只有在阐述新时代国家治理的世界意义时，才会从国别比较的角度论及中国式现代化的相关内容。

三、以中国式现代化全面推进中华民族伟大复兴

党的二十大报告指出："从现在起，中国共产党的中心任务就是团结带领全国各族人民全面建成社会主义现代化强国、实现第二个百年奋斗目标，以中国式现代化全面推进中华民族伟大复兴。"[①]

实现中华民族伟大复兴的中国梦是近代中华儿女的共同追求，但关键的问题是以什么样的方式才能实现这一伟大梦想。无数仁人志士为此付出艰辛探索，但都失败了。为何在半殖民地半封建社会的旧中国，要实现现代化是不可能的？其中一个重要原因就是没有一个代表人民整体利益的党。当时，偌大的中国被各地割据的军阀分而治之，如同一盘散沙。所以，孙中山先生感慨道，四万万中国人，一盘散沙而已。是中国共产党改变了这一局面。这个以马克思主义先进理论为指导的先进政党，从建立之初就把"为中国人民谋幸福、为中华民族谋复兴"确立为自己的初心使命，深深扎根人民、有效组织人民，带领人民甩掉穷帽子、拔除旧病根，不断探索民族复兴的现代化新路。

在新民主主义革命时期，中国共产党带领中国人民浴血奋战、百折不挠，建立了人民当家作主的中华人民共和国，实现了民族独立、人民解放，为实现现代化创造了根本社会条件。从此，中国有了相对统一、安定的政治环境来发展自己，中国人民以新的主人翁姿态投入国家现代化建设中。在社会主义革命和建设时期，我们党团结带领人民自力更生、发愤图强，实现了中华民族有史以来最为广泛而深刻的社会变革，完成了生产资料由私有制向公有制的伟大转变，建立起独立的比较完整的工业体系和国

---

① 《习近平著作选读》第1卷，北京，人民出版社2023年版，第18页。

民经济体系，成为世界上唯一一个拥有联合国产业分类中全部工业门类的国家，这些探索为现代化建设奠定了根本政治前提和宝贵经验、理论准备、物质基础。在改革开放和社会主义现代化建设新时期，我们党解放思想、锐意进取，作出把党和国家工作中心转移到经济建设上来、实行改革开放的历史性决策，推进了中华民族从站起来到富起来的伟大飞跃，为中国式现代化提供了充满新的活力的体制保证和快速发展的物质条件，使中国大踏步赶上了时代。

中国特色社会主义进入新时代，我们党自信自强、守正创新，不断实现理论和实践上的创新突破，成功推进和拓展了中国式现代化。在认识上不断深化，创立了习近平新时代中国特色社会主义思想，为中国式现代化提供了根本遵循；在战略上不断完善，明确"五位一体"总体布局和"四个全面"战略布局，深入实施科教兴国战略、人才强国战略、乡村振兴战略等一系列重大战略，为中国式现代化提供坚实战略支撑；在实践上不断丰富，推动党和国家事业取得历史性成就、发生历史性变革，为中国式现代化提供了更为完善的制度保证、更为坚实的物质基础、更为主动的精神力量[1]（见表1-1）。

回顾百年奋斗，我们更加深切地感受到，"中国式现代化，是我们为如何唤醒'睡狮'、实现民族复兴这个重大历史课题所给出的答案"[2]。没有中国共产党成功开辟和推进的中国式现代化，我们不可能取得这么巨大的成就。因此，中国式现代化是我们强国建设、民族复兴的康庄大道。踏上新征程，我们要"以中国式现代化全面推进中华民族伟大复兴"[3]。在这里，尽管中国式现代化是我们追求的目标，但相较于民族复兴，它又成为手段。为更加生动形象地理解和把握这一问题，我们可以将中国式现代化比作一辆行进的列车，而全面建成小康社会、全面建成社会主义现代化强国、全面实现中华民族伟大复兴，则可以视为列车的车站（目的地）。尽管我们也追求列车的安全性、舒适性和快捷性等目标，但列车更重要的意义在于将旅客送到目的地。即是说，对整个铁路系统来说，前者是相对工具性的目标，而后者则是相对价值性的目标，两者是统一的。

同样，新时代中国国家治理的目标也可以从工具和价值两个维度去

---

① 习近平：《中国式现代化是中国共产党领导的社会主义现代化》，《求是》2023年第11期。
② 《习近平新时代中国特色社会主义思想学习纲要（2023年版）》，北京，学习出版社、人民出版社2023年版，第52页。
③ 《习近平著作选读》第1卷，北京，人民出版社2023年版，第18页。

表 1-1　中国共产党百年奋斗与中国式现代化

历史时期	党面临的主要任务	历史使命	奋斗姿态	关键词	历史成就	中国式现代化进程
新民主主义革命	反对三座大山，争取民族独立、人民解放	完成了开天辟地的救国大业	浴血奋战、百折不挠	革命	实现了中国从几千年封建专制政治向人民民主的伟大飞跃	为实现现代化创造了根本社会条件
社会主义革命和建设	进行社会主义革命，推进社会主义建设	完成了改天换地的兴国大业	自力更生、发愤图强	建设	实现了一穷二白、人口众多的东方大国大步迈进社会主义社会的伟大飞跃	为现代化建设奠定根本政治前提和宝贵经验、理论准备、物质基础
改革开放和社会主义现代化建设	解放和发展社会生产力，使人民摆脱贫困、尽快富裕起来	完成了翻天覆地的富国大业	解放思想、锐意进取	改革	推进了中华民族从站起来到富起来的伟大飞跃	为中国式现代化提供了充满新的活力的体制保证和快速发展的物质条件
中国特色社会主义新时代	实现全面小康、现代化和伟大复兴	要完成惊天动地的强国大业	自信自强、守正创新	复兴	中华民族迎来了从站起来、富起来到强起来的伟大飞跃	为中国式现代化提供了更为完善的制度保证、更为坚实的物质基础、更为主动的精神力量

资料来源：笔者根据《中共中央关于党的百年奋斗重大成就和历史经验的决议》等资料汇总。

理解和把握。一是工具维度，偏重强调"实现现代化"；二是价值维度，偏重强调"实现中华民族伟大复兴的中国梦"。工具是中性的，别人可以用，我也可以用；西方国家可以用，东方国家也可以用；资本主义国家可以用，社会主义国家也可以用。因此，推进新时代中国国家治理需要大胆吸收和借鉴其他有益成果，为我所用。而价值则是有倾向性的，反映了人的需要及其满足程度。不同人有不同的需要，不同国家和社会亦有不同的需要，甚至相同的人、国家和社会在不同时间、不同地点也会有不同的需要。因此要明确新时代中国国家治理是为了实现中华民族的伟大复兴，而不是其他；要紧紧围绕实现第二个百年奋斗目标谋划和推动新时代的国家治理。

新时代中国国家治理的工具性目标和价值性目标相互依存、相互渗透，中国梦是现代化的根本追求，现代化又是实现中国梦的根本途径；它们又不能完全等同，相比之下，"现代化"更多体现了国家治理的工具性追求，即要实现治理效能的最优化，"追求在单位资源投入的基础上，最大化、最优化地实现社会总效益的最大产出"[①]；"中国梦"更多强调了国家治理的价值意义，即实现公共利益的最大化，要不断满足人民日益增长的美好生活需要，推动人的全面而自由的发展。国家治理现代化的根本目的就是要实现国家全体成员的全面自由发展。正如恩格斯所强调的："我们的目的是要建立社会主义制度，这种制度将给所有的人提供健康而有益的工作，给所有的人提供充裕的物质生活和闲暇时间，给所有的人提供真正的充分的自由。"[②] 我们需要认识到，"全面建成小康社会""全面建设社会主义现代化国家"应当成为国家治理体系和治理能力是否现代化的一种直接检验。因为，"全面建成小康社会""全面建设社会主义现代化国家"宏伟目标聚焦了我国当前经济发展中的突出问题和社会发展的明显短板，有力地回应了人民群众的诉求和期盼。总之，国家治理现代化和中华民族伟大复兴是整个中国国家治理的"一体两面"。要以实现中国梦为价值引导，优化治理体系、提升治理能力；同时以制度的优化和能力的提升，推动中国国家治理现代化的实现。

---

① 陈亮、王彩波：《国家治理现代化：理论诠释与实践路径》，《重庆社会科学》2014 年第 9 期。
② 《马克思恩格斯全集》第 21 卷，北京，人民出版社 2003 年版，第 570 页。

第二章　新时代中国国家治理的重要主体

　　治理活动本质上是人的活动，提高运用制度有效治理国家的能力，把制度优势更好转化为国家治理效能都离不开人，因此，主体问题是推进国家治理体系和治理能力现代化一个无法回避的最基本问题[①]。现代治理思潮的兴起蕴含着多元化的倾向，即党和政府不再是国家治理的唯一主体。根据中国的具体实际，我们知道无论从何种角度来研究，都不能没有"党和政府"，尤其是不能没有党。那些跳过政党直接说政府的，不是无视中国的国情，照搬西方理论；就是有意为之，企图消弭党在国家治理中的作用。本书在研究中国国家治理主体时，主张从近代中国的历史生成出发，从当下中国的基本国情出发，吸收和借鉴中外治理的有益成果，从新时代中国共产党治国理政的实践出发，全面分析、准确把握推进国家治理体系和治理能力现代化的主体，既要找出国家治理的主体有哪些，也要明确各自的地位和作用。要始终坚持紧紧依靠人民进行国家治理，毫不动摇地坚持党的领导地位，坚持"党领导人民有效治理国家"的治国模式，更好发挥政府、人大、政协、民主党派等既有治理主体的作用，也要积极引导社会组织等新兴主体参与国家治理。

第一节　始终坚持紧紧依靠人民进行国家治理

　　我国社会主义制度确立了人民是国家主人的地位，也保证了人民在中国国家治理中的主体地位。这是我们的制度优势，也是中国国家治理区别于资本主义国家治理的根本所在。近代以来，无数仁人志士为了国家

---

　　①　滕明政：《推进国家治理体系和治理能力现代化的主体研究》，《特区实践与理论》2019 年第 6 期。

独立和民族解放前赴后继，这一奋斗历程终于在 1949 年取得决定性的胜利。毛泽东在全国政协第一次全体会议上庄严宣告"占人类总数四分之一的中国人从此站立起来了。……我们的民族将再也不是一个被人侮辱的民族了"①，也正是从那时起，中国人民真正成为国家、社会和自己命运的主人，真正成为中国国家治理的主体，并通过 4 个方面来予以确认。

一、中国国体确立了人民是国家治理的主人地位

中国的国体是"工人阶级领导的、以工农联盟为基础的人民民主专政的社会主义国家"②。国家一切权力属于人民。以毛泽东同志为主要代表的中国共产党人创设了一个具有重大价值的政治概念——人民。它是相对敌人而言的，泛指对社会发展起推动作用的大多数人。在不同的国家和各个国家的不同历史时期，人民的概念有着不同的内容。在我国社会主义时期，一切赞成、拥护和参加社会主义革命和建设的阶级、阶层和社会集团，都属于人民的范围。国家或政府的最高权力来源于人民，最终属于人民。人民拥有国家主权意味着人民是国家的主人，所以，人民当然是处理国家事务的主人，是中国国家治理的主体。

二、中国政体设计了人民参与国家治理的机关

中国的政体是人民代表大会制度。它的基本构成原则是，人民行使国家权力的机关是全国人民代表大会和地方各级人民代表大会（拥有立法权、重大人事任免权、重大事项决定权和监督权）。全国人民代表大会和地方各级人民代表大会都由民主选举产生，对人民负责，受人民监督。国家各级的行政机关、监察机关、审判机关、检察机关（一府一委两院）都由人民代表大会产生，对它负责，受它监督。人大制度的基本逻辑是人民选举人大代表，人大代表代表人民行使国家权力，处理国家重大政务、事务，即人民通过人大代表参与重要国家治理活动。为了确保人大代表能够代表好人民，始终做到倾听民声、尊重民意、汇集民智、凝聚民力，国家制定了人大代表密切联系群众等配套的具体制度。

三、中国宪法规定了人民参与国家治理的职权

"宪法是国家的根本法，是治国安邦的总章程，具有最高的法律地

---

① 《毛泽东文集》第 5 卷，北京，人民出版社 1996 年版，第 343 页。
② 《十九大以来重要文献选编》（上），北京，中央文献出版社 2019 年版，第 25 页。

位、法律权威、法律效力，具有根本性、全局性、稳定性、长期性。"①首先，《中华人民共和国宪法》以政治叙事的方式确认了中国各族人民近代以来奋斗的成果，确立了"中华人民共和国的一切权力属于人民"的政治条款。其次，它不但通过对国体和政体的明确规定，确认了人民是国家的治理主体，更通过一系列具体的条款确保人民能够有效行使国家治理的职权。宪法明确规定："人民依照法律规定，通过各种途径和形式，管理国家事务，管理经济和文化事业，管理社会事务。"②我们以宪法为最高法律规范，不断完善以宪法为核心的中国特色社会主义法律体系，把国家各项事业和各项工作纳入法治轨道。

四、中国法律体现了人民进行国家治理的意志

法律是统治阶级意志的体现，在资本主义社会，法律是资产阶级的统治工具，正如马克思恩格斯在《共产党宣言》中所指出的："你们的观念本身是资产阶级的生产关系和所有制关系的产物，正像你们的法不过是被奉为法律的你们这个阶级的意志一样，而这种意志的内容是由你们这个阶级的物质生活条件来决定的。"③而在中国，工人阶级是国家的领导阶级，法律就成为工人阶级及其领导下的广大人民意志的体现。不仅已立之法规定了人民是国家的主人，是国家治理的主体；更重要的是将立之法也必须将人民是国家的主人、是国家治理的主体这一理念融入其中。

充分发挥好人民作为国家治理主体的作用，除了通过上述的体制机制的设计使人民成为国家的主人，成为国家治理的主体，使中国共产党的一切执政和治理活动都以人民为基础外，也要不断提升人民治理国家的意识、能力和水平。一要使人民充分认识自己在国家治理中的主体地位，特别要认识自己在宪法中的政治地位，拒绝"政治冷漠"，不断增强主人翁意识；二要通过各种途径和形式不断提高人民管理国家事务、管理经济和文化事业以及管理社会事务的能力，防止"本领不足"，使国家治理、社会治理、基层治理等更有成效。

---

① 《习近平关于全面依法治国论述摘编》，北京，中央文献出版社2015年版，第41页。
② 《中华人民共和国宪法》，北京，中国法制出版社2018年版，第9页。
③ 《马克思恩格斯选集》第1卷，北京，人民出版社2012年版，第417页。

第二节　毫不动摇地坚持党领导人民有效治理国家的模式

近代以来，随着人口膨胀和城市扩大，人民直接参与国家治理沦为一种"政治想象"，于是代议制民主成为现代政治的通行做法，政党成为组织这种民主不可或缺的工具。正如政党研究专家乔万尼·萨托利（Giovanni Sartori）所指出的："现代政治需要政党的引导，在不存在多个政党的时间和地点，也需要一个单一的政党。"①基于近代中国独特的政党与国家生成关系，中国国家治理不仅强调坚持人民主体地位，更在此基础上强调党的领导作用，形成"党领导人民有效治理国家"的治国模式。

需要说明的是，作为一种社会思潮的治理源于西方。20世纪70年代，西方经济陷入滞胀状态，人们纷纷反思政府/国家的作用，主张减少政府/国家的干预。与此同时，经济领域的自组织（尤其是经济自组织）蓬勃发展，交往日益密切，内生出一种协调机制，"这种协调机制在进行经济、政治和社会的协调方面发挥的作用超过市场或等级制"②。20世纪90年代，联合国开发计划署、世界银行等在援助非洲时，就引进了自组织来提高援助的效果。在詹姆斯·N.罗西瑙等人的推动下，治理成为经济、政治、文化等诸多领域的世界性思潮。这种思潮的核心观念——治理"是一种集体产物，或多或少带有协商和混杂的特征。治理的最初（或再次）出现也是多极的（或多领域的），这一点和它的研究对象——决策过程——是一样的。"③即是说，作为一种社会思潮的治理，其显著特点：一是"多中心"（Polycentric），国家、人民、各组织、各单位，都可以是治理的主体；二是"去中心化"（Decentration），原先的党政权力机关不再是高高在上，而是与其他治理主体"平等"地参与到治理中来。早期国内学者在引介治理思想时，也基本秉持这种看法。但我们现在所讲的中国国家治理现代化，显然对其进行了扬弃，重点借鉴了"多中心"的思想，改造了"去中心化"的思想。

---

① ［意］乔万尼·萨托利：《政党与政党体制》，王明进译，北京，商务印书馆2006年版，第5页。

② ［英］鲍勃·杰索普：《治理的兴起及其失败的风险：以经济发展为例的论述》，漆蕪译，《国际社会科学杂志（中文版）》1999年第1期。

③ ［法］让－皮埃尔·戈丹：《何谓治理》，钟震宇译，北京，社会科学文献出版社2010年版，第19页。

作为一种政治/实践活动的治理，中国早已有之。早在《荀子·君道》中就明确提出了"明分职，序事业，材技官能，莫不治理"的思想。在悠久的中华文明历史长河中，产生了仁政、德治、礼制等丰富的治国理政思想。在中国传统语境中，治理包含了管理、统治，处理、整修等基本含义，也指代理政的成绩、治理政务的道理等。据统计，早在20世纪80年代，中国共产党就已经正式使用"治理国家"一词。1983年6月，第六届全国人民代表大会第一次会议通过的《政府工作报告》提出："新宪法是我国人民治理国家的总章程。"① 在这里，"治理国家"的政治含义十分明确，就是广大人民在党的领导下，管理好国家和社会的各项事务。党的十八届三中全会所使用的"国家治理"概念，虽然有顺应世界治理变革大势的因素及借鉴西方治理思想特别是多元共治思想的意味，但就其根本来说，不是从西方直接移植过来的全新概念，中国的国家治理有着深厚的民族底色，它是从中华民族5000多年文明史、中国人民近代以来170多年斗争史、中国共产党100多年奋斗史、中华人民共和国70多年发展史、改革开放40多年探索史中总结出来的。正如习近平总书记所指出的："我国今天的国家治理体系，是在我国历史传承、文化传统、经济社会发展的基础上长期发展、渐进改进、内生性演化的结果。……不断学习他人的好东西，把他人的好东西化成我们自己的东西，这才形成我们的民族特色。"②

由此，中国的国家治理从一开始就不是要放弃中国共产党的领导地位，而是要在民主与法治的框架下，于多元共治格局中重塑中国共产党的政治领导核心地位，其核心命题是"党领导人民有效治理国家"。这一点早在党的十五大报告论述依法治国时就已经非常明确了——"依法治国，是党领导人民治理国家的基本方略。"③ 党的十七大报告中明确提出，深化政治体制改革必须"以保证人民当家作主为根本，以增强党和国家活力、调动人民积极性为目标"，既要"坚持党总揽全局、协调各方的领导核心作用"④，又要"最广泛地动员和组织人民依法管理国家事务和社会事务、管理经济和文化事业"⑤。党的十九大不但重申了这一思想，而且在此

① 《十二大以来重要文献选编》（上），北京，人民出版社1986年版，第349页。
② 《习近平谈治国理政》第1卷，北京，外文出版社2018年版，第105~106页。
③ 《十五大以来重要文献选编》（上），北京，人民出版社2000年版，第790页。
④ 《十七大以来重要文献选编》（上），北京，中央文献出版社2009年版，第22页。
⑤ 《十七大以来重要文献选编》（上），北京，中央文献出版社2009年版，第22页。

基础上进一步"明确中国特色社会主义最本质的特征是中国共产党领导，中国特色社会主义制度的最大优势是中国共产党领导"①，要求把党的群众路线贯彻到治国理政全部活动之中。党的十九届四中全会通过了关于国家治理的专门文件《中共中央关于坚持和完善中国特色社会主义制度　推进国家治理体系和治理能力现代化若干重大问题的决定》，不仅强调"坚持和完善人民当家作主制度体系……使各方面制度和国家治理更好体现人民意志、保障人民权益、激发人民创造"②，而且强调党是领导一切的，要求"把党的领导落实到国家治理各领域各方面各环节"③。

　　总结百年党史，《中共中央关于党的百年奋斗重大成就和历史经验的决议》把"党的领导"和"人民至上"放在十条经验的前两条的位置。一方面强调："治理好我们这个世界上最大的政党和人口最多的国家，必须坚持党的全面领导特别是党中央集中统一领导，坚持民主集中制，确保党始终总揽全局、协调各方。"④另一方面强调，"党的根基在人民、血脉在人民、力量在人民，人民是党执政兴国的最大底气。"⑤要求我们"始终牢记江山就是人民、人民就是江山，坚持一切为了人民、一切依靠人民，坚持为人民执政、靠人民执政，坚持发展为了人民、发展依靠人民、发展成果由人民共享"⑥，从而把中国国家治理"为什么要坚持党的领导""为什么党要坚持为人民执政、靠人民执政"讲得很透彻。踏上新征程，党的二十大报告进一步提出："坚定不移走中国特色社会主义政治发展道路，坚持党的领导、人民当家作主、依法治国有机统一，坚持人民主体地位。"⑦总之，中国特色国家治理，是政治统治之"治"与政治管理之"理"有机结合，是中国共产党领导人民进行的治理活动，中国共产党成为中国国家治理的核心主要有 3 个原因。

---

① 《十九大以来重要文献选编》（上），北京，中央文献出版社 2019 年版，第 14 页。
② 《十九大以来重要文献选编》（中），北京，中央文献出版社 2021 年版，第 275 页。
③ 《十九大以来重要文献选编》（中），北京，中央文献出版社 2021 年版，第 272 页。
④ 《中共中央关于党的百年奋斗重大成就和历史经验的决议》，北京，人民出版社 2021 年版，第 65 页。
⑤ 《中共中央关于党的百年奋斗重大成就和历史经验的决议》，北京，人民出版社 2021 年版，第 66 页。
⑥ 《中共中央关于党的百年奋斗重大成就和历史经验的决议》，北京，人民出版社 2021 年版，第 66 页。
⑦ 《习近平著作选读》第 1 卷，北京，人民出版社 2023 年版，第 31 页。

一、理论依据：马克思主义国家学说的要求

在《德意志意识形态》中，马克思恩格斯明确提出："国家是统治阶级的各个人借以实现其共同利益的形式。"①国家政权始终掌握在占有生产资料的统治阶级的手中，凭借对生产资料的占有，统治阶级还实现了对人们思想的统治，即"一个阶级是社会上占统治地位的物质力量，同时也是社会上占统治地位的精神力量"②。这样一来，国家治理本质上是国家统治阶级在确立政权的前提下，对于国家治权的运行和运用。国家治理体系，实则是国家治权的制度化体现；而国家治理能力，则是统治阶级运用国家治理制度体系治理国家的本领。国家治理活动和治理过程中运行的权力，实则是国家的治权。简言之，统治阶级的性质决定了国家的性质，国家治理实际上就是统治阶级为实现自身利益而采取的一系列行动的总和。

在中国，通过人民民主专政的国体和人民代表大会制度的政体确认和保障了人民是国家的主人，政治统治要为了人民。与此同时，在中国这样一个大国，人民只能通过代议制的形式管理国家事务。而在人民的代表中，有一个十分重要的团体，那就是中国共产党。中国共产党不仅是一般的政治团体，她更是先锋队，她不以选举上台为目的，而以执政为民为旨要，她没有任何同整个无产阶级不同的利益，共产党人强调和坚持整个无产阶级共同的不分民族的利益，始终代表整个运动的利益③。中国共产党从创立之初起，就将"为人民服务"写在自己的旗帜上，确立为自己的立党宗旨。正是代表人民、为了人民、依靠人民、服务人民，使得作为中国工人阶级先锋队、中国人民和中华民族先锋队的中国共产党，成为中国特色社会主义事业的领导核心，成为中国国家治理的核心力量。

二、历史依据：独特的政党与国家生成关系

"在近代中国，地主阶级改良派的救国方案不能改变中国封建社会的腐朽性，因而不能拯救中国；买办性大资产阶级的救国方案不能真正代表中国最广大人民的利益，因而遭到中国人民的唾弃；民族资产阶级的救国方案不能克服自身软弱性和妥协性，因而无法完成民族独立和人民解放的

---

① 《马克思恩格斯选集》第 1 卷，北京，人民出版社 2012 年版，第 212 页。
② 《马克思恩格斯选集》第 1 卷，北京，人民出版社 2012 年版，第 178 页。
③ 《马克思恩格斯选集》第 1 卷，北京，人民出版社 2012 年版，第 413 页。

历史重任。"①历史的重任落到了中国共产党身上。所以，选择共产党、选择共产党领导的体制，并不是一种主观随意性的东西，而确实"一切别的东西都试过了，都失败了"②，只能选择中国共产党。实践证明，只有中国共产党能够将人民的力量凝聚起来，结束中国一盘散沙的局面，取得救亡图存的胜利并建立起现代国家制度。正如费正清所总结的，对近代中国来说，"通过一个中央权威保持统一，仍然是必要的"③。

这样一来，在政党与国家的历史生成上，中西方走了截然不同的道路。西方先有国家制度而后有政党，政党是国家制度的产物，而中国则先有政党后有国家制度。换句话说，中国的政党是为建设新社会、新国家而产生的，其使命是要建构一套新的国家制度体系，即国家制度是政党发展的产物。由此，中国的政党就不像西方一样，是国家政治运行的工具（尤其是选举的工具），国家（或说国家制度）能够约束政党，相反，国家是政党创造的，政党对于国家具有优先性。

近代中国始终呈现一条"政党引领国家发展"的政治逻辑。孙中山早在领导民主革命时就设计了"军政、训政、宪政"三时期的"革命程序论"，主张政党要担负起引领国家发展的使命。孙中山强调以政党的严密组织建制，为国家建立规矩。他强调："用政党的力量去改造国家……大家团结起来，为党为国，同一目标，同一步骤，象这样做去，才可以成功。"④中国共产党承继了孙中山这一重要思想，并将部队党建的重要经验——支部建在连上，拓展至国家和全社会建设。伴随着党的组织对社会的全面布局，党的领导体系也就深入社会的方方面面，从而形成与国家体系一起共同组织社会、治理社会和推动社会发展的崭新体制。对此，林尚立总结道："在国家制度体系尚未健全以及现代化所孕育的社会主体力量尚未成熟的条件下，直接承载建设国家使命的政党，更多的是通过发挥其领导的作用来凝聚人民、治理社会和建设国家。这种领导主要通过政党自身的组织体系和领导制度来完成的，纵向领导社会与民众，横向领导国家权力与制度运行。"⑤

---

① 滕明政：《党建科学化：一个新阐释》，《重庆社会科学》2015年第2期。
② 《毛泽东选集》第4卷，北京，人民出版社1991年版，第1472页。
③ ［美］费正清：《伟大的中国革命（1800—1985）》，刘尊棋译，北京，世界知识出版社2001年版，第432页。
④ 《孙中山全集》第9卷，北京，中华书局1986年版，第96~98页。
⑤ 林尚立：《政党与国家建设：理解中国政治的维度》，《复旦政治学评论》2012年第2期。

以政党（中国共产党）为核心的中国国家治理模式如图 2-1 所示。处于这个模式核心的中国共产党通过党组织的渗透，纵向上从中央到地方再到基层，横向上从人大、政府、政协、纪委监委到企事业单位、民主党派、群众团体等都建立了党组织，并且各单位的主要领导都由党员担任。这种模式的有效性依赖于处于内核的中国共产党的有效性。国家治理现代化水平，在很大程度上取决于政党建设和政党领导现代化水平。实现我国治理主体能力的现代化，首先要解决党的执政能力现代化的问题。亨廷顿指出："处于现代化之中的政治体系，其稳定取决于其政党的力量……那些在实际上已经达到或者可以被认为达到政治高度稳定的处于现代化之中的国家，至少拥有一个强大的政党。"相反，"暴力、骚乱及其他形式的政治动荡在没有强大政党的政治体制之下发生的可能性就大得多了"①。在中国共产党话语体系中，这种模式被凝练为：办好中国的事情，关键在党；党要管党，从严治党。

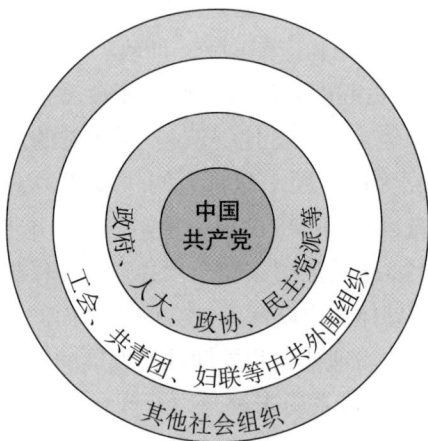

图 2-1　中国国家治理模式
资料来源：笔者根据现有资料整理。

事实上当时中国只能采取这种以政党为中心的国家治理模式，这是由当时的社会资源总量决定的。因为，任何社会的调控形式绝不是个人好恶的产物，而是取决于社会资源总量所能允许的程度。社会资源总量大，潜在地允许参与式或分散式的社会调控，因为社会有丰富的资源支持这种

① ［美］塞缪尔·亨廷顿：《变化社会中的政治秩序》，王冠华等译，上海，上海人民出版社 2008 年版，第 341 页。

调控方式。社会资源总量小，潜在地要求集中式的社会调控，否则已经很少的社会资源不能用于社会发展最需要的方面。在总量上不能满足社会总体需求的资源分配会导致社会紊乱、失控和无序，社会调控的一个重要方面便是控制由社会资源总量贫弱引发的矛盾①。由此，社会调控形式不可能超越一定时期的社会资源总量，或者说最终不能超越。因此，这种体制的生成决定了治理中国必须从治理中国共产党着手。"执政党建设得如何，直接关系和影响国家和社会。"②

　　这里需要注意的是，"政党引领国家发展"绝不是一种专制独裁的制度设计，而是基于现实国情的一种独特的民主共和实现方式。现实中，为什么有些人感觉到这种制度设计带有"不民主"的色彩呢？笔者认为，它涉及一个是否有效代表民意的问题。瓦解帝制、创立共和国是民众的共同意愿，政党代表这种民意，聚合起民众，完成创立人民共和国的任务，在这一过程中，人们并没有感到不民主。但共和国创立后，特别是党成为执政党后，政党是否还能有效代表民意的问题就凸显出来了。骄傲情绪、主观臆断等自觉不自觉地充斥着作为胜利者的执政党，把自己的想法强加给民众的现象时有发生，民众感觉到的是"被代表"，当然会发出不民主的感慨。因此问题的关键不在于"政党引领国家发展"是不是一种民主的制度设计，而在于政党是否能够一如既往地密切联系群众。习近平总书记曾指出："我们党的最大政治优势是密切联系群众，党执政后的最大危险是脱离群众。"③政党不能真正代表民意，无论实行哪种制度，其实质都是不民主的。就目前人们对"政党引领国家发展"感到不民主而言，它正反映了政党在代表民意方面的某些缺失，所以我们要做的不是抛弃这种制度设计，而是要求政党必须密切联系群众，真正代表民意。

　　此外，诟病"政党引领国家发展"是西方惯用的伎俩，美国著名政治学家亚当·普沃斯基（Adam Przeworski）曾明确讲过："一种制度的优越性通常是通过另一种制度的缺陷表现出来。"④所以，习近平总书记明确告诫道："政治制度对一个国家长治久安具有十分重要的意义。西方国家策划'颜色革命'，往往从所针对的国家的政治制度特别是政党制度开始发难，大造舆论，大肆渲染，把不同于他们的政治制度和政党制度打入另

---

①　王沪宁：《社会资源总量与社会调控：中国意义》，《复旦学报（社会科学版）》1990年第4期。
②　齐卫平：《国家治理现代化与党的领导能力建设》，《光明日报》2014年7月23日。
③　《习近平谈治国理政》第1卷，北京，外文出版社2018年版，第28页。
④　［美］亚当·普沃斯基：《制度起作用吗？》，晓健译，《经济社会体制比较》2005年第3期。

类，煽动民众搞街头政治。"①长时间以来，美国等西方国家极尽攻击共产党、攻击社会主义之能事，尤其在苏联解体后，福山更是提出了让资本主义国家骄傲的"历史终结论"，以此来宣扬资本主义的优越性。现实是很残酷的，现实也是最有说服力的。那些照搬西方政治制度和政党制度模式的国家不但没有更自由、更民主、更稳定，反而日渐陷入政治动荡、社会动乱和内外交困。我们的头脑一定要清醒、一定要坚定。当然应该坦承，我们虽然认识到西方这种险恶用心，但在西方掌握强势话语权，中国对外政治话语体系建设相对滞后的情况下，中国"挨骂"问题仍相当严重，讲好中国故事，传播好中国声音，争夺国际话语权任重道远。

三、实践依据：党带领人民取得了巨大成就

中国共产党不断兑现执政承诺、推动中国发展，用政绩向中国和世界证明了自己的正当性，推进了国家富强、民族振兴和人民幸福。其一，经济总量大幅攀升，国内生产总值由 1952 年的 679 亿元增加到 2023 年的 126 万亿元（自 2010 年起一直稳居世界第二大经济体），国家外汇储备从 2006 年起连续 18 年一直居于世界第一位。其二，产业结构更趋合理，三大产业比重由 1952 年的 51%、20.8%、28.2% 调整为 2023 年的 7.1%、38.3%、54.6%。其三，区域协调发展稳步推进，西部大开发迈出实质性步伐，东北振兴呈现良好态势，中部崛起战略付诸实施，东部率先积极推进，生产力布局趋向协调，地区之间经济增速差距趋向缩小。其四，全方位对外开放格局基本形成，进出口总额由 1950 年的 11.3 亿美元增加到 2023 年的 5.94 万亿美元（417568 亿元），从 1993 年起已连续 30 多年成为吸收外商直接投资最多的发展中国家。其五，人民生活水平显著提高，城镇居民人均可支配收入由 1949 年的不足 100 元增加到 2023 年的全年城镇居民人均可支配收入 51821 元②。尤其是党的十一届三中全会以来，在中国共产党领导下中国的发展异常迅猛。习近平总书记总结道："我国的实践向世界说明了一个道理：治理一个国家，推动一个国家实现现代化，并不只有西方制度模式这一条道，各国完全可以走出自己的道路来。可以说，我们用事实宣告了'历史终结论'的破产，宣告了各国最终都要以西方制度模式为归宿的单线式历史观的破产。"③中国共产党是中国发展当之

---

① 《习近平关于社会主义政治建设论述摘编》，北京，中央文献出版社 2017 年版，第 18 页。
② 《中华人民共和国 2023 年国民经济和社会发展统计公报》，《中国统计》2024 年第 3 期。
③ 《习近平关于社会主义政治建设论述摘编》，北京，中央文献出版社 2017 年版，第 7 页。

无愧的领导核心，这种核心地位是在革命年代取得的，在和平年代得到验证。在战争年代，谁能打倒侵略者和压迫者，人民就信仰谁、追随谁；在和平年代，谁能最大限度地为人民谋福利，人民就拥护谁、支持谁。中国共产党正是做到了这些，才成为领导的核心①。

总之，在中国国家治理中，坚持党的领导具有理论依据、历史依据和实践依据。因此，在党的十九大报告中，习近平总书记系统阐发了"党是领导一切的"思想，提出："党政军民学，东西南北中，党是领导一切的。"②在党的二十大上，又进一步强调"坚持和加强党中央集中统一领导"③。但也应注意到，坚持党的领导，建设强有力的马克思主义执政党并不意味着政党要占领一切领域，即是说，我们需要对"党是领导一切的"这个热话题进行冷思考。

第一，要思考"党是领导一切的"这个论断是怎么来的？1942年，抗日战争进入最艰难时期，为了克服党内出现的山头主义和分散主义倾向，中共中央通过《关于统一抗日根据地党的领导及调整各组织间关系的决定》，明确规定：党应"领导一切其他组织，如军队、政府与民众团体"④。1962年，毛泽东进一步阐发"党是领导一切的"思想，指出："工、农、商、学、兵、政、党这七个方面，党是领导一切的。党要领导工业、农业、商业、文化教育、军队和政府。"⑤在战争年代和社会主义探索时期，"党领导一切"为集中一切资源夺取革命和建设胜利发挥了积极作用。但由于受"左"倾错误思想的影响，"党领导一切"逐渐演变为"党管一切"，引发了一系列负面效应。所以，党的十一届三中全会以后，党的正式文件中便不再提"党是领导一切的"。进入新时代以来，党的领导弱化严重影响了党实现伟大梦想，进行伟大斗争，建设伟大工程，推进伟大事业。因此，在党的十九大上，习近平总书记再次重申并系统阐发了"党是领导一切的"思想。

第二，思考"领导一切"的"一切"指的是什么？首先，领导一切是指大政方针的领导，不是具体事务上的包揽一切。即是说，党不能陷入"事务主义"的窠臼，要腾出时间和精力总揽全局、协调各方，发挥好

①　滕明政：《党建科学化：一个新阐释》，《重庆社会科学》2015年第2期。
②　《习近平著作选读》第2卷，北京，人民出版社2023年版，第17页。
③　《习近平著作选读》第1卷，北京，人民出版社2023年版，第53页。
④　《毛泽东年谱（1893—1949）》（修订本）（中），北京，中央文献出版社2013年版，第400页。
⑤　《毛泽东文集》第8卷，北京，人民出版社1999年版，第305页。

"领导"作用。对此，周恩来曾明确告诫道："我们所说的一切是说党要管大政方针、政策、计划，是说党对各部门都可以领导，不是说一切事情都要党去管。至于具体业务，党不要干涉。"① 邓小平指出："党的领导责任是放在政治原则上，而不是包办，不是遇事干涉，不是党权高于一切。"② 党的十九届三中全会通过的《中共中央关于深化党和国家机构改革的决定》秉承了这一思路，一方面理直气壮地提出"把加强党对一切工作的领导贯穿改革各方面和全过程"③，另一方面又强调"加强党的全面领导，首先要加强党对涉及党和国家事业全局的重大工作的集中统一领导"④，提高的是党把方向、谋大局、定政策、促改革的能力和定力，而不是其他。其次，领导一切不但有具体内容而且有具体方法。江泽民曾明确讲过："党的领导主要是政治、思想和组织领导，通过制定大政方针，提出立法建议，推荐重要干部，进行思想宣传，发挥党组织和党员的作用，坚持依法执政，实施党对国家和社会的领导。"⑤ 即是说，党的领导具体体现为三维度（政治、思想和组织）、两领域（国家和社会），它是具体的而不是空洞的，是有分寸的而不是任性而为的，党的"领导"在不同方面用语是十分考究的：在大政方针上是"制定"，在立法上是"建议"，在重要干部人选问题上是"推荐"，在思想宣传问题上是"进行"，在党组织和党员作用问题上是"发挥"，在依法执政问题上是"坚持"。这就确定了党的领导的边际，即是说，党可以提出立法建议、推荐重要干部，但该由国家政权机关立法的、选举的，都由国家机关依照宪法和法律进行⑥。

第三节　更好发挥政府等既有治理主体的作用

　　新时代中国国家治理不仅强调了政党在国家治理中的作用，更重要的是，它认识到了全球高风险社会中，仅靠中国共产党自身无法有效应对层出不穷的问题，而社会多元主体日益高涨的参与热情也必须认真对待。于是，在新时代中国国家治理中，中国共产党在强调自身要更好地发挥领

---

① 《周恩来选集》，北京，人民出版社 1984 年版，第 365 页。
② 《邓小平文选》第 1 卷，北京，人民出版社 1994 年版，第 12 页。
③ 《十九大以来重要文献选编》（上），北京，中央文献出版社 2019 年版，第 257 页。
④ 《十九大以来重要文献选编》（上），北京，中央文献出版社 2019 年版，第 259 页。
⑤ 《江泽民文选》第 3 卷，北京，人民出版社 2006 年版，第 555 页。
⑥ 李君如：《治理什么样的国家，怎样治理国家？》，北京，外文出版社 2018 年版，第 105 页。

导作用和组织作用外，也要更好地发挥政府、人大、政协、民主党派等传统主体的作用。

一、更好发挥政府在国家治理中的作用

改革开放以来，中央先后在1982年、1988年、1993年、1998年、2003年、2008年、2013年、2018年和2023年进行了9次规模较大的政府机构改革，努力使政府在国家治理中更好地发挥作用。当前，作为国家治理重要主体的政府，要想更好地发挥其作用，必须积极调适其自身与市场和社会的关系，"建构政府与市场、社会各归其位，既相互制约又相互支撑的分工体系，通过充分发挥市场、社会的作用来缓解政府治理的压力，保证政府在市场和社会失灵的领域发挥关键性的作用"[①]。

就政府与市场的关系而言，其要义至少有两条：一是使市场在资源配置中起决定性作用，二是更好地发挥政府的作用。前者意味着，凡是能由市场解决的，政府都应该退出；后者意味着，凡是政府该有所作为的，政府绝不能缺位。要充分认识到市场决定资源配置是市场经济的一般规律，着力解决市场体系不完善、政府干预过多和监管不到位问题，建立一个"有效的市场"[②]。政府也要成为一个市场导向型政府，即政府通过重构私人市场，依靠市场力量而不是单纯行政权力来解决问题[③]。与此同时，市场在资源配置中起决定性作用绝不意味着市场原教旨主义所期望的政府全盘退出；相反，我们此时更需要一个强有力的政府实现对自由放任的市场经济进行有力的监管。卡尔·波兰尼（Karl Polanyi）在《大转型：我们时代的政治与经济起源》中指出："任何试图脱嵌于社会规制的市场经济不会带来繁荣，而只会'摧毁人类并将其环境变成一片荒野'。"[④]

在政府与市场问题上，美国本身就是明例，它自己虽然宣称要捍卫自由民主体制，但实际上，始终未放弃政府的干预和调控，它自己是习惯运用"两只手"的。诺贝尔经济学奖得主、前世界银行首席经济学家约瑟夫·E.施蒂格利茨（Joseph E. Stiglitz）指出，美国抗疫物资出现短缺，暴

---

① 何显明：《政府转型与现代国家治理体系的建构——60年来政府体制演变的内在逻辑》，《浙江社会科学》2013年第6期。

② 林毅夫：《转型国家需要有效市场和有为政府》，《中国经济周刊》2014年第6期。

③ ［美］戴维·奥斯本、彼德·普拉斯特里克：《摒弃官僚制：政府再造的五项战略》，谭功荣等译，中国人民大学出版社2002年版，第344页。

④ ［匈］卡尔·波兰尼：《大转型：我们时代的政治与经济起源》，冯钢、刘阳译，杭州，浙江人民出版社2007年版，第15~16页。

露出危机中市场的局限性。没有哪个处于严重战争时期的国家会求助于市场。我们不利用市场来决定我们的部队应该如何部署，我们在"第二次世界大战"时也不依赖市场来生产坦克、飞机和其他必需品。我们需要立竿见影的行动，需要复杂的协调来应对不断改变的需求；在这种情况下，市场无效①。而叶利钦时代的俄罗斯为什么艰难，一个非常重要的原因就是他偏信了美国所谓用市场"一只手"就可以治理好经济、治理好国家的说辞。借此，在政府与市场关系上，根本就不是要不要政府的问题，而是如何确保政府履行好对市场发展职责的问题，做到既不缺位也不越位。于是，从市场的视角来看作为国家治理主体的政府，其职责和作用就突出表现为"保持宏观经济稳定，加强和优化公共服务，保障公平竞争，加强市场监管，维护市场秩序，推动可持续发展，促进共同富裕，弥补市场失灵"②。

就政府与社会的关系而言，一是应该认识到中国社会（社会组织）对政府的高度依赖性。"部分社团组织的问世依赖于政府政策的认定；每一个社团组织都隶属于特定的主管单位；社团组织的某些职能是其主管部门职能的下移；多数社团组织的经费全部或部分依托于该社团组织的挂靠单位。"③正是这种依赖性使"中国社会体系的发育程度还不足以支撑起社会组织全面承接政府转移职能"④，因而也就更谈不上完全独当一面地开展工作。二是应该认识到政府对社会的强烈需求性。一方面，公共事务的复杂性使政府仅靠自己的力量难以应对层出不穷的新情况新问题；另一方面，社会团体以其在某些领域的专业性，积极提出关于国家治理的建设性意见和提案，从而为国家治理提供重要的决策依据，其直接参与国家治理的实践活动，更是成为国家治理的有力助手。这样就对政府的发展提出了面向社会的需求，要求政府转变角色，不能单纯强调自身的管理职能，而应该重视自身的服务职能，确立服务型政府的改革导向。在对自身职能定位上，除了强调传统的组织管理外，更应该突出联合服务，政府应该联合市场与社会的力量，放弃大包大揽，大权独断，自己"直供""独供"所有的公共物品和服务，应该主动分权，例如，"对于收费类公共物品和共

①《诺奖得主施蒂格利茨：美抗疫物资短缺暴露"市场"局限性》，https://www.sohu.com/a/384270130_114911。

②《十八大以来重要文献选编》（上），北京，中央文献出版社2014年版，第514页。

③ 蔡拓：《市场经济与市民社会》，《天津社会科学》1997年第3期。

④ 薛澜、李宇环：《走向国家治理现代化的政府职能转变：系统思维与改革取向》，《政治学研究》2014年第5期。

享类公共物品，政府可以由企业和社会中介提供"①。此外，政府应该突出购买服务，凡属事务性管理服务，原则上都要引入竞争机制，通过合同、委托等方式向社会购买。

二、更好发挥人民代表大会在国家治理中的作用

习近平总书记指出，"人民代表大会制度是支撑中国国家治理体系和治理能力的根本政治制度"②，没有人民代表大会制度的与时俱进，国家治理体系现代化就无法实现。人民代表大会在国家治理中的作用主要体现在3个方面。

首先，有利于国家治理的民主化。一方面，权力属于人民，人民赋权人大代表。人民选举自己的代表，组成全国和地方各级人大，由其代表人民行使国家权力；另一方面，人大代表对人民负责、受人民监督。《中华人民共和国全国人民代表大会和地方各级人民代表大会代表法》中明确规定："代表应当与原选区选民或者原选举单位和人民群众保持密切联系，听取和反映他们的意见和要求，努力为人民服务……应当采取多种方式经常听取人民群众对代表履职的意见，回答原选区选民或者原选举单位对代表工作和代表活动的询问，接受监督。"③人大代表联系群众制度是人民依法参与民主选举、民主协商、民主决策、民主管理和民主监督的重要方式，有利于密切干群关系，推进治理的民主化，有效克服了一些国家那种人民形式上有权、实际上无权和选举时漫天许诺、选举后无人过问的现象。新时代新征程，"人大代表肩负人民赋予的光荣职责，要站稳政治立场，忠实代表人民利益和意志，依法参加行使国家权力，当好党和国家联系人民群众的桥梁"④，更好地推动人民群众依法通过各种途径和形式管理国家事务、经济和文化事业、社会事务。

其次，有利于国家治理的制度化、法治化。作为国家权力机关的人大，"修改宪法；监督宪法的实施；制定和修改刑事、民事、国家机构的和其他的国家基本法律"是全国人大排在前三位的职权⑤，全国人大常委会有6项职权与法治直接相关，地方各级人大也有"保证宪法、法律、行

---

① 卢颂华：《美国放松规制改革的发展与启示》，《行政论坛》2002年第3期。
② 《习近平关于社会主义政治建设论述摘编》，北京，中央文献出版社2017年版，第44页。
③ 《中华人民共和国全国人民代表大会和地方各级人民代表大会代表法》，https://www.gov.cn/xinwen/2015-08/30/content_2922101.htm。
④ 习近平：《在庆祝全国人民代表大会成立70周年大会上的讲话》，《人民日报》2024年9月15日。
⑤ 《中华人民共和国宪法》，北京，中国法制出版社2018年版，第29页。

政法规的遵守和执行"①等条款。这样的制度安排，强化了人大在国家法治建设中的重要地位和作用，有利于充分发挥各级人大及其常委会在中国特色社会主义法治体系建设中的职能作用，保证宪法法律全面有效实施；有利于通过人大的立法工作，把法治的核心价值注入国家治理体系中，促进科学立法、严格执法、公正司法、全民守法，保证国家治理的制度化、法治化、现代化②。新时代新征程，"全国人大及其常委会和有立法权的地方人大及其常委会要充分履行立法职责，科学编制立法规划……加强重点领域、新兴领域、涉外领域立法，提高立法质量，不断完善中国特色社会主义法律体系"，"各级人大及其常委会要充分发挥职责作用，坚决维护国家法制统一、尊严、权威，确保宪法法律得到有效实施，确保各国家机关都在宪法法律范围内履行职责、开展工作"③，从而更好地维护社会公平正义，在法治轨道上推动中国式现代化行稳致远。

最后，有利于国家治理的效率化。人民代表大会制度坚持民主集中制，坚持"议行合一"，从而避免了西方三权分立所带来的相互掣肘、推诿扯皮、效率低下。邓小平指出："我们的制度是人民代表大会制度，共产党领导下的人民民主制度……社会主义国家有个最大的优越性，就是干一件事情，一下决心，一做出决议，就立即执行，不受牵扯。"④所以，我们的"效率"是高的。中央政府的重大决策不仅高效，而且相当顺利地解决了诸如气候、能源、碳排放等协调难的问题，中国大型国企的海外并购、稀土出口政策的调整、对非援助与合作等重量级的有效决策都使西方社会感到震惊与赞赏⑤。如果说，国家治理体系的核心是政治制度，那么中国政治制度设计的重要理念便是民主集中制。采用民主集中制的中国政治制度之高效与采用代议制的西方政治制度之"停摆"形成了鲜明对照。新时代新征程，要充分发挥人大监督在党和国家监督体系中的重要作用，"推动党中央决策部署贯彻落实，确保各国家机关依法行使权力，确保人民群众合法权益得到维护和实现"⑥。

人民代表大会制度确立以来，不断丰富发展和完善。例如，人民代表大会与执政党的关系逐步纳入宪法和法律框架；人民代表大会及其常委

---

① 《中华人民共和国宪法》，北京，中国法制出版社 2018 年版，第 46 页。
② 张文显：《人大在国家治理体系现代化中的作用》，《中国人大》2014 年第 8 期。
③ 习近平：《在庆祝全国人民代表大会成立 70 周年大会上的讲话》，《人民日报》2024 年 9 月 15 日。
④ 《邓小平文选》第 3 卷，北京，人民出版社 1993 年版，第 240 页。
⑤ 樊鹏：《论中国的"共识型"体制》，《开放时代》2013 年第 3 期。
⑥ 习近平：《在庆祝全国人民代表大会成立 70 周年大会上的讲话》，《人民日报》2024 年 9 月 15 日。

会的职权逐步有效发挥，像行政复议法、立法法等一些重要法律不断推出[①]。但也不可否认它还存在一些问题。例如，人大的会期、代表的兼职化、结构和选举方式等一定程度上影响了当下人大作用的发挥；人大除了立法权得到一定程度改善外，其余诸如决定权、监督权和选举任免权，都运用得很少[②]。

总之，对待这项把党的领导、人民当家作主、依法治国有机统一起来的根本制度安排，一是要坚持好人民代表大会制度。不能因为这一制度与西方不一样，就怀疑自己的制度是不合理的，要坚信我们自己的制度，而不能妄自菲薄；我们要自觉守望人民代表大会制度，充分释放人民代表大会制度所具有的坚持中国共产党领导、保证党领导人民依法有效治理国家的显著优势，在风云变幻的时代进程中更好地发挥党总揽全局、协调各方的领导核心作用，从制度上法律上坚持和巩固党的领导地位和执政地位，确保党的主张通过法定程序成为国家意志，确保党组织推荐的人选通过法定程序成为国家政权机关领导人员，确保党通过国家政权机关实施对国家和社会的领导，保证党的理论、路线、方针政策和决策部署在国家工作中得到全面贯彻[③]，让人民代表大会制度对国家治理体系和治理能力现代化的支撑作用得到充分彰显[④]。二是要发展好人民代表大会制度。不能因为这一制度设计的理念先进，就以为该制度不用发展了，要不断深化、细化，把好的制度安排真正落到实处还需要与时俱进地配合以相应的体制机制，不能抱着好的制度而妄自尊大。当前和今后一个时期，要着重加强和改进立法工作，加强和改进法律实施工作，加强和改进监督工作，加强同人大代表和人民群众的联系，加强和改进人大工作[⑤]。

三、更好发挥政协在国家治理中的作用

新中国成立后，在人民政协的去留问题上，毛泽东有远见地选择了保留人民政协，继续发挥它的作用。党的十一届三中全会后，邓小平明确了政协在新时期的任务：“就是要调动一切积极因素，努力化消极因素为积极因素，团结一切可以团结的力量，同心同德，群策群力，维护和

---

① 杨雪冬：《人大制度在国家治理上的优势》，《北京日报》2014 年 9 月 22 日。

② 社论：《推进国家治理现代化从加强人大做起》，《中国经营报》2014 年 3 月 10 日。

③ 习近平：《在庆祝全国人民代表大会成立 70 周年大会上的讲话》，《人民日报》2024 年 9 月 15 日。

④ 田必耀：《人大制度是支撑国家治理体系和治理能力的根本政治制度——从三次纪念大会看人大制度的新高度》，《法治与社会》2014 年第 11 期。

⑤ 习近平：《在庆祝全国人民代表大会成立 60 周年大会上的讲话》，《人民日报》2014 年 9 月 6 日。

发展安定团结的政治局面，为把我国建设成为现代化的社会主义强国而奋斗。"①新时代，党中央提出加强和改进人民政协的总体要求，进一步重申"为决胜全面建成小康社会、进而全面建设社会主义现代化强国作出贡献"的任务②，不断深化和完善对人民政协工作主轴、主线、中心环节的认识，要求"把坚持和发展中国特色社会主义作为巩固共同思想政治基础的主轴，把服务实现'两个一百年'奋斗目标作为工作主线，把加强思想政治引领、广泛凝聚共识作为中心环节"③，确立了人民政协围绕团结和民主两大主题，发挥推进政治协商、民主监督、参政议政制度建设三大作用。人民政协在国家治理体系中的地位和作用可以用一句话概括，就是统一战线性质的政治协商机构④。

政协活动体现了多主体⑤（中国共产党、人民代表大会、人民政府、人民政协、民主党派、人民团体、基层组织、企事业单位、社会组织、各类智库等）参与，多方面（政治、立法、行政、民主、社会、基层等）协商，多形式（提案、会议、座谈、论证、听证、公示、评估、咨询、网络等）活动。而这"三多"与治理的多元精神不谋而合，这也成为政协可以而且应当在国家治理中发挥重要作用的重要理由。

在庆祝中国人民政治协商会议成立70周年大会上的讲话中，习近平总书记明确指出，人民政协"是国家治理体系的重要组成部分"⑥，要努力使其在推进国家治理体系和治理能力现代化中发挥更大作用。习近平总书记尤其强调了人民政协在理论与实践中所蕴含的"协商民主"思想，指出："协商民主是党领导人民有效治理国家、保证人民当家作主的重要制度设计，同选举民主相互补充、相得益彰。"⑦人民政协作为专门协商机构，把协商民主贯穿履行职能全过程。事实上，尽管现代协商民主的理论

---

① 《邓小平文选》第2卷，北京，人民出版社1994年版，第187页。
② 《习近平谈治国理政》第3卷，北京，外文出版社2020年版，第295页。
③ 《习近平谈治国理政》第3卷，北京，外文出版社2020年版，第295页。
④ 陈惠丰：《准确理解把握人民政协在国家治理体系中的地位和作用》，《中国政协理论研究》2014年第1期。
⑤ 我国爱国统一战线是由中国共产党领导的，由各民主党派、无党派人士、人民团体、少数民族人士和各界爱国人士参加的，由全体社会主义劳动者、社会主义事业的建设者、拥护社会主义的爱国者和拥护祖国统一的爱国者组成的，包括香港特别行政区同胞、澳门特别行政区同胞、台湾同胞和海外侨胞在内的最广泛的爱国统一战线。人民政协作为我国最广泛的爱国统一战线组织，广泛团结了各民主党派、各社会阶层、各族各界人士，具有独特的优势。参见吉启卫、田芝健：《人民政协在国家治理现代化中的作用——学习习近平总书记系列重要讲话精神》，《唯实（现代管理）》2015年第5期。
⑥ 《习近平谈治国理政》第3卷，北京，外文出版社2020年版，第293页。
⑦ 《习近平谈治国理政》第3卷，北京，外文出版社2020年版，第295页。

兴起于西方①，但实际上西方的协商民主还主要停留在学者学术讨论层面，并未大规模进入实践操作。相反，尽管中国协商民主的系统学术研究起步较晚，但它作为一种实践形式在中国已经运行相当长的时间，人民政协就是其典型代表。此外，中国还在积极探索新的协商民主形式，如浙江温岭、河北邯郸的民主恳谈会，北京和义街道的社区事务会商会等。所以，大力总结实践经验，积极推进协商民主的理论建构和实践操作，会形成我们在民主问题、国家治理问题上的后发优势。

因此，习近平总书记高度重视社会主义协商民主的发展，提出了更高的要求："社会主义协商民主，应该是实实在在的、而不是做样子的，应该是全方位的、而不是局限在某个方面的，应该是全国上上下下都要做的、而不是局限在某一级的。……协商就要真协商，真协商就要协商于决策之前和决策之中，根据各方面的意见和建议来决定和调整我们的决策和工作，从制度上保障协商成果落地。"② 2015 年，《中共中央关于加强社会主义协商民主建设的意见》，对新形势下开展政党协商、人大协商、政协协商、人民团体协商等作出了初步部署③。党的二十大报告进一步提出："完善协商民主体系，统筹推进政党协商、人大协商、政府协商、政协协商、人民团体协商、基层协商以及社会组织协商，健全各种制度化协商平台，推进协商民主广泛多层制度化发展。"④ 从而为新时代新征程全面发展协商民主指明了方向。

人民政协在国家治理中应大展作为。就是要承担起为国家治理建言资政和通过完善人民政协的协商民主使自己成为现代化国家治理体系重要组成部分这样的双重使命。充分利用好人民政协的存量资源、积极拓展增量资源。一方面，要梳理"存量"，例如，政治协商、提案协商、专题协商、界别协商、对口协商、双周协商座谈会等制度，并在实践中充分发挥其积极作用；另一方面，要拓展"增量"，积极推进诸如"社会协商对话""民主恳谈"和"社区议事"等创新实践，及时总结好做法好经验并

　　①　1978 年，约瑟夫·M. 毕塞特（Joseph M. Bessette）在其博士论文《国会中的协商：一项初步的研究》中最早提出"协商民主"的概念，在其随后的《协商民主：共和政府的多数原则》（1980）一文中，他详述了协商民主。罗尔斯（John Borolley Rawls）和哈贝马斯（Jürgen Habermas）的加入使得协商民主声势大振，成为当代西方重要的民主理论之一。参见李强彬：《国外协商民主研究 30 年：路线、视角与议题》，《教学与研究》2012 年第 2 期。

　　②　《十八大以来重要文献选编》（中），北京，中央文献出版社 2016 年版，第 77 页。

　　③　《关于加强社会主义协商民主建设的意见》，《人民日报》2015 年 2 月 10 日。

　　④　《习近平著作选读》第 1 卷，北京，人民出版社 2023 年版，第 31~32 页。

上升为制度规范。进一步发挥政协在国家治理中的作用，就要做到进一步明确人民政协的法律地位，进一步规范、细化政协的工作程序，进一步加强政协委员自身建设，进一步完善人民政协的协商形式等。[①]

四、更好发挥民主党派在国家治理中的作用

2021 年，中共中央印发的《中国共产党统一战线工作条例》明确界定了中国民主党派的性质，指出："民主党派是接受中国共产党领导、同中国共产党通力合作的亲密友党，是中国特色社会主义参政党。"[②] 既是参政党，那理应在国家治理中发挥作用、贡献智慧。对民主党派参政党性质的界定表明，中国共产党不但承认了各民主党派在中国国家治理中的地位和作用，而且强调表明要发挥他们的作用。习近平总书记曾明确指出："实现中华民族伟大复兴，需要海内外中华儿女共同努力。"[③] 在他看来，各民主党派人才荟萃、各具优势。所以，习近平总书记希望各民主党派弘扬优良传统，团结带领广大成员为全面建成小康社会、实现社会主义现代化、实现中华民族伟大复兴作出新的贡献。

民主党派的民主监督，有利于克服科层组织"官僚化"的缺陷；民主党派的参政履职，既可以避免多党竞争、相互倾轧造成的政治动荡，又可以避免一党专断、缺少监督导致的种种弊端[④]；民主党派的沟通协调，有利于畅通信息[⑤]。多党合作贡献国家治理主要有两大机制。一是协商机制，协商民主将是中国国家治理中一种非常重要的机制、形态和平台。在《中共中央关于加强社会主义协商民主建设的意见》中，政党协商被放在各类协商的首位，足见中共中央对政党协商的重视[⑥]。二是合作机制，通过政党之间的合作机制、政党在政权中的合作机制，全面提升国家治理的水平。民主党派参与国家治理本身就体现了多元治理格局不断巩固和发展[⑦]。

在现实政治生活中，各民主党派紧紧围绕国家的战略目标，充分发

---

① 叶小文、袁廷华：《从国家治理与政协功能看协商民主》，《中国政协理论研究》2014 年第 1 期。

② 《中国共产党统一战线工作条例》，《人民日报》2021 年 1 月 6 日。

③ 《习近平关于社会主义政治建设论述摘编》，北京，中央文献出版社 2017 年版，第 143 页。

④ 雷春美：《以习总书记系列讲话为指导　推动多党合作事业不断发展》，http://dangjian.people.com.cn/n/2014/0926/c117092-25738627.html。

⑤ 孙碧平：《科层组织视角下民主党派参与国家治理体系建设探析》，《重庆社会主义学院学报》2014 年第 6 期。

⑥ 《关于加强社会主义协商民主建设的意见》，《人民日报》2015 年 2 月 10 日。

⑦ 卢正涛：《国家治理现代化视角下的民主党派政策建议形成能力建设》，载《"政党制度与国家治理"——中国统一战线理论研究会政党理论北京研究基地论文集》（第七辑），第 8 页。

挥人才和智力优势，精心选题，深入调研，在一系列事关国家发展的重大问题上建言献策，力争研究成果被党委和政府采纳。民进中央常务副主席罗富和说，每年民主党派中央主要领导约有 5 次进中南海（由总书记主持 4 次，总理主持 1 次），就中共中央和国家大政方针、重大决策进行协商，这种政党协商已经形成制度①。民革中央常务副主席齐续春告诉记者，每次协商对民主党派都是一次大考。为了准备 8～10 分钟的发言，民革中央提前很久就着手准备、进行研究，结合会议要求和民革特色，提出真知灼见②。

　　面向未来，习近平总书记强调"要从制度上保障和完善参政议政、民主监督，探索有效形式"③。就参政议政而言，要创新党派干部选用机制，打通民主党派机关干部和人大、政府、政协干部交流的渠道；要拓宽渠道，让民主党派参与社会管理，以共同承担执政的压力④。尤其要丰富和拓展参政党参与协商民主的形式，开展专题协商、对口协商、界别协商、提案办理协商、基层民主协商等⑤；就民主监督而言，要搭建国家治理多党绩效评估平台，要建立党派评议政府制度等。与完善民主党派参政议政和民主监督制度相适应，民主党派也应该着力加强自身能力建设，这是多党合作能否转化成高质量的治理资源的关键所在。农工党中央主席陈竺指出，要不断提高自身协商能力和水平，"只有提出来真知灼见，别人才愿意与我们商量"⑥。对此，习近平总书记强调民主党派要加强"四个建设"、提高"五种能力"，即"要支持民主党派加强思想、组织、制度特别是领导班子建设，提高政治把握能力、参政议政能力、组织领导能力、合作共事能力、解决自身问题能力"⑦，推动民主党派更好地履职尽责，推动国家治理现代化。

---

　　① 兰军、武彦：《［2015 两会　我在现场］全国政协副主席罗富和：民主党派每年五次进中南海》，http://news.cntv.cn/2015/03/08/ARTI1425794611451560.shtml。

　　② 周福志：《每次协商都是一次大考——民主党派成员热议加强政党协商》，《团结报》2015 年 3 月 12 日。

　　③ 习近平：《巩固发展最广泛的爱国统一战线为实现中国梦提供广泛力量支持》，《人民日报》2015 年 5 月 21 日。

　　④ 王建华、王云骏：《中国共产党对民主党派的资源配置研究——基于国家治理的考察视角》，《南京社会科学》2012 年第 4 期。

　　⑤ 宋黎明：《浅议中国特色社会主义参政党在现代国家治理中的作用》，http://www.jsmj.org.cn/zsjs/llyj/201409/t1555948.shtml。

　　⑥ 周福志：《每次协商都是一次大考——民主党派成员热议加强政党协商》，《团结报》2015 年 3 月 12 日。

　　⑦ 《习近平谈治国理政》第 2 卷，北京，外文出版社 2017 年版，第 266 页。

第四节　积极引导社会组织等新兴主体参与国家治理

在当代国家治理中，治理的资源（如财政、信息、劳动力、知识、合法权威和专业技能等）越来越弥散化地分布于公共机构和各种社会、市场组织之中[①]。正是这种资源分布的弥散性以及社会矛盾的日益复杂性，使得传统的治理主体也不得不承认，非政府的参与者成为各种公共物品与服务供给系统的必要组成部分。"他们通过自筹资金的方式实现对公共事务的自主性、有效性治理。"[②]通过合作伙伴关系或者协作治理关系把非政府和政府的适当资源连接起来，政府能力得以不断维持并扩充。杰里米·里夫金（Jeremy Rifkin）指出："今天，NGO 在许多国家为成千上万的公民提供了工作机会，NGO 触及或影响每一个公民的生活，其影响力有时超过了市场和政府的作用。"[③]由此，新时代中国国家治理，要积极发挥多元主体的作用，积极鼓励、引导新兴主体在国家治理中贡献力量。

一、社会组织是我国社会主义现代化建设的重要力量

党的十八大以来，中央多次强调要"加强和创新社会治理，完善党委领导、政府负责、民主协商、社会协同、公众参与、法治保障、科技支撑的社会治理体系，建设人人有责、人人尽责、人人享有的社会治理共同体"[④]。2013 年 9 月 30 日，《国务院办公厅关于政府向社会力量购买服务的指导意见》，对于培育和发展社会组织、提升公共服务质量、创新基层社会治理方式、转变政府职能、激发社会活力具有重要意义[⑤]。2015 年7 月 8 日，中共中央办公厅、国务院办公厅印发《行业协会商会与行政机关脱钩总体方案》，强调要"创新行业协会商会管理体制和运行机制，激发内在活力和发展动力，提升行业服务功能，充分发挥行业协会商会在

---

　　① 李放：《现代国家制度建设：中国国家治理能力现代化的战略选择》，《新疆师范大学学报（哲学社会科学版）》2014 年第 4 期。

　　② ［美］埃莉诺·奥斯特罗姆：《公共事务的治理之道：集体行动制度的演进》，余逊达等译，上海，上海三联书店 2000 年版，第 51~91 页。

　　③ ［美］朱莉·费希尔：《NGO 与第三世界的政治发展》，邓国胜等译，北京，社会科学文献出版社 2002 年版，"序言"。

　　④ 《十九大以来重要文献选编》（中），北京，中央文献出版社 2021 年版，第 287 页。

　　⑤ 《国务院办公厅关于政府向社会力量购买服务的指导意见》，《中国社会组织》2013 年第 10 期。

经济发展新常态中的独特优势和应有作用"[1]。2016 年 8 月 22 日，中共中央办公厅、国务院办公厅印发《关于改革社会组织管理制度促进社会组织健康有序发展的意见》，提出社会组织是我国社会主义现代化建设的重要力量。要大力培育发展社区社会组织……完善扶持社会组织发展政策措施[2]。这意味着"治理国家不再仅仅是国家机关的事情，各个社会主体都应当担负起相应责任，做到各尽所能、各尽其责"[3]。党的十九届四中全会通过的《中共中央关于坚持和完善中国特色社会主义制度　推进国家治理体系和治理能力现代化若干重大问题的决定》，要求发挥群团组织、社会组织作用，发挥行业协会商会自律功能，实现政府治理和社会调节、居民自治良性互动，夯实基层社会治理基础。

除此以外，民政部也于 2017 年 12 月 27 日专门印发《关于大力培育发展社区社会组织的意见》，于 2018 年 9 月 3 日专门印发《"互联网＋社会组织（社会工作、志愿服务）"行动方案（2018—2020 年）》，大力培育和发展社会组织。正是在这种政策的导向下，中国各类非政府组织、志愿社团、协会、社区组织以及相关自治组织迅速发展壮大。截至 2023 年 1 季度，全国民政部门登记和管理的社会组织近 90 万个[4]（见图 2-2）。

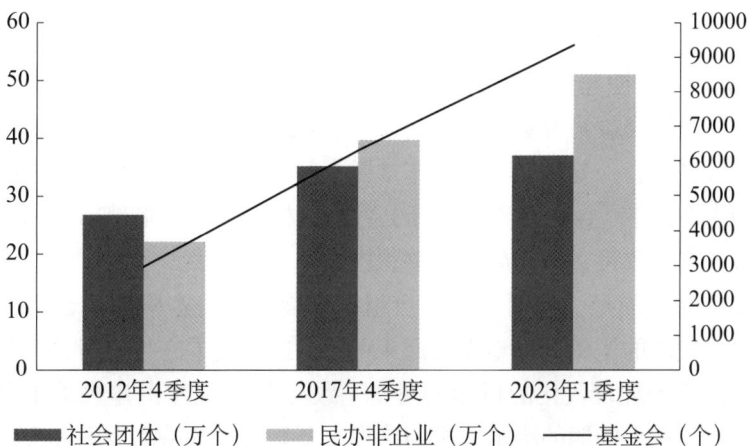

图 2-2　党的十八大以来我国社会组织数量

资料来源：笔者根据中华人民共和国民政部网站资料整理。

---

[1] 《行业协会商会与行政机关脱钩总体方案》，《人民日报》2015 年 7 月 8 日。
[2] 《关于改革社会组织管理制度促进社会组织健康有序发展的意见》，《人民日报》2016 年 8 月 21 日。
[3] 李利军：《推进国家治理主体、治理方式和治理规则的现代化》，《中国发展观察》2013 年第 11 期。
[4] 《2023 年 1 季度民政统计数据》，https://www.mca.gov.cn/mzsj/tjsj/2023/202301tjsj.html。

二、社会组织日益成为中国国家治理不可或缺的重要组成部分

社会组织已形成强大规模效应，建立起良好的自我发展循环机制；从行业分布结构看，社会组织发展全面，行业分布广泛，遍及教育、卫生、科技、文化、劳动、民政、体育、中介服务和法律服务等经济、社会生活各个领域；从组织功能看，社会组织在扩大内需、促进就业、提供公共服务、维护社会稳定、加强精神文明建设方面发挥着越来越重要的作用，为经济、社会繁荣发展带来无限生机与活力，成长壮大中的社会自治力量，正在以如火如荼之势站在与政府共同行动的行列中。社会组织日益成为中国国家治理不可或缺的重要组成部分。也正是在这个意义上，有学者发出这样的感慨："治理的奥妙就在于对多元主体积极性的调动和功能作用的发挥。"①

随着社会组织发展所带来的主体多元化，治理的手段也更加多样，除了行政手段之外，更多的是市场手段、社会组织自愿自发的手段、宣传教育的手段、道德的手段，以及经济的和法律的手段等。手段的丰富也极大地提高了治理的绩效。因此国家应该采取更加积极的政策，鼓励、引导社会组织的发展，为此需要向市场和企业放权，向社会组织放权，向基层自治组织和地方政府放权。理查德·M.伯德（Richard M. Bird）等指出："在经济状况、地理条件和对服务的需求差别较大的国家，从分权的效率提高中获得的收益尤为明显。"②对于一个地域广阔、地区之间发展极不平衡的超大型社会，分权的收益是非常巨大的，一定程度的分权是中国国家治理的内在需求③，有利于各地区、各部门根据本地、本部门实际情况因地制宜地制定政策，调动起发展的积极性。

需要注意的是，与西方的社会组织发展不同，中国的社会组织是按照依附式发展的逻辑有序地发展起来的④，这决定了它与中国共产党以及政府在国家治理现代化的目标上基本一致。所以，《中共中央关于全面深化改革若干重大问题的决定》中明确提出要培育、支持和鼓励社会组织成

① 陈志强：《主体释放与治理多元——"推进国家治理体系和治理能力现代化"研讨会召开》，《解放日报》2013年11月28日。

② ［美］理查德·M.伯德等：《社会主义国家的分权化：转轨经济的政府间财政转移支付》，"中国财税进一步改革"课题组成员译，北京，中央编译出版社2001年版，第8~15页。

③ 唐皇凤：《大国治理与政治建设——当代中国国家治理的战略选择》，《天津社会科学》2005年第3期。

④ 康晓光：《依附式发展的第三部门》，北京，社会科学文献出版社2011年版，第33~46页。

立并积极发挥作用，并强调要加强对社会组织的有效管理，引导它们依法开展活动。

　　总之，以习近平同志为核心的党中央在新时代推进国家治理体系和治理能力现代化中，一方面强调始终坚持"党领导人民有效治理国家"的基本模式，通过开展党的群众路线教育实践活动、"三严三实"专题教育、"两学一做"学习教育、"不忘初心、牢记使命"主题教育、党史学习教育、学习贯彻习近平新时代中国特色社会主义思想主题教育、党纪学习教育，不断提高党的建设质量，把党建设得更加坚强有力，能够更好地带领人民有效治理国家，能够更有效地把党的领导落实到国家治理各领域各方面各环节；另一方面充分调动各类主体的积极性、主动性和创造性，更好发挥政府、人大、政协、民主党派等既有治理主体的作用，同时积极引导社会组织等新兴主体参与国家治理，为实现第二个百年奋斗目标、实现中华民族伟大复兴的中国梦汇聚磅礴力量。

第三章　新时代中国国家治理的基本客体

　　著名国学大师钱穆先生在考察中国历代政治得失后指出，整个中国政治史，可以浓缩为制度与人互动的历史。"好"的朝代，统治者建构好的制度，培养贤臣执行好的制度，于是存活得相对长久；而"坏"的朝代，虽然有时能够苟延残喘，但它们在制度上毫无建树，在官员培养、选拔、任用上毫无章法，终将湮没在历史的洪流中。他还强调，每一制度，只要推行多年，总不免出毛病；人的精神不会始终紧张，维持原状①。由此，制度与人是万世邦本，成为国家治理中最为根本的两个要素。党的十八大以来，以习近平同志为核心的党中央在新时代国家治理中高度重视制度和人的问题，在党的十八届三中全会提出"国家治理"的概念以后，习近平总书记在此后多个场合尤其是在省部级主要领导干部学习贯彻党的十八届三中全会精神全面深化改革专题研讨班上就"国家治理体系和治理能力现代化"作了专门讲话，提出"国家治理体系和治理能力是一个国家的制度和制度执行能力的集中体现"②，由此形成了研究新时代中国国家治理现代化的"制度"视角。

第一节　国家治理体系

　　什么是国家治理体系？从广义上讲，国家治理体系涉及思想理念、规章制度、组织结构等层次，目标、任务、主体、客体、方式、效果等要素，经济、政治、文化、教育、民族、宗教、社会、生态、国防、外交、党建等领域，以及制定规划、组织实施、检查反馈、绩效评判等环节。换

---

① 钱穆：《中国历代政治得失》，北京，九州出版社 2012 年版，第 134 页。
② 《习近平谈治国理政》第 1 卷，北京，外文出版社 2018 年版，第 105 页。

句话说，凡是与国家治理活动有关的内容都可以被纳入广义的国家治理体系中。从狭义上讲，国家治理体系单指制度体系。习近平总书记指出，"国家治理体系是在党领导下管理国家的制度体系，包括经济、政治、文化、社会、生态文明和党的建设等各领域体制机制、法律法规安排，也就是一整套紧密相连、相互协调的国家制度"[①]。制度是思想观念的凝结固化，是实践操作的基本依据，同时又是效果评价的根本准则，贯穿于整个治理活动，是整个治理体系的核心。本书使用的国家治理体系概念是狭义上的，即制度体系。

一、制度：一个理解国家治理体系的视角

制度非常重要。道格拉斯·诺思（Douglass C.North）认为："制度是一个社会的博弈规则，或者更规范地说，它们是一些人为设计的、型塑人间互动关系的约束。从而，制度构造了人们在政治、社会或经济领域里交换的激励机制。制度变迁决定了人类历史中的社会演化方式，因而是理解历史变迁的关键。"[②]从制度的角度来看，制度的成功是古代中国成功的重要原因，中央集权制、科举制、郡县制等制度都是中国对人类社会的伟大制度创新，中国问题专家李侃如将其称为令人敬畏的政治成就，让当时的中国成为世界上最先进的政府体制[③]。即是说，成功的制度为古代中国的兴盛提供了重要的支撑，而制度的失败则为近代中国的衰败埋下了伏笔，当西方国家根据近代社会发展要求，提出了代议制、君主立宪制、三权分立制等新制度，从而极大地推进了近代西方社会发展之时，当时的中国几乎没有任何制度创新，所以近代中国逐渐落伍于世界是必然的。以甲午中日战争为例，我们可以更加清楚地看到专制政治制度是如何导致中国战败的。在甲午战争中，由于清军内部存在着错综复杂的派系矛盾，烟台以东清军归李秉衡节制，威海守军是李鸿章的淮军，互不相干，而南方调来的"勤王"之师又不听李秉衡的调遣，这样就出现了威海守军孤军奋战、得不到援军支援的奇怪现象。这就是专制政治下的派系斗争，每一派都希望他派被消耗甚至被消灭，然后自己坐大，让主子离不开自己。这是一种典

---

①《习近平谈治国理政》第1卷，北京，外文出版社2018年版，第91页。

②［美］道格拉斯·诺思：《制度、制度变迁与经济绩效》，杭行译，上海，格致出版社2008年版，第3页。

③［美］李侃如：《治理中国：从革命到改革》，胡国成、赵梅译，北京，中国社会科学出版社2010年版，第5~21页。

型的囚徒困境，结果是各派皆输的零和博弈，而胜家只能是侵略者[1]。其实，我们不仅可以从制度的角度理解中国兴衰，也可以借此考察其他国家，例如为何建立不久的美国能够一跃成为世界霸主，并执世界牛耳多年？"美国成功的秘密不在于华尔街，也不在于硅谷；不在于空军，也不在于海军；不在于言论自由，也不在于自由市场。真正的秘密在于长盛不衰的法治及其背后的制度。"[2]而近些年，美国为何会逐渐褪去"光环"，其中一个重要的原因就是它所宣扬的那套制度、理念并没有那么美好。相反，美国制度中的弊端引发了重重危机，使得"否决政治"频现，甚至出现了不承认选举结果、冲击白宫这样严重的事件。

制度对于国家治理的作用不仅体现在长期的历史变迁中，也体现在现时段的社会发展中。一般来说，我们认为生产力是社会发展的根本动力，要想加速社会发展就要提高生产效率，尤其要加快科学技术的革新与发展，这当然没错。但有时我们忽略了制度对于生产力的作用，适应生产力发展的制度调整与创新也能实现经济增长与社会发展。"在没有技术革新的条件下，通过制度创新也能提高生产率和实现经济增长。"[3]从制度角度解释经济发展的一个典型例子就是家庭联产承包责任制与中国经济崛起。1978年，家庭联产承包责任制下的农业技术肯定比集体化时代的技术水平低下，但是农业产出却远远高于半机械化的集体农业。这就表明，在同样的技术甚至更落后的技术条件下，只要制度安排合理有效，那么就可以得到较大的社会产出[4]。

从这个意义上，我们得到了理解中国改革开放40多年发展奇迹的一种制度性解释：中国从农村联产承包责任制的制度变革开始，对城乡经济体制、国有企业经营管理体制、财税制度、金融体制、行政管理体制等一系列制度体制进行了深刻的变革与调整，从而极大地解放和发展了社会生产力。尽管"人口红利""资源红利""投资红利"等在中国改革开放40多年的发展中功不可没，但实事求是地讲，将这些红利释放出来的仍然是制度建设、制度调整与制度创新。因此，有统计表明：1978年改革开放

---

① 杨光斌：《制度变迁与国家治理：中国政治发展研究》，北京，人民出版社2006年版，第222~223页。

② Thomas L. Friedman, Medal of Honor, *New York Times*, 2000-12-15.

③ ［美］道格拉斯·诺思：《经济史中的结构与变迁》，陈郁等译，上海，上海三联书店、上海人民出版社1994年版，第5页。

④ 杨光斌：《制度变迁与国家治理：中国政治发展研究》，北京，人民出版社2006年版，第49~50页。

以来，中国所取得的经济、社会发展成就中，因为制度变迁带来的贡献超过 45%①。

习近平总书记也曾从制度的角度总结中国共产党领导革命、建设和改革的历史进程，在领导中国革命的进程中，我们党就不断思考未来建立什么样的国家治理体系的问题。毛泽东提出要建立新民主主义的新国家和新社会，并为此设计了新民主主义政治、经济和文化三大纲领。在全国执政后，中国共产党继续探索这个问题，取得了重要成果，建立了人民民主专政的国体和人民代表大会制度的政体。改革开放以来，中国共产党开始以全新的角度思考国家治理体系问题，邓小平强调"领导制度、组织制度问题更带有根本性、全局性、稳定性和长期性"②。今天，"摆在我们面前的一项重大历史任务，就是推动中国特色社会主义制度更加成熟更加定型"③。

习近平总书记指出："从形成更加成熟更加定型的制度看，我国社会主义实践的前半程已经走过了，前半程我们的主要历史任务是建立社会主义基本制度，并在这个基础上进行改革，现在已经有了很好的基础。后半程，我们的主要历史任务是完善和发展中国特色社会主义制度，为党和国家事业发展、为人民幸福安康、为社会和谐稳定、为国家长治久安提供一整套更完备、更稳定、更管用的制度体系。"④在党的十九大报告中，习近平总书记又将"后半程"中的 2020 年到 21 世纪中叶分为两个阶段，从 2020 年到 2035 年要使"各方面制度更加完善，国家治理体系和治理能力现代化基本实现"⑤；从 2035 年到 21 世纪中叶要全面"实现国家治理体系和治理能力现代化"，把我国建成富强民主文明和谐美丽的社会主义现代化强国⑥。总之，不仅历史上制度在国家治理中的作用非常突出，其在当代国家治理中的作用更是不容小觑的。制度是推进国家治理现代化的基础和前提，对国家治理行为具有规范和指导作用，对公民性格和公民素质具有影响和塑造作用⑦。一句话，不管哪一种治国方式，制度都是其根本的问题。

---

① 《改革》编辑部：《中国重点领域改革的着力点与政策选择——"中国重点领域改革"研讨会综述》，《改革》2012 年第 12 期。

② 《邓小平文选》第 2 卷，北京，人民出版社 1994 年版，第 333 页。

③ 《习近平谈治国理政》第 1 卷，北京，外文出版社 2018 年版，第 104~105 页。

④ 《习近平关于社会主义政治建设论述摘编》，北京，中央文献出版社 2017 年版，第 6~7 页。

⑤ 《习近平关于社会主义政治建设论述摘编》，北京，中央文献出版社 2017 年版，第 6~7 页。

⑥ 习近平：《决胜全面建成小康社会　夺取新时代中国特色社会主义伟大胜利——在中国共产党第十九次全国代表大会上的报告》，北京，人民出版社 2017 年版，第 29 页。

⑦ 李放：《现代国家制度建设：中国国家治理能力现代化的战略选择》，《新疆师范大学学报（哲学社会科学版）》2014 年第 4 期。

二、制度完善与运用：一条艰辛之路

尽管制度如此重要，人们也想建立"善制"并贯彻"善制"，但实际上，我们看到制度建立、修改、完善与执行之路异常艰辛。辛向阳教授从经济学的角度进行了一个颇为形象的"制度成本"的分析，他指出，构建一套制度，尤其是覆盖全国、周期长的立法，所需要的费用往往高达几百万元甚至几千万元；运行一套制度，需要花费大量执法、司法人员的费用；维护一套制度，费用也是很高的，例如美国的医疗保健费用占国内生产总值的比例达到14%，接近1.2万亿美元；此外，制度的修正、纠偏和改革，也需要大量投资[①]。

中国共产党制度的创建、修改、完善、运用之路可谓备尝辛苦。中国共产党的一大党纲由于照搬共产国际和俄共有关文件中的条文，提出了"消灭资本家私有制，没收机器、土地、厂房和半成品等生产资料，归社会公有"[②] 等任务和要求，明显脱离了当时中国的实际，因而影响了党的队伍的壮大。党的二大修改了一大党纲，通过了中国共产党第一部比较完整的章程，规范了党员、组织、会议、纪律、经费等内容，对党的规范化发展起了很大作用。民主革命时期，中国共产党接连发生了以陈独秀为代表的右倾错误和以瞿秋白、李立三、王明为代表的3次"左"倾错误，使党遭受巨大损失，直到1935年遵义会议后，中国共产党才得以形成符合中国国情和实际斗争需要的正确的革命路线方针政策。此后经过艰苦卓绝的抗日战争、反抗国民党独裁统治的解放战争，才彻底结束了旧中国半殖民地半封建社会的历史，实现了中国制度从封建专制向人民民主的伟大历史跨越。年轻的共和国又经过"三大改造"，直到1956年年底才确立社会主义基本制度，实现由新民主主义到社会主义的转变。

在国际大环境和国内小环境的影响下，中国的制度建设一度遭遇严重曲折。通过1978年的拨乱反正，中国重新驶向了正确的航道。但很快新的问题又出现了，如何打破"计划＝社会主义、市场＝资本主义"的思想束缚，明确计划和市场仅是手段而不具有制度属性，成为当务之急。这一问题直到邓小平南方谈话和党的十四大报告提出建立社会主义市场经济体系才从制度层面予以解决。

---

① 辛向阳：《确定核心价值观加大制度建设投资》，《中国经济周刊》2006年第40期。

② 《建党以来重要文献选编（1921—1949）》第1册，北京，中央文献出版社2011年版，第1页。

在建立社会主义市场经济体制后，一些人借此提出建立思想市场、政治市场，鼓吹多元思想、多党政治，攻击马克思主义和党的领导。对此，党中央明确表示，要毫不动摇地坚持马克思主义的指导地位；明确提出，"中国特色社会主义制度的最大优势是中国共产党领导"①；不仅肯定了市场的作用——使市场在资源配置中起决定性作用，也突出了政府的作用——更好发挥政府作用，强调"市场"和"政府"这两句话是一个整体，哪一方面都不能偏废。

这些认识较好地反映了中国实际，但并不意味着在实践中形成的治理体系就是完美的，实际上，就我国治理体系来说，仍然存在着不少问题，例如，政府管得太多、太死，市场机制没有得到充分发挥，社会自治能力差、依赖政府的惯性思维和行为依然存在，个人的社会责任、政治责任不到位等②。习近平总书记坦言："我们的制度还没有达到更加成熟更加定型的要求，有些方面甚至成为制约我们发展和稳定的重要因素。"③但我们不可能一次性制定出一劳永逸的完美制度，因为它超越了人类理性和智慧的极限，世界上根本就不存在这样的制度。所以，我们只能以问题为导向，逐步发展和完善制度，这也就注定了制度的创建、修改、完善与运用是一条艰辛之路。尽管道路这样难、问题这样多，但不可否认的是，制度仍是最佳的治理工具，并且从某种意义上讲，"制度是人类社会发展成本最小的资源，制度建设每前进一小步，人类文明就会前进一大步"④。所以，要更加积极地构建符合中国实际的国家治理体系，在制度层面就是要构建符合中国国情，与社会主义市场经济相适应，与国际惯例相衔接的现代制度体系⑤。不仅要将现有的国家机器民主化、制度化和程序化，大力改善国家制度中的薄弱环节；而且要不断探索实现伟大梦想、进行伟大斗争、建设伟大工程、推进伟大事业所需要的各种新制度。

三、新时代中国国家治理体系建设的新探索

党的十八大以来，以习近平同志为核心的党中央高度重视制度建设，提出许多新思想、新论断，不仅具体梳理了根本政治制度、基本政治制度、基本经济制度、中国特色社会主义法律体系以及建立在基本政治经济

①《习近平谈治国理政》第 3 卷，北京，外文出版社 2020 年版，第 94 页。

② 丁志刚：《全面深化改革与现代国家治理体系》，《江汉论坛》2014 年第 1 期。

③《习近平关于全面深化改革论述摘编》，北京，中央文献出版社 2014 年版，第 28 页。

④ 田海舰：《论制度建设与社会主义核心价值观的培育》，《保定学院学报》2013 年第 4 期。

⑤ 林尚立：《中国共产党执政方略》，上海，上海社会科学院出版社 2002 年版，第 112~113 页。

制度上的其他政治制度、经济制度、文化制度、社会制度等中国特色社会主义制度，梳理了党章、党的纪律以及党在长期实践中形成的优良传统和工作惯例等制度和规矩体系，更从根本上对制度设计的原则、制度运行的要求等进行了新探索。

（一）制度原则：把权力关进制度的笼子里

法国著名思想家孟德斯鸠曾指出："一切有权力的人都容易滥用权力，这是万古不易的一条经验。有权力的人们使用权力一直到遇有界限的地方才休止。"[①]因此，在建构制度时，一定要将权力约束起来，这是制度建构的本意，也是制度架构必须遵循的基本原则。习近平总书记指出："要加强对权力运行的制约和监督，把权力关进制度的笼子里，形成不敢腐的惩戒机制、不能腐的防范机制、不易腐的保障机制。"[②]权力天然具有扩张性、腐蚀性，因此权力必须受约束。而在约束权力方面，与道德的软约束相比，还是制度的硬约束更牢靠。制度以其稳定性、连续性、权威性，明确权力主体在行使权力时的基本规范，以外在强制力要求权力主体的必为事项和禁止事项。此外，我们还应认识到把权力关进制度的笼子里，既是一种束缚，也是一种保护。它在看似限制了权力主体自由的同时，也保护了权力主体不受外界不良风气干扰和诱惑。

（二）制度规划：突出"横向"制度规划、破除部门利益

改革进入攻坚期深水区，各种利益盘根错节、各种矛盾错综复杂，并且在事实上形成了既得利益集团。国家行政学院汪玉凯教授认为，既得利益就是通过非公平竞争的手段和方式，借助公权力和政策资源，获取巨额利益的相关体。既得利益的形态从目前中国的实际状况看，主要可以归为三类：以贪腐官员为代表的权贵既得利益，以垄断为代表的垄断既得利益，以房地产和资源行业为代表的地产、资源既得利益。这三大既得利益集团，既掌握权力，又掌握资本，还掌握资源。而那些借助权力影响力，主要靠子女、配偶等在市场上进行灰色资本的运作并购，一夜之间就可能获取巨额暴利的灰色权力、灰色资本、灰色暴力，则是更大的腐败。[③]这些既得利益集团非常爱惜自己的"羽毛"，认为改革就是冲着自己来的，会剥夺自己的利益，所以坚决反对改革，这个群体力

---

①　[法]孟德斯鸠：《论法的精神》（上），张雁深译，北京，商务印书馆1995年版，第154页。

②　《习近平谈治国理政》第1卷，北京，外文出版社2018年版，第388页。

③　汪玉凯：《习近平的治国使命与中国未来的转型发展》，《国家治理》2015年第3期。

量很强大，甚至在某些领域内占主导地位^①。难怪前总理李克强发出了"触动利益比触动灵魂还难"^②的感叹。

破除改革阻碍，尤其是破除既得利益者的阻碍，必须建立像中央领导小组这样的超强机构，从最高层统一配置资源，不受地区、部门等的羁绊，才能将改革推进下去，实现改革绩效最大化。党的十八大以来，新成立了中央全面深化改革领导小组（后改为中央全面深化改革委员会）、中央统一战线工作领导小组等，加上先前已经存在的中央财经领导小组、中央农村工作领导小组等^③，据不完全统计，现在正在运行的中央领导小组已达30多个（见表3-1）。中央领导小组的组长一般都由中央政治局委员、常委乃至于总书记兼任。例如，习近平总书记兼任中央全面深化改革领导小组、中央网络安全和信息化领导小组、中央军委深化国防和军队改革领导小组、中央财经领导小组等的组长职务。其他常委亦有相应的兼任。更重要的是，这些领导小组全部公开是正式的组织，需知正式的组织是可以制度化的，是能够持续发展的^④。

表3-1　党的十八大以来运行的中央领导小组

类型	名称
总体规划类	中央全面深化改革委员会
组织人事类	中央机构编制委员会、中央人才工作协调小组、中央职称改革工作领导小组
宣传文教类	中央精神文明建设指导委员会、中央宣传思想工作领导小组、中央文化体制改革和发展工作领导小组、全国扫黄打非工作小组、中央教育工作领导小组、中央科技委员会
政法安全类	中央国家安全委员会、中央全面依法治国委员会、中央军委深化国防和军队改革领导小组、中央军民融合发展委员会、中央保密委员会、中央密码工作领导小组、中央网络安全和信息化委员会、中央保健委员会、中央应对疫情工作领导小组

---

① 滕明政：《走向国家治理现代化：转型时期中国政治体制改革的路径选择》，"政党与国家治理"国际学术研讨会论文集（2014年），第261~279页。

② 李克强：《在十二届全国人大一次会议答记者问：用壮士断腕的决心转变政府职能》，《人民日报》2013年3月18日。

③ 2018年2月28日，党的十九届三中全会通过《中共中央关于深化党和国家机构改革的决定》，在随后印发的《深化党和国家机构改革方案》中将中央全面深化改革领导小组、中央网络安全和信息化领导小组、中央财经领导小组、中央外事工作领导小组改为委员会，更加强化了党中央对涉及党和国家事业全局的重大工作的集中统一领导，强化了相关机构的决策和统筹协调职责。

④ 《郑永年：没想到十八大后中国发生如此大转型》，http://www.china.com.cn/opinion/think/2015-02/04/content_34733176.htm。

类型	名称
财政经济类	中央财经委员会、中央审计委员会、中央农村工作领导小组、中央金融委员会
外事统战类	中央外事工作委员会、中央统一战线工作领导小组、中央对台工作领导小组、中央港澳工作领导小组、中央西藏工作协调小组、中央新疆工作协调小组、中央"一带一路"建设工作领导小组
政党建设类	中央党的建设工作领导小组、中央党务公开工作领导小组、中央巡视工作领导小组、中央反腐败协调小组、中央党的群众路线教育实践活动领导小组、中央学习贯彻习近平新时代中国特色社会主义思想主题教育领导小组

资料来源：笔者根据人民网、中国共产党新闻网等整理。

（三）制度设计：制度要于法周延、于事简便

对于制度是最佳的治理工具可能很少有人提出异议，但对制度运行中的具体操作很多人却并不满意。原因就在于我们的制度本身还存在着不容忽视的问题，"牛栏关猫"就是其中一个非常大的问题。曾有"高官""落马"后说过，"组织的管理和监督对我而言，如同是牛栏关猫，进出自由"[①]。这给我们制度设计一个重要的启示，那就是制度必须周延，要扎紧制度的笼子，而决不能粗枝大叶；要形成封闭的环，不能有一个环节缺失，只要有一个关键环节缺失，那么其他的环节都无效[②]。与此同时，制度的设计也要具有可操作性，把制度搞得纷繁复杂甚至连一般的人都不能轻易看懂，这样束之高阁的制度实际上形同虚设，根本就不可能运用到实践中。明末清初著名思想家王夫之在《读通鉴论》中讲道："律令繁，而狱吏得以缘饰以文其滥。"所以，习近平总书记指出："不管建立和完善什么制度，都要本着于法周延、于事简便的原则，注重实体性规范和保障性规范的结合和配套，确保针对性、操作性、指导性强。"[③]在这种思想指导下，党的十八大以来出台了147部中央党内法规，占现行有效中央党内法规的70%；中央纪委以及党中央工作机关出台100部部委党内法规，占现行有效部委党内法规的61%；省、自治区、直辖市党委出台2184部地

---

① 吴展团：《制度建设要谨防"牛栏关猫"》，http://cpc.people.com.cn/pinglun/n/2014/1023/c373193-25894215.html。

② 俞可平：《政治学的公理》，http://www.aisixiang.com/data/94935.html。

③ 《习近平谈治国理政》第1卷，北京，外文出版社2018年版，第379页。

方党内法规，占现行有效地方党内法规的 67%[①]。在党内形成了严密的制度体系，有力地扎紧了制度的笼子。

（四）制度运用：使制度真正成为硬约束

法规制度的生命力就在于执行。正所谓"一分部署九分落实"，没有落实，再好的制度也是白搭。贯彻执行法规制度关键在真抓，靠的是严管。真抓严管首先要真抓严管领导干部尤其是党政高级干部，因为任何制度的执行都涉及人，而只要有人的活动，就存在"上行下效"的规律，上梁不正下梁歪，"其身正，不令而行；其身不正，虽令不从"。党政高级干部如果带头随意变通、恶意规避、肆意逾矩，那么制度就会成为"稻草人""纸老虎"，不但不能发挥应有的作用，还会损害制度的公信力。所以，在制度运用上，党政领导干部要当标杆作表率，坚决做到习近平总书记强调的"不留'暗门'、不开'天窗'，坚决维护制度的严肃性和权威性，坚决纠正有令不行、有禁不止的行为"[②]，真正使制度成为硬约束而不是橡皮筋。要加大贯彻执行力度，让铁规发力、让禁令生威，确保各项法规制度落地生根。要加强监督检查，落实监督制度，用监督传递压力，用压力推动落实。

第二节　国家治理能力

何谓国家治理能力？习近平总书记指出："国家治理能力则是运用国家制度管理社会各方面事务的能力，包括改革发展稳定、内政外交国防、治党治国治军等各个方面。"[③]简言之，治理能力就是人的制度执行力。

一、能力：一个具有丰富内涵的概念

实际上，在党的十八届三中全会提出"国家治理能力"概念之前，学术界就已经对"国家能力"进行了大量的研究，并在以下两方面取得了重要成绩。

（一）从主体实现意愿的角度探讨了国家能力

王绍光和胡鞍钢将国家能力界定为"国家将自己的意志（preferences）、

---

① 中共中央办公厅法规局：《中国共产党党内法规体系》，《人民日报》2021 年 8 月 4 日。

② 《习近平谈治国理政》第 1 卷，北京，外文出版社 2018 年版，第 379 页。

③ 《习近平谈治国理政》第 1 卷，北京，外文出版社 2018 年版，第 91 页。

目标（goals）转化为现实的能力"，并提出汲取能力、调控能力、合法化能力以及强制力是国家最基本的能力。①在乔尔·S. 米格代尔（Joel S. Migdal）看来，国家能力是"国家领导人通过国家的计划、政策和行动实现其改造社会的目标的能力"②，并在此基础上探讨了国家能力的具体内容。陈霞、王彩波认为国家能力主要体现在以暴力为基础的强制能力，以合法性统治于社会的规制能力和对社会、经济有效干预和引导的能力③。燕继荣用列举法提出，思想观念的引领能力、国家发展战略的前瞻能力、国家治理领袖人才的培养能力等是其重要组成部分④。

（二）从制度供给和实施的角度分析了国家能力

世界银行指出，国家和政府能力是国家和政府"有效地采取并促进集体行动的能力"，即使在经济全球化时代，人们具有更多的选择性以及更多地依靠公民和私人企业，但要更有效地满足广泛的集体需求，必须增加国家和政府能力⑤。在弗朗西斯·福山看来，国家能力是"国家制定并实施政策和执法的能力特别是干净的、透明的执法能力"⑥。刘建军、邓理等人提出，国家能力包括国际国内两个层面，"从政治学角度来看，国家治理能力是指国家权力的实践状态"⑦。商红日强调，国家治理能力不仅仅指代政党政府以及各种治理主体如何开展治理的水平（怎么治），更主要的是指各类治理主体把国家治理得怎么样（治成什么），强调了国家治理能力应具有现代化水准⑧。

这样，当我们回过头来再看党的十八届三中全会提出的国家治理能力，就可以发现，它显然是两者的结合，并且在某种意义上更侧重于后者。习近平总书记在省部级主要领导干部学习贯彻党的十八届三中全会精

---

①　王绍光、胡鞍钢：《中国国家能力报告》，沈阳，辽宁人民出版社1993年版，第6页。

②　[美]乔尔·S. 米格代尔：《强社会与弱国家：第三世界的国家社会关系及国家能力》，张长东等译，南京，江苏人民出版社2009年版，第5页。

③　陈霞、王彩波：《有效治理与协同共治：国家治理能力现代化的目标及路径》，《探索》2015年第5期。

④　靳昊、董振华等：《如何让治理更有水平》，《光明日报》2016年8月22日。

⑤　世界银行：《1997年世界发展报告：变革世界中的政府》，北京，中国财政经济出版社1997年版，第3页。

⑥　[美]弗朗西斯·福山：《国家构建：21世纪的国家治理与世界秩序》，黄胜强、许铭原译，北京，中国社会科学出版社2007年版，第7页。

⑦　刘建军、邓理等：《国家治理现代化：新时代的治国方略》，上海，上海人民出版社2020年版，第211页。

⑧　商红日：《增强人民主体地位发展人民的协商能力——以国家治理体系的现代化构建为视角》，《上海市社会主义学院学报》2014年第1期。

神全面深化改革专题研讨班开班式上的讲话中就曾经讲过，"国家治理体系和治理能力是一个国家的制度和制度执行能力的集中体现"①。当前学者们对中国国家治理能力内涵的界定，大都以习近平总书记的这个讲话为蓝本来进行拓展。例如，房宁提出："国家治理能力，是国家治理主体制定国家治理目标、路径和战略，运行国家治理体系，领导和组织社会成员贯彻实施国家治理要求，驾驭和引领国家治理过程，实现国家治理目标的素养和本领的综合。"②当然也有一些学者借鉴"国家能力"的概念来表述"国家治理能力"，例如，戴长征将国家治理能力概括为合法化能力、规范能力、一体化能力和危机响应和管控能力③。

在笔者看来，能力固然是一个具有丰富内涵的概念，而且多角度地解读都有其道理。但我们为什么采用"制度"的解读视角，把能力聚焦于制度执行力呢？如同我们为什么把至少包含了组织体系、制度体系、运行体系、保障体系、评估体系在内的治理体系聚焦于制度体系，一方面是因为制度是国家治理中的根本性因素，要依靠制度来治理国家，并将国家治理的经验和教训用制度来固化；另一方面是因为我们在制定、执行制度过程中仍然存在诸多问题，这些问题严重制约了中国共产党和中国的进一步发展。所以，我们要在坚持全面论的基础上抓重点，集中精力建构好制度、执行好制度，从而为其他问题的解决打开突破口、奠定良好基础。

二、新时代中国国家治理能力建设的着力点

就国家治理能力存在的问题而言，突出表现为能力不足，即所谓的"本领恐慌"。习近平总书记指出："很多同志有做好工作的真诚愿望，也有干劲，但缺乏新形势下做好工作的本领，面对新情况新问题，由于不懂规律、不懂门道、缺乏知识、缺乏本领，还是习惯于用老思路老套路来应对，蛮干盲干，结果是虽然做了工作，有时做得还很辛苦，但不是不对路子，就是事与愿违，甚至搞出一些南辕北辙的事情来。"④所以，习近平总书记强调："全党同志特别是各级领导干部，都要有本领不够的危机感，都要努力增强本领，都要一刻不停地增强本领。"⑤"只有以提高党的执政

---

① 《习近平谈治国理政》第1卷，北京，外文出版社2018年版，第105页。
② 房宁：《如何推进国家治理体系和治理能力现代化》，《人民日报》2014年1月28日。
③ 戴长征：《中国国家治理体系与治理能力建设初探》，《中国行政管理》2014年第1期。
④ 《习近平谈治国理政》第1卷，北京，外文出版社2018年版，第402~403页。
⑤ 《习近平谈治国理政》第1卷，北京，外文出版社2018年版，第403页。

能力为重点,尽快把我们各级干部、各方面管理者的思想政治素质、科学文化素质、工作本领都提高起来,尽快把党和国家机关、企事业单位、人民团体、社会组织等的工作能力都提高起来,国家治理体系才能更加有效运转。"①

值得一提的是,党的十八大以来国家治理能力建设,不仅重视治理主体一般能力(尤其是具体业务能力)的提升,更加重视治理主体思想的改造,"着力培养又博又专、底蕴深厚的复合型干部,使之做到既懂经济又懂政治、既懂业务又懂党务、既懂专业又懂管理"②。

在中国共产党看来,治理好国家当然需要掌握各方面知识和技能,这是毫无疑问的。因此,我们可以看到,在历次主题学习教育活动中,中国共产党都始终强调党员领导干部要学习经济、政治、文化、哲学、历史、科技、法律、军事等各方面知识,特别是要学习各种新知识新技能,不断优化知识结构、拓宽眼界思路、树立全球视野、提高科学人文素养。还通过与时俱进地制定例行的干部教育培训规划,提高干部队伍素质。与《2013—2017年全国干部教育培训规划》相比,《2018—2022年全国干部教育培训规划》中进一步提出,"紧紧围绕统筹推进'五位一体'总体布局和协调推进'四个全面'战略布局"开展专业化能力培训,不仅要加强基础性知识学习培训,还要"开展互联网、大数据、云计算、人工智能等新知识新技能学习培训"③。而《全国干部教育培训规划(2023—2027年)》则进一步明确"以增强推进中国式现代化建设本领为重点",围绕贯彻落实党的二十大作出的战略部署,分层级分领域分专题开展建设现代化产业体系、建设世界一流企业、建设国际传播能力、防范化解金融风险等专题培训④,提高干部履职能力和本领。

但在中国,作为最重要的国家治理主体——政党,其治理能力提升的最大特色在理论素养、思想境界、党性修养方面。这是中国共产党——以先进理论武装的政党建设最大的特色。无论是好干部的五条标准——"信念坚定、为民服务、勤政务实、敢于担当、清正廉洁"⑤;还是做焦裕禄式的县委书记——"心中有党、心中有民、心中有责、心中有戒"⑥;抑

---

①《习近平谈治国理政》第1卷,北京,外文出版社2018年版,第105页。

②《2018—2022年全国干部教育培训规划》,《人民日报》2018年11月2日。

③《2018—2022年全国干部教育培训规划》,《人民日报》2018年11月2日。

④《中共中央印发〈全国干部教育培训规划(2023—2027年)〉》,《人民日报》2023年10月17日。

⑤《习近平著作选读》第1卷,北京,人民出版社2023年版,第131页。

⑥《习近平著作选读》第1卷,北京,人民出版社2023年版,第196页。

或是打造"四铁"干部队伍——具有"铁一般信仰、铁一般信念、铁一般纪律、铁一般担当"①。习近平总书记首先强调的，或者说强调的主要内容都是思想政治方面的，而不是业务能力方面的。干部选拔任用也是强调"德才兼备，以德为先"。因为在共产党人心目中，"有德有才是正品，有德无才是次品，无德无才是废品，无德有才是毒品"②。用一句通俗的话讲，共产党人信奉的是"只要思想不滑坡、办法总比问题多"。思想政治改造好了、党性修养提高了，业务能力也会得到改善。党的十九大和二十大，都是把党的政治建设和思想建设放在党的建设前两部分。

习近平总书记不仅提出了理想信念是共产党员精神上的"钙"，缺钙就会得软骨病，更在中国国家治理主体最重要的培训机构——中共中央党校旗帜鲜明地提出"党校姓党"的概念。习近平总书记指出："党校事业是党的事业的重要组成部分，党校是我们党教育培训党员领导干部的主渠道。这就决定了党校必须姓党。"③他强调："党校姓党，就是要坚持一切教学活动、一切科研活动、一切办学活动都坚持党性原则、遵循党的政治路线，坚持以党的旗帜为旗帜、以党的意志为意志、以党的使命为使命，严守党的政治纪律和政治规矩，坚持在党爱党、在党言党、在党忧党、在党为党，归根到底一句话，就是要在思想上政治上行动上自觉同党中央保持高度一致。"④在这一问题上，习近平总书记甚至讲了这样的狠话、重话——"如果党校不姓党了，那党校就没有必要存在了。"⑤事实上，党的基本理论教育、党性教育始终是中国共产党干部教育的必选内容、前置内容。

第三节　国家治理体系与国家治理能力的关系

2014年2月17日，在省部级主要领导干部学习贯彻党的十八届三中全会精神全面深化改革专题研讨班开班式上，习近平总书记对国家治理体系与国家治理能力的关系从3个方面进行了界定。

---

① 《习近平著作选读》第1卷，北京，人民出版社2023年版，第627页
② 习近平：《在全国党校工作会议上的讲话》，北京，人民出版社2016年版，第17页。
③ 习近平：《在全国党校工作会议上的讲话》，北京，人民出版社2016年版，第2页。
④ 习近平：《在全国党校工作会议上的讲话》，北京，人民出版社2016年版，第6~7页。
⑤ 习近平：《在全国党校工作会议上的讲话》，北京，人民出版社2016年版，第6页。

一、二者可化约为制度与制度执行能力

"制度"是理解"国家治理体系和治理能力"的一个最基本视角。习近平总书记指出:"国家治理体系和治理能力是一个国家制度和制度执行能力的集中体现。"[①]"体系是由制度构成的,制度是由人来执行的。"[②]在此基础上,笔者认为,"国家治理体系"和"治理能力"就是"制度"与"人"的关系,即是说,把制度理解为由人执行的制度,把人理解为执行制度的人。需要特别注意的是,习近平总书记对"治理能力"的原始界定是"运用国家制度管理社会各方面事务的能力",即制度执行能力,突出强调的是按制度办事、用制度办事、把制度规定的事办妥办好[③],并不泛指在进行各种活动中必须具备的基本能力(如感知能力、注意能力、记忆能力、思维能力、想象能力等)或专门能力(如音乐能力、绘画能力、数学能力、运动能力等)。

二、二者相辅相成,治国缺一不可

治理体系和治理能力是一个有机整体,二者相辅相成,单靠哪一个治理国家都不行。没有有效的治理能力,再好的制度也难以发挥作用;而没有有效的治理体系,再强的治理能力也无从施展。因此,国家治理体系与国家治理能力是"一个有机关联的整体",共同"构成特定国家治理的'骨骼'与'血肉'"。只有更加成熟、更加定型的制度,才能更好地发挥制度效能,奠定能力提升的良好基础;只有不断提高治理能力,才能使治理体系发挥出更大的效能。国家治理现代化就是要实现制度和人良性互动。以制度的完善来提升人的能力,以能力的提升来完善制度,通过协同推进两者,共同实现国家治理现代化。历史雄辩地证明,盛世多为治理体系和治理能力结合得好的王朝,例如汉代的文景之治、唐代的贞观之治,在这些时期既有良法也有执法的贤吏。[④]

三、二者存在差异,不能简单等同

习近平总书记强调:"国家治理体系和治理能力虽然有紧密联系,但

---

① 《习近平谈治国理政》第 1 卷,北京,外文出版社 2018 年版,第 105 页。
② 陈宝生:《把握改革总目标深化国家治理现代化研究》,《国家行政学院学报》2014 年第 4 期。
③ 李君如:《治理什么样的国家,怎样治理国家?》,北京,外文出版社 2018 年版,第 151 页。
④ 张晋藩:《中国古代"治理"的一项重要经验》,《北京日报》2017 年 9 月 25 日。

又不是一码事，不是国家治理体系越完善，国家治理能力自然而然就越强。纵观世界，各国各有其治理体系，而各国治理能力由于客观情况和主观努力的差异又有或大或小的差距，甚至同一个国家在同一种治理体系下不同历史时期的治理能力也有很大差距。"[①] 即是说把两者理解为制度和制度执行力，只是表明我们观察问题的制度论视角，并不表明制度和能力是一样的。国家治理体系和国家治理能力都有自己的"域"，两者尽管相互依存、关系密切，但两者之间的关系不是直线的正相关关系。新加坡和我国都具有非常强的国家治理能力，但两者的治理体系并不一样，一个是资本主义的，一个是社会主义的；泰国和美国都实行资产阶级代议民主制，但两者的治理能力却差距较大；剧变前后的东欧国家尽管领土人口等国家核心要素基本维持原样，但前后的治理体系却截然不同，一个是社会主义的，一个是资本主义的；改革开放前后的中国尽管都坚持相同社会主义国家的治理体系（有微调，但都属于社会主义），但改革开放以后尤其是党的十八大以来，领导干部运用法治思维和法治方式开展工作、解决问题、推动发展的能力还是较之前有极大提升（见表3-2）。

表3-2　国家治理体系和国家治理能力的组合比较

维度	案例
国家治理能力同但国家治理体系不同	中国和新加坡
国家治理体系同但国家治理能力不同	泰国和美国
国家同但不同时期的治理体系不同	剧变前后的东欧国家
国家同治理体系同但不同时期的治理能力不同	改革开放前后的中国

资料来源：笔者根据现有资料整理。

总之，把"国家治理体系和治理能力现代化结合在一起"，既考虑到了国家治理需要依赖制度这种根本的、稳定的和权威的工具，避免人的主观随意性；又考虑到了制度的生命力在于执行，再好的制度不执行或执行不了也是一纸空文；还对制度和制度执行能力提出了双向要求，即制定制度要有利于制度执行能力的提升，而制度执行能力的提升也要有助于制度的优化。但与此同时，我们还应认识到，制度与能力的结合并非天然地就能推进国家治理现代化，因为制度本身有善恶，人的能力也有好坏。我们

---

① 《习近平关于全面深化改革论述摘编》，北京，中央文献出版社2014年版，第28页。

通常所默认的，或者说我们所想象的只是制度能力善恶好坏四种组合中的一种，即"善制良能"。这是一种美好的向往，同时也是一种思维误区，因为它忽略了其他组合。现实的复杂性告诫我们，只有以好的制度提升好的能力，以好的能力完善好的制度，才能真正推进国家治理现代化；倘若制度是坏的、能力是恶的，那么不仅不能推进国家治理现代化，反而会葬送中国特色社会主义的伟大事业。因此，一定要注意制度和能力本身的价值属性，发掘好的、避免坏的；一定要注意营造良好的政治生态，下大气力拔"烂树"、治"病树"、正"歪树"，扬正气、蕴清气、硬骨气，以优良的党风政风促进民风社风的好转。

第四章　新时代中国国家治理的强大动力

习近平总书记指出："没有改革开放就没有当代中国的发展进步，改革开放是发展中国、发展社会主义、发展马克思主义的强大动力。"[①] 同样，改革开放也是推进中国国家治理的强大动力。改革开放作为动力，不仅是理论推演的结果，更是得到了实践确证。在理论上，矛盾是事物变化发展的根本动力，社会基本矛盾运动构成社会发展的根本动力。它体现为两条基本规律：一是生产关系一定要适合生产力状况的规律；二是上层建筑一定要适合经济基础发展要求的规律。适应的过程就是改革，即改变不适应的使之适应，不断与时俱进。这样一来，改革就成为事物变化发展的内在动力。与此同时，一个良好的生态系统必须是开源的，即必须有"源头活水"的不断涌入，否则就会成为"一潭死水"，缺少生机和活力，在这个意义上，开放成为事物变化发展的外在动力。

在实践中，改革开放作为动力，已经被 1978 年以来的中国特色社会主义实践活动充分证明。改革开放 40 多年间，我国经济总量由 1978 年的 3679 亿元，跃升至 2023 年的 126 万亿元，稳居世界第二，多年来对世界经济增长贡献率超过 30%；人民生活水平显著提升，已经由温饱不足到全面小康，特别是在脱贫问题上，我们"历史性地解决了绝对贫困问题"[②]，现行标准下 9899 万农村贫困人口全部脱贫。这是个什么概念？比同年越南国家总人口（截至 2021 年年末，9746.8 万人）还要多，须知越南人口排世界第 15 位。而如果从改革开放之初算起，中国 7.7 亿农村贫困人口摆脱贫困，中国减贫人口占同期全球减贫人口 70% 以上，提前 10 年实现《联合国 2030 年可持续发展议程》减贫目标，显著缩小了世界贫困人口的版图[③]。所以，习近平总书记郑重提出："改革开放是党和人民大

---

① 《习近平关于全面深化改革论述摘编》，北京，中央文献出版社 2014 年版，第 3 页。
② 《习近平谈治国理政》第 4 卷，北京，外文出版社 2022 年版，第 269 页。
③ 《习近平谈治国理政》第 4 卷，北京，外文出版社 2022 年版，第 130 页。

踏步赶上时代的重要法宝……是决定当代中国命运的关键一招，也是决定实现'两个一百年'奋斗目标、实现中华民族伟大复兴的关键一招。"[①]事实上，改革开放也是决定实现中国国家治理现代化的关键一招。

第一节　社会主义社会是一个经常变化和改革的社会

在社会主义社会发展问题上，恩格斯指出，社会主义社会"不是一种不变的东西，而应当和任何其他社会制度一样，把它看成是经常变化和改革的社会"[②]。

一、社会主义社会的建立和发展离不开改革和创新

马克思恩格斯所设想的未来共产主义社会，不是"人间天国"，不是一个没有矛盾的世界，相反，他们强调矛盾是事物变化发展的根本动力，只有不断变化发展才能推动社会进入更高一级的形态，促进人的解放，实现人全面而自由的发展。列宁承继了这一重要思想，指出："我们每前进一步和每提高一步都必定要同时改善和改造我们的苏维埃制度，而现在我们在经济文化方面水平还很低。我们有待于改造的东西很多。"[③] 即是说，列宁也并没有把苏维埃这种相对于资产阶级来说更为先进的制度看成完美无缺的；相反，他强调只有不断改善和改造苏维埃制度，苏联才能巩固、才能前进、才能提高。

毛泽东在探索中国革命和建设道路时，也从不把马克思恩格斯的"本本"教条化、把苏联经验神圣化，他秉承了恩格斯所讲的"我们的理论是发展着的理论，而不是必须背得烂熟并机械地加以重复的教条"[④] 的忠告，根据中国实情，提出了中国要革命，但要走"农村包围城市"而不是"城市包围农村"的革命道路，提出了中国在社会主义改造中对私人资本主义实行和平赎买的政策，这些做法不仅在马克思恩格斯著作中找不到明确的"指示"，甚至与苏联的做法也不完全相同，但它们却是符合中国发展需要的。毛泽东深知变革发展的重要性，他指出："马克思主义一定

---

① 《十九大以来重要文献选编》（上），北京，中央文献出版社 2019 年版，第 729 页。
② 《马克思恩格斯选集》第 4 卷，北京，人民出版社 2012 年版，第 601 页。
③ 《列宁选集》第 4 卷，北京，人民出版社 2012 年版，第 613 页。
④ 《马克思恩格斯选集》第 4 卷，北京，人民出版社 2012 年版，第 588 页。

要向前发展，要随着实践的发展而发展，不能停滞不前。停止了，老是那么一套，它就没有生命了。"①所以，他强调要创造新的理论，写出新的著作，产生新的理论家，来为当前的政治服务，明确告诫我们"单靠老祖宗是不行的"②。

在毛泽东探索变革中国之路的基础上，邓小平进一步指出："绝不能要求马克思为解决他去世之后上百年，几百年所产生的问题提供现成答案。列宁同样也不能承担为他去世以后五十年，一百年所产生的问题提供现成答案的任务。"③所以，中国共产党人必须根据中国的实际情况，继承、发展和创新马克思主义，写出马克思主义中国化时代化的新篇章，指导中国新的实践。但由于"我们现在所干的事业是一项新事业，马克思没有讲过，我们的前人没有做过，其他社会主义国家也没有干过"④，也在探索中，没有现成的经验可供我们直接参考，我们只能在干中学，因而要求我们具有一往无前的探索勇气和敢闯敢干的拼搏精神。

二、实现中国国家治理现代化必须一以贯之地坚持改革创新

对于中国国家治理而言，社会主义基本制度的确立并不意味着我们就可以一劳永逸地享受社会主义基本制度的红利。相反，任何制度的执行都需要细化，任何制度要想更好地发挥作用，都必须根据现实的发展不断予以完善。所以，我们还要在社会主义基本制度的基础上建立起充满生机和活力的社会主义市场经济体制，促进生产力的发展，而这本身就是一个不断改革创新的过程。邓小平用一场"实践是检验真理的唯一标准"的大讨论结束了僵化的马克思主义教条的束缚，打开了改革开放的新局面；用"不改革开放只能是死路一条"的告诫，开启了"东方风来满眼春"的大好局面。总之，邓小平改革的目的非常明确，即"我们要赶上时代，这是改革要达到的目的"⑤。结合40多年来我国改革发展历程可以看得更清楚，改革开放挽救了经历十年内乱、经济濒于崩溃、人民温饱都成问题的中国，使中国的社会主义事业免遭葬送，使我们发展中国、追赶时代的目的逐步实现。此后江泽民、胡锦涛等中央领导集体继续深化改革，

① 《毛泽东文集》第7卷，北京，人民出版社1999年版，第281页。
② 《毛泽东文集》第8卷，北京，人民出版社1999年版，第109页。
③ 《邓小平文选》第3卷，北京，人民出版社1993年版，第291页。
④ 《邓小平文选》第3卷，北京，人民出版社1993年版，第258页。
⑤ 《邓小平文选》第3卷，北京，人民出版社1993年版，第242页。

坚持开放，使"中国大踏步赶上了时代"①，中国国家治理现代化迈上了新台阶。

习近平总书记上任伊始，第一站外出考察就是到深圳莲花山公园，向伫立在山顶的邓小平铜像敬献花篮。释放出了强烈的信号，那就是坚定不移地沿着邓小平开辟的改革开放道路奋勇向前，中国改革开放永不停步。回顾历史，如果没有邓小平指导我们党作出改革开放的历史性决策，我们国家要取得今天的发展成就是不可想象的。可以说，"改革开放是我们党的一次伟大觉醒，正是这个伟大觉醒孕育了我们党从理论到实践的伟大创造"②。"包产到户"的改革激发了"一分田"的活力，解决了数亿人的温饱问题；"土地确权与流转"等的改革，正唤醒农村"沉睡的财富"。可以说，改革是发展的"动力源"，唯改革才有出路，唯改革才有活力，也唯有沿着改革的方向，我们才能在全面建成小康社会的基础上全面建成社会主义现代化强国。

如今，"改革"已经成为中国人使用最多的词之一，成为民众的一种生活方式。"改革开放已辐射到社会生活的一切领域，涉及人们的切身利益、思想观念、生活习惯，促进社会发生整体转型。"③继续推进中国的发展，实现中国国家治理现代化，我们必须坚定不移、一以贯之地坚持改革开放这条正确道路。邓小平强调："改革的意义，是为下一个十年和下世纪的前五十年奠定良好的持续发展的基础。没有改革就没有今后的持续发展。所以，改革不只是看三年五年，而是要看二十年，要看下世纪的前五十年。这件事必须坚决干下去。"④对此，习近平总书记指出，邓小平在改革开放问题上"看得很远、想得很深"⑤，他承继了邓小平"没有改革就没有今后的持续发展"的科学论断，高度重视通过改革不断解放和发展生产力，我们不但没有被开除球籍反而使中国日益走近世界舞台的中央，在国际事务中发挥越来越大的建设性作用，国际地位和国际影响力大幅提升。

值得注意的是，当我们用更长时段来观察中国历史时，我们发现整个中华民族具有无比的韧性：无论经受多大的苦难，仍然能够繁衍至今，

---

① 《习近平谈治国理政》第 4 卷，北京，外文出版社 2022 年版，第 6 页。

② 《十九大以来重要文献选编》（上），北京，中央文献出版社 2019 年版，第 721 页。

③ 孔祥云：《改革开放：发展中国特色社会主义的强大动力》，《清华大学学报（哲学社会科学版）》2010 年第 1 期。

④ 《邓小平文选》第 3 卷，北京，人民出版社 1993 年版，第 131 页。

⑤ 《习近平关于全面深化改革论述摘编》，北京，中央文献出版社 2014 年版，第 4 页。

中华文明成为世界上唯一一个没有中断的文明。对此，金庸先生提供了一个饶有意思的答案，在他看来："我们中华民族之所以这样壮大，靠的就是改革和开放。当我们遇到困难的时候，内部要积极进行改革，努力克服困难，改革成功了，我们的民族就会中兴。同时我们还要对外开放，这点更为重要，因为我们中国人有自信心，我们自信自己的民族很强大，外来的武力或外来的文化我们都不害怕。"[1] 因此，我们要厚植改革意识、提升改革能力，通过改革，解决目前制约中国实现国家治理现代化的体制机制障碍和利益牵绊等问题，真正健全和完善好的制度，并有效提升制度的执行力。

第二节　国际社会日益成为一个命运共同体

同改革是发展中国、实现中国国家治理现代化的动力一样，开放也是发展中国、实现中国国家治理现代化的动力。马克思恩格斯指出："资产阶级，由于开拓了世界市场，使一切国家的生产和消费都成为世界性的了……过去那种地方的和民族的自给自足和闭关自守状态，被各民族的各方面的互相往来和各方面的互相依赖所代替了。物质的生产是如此，精神的生产也是如此。"[2] 以至于每一国家都受到另一国家发生的事情的影响。由资本主义发展所推动的全球化把整个世界联结成为一个有机的整体。在这样一个相互联系、相互影响的世界，任何一个国家都不能逃到一个不受其他影响的"世外桃源"中，所谓闭关孤立只能是自欺欺人。

一、中国的发展离不开世界

事实上，开放还是封闭已经成为理解中国历史发展的一条重要线索。"每当中国成功吸纳外来文明的时候，中国文明就会有长足的进步和发展。反之则是晚清中国落伍于世界、最终被人欺凌的重要原因。"[3] 开放与治乱兴衰之间呈现出了较强的正相关关系。事实上，开放已经熔铸在中华民族的血液中，中华民族是百族之和，中华文明是海纳百川。中华文明就其本质来说是一种世俗文明，中国人的价值观在本质上也是一种世俗的价

---

① 金庸：《为什么中华民族总是能赢？》，http://www.whjlw.com/2016/0803/38137.html。

② 《马克思恩格斯选集》第1卷，北京，人民出版社2012年版，第404页。

③ 郑永年：《开放、竞争和参与：实践逻辑中的中国政治模式》，《人民日报（海外版）》2014年6月12日。

值观①，而世俗文明的最大特征就是包容性，因此在中国才会出现儒释道三家共同尊奉关羽的现象，而这在西方是不可想象的。也正是在中国这种包容的文化环境中，人们很容易理解一些信众尤其是一些农村的信众，刚拜完菩萨转身就进道观的行为；而在西方，绝对不会允许一个信徒刚拜完耶稣然后就去拜真主。包容性的另一种说法就是开放，因此可以说中华文明本身就是一种包容的、和平的文明，它向其他文明开放，而不排斥其他文明。即是说，开放是常态，而历史上那些"例外"的封闭，则以深痛的教训促使我们回到开放的大道上。

邓小平对此更是有着异常深刻的认识。在他看来，闭关自守是中国在一个时期处于停滞和落后状态的一个重要原因，中国要摆脱停滞和落后状态，就必须开放。所以，在之后立即实现了党和国家工作重心的转移，带领当时的中共中央坚定地作出了对外开放的战略决策。在邓小平看来，"中国的发展离不开世界"②，"实现四个现代化必须有一个正确的开放的对外政策。我们实现四个现代化主要依靠自己的努力，自己的资源，自己的基础，但是，离开了国际的合作是不可能的。应该充分利用世界的先进的成果，包括利用世界上可能提供的资金，来加速四个现代化的建设。这个条件过去没有，后来有了，但一段时期没有利用，现在应该利用起来"③。

这种对外开放与对内改革交相辉映，都是为了寻找中国发展动力而采取的重要举措，通过"大胆吸收和借鉴人类社会创造的一切文明成果，吸收和借鉴当今世界各国包括资本主义发达国家的一切反映现代社会化生产规律的先进经营方式、管理方法"④，中国迅速革新和优化了旧有的经营方式、管理方法，为实现快速发展奠定了坚实的基础。所以，习近平总书记强调："坚持开放、不搞封闭。"⑤在他看来："打开窗子，才能实现空气对流，新鲜空气才能进来。"⑥打开大门拥抱世界，才能跟上时代步伐，走向美好明天。他山之石，可以攻玉，通过开放，学习和借鉴其他国家治理的经验和教训，做到不封闭、不僵化，才能为中国国家治理现代化源源不断地注入活水。

————————
① 滕明政：《历史的剧中人和剧作者：基辛格和他的〈论中国〉》，《理论与改革》2015 年第 5 期。
② 《邓小平文选》第 3 卷，北京，人民出版社 1993 年版，第 78 页。
③ 《邓小平文选》第 2 卷，北京，人民出版社 1994 年版，第 234 页。
④ 《邓小平文选》第 3 卷，北京，人民出版社 1993 年版，第 373 页。
⑤ 《习近平著作选读》第 2 卷，北京，人民出版社 2023 年版，第 542 页。
⑥ 习近平：《打开窗新鲜空气才能进来》，《人民日报（海外版）》2013 年 9 月 7 日。

二、世界的发展也需要中国

如果说邓小平当年作出对外开放的决策，更多的是认识到在经济全球化时代，中国的发展离不开整个世界，尤其是离不开发达资本主义国家，中国需要借助外部世界的力量实现自己发展。换句话说，邓小平当年的开放更多的是引"外来之水"活国内发展，当时中国国家治理对世界的意义在于，把自己发展起来，不向世界输出革命、输出贫穷。进一步讲，"引进来"是当时对外开放政策的着力点，"走出去"在当时整个对外开放战略中的占比不突出。1982~2000 年，中国累计实现对外直接投资 278 亿美元，年均投资额仅 14.6 亿美元。直到 2000 年提出"走出去"战略，特别是 2001 年中国加入世界贸易组织以后，我国对外直接投资实现较快发展。相比之下，同期中国实际利用外资额远高于对外直接投资额，尤其是1992 年中央确定了积极合理有效利用外资的方针后，我国利用外商直接投资进入发展"快车道"。实际使用外商直接投资金额由 1992 年的 110 亿美元增至 2000 年的 407 亿美元。[①]

那么我们现在的对外开放则更加重视中国与世界的相互依存，并且在某种意义上强调中国对世界大家庭的贡献、作用和影响，即"世界的发展也需要中国"[②]。随着国力不断增强，中国将在力所能及范围内承担更多国际责任和义务，为人类和平与发展作出更大贡献。一方面，中国努力推动已有的体制机制落到实处，积极倡导和践行多边主义，积极参与多边事务，高度重视联合国的作用，支持二十国集团、亚太经合组织、上海合作组织、金砖国家等发挥积极作用。另一方面，中国积极创设新的全球公共产品，建设好丝绸之路经济带、21 世纪海上丝绸之路，积极建设亚洲基础设施投资银行，加入欧洲复兴开发银行，建设自由贸易试验区，等等。这一点尤其体现在以习近平同志为核心的党中央主动提出"人类命运共同体"倡议、积极采取一系列构建国际政治经济新秩序的努力上。习近平总书记指出："各国相互联系、相互依存的程度空前加深，人类生活在同一个地球村里，生活在历史和现实交汇的同一个时空里，越来越成为你中有我、我中有你的命运共同体。"[③]面对世界多极化、经济全球化、文化多样

① 《对外开放取得瞩目成就经贸合作迈向更高水平——新中国 75 年经济社会发展成就系列报告之十一》，https://www.stats.gov.cn/sj/sjjd/202409/t20240918_1956552.html。
② 《习近平外交演讲集》第 1 卷，北京，中央文献出版社 2022 年版，第 72 页。
③ 《习近平谈治国理政》第 1 卷，北京，外文出版社 2018 年版，第 272 页。

化和社会信息化，面对日益增多的粮食安全、资源短缺、气候变化、环境污染、跨国犯罪等世界性难题，任何国家都不可能独善其身、一枝独秀，"不论人们身处何国、信仰如何、是否愿意，实际上已经处在一个命运共同体中"①，近年在世界范围内流行的新冠疫情将这一问题淋漓尽致地展现出来。因此，我们要携手世界各国共同应对挑战、共建和谐世界、共享发展成果。

总之，顺应全球化的趋势，借助开放的大潮，新时代中国开放的大门越来越大，中国越来越主动在重大国际问题上不断发出中国声音，提出中国方案，参与全球治理的意愿越来越强。开放之于当代中国也不再仅是中国依赖世界，利用好国际资源、国际市场来发展自己，而是充分利用好国内国际两种资源、两个市场，真正把"引进来"和"走出去"结合起来。中国已经不再仅仅依赖这个世界，而是深深融入这个世界，并成为推动这个世界向着更加美好未来——"人类命运共同体"发展的建设性力量。进一步而言，与"引进来"相比，"走出去"在整个对外开放战略中的占比大幅度增加。2023 年，我国对外直接投资金额为 1478.5 亿美元，是 2012 年的 1.7 倍。而同期中国实际使用外商直接投资金额仅从 2012 年的 1117 亿美元增长到 2023 年的 1633 亿美元，增长 0.46 倍。目前，我国对外投资范围遍及全球 189 个国家（地区），截至 2023 年年末，中国企业在共建"一带一路"国家设立境外企业 1.7 万家，直接投资存量超 3300 亿美元②，极大地带动了这些国家的经济社会发展。因此，中国的国家治理不仅对国内具有重要意义，而且对于全球亦具有重要意义，即中国国家治理的"溢出效应"也越来越明显。这也是世界兴起研究中国模式、中国经验、中国道路热潮的重要原因。

第三节　更全面的改革，更坚定的开放

正是在这样一个世界大变革大调整、国内进入深水攻坚改革的时期，无论是习近平就任总书记伊始去中国改革开放前沿阵地——深圳践志，还

---

① 曲星：《人类命运共同体的价值观基础》，《求是》2013 年第 4 期。
② 谢希瑶：《中国企业在共建"一带一路"国家直接投资存量超 3300 亿美元》，https://www.gov.cn/yaowen/liebiao/202410/content_6978140.htm。

是党的十八届三中全会确立"全面深化改革"的主题，党的二十届三中全会进一步部署全面深化改革事宜，都旗帜鲜明地表现了以习近平同志为核心的党中央对改革开放的坚定信心和坚决行动，清楚地表明党中央深刻认识到"全面深化改革，关系党和人民事业前途命运，关系党的执政基础和执政地位。在整个社会主义现代化进程中，我们都要高举改革开放的旗帜，决不能有丝毫动摇"①。对待未来的中国国家治理，思路有千万条，但最根本的就是——更全面的改革，更坚定的开放。

一、更全面的改革

更全面的改革就是各领域的改革、各主体协同的改革。习近平总书记指出："要解决我们面临的突出矛盾和问题，仅仅依靠单个领域、单个层次的改革难以奏效，必须加强顶层设计、整体谋划，增强各项改革的关联性、系统性、协同性。只有既解决好生产关系中不适应的问题，又解决好上层建筑中不适应的问题，这样才能产生综合效应。"②

就国家治理各领域的改革来说，全面改革不只是经济领域的改革，或者某一个领域、某几个领域的改革，而是政治、经济、文化、社会、生态、党建、国防和外交等各个领域的改革，是中央、地方、基层各个层次的改革，是生产关系、上层建筑等各个维度的改革。需要注意的是，全面改革不是所有方面同一时间、同一步骤的改革，科学的改革是有次序的。就时间而言，改革方案是不断完善的，不可能一蹴而就地设计出一个完美的改革方案；就空间而言，改革也是逐步推开的，局部的改革成功以后才能逐步在面上推广。所以，在某个时期、某些方面、某些地区，改革快一点、慢一点是正常的，但总体上中国国家治理改革不存在"讳疾忌医"，即不存在对已经发现问题就是不改，或者避重就轻地改。我们不赞成那种笼统地认为中国改革在某个方面滞后的说法，尤其要驳斥那种认为中国只有经济改革没有政治改革的说法。经济基础决定上层建筑，上层建筑反作用于经济基础。如果说中国没有政治改革，那么在政治的反作用下，经济改革也是难以为继的，也就无法解释中国改革开放40多年的经济高速增长。因此问题的关键不在于中国有没有政治改革，而在于中国没有实行西

①　《习近平关于全面深化改革论述摘编》，北京，中央文献出版社2014年版，第9~10页。

②　《习近平关于全面深化改革论述摘编》，北京，中央文献出版社2014年版，第47页。

方那种"激进的政治改革"①，对此，我们一定要保持清醒的头脑。首先要系统把握各项改革举措，不要盲人摸象、以偏概全，要自己首先吃透党中央关于改革的文件精神，不当"歪嘴和尚"；其次要坚决反对那些蛊惑人心、搬弄是非、妄议中央大政方针的人。

就国家治理各主体协同推进来说，习近平总书记指出："每一项改革都会对其他改革产生重要影响，每一项改革又都需要其他改革协同配合。"②这就提出了改革的协同性问题，一方面改革措施要配套，如果各领域改革不配套，各方面改革措施相互牵扯，甚至相互抵触，全面改革就很难推进下去，即使勉强推进，效果也会打折扣；另一方面改革主体要配合，要破除部门利益、个人私利等对改革的阻碍和牵绊，心怀"国之大者"，从全局出发，深刻理解党中央的战略部署，不能光打着自己的"小九九"。习近平总书记强调："形成改革合力，最终要体现在各项改革举措协调共振上。政策不配套，实践当中必然疙疙瘩瘩，也就谈不上形成合力。"③改革是一盘棋，如果相互不配合，各自为政，甚至以邻为壑，其结果只能满盘皆输。

二、更坚定的开放

更坚定的开放就是中国开放的大门永远不会关上。中国将在更大范围、更宽领域、更深层次上提高开放型经济水平，坚决反对任何形式的保护主义。在同外国专家代表座谈时，习近平主席明确表示："关起门来搞建设不可能成功。我们要坚持对外开放的基本国策不动摇，不封闭、不僵化，打开大门搞建设、办事业。"④在二十国集团领导人峰会上，习近平主席向世界郑重承诺，中国将坚定"维护和发展开放型世界经济……反对各种形式的保护主义，统筹利用国际国内两个市场、两种资源"⑤。中国的大门永远向世界各国敞开，也希望世界各国的大门对中国敞开，大家共建共享多边经贸机制。在会见基辛格（Henry Alfred

---

① 滕明政、秦宁波：《论邓小平的社会主义有序发展观——兼论对全面深化改革的启示》，《云南社会科学》2016 年第 2 期。

② 《习近平关于全面深化改革论述摘编》，北京，中央文献出版社 2014 年版，第 35 页。

③ 《习近平关于全面深化改革论述摘编》，北京，中央文献出版社 2014 年版，第 44 页。

④ 《十八大以来重要文献选编》（上），北京，中央文献出版社 2014 年版，第 461 页。

⑤ 《习近平外交演讲集》第 1 卷，北京，中央文献出版社 2022 年版，第 49 页。

Kissinger）等中美"二轨"①高层对话美方代表时，习近平主席再次重申了中国深度融入世界的主张，强调中国会"继续全面深化改革，坚持开放发展，发展更高层次的开放型经济"②。党的十八届五中全会更是将"开放"列为指导中国经济社会发展的五大新发展理念之一，强调"开放是国家繁荣发展的必由之路"，要求"奉行互利共赢的开放战略，坚持内外需协调、进出口平衡、引进来和走出去并重、引资和引技引智并举，发展更高层次的开放型经济，积极参与全球经济治理和公共产品供给"③，即从战略的角度强化了中国的开放政策。党的二十届三中全会则进一步提出"坚持以开放促改革，依托我国超大规模市场优势，在扩大国际合作中提升开放能力，建设更高水平开放型经济新体制"④，从而把全面对外开放推向纵深。

回顾党的十八大以来，从习近平主席首次出访俄罗斯、访问非洲三国，并参加金砖国家领导人会议，积极推动"亲、诚、惠、容"的周边外交方针；到亚信峰会、博鳌论坛、APEC 会议等，充分利用主场外交，主动设置议题，积极融入国际多边的游戏规则；到多次访问俄罗斯、美国等的"首脑外交"，以及国家总理多次推销高铁等中国装备的"超级推销员"式外交；再到金砖银行、"一带一路"、亚投行等，中国外交呈现出频繁、主动、开放、多元、建设等特点。这些都是以习近平同志为核心的党中央深刻认识到我们的事业是同世界各国合作共赢的事业，国际社会日益成为一个你中有我、我中有你的人类命运共同体的有力佐证。因为在经济全球化时代背景下，发挥优势也好，弥补劣势也好，都得与世界打交道，取长补短，而不是闭门造车。要想推动形成更加公平合理的全球治理体系，深度参与新的国际经贸谈判和规则制定，我们就必须更坚定地开放，同世界一起共商共建共享共赢。

进一步推进开放，就要更新"毗邻式开放"（跟谁挨着，就跟谁合作）的理念，拥抱"全局性开放"（放眼世界，寻找合作伙伴）的理念；就要避免国内与国际以及国内地区、城乡之间的"断裂化"，防止出现联而不

---

① 所谓"二轨对话"（或称为"二轨外交"），最早由美国前外交官蒙特维尔于 1982 年提出。它是一种特殊的非官方外交，相对于政府间的"第一轨外交"，通常是通过学者、退休官员的交流，以民间形式进行，由于方式较灵活、广泛，常可起到官方渠道难以起到的作用。

② 《习近平会见基辛格等中美"二轨"高层对话美方代表》，《人民日报》2015 年 11 月 3 日。

③ 《十八大以来重要文献选编》（中），北京，中央文献出版社 2016 年版，第 792 页。

④ 《中共中央关于进一步全面深化改革　推进中国式现代化的决定》，《人民日报》2024 年 7 月 22 日。

通、通而不畅的问题；就不仅要请进来，更要走出去等①。总之，在这样一个时代，我们必须树立世界眼光、培养全球视野。正如习近平总书记所强调的，要"更好把国内发展与对外开放统一起来，把中国发展与世界发展联系起来，把中国人民利益同各国人民共同利益结合起来"②，在共同应对挑战中发展自己，并以自己的发展为解决全球治理问题贡献中国智慧、中国方案和中国力量。

第四节　以更大的政治勇气和智慧推动下一步改革开放

改革开放是中国发展的动力，是中国国家治理现代化的动力。这已经成为全党全社会的广泛共识。所以中国要继续发展、国家治理要迈向现代化，只能通过进一步的改革开放。无论是习近平同志在新当选中共中央总书记，同中外记者见面时提出"人民对美好生活的向往，就是我们的奋斗目标"③，还是此后一直强调和不断落实的"不断解决好前进道路上面临的问题，是我们这一代人的责任"④，都体现出以习近平同志为核心的党中央继续推进中国改革开放的庄严承诺、巨大勇气和非凡智慧。要具体做好下一步的改革开放，从而更好地推进中国国家治理现代化，则需从以下3方面进行谋篇布局。

一、坚定信心，凝聚共识

信心和共识对于成功地推进改革开放至关重要，历史上大凡成功的改革，都把坚定改革信心，凝聚改革共识摆在重要位置。

（一）为什么要坚定信心

最根本的就是我们的改革已经进入深水区和攻坚期，面临的问题越来越多，难度越来越大。没有一股劲是不行的。正如习近平总书记所指出的：中国改革"已进入深水区，可以说，容易的、皆大欢喜的改革已经完成了，好吃的肉都吃掉了，剩下的都是难啃的硬骨头"⑤。因此，现在推

---

①　赵磊：《打造参与全球经济治理制度话语权》，《学习时报》2016年7月11日。
②　《习近平关于全面深化改革论述摘编》，北京，中央文献出版社2014年版，第129页。
③　《习近平谈治国理政》第1卷，北京，外文出版社2018年版，第424页。
④　《习近平关于全面深化改革论述摘编》，北京，中央文献出版社2014年版，第141页。
⑤　《习近平著作选读》第1卷，北京，人民出版社2023年版，第221页。

进改革的复杂程度、敏感程度、艰巨程度，一点都不亚于40多年前。即是说，发展起来后所面临的问题比发展起来前更繁多、更复杂、更尖锐，因而更需要勇气和智慧来解决。

之所以说发展起来以后面临的矛盾和问题会更加棘手，那是因为进一步的改革开放越来越涉及利益的再次调整和重新分配，而触动利益比触动灵魂还难，可想而知现在的改革有多难。习近平总书记指出："深化改革，难免触动一些人的'奶酪'，碰到各种复杂关系的羁绊，不可能皆大欢喜。"①甚至夸张一点地讲，改革就是要拿刀割自己肉。所以，改革的阻力不仅来自体制外，也来自体制内，尤其是在破除改革思想障碍方面，体制内的阻力往往非常强大。习近平总书记指出："在深化改革问题上，一些思想观念障碍往往不是来自体制外而是来自体制内。"②对此，我们应有十分清醒的认识，真正拿出自我革命的勇气。

事实上，进行经济利益调整，特别是消除既得利益者为维护所得利益而对改革的阻挠，势在必行。在一定意义上说，改革需要从破除既得利益者的束缚上寻找动力。以习近平同志为核心的党中央强调要"敢于啃硬骨头，敢于涉险滩，敢于向积存多年的顽瘴痼疾开刀"③。无私者最无畏，中国共产党"没有任何自己特殊的利益，从来不代表任何利益集团、任何权势团体、任何特权阶层的利益"④。真正的共产党人决不允许党内存在特殊利益集团而使党脱离群众、脱离人民，更不允许既得利益者阻碍改革进程。这是以习近平同志为主要代表的中国共产党人的庄严承诺。面临越来越重的任务，越来越大的压力，越来越多的暗礁、潜流、旋涡，唯有坚定信心，方能推动下一步的改革。要有"明知山有虎，偏向虎山行"的勇气，要一鼓作气、坚定不移，不可迟疑、不可退缩。敢于啃硬骨头，敢于涉险滩，勇敢地将改革进行到底。

（二）为什么要凝聚共识

主要原因有3点：一是"没有广泛共识，改革难以顺利推进，推进了也难以取得全面成功"⑤。比如说，你往东，他偏往西；你要建高楼，他偏说平房好；你要集中力量发展国之重器，他偏说还不如把钱分给老百

---

① 《习近平关于全面深化改革论述摘编》，北京，中央文献出版社2014年版，第40页。
② 《习近平关于全面深化改革论述摘编》，北京，中央文献出版社2014年版，第87页。
③ 《习近平谈治国理政》第1卷，北京，外文出版社2018年版，第348页。
④ 《习近平谈治国理政》第4卷，北京，外文出版社2022年版，第9页。
⑤ 《习近平关于全面深化改革论述摘编》，北京，中央文献出版社2014年版，第31页。

姓……心不齐，难以聚力前行，改革又何谈成功。二是改革开放是人民的事业，必须凝聚人民的力量。中国有 14 亿多人口，9900 多万名党员，还有无数心系祖国的海外侨胞，"大家能凝聚共识，本身就是力量"①。因此改革要团结一切可以团结的力量，努力减少旁观者和阻挠者。三是从历史经验看，凝聚共识对改革能否成功至关重要。历史上，战国时期的商鞅变法，宋代的王安石变法，明代的张居正变法，在当时历史条件下都取得了一定成效。但是，在凝聚共识方面做得不够好，没有争取到更多的支持者以破除既得利益集团的阻碍来继续推进改革，除商鞅"身死法不亡"外，大部分改革都随着改革者个人的"身亡"而废止。这个教训不可谓不深刻。

因此，要想更好地推进新时代国家治理改革，就必须凝聚共识，而凝聚共识的根本方法就是"求同存异"，寻找"最大公约数"。要尊重不同地方、不同阶层、不同领域、不同方面人士的不同想法。要加强对国家治理改革的正面宣传和舆论引导，及时回答干部群众关心的重大思想认识问题，把群众思想统一到中国特色社会主义事业这个最大公约数上，坚持改革开放为了人民、依靠人民，成果由人民共享。与此同时，需要注意的是，我们的改革是代表国家和人民整体利益、根本利益、长远利益的，各级各部门以及每一名党员都要自觉站在党和国家事业全局的高度思考问题、推动工作，防止局部利益相互掣肘、相互抵消。习近平总书记指出，"只要加强思想引导，把党内外一切可以团结的力量广泛团结起来，把国内外一切可以调动的积极因素充分调动起来"②，凝聚共识是完全可以做到的。

二、方向要准，举措要实

邓小平在谈到改革开放时曾叮嘱道："改革开放胆子要大一些，敢于试验，不能像小脚女人一样。看准了的，就大胆地试，大胆地闯。"③新时代以改革开放精神推进国家治理现代化更要认真抬头看路，踏实低头拉车。

（一）改革开放方向为什么要准

因为"方向决定道路，道路决定命运"。④我国的改革开放为什么能够

---

① 《习近平关于全面深化改革论述摘编》，北京，中央文献出版社 2014 年版，第 31 页。
② 《习近平关于全面深化改革论述摘编》，北京，中央文献出版社 2014 年版，第 31~32 页。
③ 《邓小平文选》第 3 卷，北京，人民出版社 1993 年版，第 372 页．
④ 《习近平谈治国理政》第 2 卷，北京，外文出版社 2017 年版，第 36 页。

取得如此巨大的成功？其关键原因就是我们始终坚持"一个中心两个基本点"的基本路线不动摇，坚定不移走社会主义的正道，既没有走封闭僵化的老路，也没有走改旗易帜的邪路。

方向准，是中国成功的重要原因；方向不准，是苏联失败的重要原因。当时，东欧一些国家特别是苏联公然背弃马克思主义指导思想，放弃社会主义道路，片面地认为传统的社会主义体制没法再改了，只能放弃。因而纷纷转向资本主义的私有化，转向自由市场经济。实践证明，这种改旗易帜的改革一点也没有想象中那样美好，相反，它造成了无尽的苦难。特别是在1991~1998年期间，俄罗斯经济总规模竟下降了50%，超过了苏联卫国战争和20世纪初资本主义大危机时期的总和①。与此同时，物资供应极其紧张，在和平时期人均寿命竟然出现了大幅度下降，可谓悲惨至极。

因此，正反两方面的经验教训表明，我们必须头脑清醒地认识到，"我们的方向就是不断推动社会主义制度自我完善和发展，而不是对社会主义制度改弦易张"②。无论怎么改革，无论怎么开放，我们都要始终保持战略定力，什么该改什么不该改，心中要有数。要牢牢把握改革的社会主义方向，任尔东西南北风，我自岿然不动。与此同时，也要对一些错误的观点进行剖析，以正视听，而不能失语，任其发声。要坚决回应那些"把改革定义为往西方政治制度的方向改，否则就是不改革"③的错误观点，既要揭露那些别有用心持这种错误观点的人，直指他们"醉翁之意不在酒"；也要揭露那些自我矮化持这种错误观点的人，正告"贾桂们"少些奴颜婢膝。我们一定要坚定道路自信、理论自信、制度自信和文化自信，尤其是当世界都兴起了研究"中国模式""中国道路""中国经验"的热潮时，我们自己再没有自信、再没有定力，那就显得"另类"了④。改革模式千万种，适合自己的才是最重要的。"如果不顾国情照抄照搬别人的制度模式，就会画虎不成反类犬，不仅不能解决任何实际问题，而且还会因水土不服造成严重后果。"⑤那些引入了西方所谓民主制度的国家和地区（有的是被强行"嫁接"），果真实现了民主吗？事实上，不但没有实现

① 孔祥云：《改革开放：发展中国特色社会主义的强大动力》，《清华大学学报（哲学社会科学版）》2010年第1期。

② 《习近平关于全面深化改革论述摘编》，北京，中央文献出版社2014年版，第15页。

③ 《习近平关于全面深化改革论述摘编》，北京，中央文献出版社2014年版，第19页。

④ 滕明政、王路坦：《强化"三个自信"抵制错误思潮》，《中国教育报》2016年2月4日。

⑤ 《习近平关于全面深化改革论述摘编》，北京，中央文献出版社2014年版，第21页。

民主反而让国家动荡不安，让百姓流离失所，惨痛的教训就在眼前，我们不能重蹈覆辙。

所以，改革方向问题一定要非常明确，要坚持党的领导、坚持社会主义道路，这是我们的特点也是我们的优势，再过多长时间也不能改。有鉴于此，我们始终坚信和坚持，"中国共产党领导是中国特色社会主义最本质的特征，是中国特色社会主义制度的最大优势，党是最高政治领导力量"①。

（二）改革开放举措为什么要实

原因有四，一是不抓实，再好的蓝图只能是一纸空文，再近的目标只能是镜花水月。二是阶段性改革目标要如期完成，时间很紧，没有切实的改革，时间一晃而过，无法完成改革目标。三是全党在看，群众在盼，国际社会也在关注。改革不是做样子，不是做表面文章，只说不做不行，说了做了没有成效也不行。四是改革方向已明，方案已有，军令状已经下达，集合号已经吹响，作战指挥部已经成立，必须干出成效。

自古以来就是空谈误国、实干兴邦。在落实改革上，如果只是以文件落实文件、以会议落实会议、以讲话落实讲话，那么大好的改革发展时光都会被浪费掉。当前，中国正处于改革发展的机遇期，正是奋发有为、大有可为的时期，如果不能落实改革，那么就会落入"中等收入陷阱"，这不是危言耸听，拉美的巴西、阿根廷、智利、墨西哥、哥伦比亚等国30多年人均 GDP 没有明显的增长，这就是前车之鉴。

推进改革，重在落实。正如习近平总书记所指出的，"一分部署，九分落实"。落实中央改革开放的战略决策，一要落细。天下难事，必作于易；天下大事，必作于细。因此要制定时间表、路线图。注意分解任务，明确责任，各项改革都要有具体部署、具体规划、具体要求。既指明行动方向和行动步骤，又形成压力、狠抓落实。二要落小。习近平总书记强调："对一些重大改革，不可能毕其功于一役，可以提出总体思路和方案，但推行起来还是要稳扎稳打，通过不断努力逐步达到目标，积小胜为大胜。"②因此要从小事做起，一步一个脚印、稳扎稳打向前走，不要总想着搞个大新闻。须知积水才能成渊，集土才能成山，集腋才能成裘。眼高手低是成不了事的。三要落实。老百姓是最务实的，最反感说而不做、华

① 《十九大以来重要文献选编》（中），北京，中央文献出版社 2021 年版，第 272 页。
② 《习近平关于全面深化改革论述摘编》，北京，中央文献出版社 2014 年版，第 41~42 页。

而不实，因此要推出一些立竿见影的改革，让老百姓得到实实在在的好处；同时要着手解决一些老大难问题，不能上任留给下任，更不能"新官不理旧账"。对此，新修订的《中国共产党纪律处分条例》明确规定，"党员领导干部对于到任前已经存在且属于其职责范围内的问题，消极回避、推卸责任，造成严重损害或者严重不良影响的"，按照情节轻重，给予警告直至开除党籍处分[①]。此外，要"明确各项改革实施主体和责任，把重大改革落实情况纳入监督检查和巡视巡察内容"[②]，通过完善反馈机制（特别是问责）促进改革措施落地生根，真正实现以实绩实效和人民群众满意度检验改革。

针对当下复杂和严峻的形势，把改革开放举措落到实处，习近平总书记突出强调要增强斗争精神和斗争本领，"着力增强防风险、迎挑战、抗打压能力"[③]，既要敢打硬仗，又要能打赢硬仗。党的二十大更是把"务必敢于斗争、善于斗争"作为新时代的"三个务必"之一，作为全面建设社会主义现代化国家的"五个重大原则"之一，强调"依靠顽强斗争打开事业发展新天地"[④]。当前改革在某些领域已经进入了"无人区"，因而更要求我们"胆子要大、步子要稳，战略上要勇于进取，战术上则要稳扎稳打"[⑤]。胆子大不是蛮干，蛮干一定会导致瞎折腾。习近平总书记指出："我们的政策举措出台之前必须经过反复论证和科学评估，力求切合实际、行之有效、行之久远。"[⑥]与此同时，也不能走向另一个极端，事事谨小慎微，前怕狼后怕虎，什么也不敢干、不敢试。习近平总书记强调："只要经过了充分论证和评估，只要是符合实际、必须做的，该干的还是要大胆干。"[⑦]我们要在干中学，在干中总结经验，在干中求进步。

三、既要摸着石头过河，又要加强顶层设计

在中国这样一个大国推进国家治理现代化，要特别讲究方式方法，既要继承历史经验，又要避免惯性思维。新时代新征程上，要理性对待改

---

① 《中国共产党纪律处分条例》，北京，中国方正出版社 2023 年版，第 63 页。
② 《中共中央关于进一步全面深化改革　推进中国式现代化的决定》，《人民日报》2024 年 7 月 22 日。
③ 《习近平著作选读》第 1 卷，北京，人民出版社 2023 年版，第 54~55 页。
④ 《习近平著作选读》第 1 卷，北京，人民出版社 2023 年版，第 22 页。
⑤ 《习近平关于全面深化改革论述摘编》，北京，中央文献出版社 2014 年版，第 145 页。
⑥ 《习近平关于全面深化改革论述摘编》，北京，中央文献出版社 2014 年版，第 42 页。
⑦ 《习近平谈治国理政》第 1 卷，北京，外文出版社 2018 年版，第 87 页。

革开放成功的经验——摸着石头过河，并结合新的实践予以丰富和发展，以更好地推进中国国家治理现代化。

（一）为什么要摸着石头过河

摸着石头过河是一种形象的比喻，人们在过河时总要先试一试水的深浅、急缓，以确定能不能安全过河。国家治理也是一样，也要投石问路，确保安全性之后才能大踏步前进。摸着石头过河这种渐进式改革是适合中国的。一是"我们是一个大国，决不能在根本性问题上出现颠覆性失误"[①]。船小好调头，而像中国这样的巨轮，一旦出现方向性、颠覆性错误，巨大的惯性使其难以立即停下来，因而失误和错误可能就是无可挽回、无法弥补的。因此，中国的改革需要反复试验，逐步推广，即是说，国家在制定全国性政策之前，需要先分级进行政策试验，不断修正政策中的纰漏，促进政策（制度）完善[②]，然后才能大规模推广。二是摸着石头过河就是摸规律，而不是到处瞎摸；是在已有规律的指导下认真摸索，"而不是脚踩西瓜皮，滑到哪里算哪里"[③]。三是摸着石头过河本质是试错，方法论基础是枚举，应用的主要领域是简单问题的解决。它最大的优势就是思路简洁，不需要过于复杂的论证就可以直接投入实践。改革开放以来，中国之所以有今天的巨大成就，很重要的原因就是中国没有像苏联和东欧国家那样采取激进的办法，而是根据自己的实情，采取循序渐进的改革路径。

随着改革开放向纵深推进，浅层问题解决了，深层问题凸显了；显性矛盾化解了，隐性矛盾浮现了；条件变好了，要求更高了。而改革开放要想更好地向前推进，就必须适应深水攻坚的要求，由相对容易的改革进入啃硬骨头的改革，由单项的改革进入全面综合的改革；必须改进传统的就事论事、零敲碎打、拆东墙补西墙、"头痛医头、脚痛医脚"的改革，转为全面、系统、整体的改革，而这就提出了顶层设计的要求。

（二）为什么要加强顶层设计

顶层设计，源于工程学，其在工程学中的本义是统筹考虑项目各层次和各要素，追根溯源、统揽全局，在最高层次上寻求问题的解决之道。"顶层设计"在中共中央关于"十二五"规划的建议中首次出现。这一新名词进入国家新五年规划，预示着中国改革事业进入了新的征程。顶层设

---

① 《习近平关于全面深化改革论述摘编》，北京，中央文献出版社2014年版，第35页。
② 韩博天、石磊：《中国经济腾飞中的分级制政策试验》，《开放时代》2008年第5期。
③ 《习近平关于全面深化改革论述摘编》，北京，中央文献出版社2014年版，第43页。

计是运用系统论的方法，从全局的角度，对某项任务或者某个项目的各方面、各层次、各要素统筹规划，以集中有效资源，高效快捷地实现目标。它最大的优势就是通盘考虑，致力于从根源上解决问题，属于治本之策，甚至可以实现局部和短时间的"一劳永逸"。但与此同时，它的弊端也很明显，一是它需要较长的时间和精力来进行系统论证，容易贻误宝贵时机。二是它是一种全局性的变动，涉及方方面面的利益调整和体制变革，所以它所遭受的阻力会特别大，需要克服的困难也尤为棘手。三是它是一种根本性的变动，一旦顶层设计出现偏差，就容易犯颠覆性错误①。

习近平总书记强调："不谋全局者，不足谋一域。"② 因此，我们要"加强对各项改革关联性的研判，努力做到全局和局部相配套、治本和治标相结合、渐进和突破相促进"③。为此，中央成立全面深化改革领导小组（后改为全面深化改革委员会），并将"改革总体设计"作为其4项重要职能之首，以期总揽全局、超越利益格局，为下一个5年、10年乃至30年制定一套全面、系统、科学的国家治理改革发展方案。

（三）要把摸着石头过河与顶层设计结合起来

习近平总书记强调："摸着石头过河和加强顶层设计是辩证统一的，推进局部的阶段性改革开放要在加强顶层设计的前提下进行，加强顶层设计要在推进局部的阶段性改革开放的基础上来谋划。"④ "结合论"是中国共产党人的重要方法论，中国市场经济改革就是把社会主义基本制度同市场经济结合起来，充分发挥社会主义制度的优越性和市场配置资源的有效性。对外开放战略就是"引进来"与"走出去"相结合，充分发挥好两种资源、两个市场的优势，全面提升中国发展水平。

"结合论"充分考虑了摸着石头过河与顶层设计的优势与劣势。就目前来讲，试错式改革在深水攻坚期的红利虽已式微，但并未完全殆尽；顶层设计虽似朝阳，但光热仍未强。特别是"大量经验证明，成功的政治改革大多没有什么'理论指导'，更谈不上什么'顶层设计'，多是逐步摸索，一路探寻，最终获得成功的"⑤。而且，任何人都没有能力一步到位设计并建成一个完美的制度，或者说，这样的目标远远超越出人类的理性能

---

① 滕明政：《党建目标与实践互动：建设"三型"马克思主义执政党》，《大庆社会科学》2014年第6期。

② 《习近平谈治国理政》第1卷，北京，外文出版社2018年版，第88页。

③ 《习近平关于全面深化改革论述摘编》，北京，中央文献出版社2014年版，第44页。

④ 《习近平关于全面深化改革论述摘编》，北京，中央文献出版社2014年版，第35页。

⑤ 房宁：《政治体制改革必须"摸着石头过河"》，《环球时报》2012年10月31日。

力。尽管人类的理性很重要，但任何制度都是渐进演变的结果。夸大人类理性，制度设计和建设反而会酿成灾难[1]。所以，不能过分夸大顶层设计的作用，以至为了推行顶层设计而否定摸着石头过河。在进行顶层设计的时候，一定要避免两个误区：一是不能把顶层设计理解为"方案设计"，指望一次设计一套全面解决中国问题的完美方案；二是不能把顶层设计理解为"用好制度代替坏制度"[2]，把过去的制度贬得一无是处。要认识到科学顶层设计本身也是一个不断摸索的过程，而有效地摸着石头过河也要有宏观思维的指导，顶层设计与摸着石头过河相辅相成，而非截然对立。中国的国家治理应该是也必须是坚持摸着石头过河与顶层设计相结合的。充分发挥两种方法的优势，规避两种方法的弊端，更有利于推进中国改革开放事业的健康发展，更有利于中国国家治理现代化的早日实现。

① 郑永年：《中国的改革模式及其未来》，载陈明明主编：《转型危机与国家治理》，上海，上海人民出版社 2011 年版，第 70~86 页。
② 辛鸣：《顶层设计绝非"改革计划书"》，《人民论坛·学术前沿》2012 年第 3 期。

第五章　新时代中国国家治理的重要保障

如果说党的十八届三中全会、十九届三中全会是从"破"的角度来寻求国家治理的动力源泉——通过了两份推动改革的文件①，那么党的十八届四中全会、十九届四中全会可以说是从"立"的角度来保障国家治理的有序开展——通过了两份制度建设的文件②，两者体现了"破"与"立"的辩证统一。科学认识这种统一有利于澄清两种错误观点：一是"法律让路说"，认为改革就是要冲破法律的禁区，现在法律的条条框框妨碍和迟滞了改革，改革要上路、法律要让路。二是"法律本位说"，认为法律就是要保持稳定性、权威性、适当的滞后性，法律很难引领改革③。这两种错误观点错就错在它们用静止的观点来看问题，简单生硬地将改革和法律对立起来。实际上，只要将两者放在具体的实践活动中，就不难发现，改革需要法律来保障，以不至于"无法无天"，法律需要改革来调适，以不至于"僵化过时"。不能将改革与法律对立起来，而应该将两者协调起来，既做到重大改革于法有据，又做到使改革经验上升为法律，共同促进中国的发展。具体来说，处理好改革和法治的关系要做到：一是对于深化改革需要制定的法律法规，及时制定相应的法律法规；二是对于实践经验尚不充分，需要先行先试、探索积累的事项，可以依法作出授权决定；三是对于不适应改革发展要求的现行法律规定，及时进行修改完善或者依法予以废止；四是对于相关改革决策已经明确，需要多部法律作出相应修改的事项，可以采取"打包"修法方式一并处理；五是对于需要分步推进的制度创新举措，可以采取"决定 + 立法""决定 + 修法"等方式，

---

① 党的十八届三中全会通过《中共中央关于全面深化改革若干重大问题的决定》，党的十九届三中全会通过《中共中央关于深化党和国家机构改革的决定》。

② 党的十八届四中全会通过《中共中央关于全面推进依法治国若干重大问题的决定》，党的十九届四中全会通过《中共中央关于坚持和完善中国特色社会主义制度　推进国家治理体系和治理能力现代化若干重大问题的决定》。

③ 《习近平关于全面深化改革论述摘编》，北京，中央文献出版社 2014 年版，第 52 页。

先依法作出有关决定，再及时部署和推进相关立法修法工作。①

在当下，尤其要高度重视法律在国家治理中的作用。习近平总书记指出："小智治事，中智治人，大治立法。治理一个国家、一个社会，关键是要立规矩、讲规矩、守规矩。法律是治国理政最大最重要的规矩。"②美国著名法学家、纽约大学讲座教授伯纳德·施瓦茨（Bemard Schwanz）也曾讲过："美国对人类进步所作的真正贡献，不在于它在技术、经济或文化方面的成就，而在于发展了这样的思想：法律是制约权力的手段。"③因此，在新时代的中国国家治理中要高度重视法律，不断推进全面依法治国。这里需要着重指出的是，尽管制度和法律并不完全相同，但固根本、稳预期、利长远④都为制度和法律所追求，在约束权力、引导行为方面两者有许多共同之处。事实上，邓小平在改革开放之初就加强制度建设提出的要求，实际上很多包含了法治的意蕴。可以说制度是广义的法，而法是狭义的制度。本章从历史和现实的角度梳理分析为何要重视法治，以及为何党的领导是中国特色社会主义法治之魂，进而从制度和人相结合的角度论述如何加强和改进新时代法治建设。

第一节　国家治理要重视制度建设

反思"文化大革命"，邓小平提出了"改革党和国家领导制度"的命题。在他看来，从党和国家的领导制度、干部制度方面来说，我们的制度是不完善的，突出表现是存在着"五大弊端"⑤，所以即使像毛泽东这样伟大的人物，在制度不健全的情况下，也作出了错误的判断，发动了错误的运动，给党和国家造成了很大的不幸。邓小平总结道："我们过去发生的各种错误，固然与某些领导人的思想、作风有关，但是组织制度、工作制度方面的问题更重要。制度好可以使坏人无法任意横行，制度不好可以使

---

① 《解读二十届三中全会精神！中共中央新闻发布会全文实录》，http://www.china.com.cn/app/template/amucsite/web/webLive.html#3610。

② 《习近平关于全面深化改革论述摘编》，北京，中央文献出版社2014年版，第12页。

③ ［美］伯纳德·施瓦茨：《美国法律史》，王军等译，北京，中国政法大学出版社1997年版，第2页。

④ 《习近平谈治国理政》第4卷，北京，外文出版社2022年版，第281页。

⑤ 邓小平指出："党和国家现行的一些具体制度中，还存在不少的弊端，主要是官僚主义现象、权力过分集中的现象、家长制现象、干部领导职务终身制现象和形形色色的特权现象。"参见《邓小平文选》第2卷，北京，人民出版社1994年版，第327页。

好人无法充分做好事，甚至会走向反面。"①所以，一定要深刻认识到"制度问题更带有根本性、全局性、稳定性和长期性"②，要从制度的角度为国家发展提供根本保障。在南方谈话中，邓小平再次重申了中国国家治理必须重视制度建设，要在"各方面形成一整套更加成熟、更加定型的制度"③，提出了制度定型的 30 年之约。

在此之后的中央领导集体坚定地继承了这一重要经验。江泽民提出要"建立结构合理、配置科学、程序严密、相互制约的权力运行机制"④，强调通过制度、体制机制的力量来推动党和国家事业顺利发展。尤其值得注意的是，虽然邓小平非常重视法治建设，要求"应该集中力量制定刑法、民法、诉讼法和其他各种必要的法律……做到有法可依，有法必依，执法必严，违法必究"⑤，但"依法治国"作为一个独立的科学命题是江泽民在 1997 年党的十五大上提出的。他指出："依法治国，就是广大人民群众在党的领导下，依照宪法和法律规定，通过各种途径和形式管理国家事务，管理经济文化事业，管理社会事务，保证国家各项工作都依法进行，逐步实现社会主义民主的制度化、法律化，使这种制度和法律不因领导人的改变而改变，不因领导人看法和注意力的改变而改变。"⑥江泽民不但界定了依法治国的内涵，还将依法治国上升到"党领导人民治理国家的基本方略"⑦的高度，从而深化了邓小平的制度治国思想。1999 年 3 月九届全国人大二次会议通过的宪法修正案规定"中华人民共和国实行依法治国，建设社会主义法治国家"⑧，从而再次确认了依法治国是国家治理的基本方略。胡锦涛主政期间进一步提出，"必须坚持用制度管权管事管人"⑨，推动了党和国家治理的制度化、规范化、精细化。

习近平总书记不仅完全继承了邓小平以来的制度治国经验，而且提出了一些"新论断"——"把权力关进制度的笼子里""制度要于法周延、于事简便""使制度真正成为硬约束"等，从而使制度治国思想不断深化、细化，更具可操作性。尤其针对制度定型的 30 年之约，以习近平同志为

---

① 《邓小平文选》第 2 卷，北京，人民出版社 1994 年版，第 333 页。
② 《邓小平文选》第 2 卷，北京，人民出版社 1994 年版，第 333 页。
③ 《邓小平文选》第 2 卷，北京，人民出版社 1994 年版，第 372 页。
④ 《江泽民文选》第 3 卷，北京，人民出版社 2006 年版，第 190 页。
⑤ 《邓小平文选》第 2 卷，北京，人民出版社 1994 年版，第 146 页。
⑥ 《江泽民文选》第 2 卷，北京，人民出版社 2006 年版，第 28~29 页。
⑦ 《江泽民文选》第 2 卷，北京，人民出版社 2006 年版，第 28~29 页。
⑧ 《十五大以来重要文献选编》（上），北京，人民出版社 2000 年版，第 808 页。
⑨ 《胡锦涛文选》第 3 卷，北京，人民出版社 2016 年版，第 533 页。

核心的党中央加快了中国制度建设的步伐。在 30 年到来之际，党的二十大提出"中国特色社会主义制度更加成熟更加定型，国家治理体系和治理能力现代化水平明显提高"①。历史早已证明，"法治应当优于一人之治"②。在世界百年变局、国家复兴全局和世纪疫情的叠加碰撞下，"我们面对的改革发展稳定任务之重前所未有、面对的矛盾风险挑战之多前所未有"③。越是面临这种情况，越是要重视运用法律这个治国之重器，从法治上为解决这些问题提供制度化方案。

第二节　党的领导是社会主义法治最根本的保证

习近平总书记指出："坚持中国特色社会主义法治道路，最根本的是坚持中国共产党的领导。"这是由中国共产党领导国家建设的历史逻辑和中国共产党先锋队的内在属性决定的。党的领导和依法治国是一致的，其契合点是党与人民利益的一致性，其协同促进性体现在：一方面，社会主义法治必须坚持党的领导，党的领导为依法治国提供方向保证和力量支撑；另一方面，党的领导必须依靠社会主义法治。依法治国有利于党的领导方式和执政方式更加科学化、民主化、规范化，有利于国家长治久安。坚持党的领导，必须加强和改善党的领导，必须使党的主张贯彻到依法治国全过程和各方面。

一、推进依法治国必须坚持党的领导

科学认识事物就要从事物的历史生成及其内在属性把握，否则就不能完整准确地认识事物。在中国国家治理中，坚持党的领导具有理论依据、历史依据和实践依据，而具体到法治方面，依法治国必须坚持中国共产党的领导。一些西方人很难理解为什么中国推进依法治国要坚持中国共产党的领导？因为他们不清楚中国共产党与中华人民共和国的历史形成，更谈不上准确把握中国共产党的本质属性。中国共产党是国家制度的创立者，以执政为民为宗旨；她不是普通的政治组织，而是中国人民和中华民族的先锋队。中国共产党是依法治国的领导者、参与者和建设者，离开党

---

① 《习近平著作选读》第 1 卷，北京，人民出版社 2023 年版，第 8 页。

② ［古希腊］亚里士多德：《政治学》，吴寿彭译，北京，商务印书馆 1983 年版，第 166~167 页。

③ 《习近平关于全面深化改革论述摘编》，北京，中央文献出版社 2014 年版，第 9~10 页。

的领导，依法治国就难以真正落到实处。

一个国家选择什么样的主义、走什么样的发展道路，是由这个国家面临的历史性课题所决定的。在近代中国，"各种主义和思潮都进行过尝试，资本主义道路没有走通，改良主义、自由主义、社会达尔文主义、无政府主义、实用主义、民粹主义、工团主义等也都'你方唱罢我登场'，但都没能解决中国的前途和命运问题"[①]。问题的关键就在于没能找到封建帝制崩解后如何凝聚人心、汇聚力量的道路，没能解决外敌入侵境况下中国社会"一盘散沙"的问题。欲达到万众一心的局面，必须有强大统一的领导核心来担当，即必须有一个具有高度组织性、代表性和行动力的政党来完成对一切社会资源的有效整合，唯有马克思列宁主义、毛泽东思想指导下的中国共产党，现实地承担了这一历史任务[②]。

近代以来，中国从一个积贫积弱、任人宰割的"东亚病夫"，先是推翻三座大山的压迫，实现国家独立、民族解放，而后又是 GDP 连续高速增长 40 多年，经济总量一跃成为世界第二，成为世界举足轻重的经济大国。于是很多外国人开始探究中国奇迹的秘密是什么，在他们看来，这个国家走的道路是违背西方"主流"的，政治上没有多党制、经济上没有私有化，应是死路一条，而中国却走得有声有色，令西方目瞪口呆。与此同时，很多和中国境遇相似的国家发展不起来，或发展得不理想，而中国却成功了，且不是一般的成功，而是创造了"人类历史的奇迹"。别人走了几百年的路，中国在短时间里就走完了。很多外国学者试图概括中国成功的经验，但大多没有说到点子上。其实"中国之谜"的谜底很简单：那就是因为有了中国共产党[③]。中国共产党是中国工人阶级的先锋队，同时也是中国人民和中华民族的先锋队，始终代表中国先进生产力的发展要求，代表中国先进文化的前进方向，代表中国最广大人民的根本利益。也正因如此，早在哥本哈根国际研讨会上，有识之士就明确发出了"把中国共产党带回到中国政治研究中"的呼吁，主张把中国共产党作为中国政治研究的焦点[④]。因此，中国共产党先锋队的内在属性决定了中国共产党能够执好政，能够领导好依法治国。"党的领导是中国特色社会主义法治

① 《十八大以来重要文献选编》（上），北京，中央文献出版社 2014 年版，第 109~110 页。

② 鄢一龙、白钢等：《大道之行：中国共产党和中国社会主义》，北京，中国人民大学出版社 2015 年版，第 30 页。

③ 詹得雄：《中国道路和中国治理的世界意义》，《参考消息》2015 年 4 月 1 日。

④ 吕增奎：《执政的转型——海外学者论中国共产党的建设》，北京，中央编译出版社 2011 年版，第 2 页。

之魂。"①

二、党的领导和依法治国是一致的

党的领导与依法治国不是矛盾的、对立的，而是一致的、协同促进的，这是因为中国共产党的立党宗旨就是全心全意为人民服务，党和人民的利益是一致的。坚持党的领导为依法治国提供方向保证和力量支撑，贯彻依法治国有助于提升党的建设科学化、民主化水平。"党纪严于国法"恰恰表明党的规矩意识和法治思维，党的领导就表现在党在守规矩、讲法治方面做得更好，是党的理论自觉和使命担当的鲜明体现。

（一）党与人民利益是一致的

习近平总书记指出："党性和人民性从来都是一致的、统一的。"② 中国共产党是全心全意为人民服务、代表中国最广大人民根本利益、来自人民为了人民的马克思主义政党。从本质上说，维护和发展党的利益就是维护和发展人民的利益，维护和发展人民的利益就是维护和发展党的利益，党的利益寓于人民的利益之中，没有脱离人民利益而存在的党的利益，也没有脱离党的利益而存在的人民利益。

1. 从理念上讲，中国共产党坚持了党性和人民性相统一的理论构想。第一，中国共产党代表绝大多数人的利益。在西方学术范式和话语体系中，政党就其本义来讲指的是"部分"，并且通常与宗派相联系③；同样在中国古代语境中，"黨"（党），从黑尚声，本义晦暗不明，指集团时，一般只用于贬义，例如"结党营私""君子不党"。中国共产党发展了"政党"的概念。在理论上，中国共产党从创立起就秉持了马克思恩格斯所强调的，"无产阶级的运动是绝大多数人的，为绝大多数人谋利益的独立的运动"④，进而扩大了政党的代表性，不是代表一小部分，而是代表绝大部分；并且要求这个政党成为先锋队而不是一般的组织，从而弱化了政党作为小团体，尤其是分裂的、谋私利的小团体的负面意义。在实践上，中国共产党肩负起晚清政府不能承担的"把一盘散沙的中国民众组织起来"历史重任，形成了革命的合力，推翻了反动统治，实现了国家独立、民族解放。因此，近代以来，人们更多地从中性甚至褒义的角度使用"政党"这

① 《习近平关于全面依法治国论述摘编》，北京，中央文献出版社2015年版，第35页。
② 《习近平谈治国理政》第1卷，北京，外文出版社2018年版，第154页。
③ ［意］乔万尼·萨托利：《政党与政党体制》，王明进译，北京，商务印书馆2006年版，第13页。
④ 《马克思恩格斯选集》第1卷，北京，人民出版社2012年版，第411页。

一概念。作为政党的中国共产党，她组织人民、带领人民，而不是反对人民、压迫人民，即是说，党和人民是统一的而不是对立的。

第二，中国共产党没有自身任何特殊利益。党不是因利益（私利）而结成的政治团体。换句话说，她的存在不是为了给自己谋私利，而是为了给人民大众谋福利。对此，作为党内根本大法的《中国共产党章程》中明确规定："党除了工人阶级和最广大人民群众的利益，没有自己特殊的利益。"[①]这就与一切旧式政党区分开来，旧式政党的"沽名钓誉"被新型政党的"天下为公"代替。事实上，当我们再次审视党章时会发现，与其说党章是中国共产党的"权利书"，不如说它是中国共产党的"义务书"，加入中国共产党不是为了获取什么，而是要承诺放弃什么，甚至牺牲什么；即使权利的章节也隐含了为更好地服务国家和人民才设置这些权利的意味。无私才能无畏，中国共产党郑重宣告，"从来不代表任何利益集团、任何权势团体、任何特权阶层的利益"[②]，她始终坚持权为民所用、情为民所系、利为民所谋，因此她敢于向任何谋私利的党员和党组织开刀，敢于清除任何有损党的肌体健康的不正之风。

第三，党的利益和人民的利益都是整体性的概念。这就要求我们要全面系统地把握党和人民的利益，"不能简单从某一级党组织、某一部分党员、某一个党员来理解党性，也不能简单从某一个阶层、某部分群众、某一个具体人来理解人民性。只有站在全党的立场上、站在全体人民的立场上，才能真正把握好党性和人民性"[③]。尤其不能"一叶障目，不见泰山"，不能看到个别党员干部有私心、谋私利，就认为作为整体的党是有私心、谋私利的；不能看到个别群众为了眼前的个人经济利益而无视党的生态环保政策，就认为人民群众是刁民，与党离心离德。这种搞碎片化、以偏概全的思想认知和实践做法是错误的、有害的，甚至是别有用心的。对此，我们应该高度警惕，要重视支流但更要抓住主流，要重视当下利益但更要把握根本和长远的利益；要统筹处理矛盾和分歧，引导人民在民族复兴的大道、正路上阔步前进。此外，我们对于一些不合格的党员应该予以优化和整肃，对于一些群众的不合理诉求应该予以教育和引导。

第四，党的利益与人民的利益相统一需要不断维护。钱穆先生在考察中国历代政治得失后指出，每一制度只要推行多年，总不免出毛病；人

---

①《中国共产党章程》，北京，人民出版社 2022 年版，第 21 页。

②《习近平谈治国理政》第 4 卷，北京，外文出版社 2022 年版，第 9 页。

③《习近平关于社会主义文化建设论述摘编》，北京，中央文献出版社 2017 年版，第 23 页。

的精神不会始终紧张，维持原状①。习近平总书记也指出："党的先进性和党的执政地位都不是一劳永逸、一成不变的，过去先进不等于现在先进，现在先进不等于永远先进；过去拥有不等于现在拥有，现在拥有不等于永远拥有。"②因此，我们需要时时勤拂拭、毋使惹尘埃。中国共产党清醒地认识到这一点，证明中国共产党已经意识到，要想永葆自身先进性，就必须同人民群众想在一起、干在一起、过在一起。中国共产党始终把同人民群众的鱼水情谊摆在非常重要的位置，要求全党时刻警醒："我们党的最大政治优势是密切联系群众，党执政后的最大危险是脱离群众。"③而不像某些政党那样，不把群众（选民）当回事，有用时，用一下；没用时，不管死活。这种始终与人民群众保持密切联系的思想认知，在实践中会催生不断加强党的自身建设的实际举措，推动党的利益与人民的利益始终相统一。

2. 从实践上讲，中国共产党贯彻了党性和人民性相统一的制度安排。第一，中国共产党坚持了议行合一的制度设计。中国共产党领导制定的人民代表大会制度，其立足点是为了保障人民当家作主的权利和地位，人民选举人大代表，人大代表对人民负责、受人民监督。它有利于国家机器高效率地运转，有利于维护人民的根本利益。邓小平指出："社会主义国家有个最大的优越性，就是干一件事情，一下决心，一做出决议，就立即执行，不受牵扯。……没有那么多互相牵扯，议而不决，决而不行。就这个范围来说，我们的效率是高的。"④中国共产党的这一制度设计使党的主张和人民的意志能够真正变为实际政策，进而落到实处，而不是只限于漂亮的竞选口号。

第二，中国共产党坚持了"从群众中来，到群众中去"的工作方法。尽管西方国家也重视选民，但西方选民并不能等同于中国语境下的人民群众。西方选民在选举中比较重要，而选举后其实不那么重要。大量事实表明，西方选民在选举后普遍进入"休眠期"，其权利只有在下一次选举时才被唤醒⑤。但在中国，这一"从群众中来，到群众中去"的工作方法同"一切为了群众、一切依靠群众"的群众观点共同构成了党的群众路

① 钱穆：《中国历代政治得失》，北京，九州出版社 2012 年版，第 134 页。
② 《习近平谈治国理政》第 1 卷，北京，外文出版社 2018 年版，第 367 页。
③ 《习近平谈治国理政》第 1 卷，北京，外文出版社 2018 年版，第 28 页。
④ 《邓小平文选》第 3 卷，北京，人民出版社 1993 年版，第 240 页。
⑤ 《习近平谈治国理政》第 2 卷，北京，外文出版社 2017 年版，第 293 页。

线，而群众路线被尊奉为中国共产党的生命线，要求时时坚持、一刻也不能松懈。毛泽东指出："凡属正确的领导，必须是从群众中来，到群众中去。"[①] 党员干部要深入群众，认真调查研究，把群众的分散意见集中化、系统化，形成科学的决策，然后回到群众中去宣传解释，贯彻执行，如此无限循环。中国共产党通过这一科学的工作方法，真正做到了紧紧依靠群众，始终服务群众。

第三，中国共产党科学处理了局部与全局、当前与长远、多样与根本等重大利益关系。中国共产党既引导人民自觉做到以大局为重、局部服从大局，同时又照顾局部发展的要求；既着眼于实现社会主义现代化和中华民族伟大复兴的宏伟目标，同时又切实解决好事关人民群众当下利益的实际问题；既着眼于群众的根本利益，同时又肯定不同阶层、不同方面群众的不同利益。中国共产党统筹兼顾了国家和个人利益，有利于实现国强民富。中国共产党之所以能够科学处理重大关系，妥善解决矛盾，就是因为中国共产党心中有大我，始终想着全体人民的根本利益，做了群众的"向导"，而不是群众的"尾巴"。反观西方一些政党/政客为了讨好选民，损公肥私、抽肥补瘦，政策的制定有利于（偏向于）自己选民的特殊利益，甚至不惜牺牲国家和民族的长远利益来迎合自己的选民。这种讨好与迎合，表面上是为了选民，实际上只是为了自己的选票。换句话说，表面上党与选民一致，其实质恰恰是党与选民严重割裂。也正是在这个意义上，我们要更加深刻地认识到中国共产党才是做到了党与人民的根本利益、长远利益是一致的。

第四，中国共产党坚持了学习教育活动的制度化常态化。从毛泽东时期延安整风，到邓小平时期的整党，从江泽民时期的"讲学习、讲政治、讲正气"教育、保持共产党员先进性教育活动，到胡锦涛时期的深入学习实践科学发展观活动，特别是习近平总书记时期的党的群众路线教育实践活动、"三严三实"专题教育、"两学一做"学习教育、"不忘初心、牢记使命"主题教育、党史学习教育以及学习贯彻习近平新时代中国特色社会主义思想主题教育、党纪学习教育，其目的都是重温党的性质宗旨，使党永远铭记为中国人民谋幸福、为中华民族谋复兴的初心使命；始终保持与人民群众的血肉亲情、鱼水情谊，一刻也不脱离群众；始终心系人民、服务人民，努力赢得人民的支持、信赖和拥护。中国共产党正是通过

---

① 《毛泽东选集》第3卷，北京，人民出版社1991年版，第899页。

这样的具体运行机制确保自己始终与人民同呼吸、共命运、心连心，忠实地维护党的利益与人民利益的一致性。

总之，从理论上讲，党的性质宗旨等要求党的利益与人民的利益保持一致；从实践上讲，党通过一系列制度设计确保党与人民利益的一致性落到实处。党与人民利益的一致性，从根本上决定了党的主张和人民的主张也是高度统一的。党与人民利益统一的重要途径，就是通过权力机关制定或通过宪法法律，把党和人民的意志、主张上升为国家的意志、主张，成为全社会一致遵循的行为规范和准则。因此，党与人民利益的一致性是党的领导和依法治国的重要契合点，坚持党的领导和推进依法治国都是为了更好地建设我们的国家，更好地实现广大人民群众利益。

（二）党的领导和依法治国是协同促进的

《中共中央关于全面推进依法治国若干重大问题的决定》明确指出："党的领导和社会主义法治是一致的，社会主义法治必须坚持党的领导，党的领导必须依靠社会主义法治。"①

1.社会主义法治必须坚持党的领导。第一，党的领导为依法治国提供方向保证。我们要建设的法治中国是社会主义的法治中国，要坚持的法治道路、理论、制度，本质上是中国特色社会主义道路、理论、制度在法治领域的具体体现。

第二，党的领导为依法治国提供力量支撑。在今天的中国，经济成分多样化、社会组织形式多样化、就业方式多样化、分配方式多样化和利益关系多样化，整个社会出现"原子化"的趋势，如果没有一个强有力的领导核心，社会就有被撕裂的可能。所以，习近平总书记强调："全面推进依法治国这件大事能不能办好，最关键的是方向是不是正确、政治保证是不是坚强有力，具体讲就是要坚持党的领导，坚持中国特色社会主义制度，贯彻中国特色社会主义法治理论。"②

2.党的领导必须依靠社会主义法治。第一，依法治国事关党和国家长治久安。邓小平强调："为了保障人民民主，必须加强法治建设。必须使民主制度化、法律化，使这种制度和法律不因领导人的改变而改变，不因领导人的看法和注意力的改变而改变。"③在邓小平看来，必须把党的领导纳入社会主义法律的框架内，"八二党章"和"八二宪法"在这一方面都

---

① 《十八大以来重要文献选编》（中），北京，中央文献出版社2016年版，第158页。
② 《十八大以来重要文献选编》（中），北京，中央文献出版社2016年版，第146页。
③ 《邓小平文选》第2卷，北京，人民出版社1994年版，第146页。

作了明确规定，指出"党必须在宪法和法律的范围内活动"[1]，"任何组织或者个人都不得有超越宪法和法律的特权"[2]。

第二，依法治国使党的领导方式和执政方式更加科学化、民主化、规范化。宪法是国家的根本大法、治国安邦的总章程，它赋予了党治国理政的责任和使命。党章作为党内根本大法、管党治党的总章程，规定党必须在宪法和法律范围内活动，党员必须模范遵守国家的法律法规。党领导人民制定宪法和法律，党领导人民执行宪法和法律，党自身在宪法和法律范围内活动，党员特别是党员领导干部牢固树立法治意识，自觉运用法治思维和法治方式想问题、作决策、办事情，有利于带动全社会遵法、守法、用法，有利于把党的政治优势、社会主义的制度优势转化为管理国家的效能[3]。所以，习近平总书记指出，全面推进依法治国"有利于加强和改善党的领导，有利于巩固党的执政地位、完成党的执政使命"[4]。

（三）"党纪严于国法"并不意味着党的领导与依法治国是冲突的

"党纪严于国法"仅仅是针对作为先锋队的中国共产党党员而言的，党纪对于全体国民并不具有普遍适用性。之所以提出"党纪严于国法"就在于中国共产党是先锋队，而不是一般的政治组织。先进性是马克思主义政党最鲜明的特点，是写在这个政党旗帜上，是这个政党安身立命之本。共产党创立时，人员物资等极度匮乏，中国共产党只能通过"三大纪律""八项注意"等对自己队伍严格要求，保持自身先进性，以吸引广大民众加入中国共产党，跟随中国共产党干革命。因此，严明的纪律是中国共产党发展壮大的根本，是中国共产党优于其他政党的真正优势，是中国共产党的核心软实力。这种传统被继承下来，形成了中国共产党人治国理政的内在逻辑——要想吸引民众必须自身具有先进性，要想自身具有先进性必须严明自身纪律。所以，中国共产党总是提出比一般人更严的要求，于是就形成了中国共产党的党纪严于一般的国法。

三、坚持党的领导必须加强和改善党的领导

治国先治党。这就要求党要领导好依法治国，首先要依规管好党治

---

① 《十二大以来重要文献选编》（上），北京，人民出版社 1986 年版，第 68 页。

② 《十二大以来重要文献选编》（上），北京，人民出版社 1986 年版，第 220 页。

③ 王岐山：《坚持党的领导　依规管党治党　为全面推进依法治国提供根本保证》，《人民日报》2014 年 11 月 3 日。

④ 习近平：《加快建设社会主义法治国家》，《求是》2015 年第 1 期。

好党，使党在遵守党规党纪和宪法法律方面做好表率，使人们树立知规矩、懂规矩、守规矩的意识；要顺应民心集中精力解决好党内腐败问题，扎扎实实办好令人民满意的这件事，赢得人民对党员干部带领人民推进依法治国的信任和信心；要系统而全面地规划党的建设，着力建设学习型服务型创新型马克思主义执政党，全面提升党的建设科学化、制度化、规范化、程序化水平。

（一）依规管党治党是依法治国的重要前提和政治保障

办好中国的事情关键在党，体现在法治国家建设上就是：只有把党管好治理好，国家才能治理好建设好。

党章是管党治党的总章程，依规管党治党首先要维护党章的严肃性。每一名党员都要无条件地履行党章规定的义务，遵守党的纪律。各级党组织要切实把党章作为指导党的工作、党内活动、党的建设的根本依据。各级纪委要带头尊崇党章，把维护党章和其他党内法规作为首要任务，加强对遵守党章、执行党纪情况的监督检查，严肃查处违反党章党规党纪的行为，坚决维护党章权威，做党章的坚定执行者和忠实捍卫者。对维护党章不力的予以问责，切实维护党章的权威性和严肃性。切不可把党章仅仅放在架上、挂在墙上、念在口上，就是不落实到行动中，如果作为先锋队的党员连党章规定都记不住、搞不清、弄不明，那么依法治国根本无从谈起。

党员是党规党纪和宪法法律的共同适用者，依规管党治党要把党规党纪与宪法法律衔接好。制定党规党纪要与宪法法律相承接，不能违背法的精神。但由于党是肩负神圣使命的政治组织、是先锋队，所以党规党纪也要对社会主义法治建设具有引领作用。"有些规范、要求在全社会还不具备实施条件时，可以通过对党员提出要求，先在党内实行，不断调整完善，辅以在全社会宣传引导，条件成熟时再通过立法在国家层面施行。"[1]此外，还要注意及时将中国共产党自身实践的有益成果通过法定程序转化为国家法律法规，保证党的路线、方针、政策得到贯彻。

政党代表国家形象，依规管党治党要使党成为遵纪守规，践行宪法法律要求的模范。榜样的力量是无穷的，党若能依规管好党治好党，那么必然会赢得人民信任，获得依法治国的巨大推动力。但如果党员干部在遵

---

[1] 王岐山：《坚持党的领导　依规管党治党　为全面推进依法治国提供根本保证》，《人民日报》2014年11月3日。

守党规党纪方面出了大问题，那么依法治国也是很难推进下去的。在这一点上，邓小平曾告诫我们："领导干部不做出好样子，就带不出部队的好风气，就出不了战斗力。"①

（二）严明党纪、严惩腐败是人民群众对依法执政的期望

中国共产党是一个有着9900多万名党员的大党，没有严明的纪律章程很难保证全党意志统一、步调一致，很难在面临"四种危险""四大考验"的情况下顺利领导人民建设有中国特色的社会主义事业，所以治党务必从严。

严明党纪、严惩腐败是赢得人心的重要举措。早在中央领导集体交接班时，邓小平曾嘱托第三代中央领导集体，要扎扎实实办几件人民满意的事情，以取信于民。他特别强调当务之急要抓好党的建设，指出："要聚精会神地抓党的建设，这个党该抓了，不抓不行了。"②在邓小平看来，"我们一手抓改革开放，一手抓惩治腐败，这两件事结合起来，对照起来，就可以使我们的政策更加明朗，更能获得人心"③。所以，习近平当选中共中央总书记的第一份政治宣言就是"人民对美好生活的向往，就是我们的奋斗目标"④，治国理政采取的一个重大举措就是高强度反腐倡廉。

党风廉政建设和反腐败是一场输不起的斗争⑤，殷鉴不远。国民党因腐败丧失民心，最后失掉政权；苏共反腐不力，成为"唯一一个在自己的葬礼上致富的政党"。习近平总书记郑重指出："党面临的最大风险和挑战是来自党内的腐败和不正之风。"⑥他告诫全党："我们党的执政基础很牢固，但如果作风问题解决不好，也有可能出现'霸王别姬'这样的时刻。"⑦

扎好笼子、严格执纪，形成"不敢腐、不能腐、不想腐"的良好氛围。制度要于法周延、于事简便，制度要成为硬约束。制度的生命力在于

---

①《邓小平文选》第2卷，北京，人民出版社1994年版，第124页。

②《邓小平文选》第3卷，北京，人民出版社1993年版，第314页。

③《邓小平文选》第3卷，北京，人民出版社1993年版，第314页。

④《习近平谈治国理政》第1卷，北京，外文出版社2018年版，第424页。

⑤ 王岐山：《坚持党的领导　依规管党治党　为全面推进依法治国提供根本保证》，《人民日报》2014年11月3日。

⑥《习近平关于党风廉政建设和反腐败斗争论述摘编》，北京，中央文献出版社、中国方正出版社2015年版，第101页。

⑦《习近平关于党风廉政建设和反腐败斗争论述摘编》，北京，中央文献出版社、中国方正出版社2015年版，第7页。

执行，党规党纪面前所有党员一律平等，不搞例外，要在党内首先做到"有党规党纪可依""有党规党纪必依""执行党规党纪必严""违反党规党纪必究"，一定要坚持不懈、久久为功，让人民看到实实在在的变化，回应人民对严明党纪、严惩腐败的期望，赢得人民对依法执政、对依法治国的信赖和支持。

（三）党建目标蕴含了丰富的法治思维

党的十八大科学而系统地总结了改革开放以来的党建实践和党建经验，提出建设学习型服务型创新型马克思主义执政党的目标[①]；党的十九大提出并为党的二十大所延续的新时代党建目标中都强调要把制度建设贯穿于整个党的建设的始终。

"型"表征着中国共产党对制度化定型的探索[②]。"型"者，《说文》中解释为"铸器之法也"，内含有"模型""样板"之意。"学习型服务型创新型"不仅表征着中国共产党要将学习、服务、创新这些先进内容作为自己的追求，即要使这些先进内容成为中国共产党自身的重要品质；而且表明中国共产党对这些内容是一种制度化的追求，即党的建设依靠制度、发展和完善制度，把中国共产党建设成为一个制度化的新型政党。

制度化建党是邓小平以来党的建设的重要追求。邓小平在南方谈话中提出的制度定型30年之约为此后的中央领导集体所继承。党的十八大以来，以习近平同志为核心的党中央更加重视制度建设，强调要"构建系统完备、科学规范、运行有效的制度体系，使各方面制度更加成熟更加定型"[③]。

全面依法治国必须抓住领导干部这个"关键少数"。在我国，各级领导干部绝大多数都是由党员担任[④]，党员干部是依法治国的重要组织者、推动者和实践者，他们对依法治国的理解领会、贯彻执行在很大程度上决定了整个中国依法治国的成效，所以加强依法治国，首先要加强党的制度化建设，把党建设成学习型服务型创新型马克思主义执政党，建设成具有规矩意识、制度观念、法治思维的先进政党，建设成推动依法治国的中坚力量。

---

① 《胡锦涛文选》第3卷，北京，人民出版社2016年版，第653~654页。

② 滕明政：《建设"三型"马克思主义执政党的理论价值和现实意义》，《中国特色社会主义研究》2013年第3期。

③ 《习近平谈治国理政》第1卷，北京，外文出版社2018年版，第424页。

④ 王岐山：《坚持党的领导　依规管党治党　为全面推进依法治国提供根本保证》，《人民日报》2014年11月3日。

四、把党的领导贯彻到依法治国全过程和各方面

《中华人民共和国宪法》规定："中国各族人民将继续在中国共产党领导下……把我国建设成为富强民主文明和谐美丽的社会主义现代化强国，实现中华民族伟大复兴。"① 习近平总书记指出："坚持党的领导，不是一句空的口号，必须具体体现在党领导立法、保证执法、支持司法、带头守法上。"② 要使党的主张贯彻到依法治国全过程和各方面，真正实现依法治国基本方略与依法执政基本方式相统一，党总揽全局、协调各方与人大、政府、政协、审判机关、检察机关依法依章程履行职能、开展工作相统一，党领导人民制定和实施宪法法律与党坚持在宪法法律范围内活动相统一。

（一）党要领导立法

这就要求党要善于使自己的主张通过法定程序成为国家意志。它包含了两层含义：一是领导立法的目的是使党的主张成为国家意志。党在立法中要恪守以民为本、立法为民理念，倾听民声、反映民意、集中民智、解决民怨，忠实地代表最广大人民的根本利益，使党的主张与人民的意愿相结合，把党的路线方针政策上升为制度、法律，成为党更好执政为民的承诺和依据；二是领导立法的程序要体现党的领导。《中共中央关于全面推进依法治国若干重大问题的决定》指出："凡立法涉及重大体制和重大政策调整的，必须报党中央讨论决定。党中央向全国人大提出宪法修改建议，依照宪法规定的程序进行宪法修改。法律制定和修改的重大问题由全国人大常委会党组向党中央报告。"③ 这些规定使党领导立法具有实实在在的抓手，而不至于流于形式。

（二）党要保证执法

这就要求党的各级组织要为国家机关依法行使职权提供必要的保证，推动其完成执法活动，切实维护公民的合法权益。它主要有4点要求：一是执法机关中的党组织要充分发挥好政治领导功能，确保执法为民；二是执法机关中的党组织要积极发挥好监督作用，确保执法机关不懈怠、不懒政，有作为、有操守；三是执法机关中的党组织要坚决抵制执法中的不正之风，确保执法机关公正执法；四是执法机关中的党组织要促进执法，不

① 《中华人民共和国宪法》，北京，中国法制出版社2018年版，第5页。
② 《习近平谈治国理政》第2卷，北京，外文出版社2017年版，第114页。
③ 《十八大以来重要文献选编》（中），北京，中央文献出版社2016年版，第161页。

能干涉执法、阻拦执法。《中共中央关于全面推进依法治国若干重大问题的决定》强调："各级人大、政府、政协、审判机关、检察机关的党组织要领导和监督本单位模范遵守宪法法律，坚决查处执法犯法、违法用权等行为。"①

（三）党要支持司法

这就要求党的各级组织要支持人民法院、人民检察院依法独立公正地行使审判权、检察权，努力让人民群众在每一个司法案件中都感受到公平正义。依法独立司法是依法治国的基本要求，司法是维护公平正义的最后一道防线。它有两点要求：一是任何党政机关和领导干部都不得让司法机关做违反法定职责、有碍司法公正的事情；二是任何司法机关都不得执行党政机关和领导干部违法干预司法活动的要求。《中共中央关于全面推进依法治国若干重大问题的决定》强调："各级党政机关和领导干部要支持法院、检察院依法独立公正行使职权。建立领导干部干预司法活动、插手具体案件处理的记录、通报和责任追究制度。……对干预司法机关办案的，给予党纪政纪处分；造成冤假错案或者其他严重后果的，依法追究刑事责任。"②

（四）党要带头守法

这就要求各级党组织都要在宪法和法律范围内活动，全体党员都要模范遵守宪法和法律。宪法法律的生命在于执行，宪法法律的权威也在于执行。宪法法律是党领导人民制定的，立法者若不守法则法无权威。共产党员是先锋队员而不是普通的法务工作者，必须以身作则，带动全民守法。否则，党如何能够要求全社会遵守宪法和法律，又有什么威信领导人民建设社会主义法治国家、法治政府、法治社会？维护宪法法律权威就是维护党和人民共同意志的权威，捍卫宪法法律尊严就是捍卫党和人民共同意志的尊严，保证宪法法律实施就是保证党和人民共同意志的实现。《中共中央关于全面推进依法治国若干重大问题的决定》强调："各级领导干部要对法律怀有敬畏之心，牢记法律红线不可逾越、法律底线不可触碰，带头遵守法律，带头依法办事，不得违法行使权力，更不能以言代法、以权压法、徇私枉法。"③

总之，独特的文化传统、独特的历史命运、独特的国情，注定了中

① 《十八大以来重要文献选编》（中），北京，中央文献出版社2016年版，第177页。
② 《十八大以来重要文献选编》（中），北京，中央文献出版社2016年版，第168页。
③ 《十八大以来重要文献选编》（中），北京，中央文献出版社2016年版，第177页。

国必然走适合自己特点的发展道路，决定了中国的法治道路必须坚持党的领导。在推进依法治国中坚持党的领导合情合理，并不输理。我们要有高度的道路自信、理论自信、制度自信和文化自信，要以我国改革开放和现代化建设的实际问题、以我们正在做的事情为中心，着眼于马克思主义理论的运用，着眼于对实际问题的思考，着眼于新的实践和新的发展，更好地把党的领导和依法治国统一起来。决不能因为中国的法治道路不同于西方，就妄自菲薄，怀疑、贬低甚至否定我们自己的法治发展道路。非要倒向西方的法治发展道路，那是真正不自信的表现，是无助于解决中国问题的。早在 80 多年前，毛泽东就曾明确提出："中国革命斗争的胜利要靠中国同志了解中国情况。"[1] 同样，今天中国法治道路的成功也要靠我们了解中国情况，走适合中国的法治发展道路。

第三节　完善中国特色社会主义法治体系

法治体系是国家治理体系的骨干工程。正所谓："经国序民，正其制度。"[2] 因此，习近平总书记将"建设中国特色社会主义法治体系"作为全面推进依法治国的总目标之一，作为全面推进依法治国的总抓手[3]。党的十一届三中全会以来，我们大力推进法治体系建设，逐渐形成了中国特色社会主义法律体系[4]，总体上实现了党和国家治理的有法可依。但与此同时，我们的法律体系在系统性、科学性、实效性、时代性等方面还有待提高[5]，因此需要进一步完善中国特色社会主义法治体系，一体推进科学立法、严格执法、公正司法、全民守法建设，尤其要建立良法。

---

① 《毛泽东选集》第 1 卷，北京，人民出版社 1991 年版，第 115 页。

② 《习近平法治思想学习纲要》，北京，人民出版社、学习出版社 2021 年版，第 78 页。

③ 《习近平谈治国理政》第 4 卷，北京，外文出版社 2022 年版，第 292 页。

④ 2011 年 3 月 10 日，全国人民代表大会常务委员会委员长吴邦国在向十一届全国人民代表大会四次会议作全国人大常委会工作报告时庄严宣布，一个立足中国国情和实际、适应改革开放和社会主义现代化建设需要、集中体现党和人民意志的，以宪法为统帅，以宪法相关法、民法商法等多个法律部门的法律为主干，由法律、行政法规、地方性法规等多个层次的法律规范构成的中国特色社会主义法律体系已经形成，国家经济建设、政治建设、文化建设、社会建设以及生态文明建设的各个方面实现有法可依。参见《十七大以来重要文献选编》（下），北京，中央文献出版社 2013 年版，第 262 页。

⑤ 《习近平法治思想学习纲要》，北京，人民出版社、学习出版社 2021 年版，第 106~107 页。

良法①是善治的重要基础。习近平总书记指出："不是什么法都能治国，不是什么法都能治好国。"②有良法的治理才算是法治，而没有良法的治理则难以谈得上真正的法治。良法为有序的治理奠定基础。从国家角度来看，一部良法能促进国家治理体系的完善，规范政府活动和增强政府的合法性；从社会角度来看，良法能引导社会（组织）发展，维护社会秩序，促进公平正义；从公民角度来看，良法能保障公民的自由、安全、表达等基本权利③。由此，国家治理必须首先建立"良法"，这就要求必须恪守以民为本、立法为民理念，使每一项立法都符合宪法精神、反映人民意志、得到人民拥护。"努力形成完备的法律规范体系、高效的法治实施体系、严密的法治监督体系、有力的法治保障体系，形成完善的党内法规体系。"④

一、维护宪法尊严，保证宪法实施

"宪法是国家的根本法，具有最高的法律效力。"⑤根本就要有根本的样子，坚持依法治国首先要坚持依宪治国。

（一）维护宪法权威

在体制设计上，宪法作为国家根本大法的权威性有两条重要的保障机制。一是对其他法律法规和规章制度来说，宪法是上位法，是其他法律法规和规章制度的"母法"，其他法律法规和规章制度必须以宪法为基准，不得与宪法相抵触；当然也体现在宪法的修改要比一般的法律法规更为谨慎和严格。二是对于任何治理主体来说，"都必须以宪法为根本的活动准则……都不得有超越宪法和法律的特权。一切违反宪法和法律的行为，都必须予以追究"⑥。即是说，与其他一般法律法规的适用对象具有特定性相比，宪法的适用对象具有普遍性，《中华人民共和国宪法》适用于

---

① 何谓良法？亚里士多德认为，第一，良法是为了公共利益而不是为了某一阶级（或个人）的法律；第二，良法意味着对自愿的臣民的统治，以区别于恶法的仅靠武力支持的专制统治，即法律不应该被看作（和自由相对的）奴役，法律毋宁是拯救；第三，良法良法必须能够维护合理的城邦政体于久远。参见王人博、程燎原：《法治论》，桂林，广西师范大学出版社2014年版，第11页。也可参见〔古希腊〕亚里士多德：《政治学》，吴寿彭译，北京，商务印书馆1983年版，第156、199、323页。

② 《习近平关于全面依法治国论述摘编》，北京，中央文献出版社2015年版，第43页。

③ 王安平、曲成举等：《良法与善治：国家治理现代化的基础与目标》，《长白学刊》2015年第3期。

④ 《习近平谈治国理政》第3卷，北京，外文出版社2020年版，第285页。

⑤ 《习近平谈治国理政》第4卷，北京，外文出版社2022年版，第291页。

⑥ 《习近平谈治国理政》第1卷，北京，外文出版社2018年版，第138页。

中国一切国家机关和武装力量、各政党和各社会团体、各企业事业组织和个人。

（二）保证执行宪法

有 3 条重要的制度设计尤其需要注意：一是建立健全宪法实施的监督、解释和审查机制。明确全国人大及其常委会的宪法实施监督职权，以监督促执行；重视全国人大及其常委会的宪法解释[①]职权，对已经存在并且正在生效的宪法规范作出说明，弥补宪法修改的复杂性和宪法惯例形成的长期性，更好地维护宪法的相对稳定性；加强对法律、法规和行政命令等规范性文件和特定主体行为是否符合宪法进行审查，依法撤销和纠正违宪违法的规范性文件，禁止地方制发带有立法性质的文件，规范特定主体的行为。二是建立宪法宣誓制度，凡经人大及其常委会选举或者决定任命的国家工作人员正式就职时公开向宪法宣誓[②]。三是开展宪法教育，弘扬宪法精神。2014 年，党的十八届四中全会提出设立"国家宪法日"，这对于形成尊崇宪法的良好氛围，具有十分重要的意义。此后每年的 12 月 4 日都会开展一系列富有意义的活动。2018 年又在宪法日前后，启动了"宪法宣传周"，营造浓厚的尊崇宪法、学习宪法、遵守宪法、维护宪法、运用宪法氛围。

二、加强重点领域立法，完善中国特色社会主义法治体系

在宪法精神和原则指引下，要紧紧围绕国家"五位一体"总体布局，着重加强、完善社会主义市场经济的相关法律制度，推进以保障人民当家作主为核心的社会主义政治的相关法律制度，建立健全发展社会主义文化事业和文化产业的相关法律制度，推进以保障和改善民生为重点的社会建设的相关法律制度，加快构建生产发展、生活富裕、生态良好的社会主义生态文明的相关法律制度。要积极推进国家安全、生物安全、公共卫生、防范风险、科技创新、涉外法治等重要领域立法。特别要"健全国家治理急需的法律制度、满足人民日益增长的美好生活需要必备的法律制度，填补空白点、补强薄弱点"[③]。

---

① 宪法发展的方式主要有 3 种，即宪法修改、宪法解释和宪法惯例。为了保持宪法的相对稳定性，加之宪法修改的程序比较复杂，不可能经常采用修改的方式发展宪法。而宪法惯例又往往需要经过长期实践才能形成。因此，宪法解释就成为宪法发展的重要方式。参见《宪法解释》，http://baike.baidu.com/view/37060.htm。

② 《十八大以来重要文献选编》（中），北京，中央文献出版社 2016 年版，第 160 页。

③ 《习近平谈治国理政》第 4 卷，北京，外文出版社 2022 年版，第 293 页。

立良法以促善治，立重点法律以"打蛇七寸"。但就一个完整的法治体系而言，它不仅包含了由立法等构成的法律规范体系，还包含了法治实施体系、法治监督体系、法治保障体系以及党内法规体系等①。其中前四大体系构成一般的法治体系，第五个是中国法治建设的"特殊"体系。对于中国这样一个政党领导国家建设、一党执政多党参政的国家来说，第五个体系非常重要。因此构建以党章为根本、若干配套党内法规为支撑，与国家宪法和法律相衔接的党内法规制度体系，提高党内法规执行力，成为完善中国特色社会主义法治体系不可忽视的重要环节。新征程上，我们要进一步健全党内法规同国家法律法规衔接协调机制，不断完善党委领导、人大主导、政府依托、各方参与的立法工作格局②，全面推进国家各方面工作法治化。

第四节　建设德才兼备的高素质法治工作队伍

古人云："得其法而不得其人，则法必不能济；得其人而不得其法，则事必不能行。人法兼资，而天下之治成。"③这段话与习近平总书记把治理体系和治理能力结合在一起，即一并抓好制度和制度执行力建设，有异曲同工之妙。而毛泽东早在抗日战争时期就曾明确提出："政治路线确定之后，干部就是决定的因素。"④也就是说，法律的执行关键在人。具体而言，"执行"法律的人员大致有3个层次，第一个层次是所有涉及法律执行（现在或将来）的"全体"；第二个层次是专门的法治工作队伍；第三个层次是领导法治工作的党政干部。其中，第一层次涵盖了第二、三层次，第一层次提的是一般要求，第二、三层次提的是具体要求。

（一）就所有涉及法律执行的"全体"队伍而言

它大致有3类：法治专门队伍、法律服务队伍、未来法治人才。党的十八届四中全会对3类队伍提出了具体的发展要求。针对法治专门队伍，本书将从共性和个性的角度分别予以阐述；针对法律服务队伍，要求加强

---

① 《十八大以来重要文献选编》（中），北京，中央文献出版社2016年版，第157页。
② 《中共中央关于进一步全面深化改革　推进中国式现代化的决定》，《人民日报》2024年7月22日。
③ 《习近平法治思想学习纲要》，北京，人民出版社、学习出版社2021年版，第127页。
④ 《毛泽东选集》第2卷，北京，人民出版社1991年版，第526页。

律师队伍思想政治建设，提高律师队伍业务素质，完善执业保障机制，加强律师事务所管理，发挥律师协会自律作用，规范律师执业行为，监督律师严格遵守职业道德和职业操守，强化准入、退出管理，严格执行违法违规执业惩戒制度等；针对未来法治人才，要求坚持用马克思主义法学思想和中国特色社会主义法治理论全方位占领高校、科研机构法学教育和法学研究阵地，推动中国特色社会主义法治理论进教材进课堂进头脑，培养造就熟悉和坚持中国特色社会主义法治体系的法治人才及后备力量，建设通晓国际法律规则、善于处理涉外法律事务的涉外法治人才队伍①。

（二）就法治专门队伍而言

它主要包括在人大和政府从事立法工作的人员、在行政机关从事执法工作的人员、在司法机关从事司法工作的人员。首先，针对立法、执法和司法三者的"个性"，习近平总书记提出了具体要求。"立法是为国家定规矩、为社会定方圆的神圣工作"②，立善法是整个法治活动的基础条件。因此，"立法人员必须具有很高的思想政治素质，具备遵循规律、发扬民主、加强协调、凝聚共识的能力"③。"执法是把纸面上的法律变为现实生活中活的法律的关键环节"④，有效执法关系到整个法治建设的生命力，若有法不依，执法不严，则再好的法律也只是废纸。因此，"执法人员必须忠于法律、捍卫法律，严格执法、敢于担当"。⑤"司法是社会公平正义的最后一道防线"⑥，这道防线绝对不能被突破。习近平总书记多次引用培根关于违法与司法审判之水流和水源说，并警醒式地提出"100-1=0"的问题，指出"一个错案的负面影响足以摧毁九十九个公正裁判积累起来的良好形象"⑦。它的通俗表达就是老百姓所说的"一颗老鼠屎，坏了一锅粥"，所以法治一定要审慎，谨防冤假错案。因此，"司法人员必须信仰法律、坚守法治，端稳天平、握牢法槌，铁面无私、秉公司法"⑧。其次，针对三者的"共性"，习近平总书记提出了达到"五过硬"、做到"四忠诚"的要求。即要按照政治过硬、业务过硬、责任过硬、纪律过硬、作风过硬的要

---

① 《十八大以来重要文献选编》（中），北京，中央文献出版社 2016 年版，第 176 页。
② 《习近平谈治国理政》第 2 卷，北京，外文出版社 2017 年版，第 122 页。
③ 《习近平谈治国理政》第 2 卷，北京，外文出版社 2017 年版，第 122 页。
④ 《习近平谈治国理政》第 2 卷，北京，外文出版社 2017 年版，第 122 页。
⑤ 《习近平谈治国理政》第 2 卷，北京，外文出版社 2017 年版，第 122 页。
⑥ 《习近平谈治国理政》第 2 卷，北京，外文出版社 2017 年版，第 122 页。
⑦ 《习近平关于全面依法治国论述摘编》，北京，中央文献出版社 2015 年版，第 96 页。
⑧ 《习近平谈治国理政》第 2 卷，北京，外文出版社 2017 年版，第 122 页。

求，教育和引导立法、执法、司法工作者牢固树立社会主义法治理念，恪守职业道德，做到忠于党、忠于国家、忠于人民、忠于法律[①]。

（三）就领导法治工作的领导干部而言

领导干部是整个法治工作队伍建设的重中之重，他们的一举一动具有"风向标"意义。因此，全面依法治国的关键所在便是抓住领导干部这个"关键少数"。习近平总书记对此提出这样一些重要概念。第一个是"上行下效"。我们领导干部就是"排头兵"，未有排头兵走错了路，而革命队伍能够顺利到达目的地的。因此，在法治建设上，习近平总书记痛斥道："如果领导干部都不遵守法律，怎么叫群众遵守法律？上行下效嘛！"[②]第二个概念是"以吏为师"。民"以吏为师"，老百姓是把官吏当作自己学习效法的榜样，因此，"领导干部尊法学法守法用法，老百姓就会去尊法学法守法用法。领导干部装腔作势、装模作样，当面是人、背后是鬼，老百姓就不可能信你那一套"[③]。第三个概念是"劣币驱逐良币"。习近平总书记指出："如果我们不是把严守党纪、严守国法的干部用起来，而是把目无法纪、胆大妄为、飞扬跋扈的干部用起来，那就必然会造成'劣币驱逐良币'现象。"[④]这方面的教训不在少数，为什么有些地方会出现"前'腐'后继"，为什么有些地方会出现"塌方式腐败"，其中一个很重要的原因就是当地的政治生态很不正常，好人无法做好事——要么被同流合污，要么被边缘被逆向"淘汰"。这需要我们的警觉。

也正是基于此，在强调加强宪法和法律法规等制度建设的同时，习近平总书记高度重视建设一支德才兼备的高素质法治工作队伍，并突出强调了依法治国中必须抓好领导干部这个"关键少数"，带动宪法和法律的实施。由此我们可以看出：就整个中国国家治理而言，习近平总书记将制度和人一并强调；就具体的治理领域而言，同样地把制度与人一并强调。即是说，新时代中国国家治理始终坚持治理体系和治理能力一起提，制度和人相结合。

① 《习近平谈治国理政》第2卷，北京，外文出版社2017年版，第122页。
② 《习近平谈治国理政》第2卷，北京，外文出版社2017年版，第111页。
③ 《习近平谈治国理政》第2卷，北京，外文出版社2017年版，第125页。
④ 《习近平谈治国理政》第2卷，北京，外文出版社2017年版，第127页。

第六章　新时代中国国家治理的价值支撑

　　治国不仅需要作为"硬制度"的法治，也需要作为"软制度"的德治。核心价值观作为德治的内核，在国家治理中发挥着重要作用。习近平总书记指出："核心价值观，承载着一个民族、一个国家的精神追求，体现着一个社会评判是非曲直的价值标准。"①一个国家的强大不仅体现在物质上，也体现在精神文化上。一个国家的思想尤其是作为思想精华的核心价值观不仅之于国家内部具有重要意义，而且之于全球也有其独特价值。这就使得崛起中的中国不仅要继续重视物质财富的发展，也要更加重视思想精神及价值观的培育。新时代以来，以习近平同志为核心的党中央明确提出，社会主义核心价值观是凝聚人心、汇聚民力的强大力量。因此要求深入开展社会主义核心价值观宣传教育，推动理想信念教育常态化制度化，用社会主义核心价值观铸魂育人，把社会主义核心价值观融入法治建设、融入社会发展、融入日常生活②。

第一节　社会主义核心价值观的历史生成

　　全社会共同认可的核心价值观体现了意识形态的本质要求，凝聚着文化的精髓，成为一个民族、一个国家最持久、最深层的力量。世界文明兴衰史表明：任何一个国家、一个民族的强盛总是以文化、文明的兴盛为支撑的，而文化、文明的凋敝常常预示着国家、民族的衰败。因此，大凡有作为的领导人都高度重视文化与价值观的工作，社会主义中国的领导人当然也不例外。

---

① 《习近平关于社会主义文化建设论述摘编》，北京，中央文献出版社2017年版，第112页。
② 《习近平著作选读》第1卷，北京，人民出版社2023年版，第37页。

在毛泽东时代，虽然没有使用"社会主义核心价值体系"或"社会主义核心价值观"等概念，但"百花齐放、百家争鸣"作为文化艺术工作的指导方针，对新中国社会主义文化建设起了非常重要的作用，至今我们仍然坚持这一正确的方针。"集体主义"恰如其分地反映了当时中国国家治理的重要理念，对于一个人口众多但发展水平相对较低的国家来说，它极大地调动了人民建设新社会的精气神，成为当时中国的主流思潮和当时社会的核心价值观。

后来，"集体主义"这种价值观在理论和实践上发生了偏差，过分强调了国家、集体，忽视了个人的正当利益诉求。对此，邓小平进行了积极的调适，在强调社会主义集中力量办大事的同时，通过肯定个人价值、激发个人活力，迅速改变了贫穷落后的局面，形成"脱贫致富、共奔小康"的社会风气，事实上将"富强"定格为当时中国社会主义建设的重要价值目标之一。此后，邓小平又提出社会主义"两手抓、两手都要硬"思想，将"文明"也作为中国社会主义建设的重要价值目标之一。江泽民在邓小平"物质文明和精神文明"的基础上，提出了政治文明的概念，恪守"没有民主就没有社会主义"[1]的底线，推进中国的民主政治发展，事实上弘扬了"民主"这种社会主义的重要价值追求。

在胡锦涛担任总书记时期，一方面，文化软实力的竞争已经成为综合国力竞争的重要内容，作为文化软实力核心的价值观更是成为国际较量的重中之重。西方国家加紧了对中国的思想文化、意识形态和价值观的渗透，引起了中央的高度警觉。另一方面，伴随多种所有制经济的发展，多元社会思潮兴起，一些落后腐朽的思想文化不断向中国主流意识形态发起挑战，巩固主流意识形态、坚定共同理想，凝聚发展共识、汇聚发展力量，使社会矛盾可控，使人们思想不走极端成为当时中国社会迫切需要解决的重大问题。以胡锦涛同志为总书记的党中央提出"和谐"思想，对内建设"和谐社会"，对外倡导"和谐世界"，使"和谐"成为社会主义主导的价值理念之一。在此基础上，党的十六届六中全会首次提出"建设社会主义核心价值体系"的崭新命题，指出"马克思主义指导思想，中国特色社会主义共同理想，以爱国主义为核心的民族精神和以改革创新为核心的时代精神，社会主义荣辱观，构成社会主义核心价值体系的基本内容"[2]，

---

① 《江泽民文选》第 2 卷，北京，人民出版社 2006 年版，第 28 页。
② 《十六大以来重要文献选编》（下），北京，中央文献出版社 2008 年版，第 661 页。

强调要用社会主义核心价值体系引领社会思潮，凝聚社会共识，促进社会和谐。

　　社会主义核心价值体系提出后，虽然一定程度上扭转了思想文化领域的不利局面，但随后又产生了一些新问题。例如，表述方式不符合中国传统的语言习惯，表述太长且不容易传播和记忆，涉及面太广且不容易把握最核心的内容等。于是，如何用更加简洁的语言凝练出社会大众认同的社会主义核心价值观的问题便提出来了①。对社会主义核心价值观的凝练着实不易。正如习近平总书记所指出的，社会主义核心价值观问题，是一个理论问题，也是一个实践问题。经过反复征求意见，综合各方面认识，在党的十八大报告中我们才提出"三个倡导"。顺应人民的期盼和国家发展的需要，2013 年 12 月，在中共中央办公厅印发的《关于培育和践行社会主义核心价值观的意见》中明确提出："富强、民主、文明、和谐是国家层面的价值目标，自由、平等、公正、法治是社会层面的价值取向，爱国、敬业、诚信、友善是公民个人层面的价值准则，这二十四个字是社会主义核心价值观的基本内容，为培育和践行社会主义核心价值观提供了基本遵循。"②从而明确回答了建设什么样的国家、形成什么样的社会、培育什么样的公民的重大问题，实现了从"社会主义核心价值体系"到"社会主义核心价值观"的跃升，为新时代中国国家治理提供了重要的价值支撑③。

第二节　以德治国：社会主义核心价值观参与国家治理的重要形式

　　习近平总书记指出："核心价值观，其实就是一种德，既是个人的德，也是一种大德，就是国家的德、社会的德。国无德不兴，人无德不立。"④因此，任何国家、任何社会，要想健康发展就必须高度重视作为"德"的核心价值观。

---

　　① 徐志宏、滕明政：《凝练社会主义核心价值观再思考》，《中共天津市委党校学报》2013 年第 5 期。
　　② 《十八大以来重要文献选编》（上），北京，中央文献出版社 2014 年版，第 578 页。
　　③ 滕明政：《论历史生成中的"四个全面"与社会主义核心价值观》，《知与行》2015 年第 3 期。
　　④ 《习近平关于社会主义文化建设论述摘编》，北京，中央文献出版社 2017 年版，第 112 页。

一、"以德治国"是一种历史传承

绵延5000多年的中华文明在国家治理上强调"以德治国，以文化人"。"中国的封建社会是一个典型的德治社会，这种德治社会之所以能够延续几千年，一个重要的原因就是有简便易记又能体现其实质的核心价值观的支撑。"[①]自汉武帝"罢黜百家，独尊儒术"以后，儒家所倡导的"三纲五常""四维八德"等就逐渐成为人们的道德理想、道德追求和道德准则，成为人们心中的"道德律令"，成为传统中国的核心价值观，更成为指导人们行为规范的基本准则，从而在事实上形成了"以德治国"的传统。

毛泽东高度重视道德的力量，创造性地将马克思主义和中国传统文化结合起来，提出了共产党人"为人民服务"的宗旨、理念，强调"我们的共产党和共产党所领导的八路军、新四军，是革命的队伍。我们这个队伍完全是为着解放人民的，是彻底地为人民的利益工作的"[②]。不断要求革命队伍中的成员要加强共产主义道德修养，做"一个高尚的人，一个纯粹的人，一个有道德的人，一个脱离了低级趣味的人，一个有益于人民的人"[③]。

邓小平把"有道德"作为社会主义"四有新人"的基本要求之一，并把思想道德作为社会主义精神文明的重要内容。江泽民明确提出了"以德治国"[④]的命题。胡锦涛也高度重视思想、道德在国家治理中的作用，坚持并发展了中国古代国家治理的德治传统。有学者分析指出："价值统合，对传统中国的大国治理发挥了至关重要的作用。在当时治理技术

---

① 覃正爱：《社会主义核心价值观的本质、灵魂及与"以德治国"的关系》，《理论视野》2015年第9期。

② 《毛泽东选集》第3卷，北京，人民出版社1991年版，第1004页。

③ 《毛泽东选集》第2卷，北京，人民出版社1991年版，第660页。

④ 2000年6月，江泽民《在中央思想政治工作会议上的讲话》中指出："法律和道德作为上层建筑的组成部分，都是维护社会秩序、规范人们思想和行为的重要手段，它们相互联系、相互补充。法治以其权威性和强制手段规范社会成员的行为，德治以其说服力和劝导力提高社会成员的思想认识和道德觉悟。道德规范和法律规范应该相互结合，统一发挥作用。"参见《江泽民文选》第3卷，人民出版社2006年版，第91页。2001年1月，在全国宣传部长会议上，江泽民明确提出了"把依法治国与以德治国紧密结合起来"的治国方略。参见《江泽民文选》第3卷，北京，人民出版社2006年版，第200页。关于"以德治国"的内涵，通常用江泽民《在中央思想政治工作会议上的讲话》（2000年6月28日）中提及的"社会主义道德建设"的相关内容来表达，即"以德治国"（社会主义道德建设）就是要以马列主义、毛泽东思想、邓小平理论为指导，以为人民服务为核心，以集体主义为原则，以爱祖国、爱人民、爱劳动、爱科学、爱社会主义为基本要求，以职业道德、社会道德、家庭美德的建设为落脚点，积极建立适应社会主义市场经济发展的社会主义思想道德体系，并使之成为全体人民普遍认同和自觉遵守的规范。参见《江泽民文选》第3卷，北京，人民出版社2006年版，第92页。

很不发达的情况下，管理这么多的人民，依靠一个被广泛接受的信仰体系不失为一种最优方案。"①

值得一提的是，"以德治国"也是现代治理的重要方式。20世纪60年代以来，西方一些发达国家以效率为中心的行政管理体制出现越来越多、越来越严重、越来越棘手的道德问题，例如美国总统尼克松（Richard Nixon）的窃听丑闻、副总统阿格纽（Spiro Agnew）的受贿案。这些事件和问题触发了政府的信任危机、社会的道德危机，致使当时许多国家陷入了严重的治理危机。面对困境，一些发达国家尝试将道德治理作为国家治理的突破口，纷纷设立行政伦理委员会。美国于1978年通过《政府伦理法案》，在世界范围内第一个成立了联邦政府道德办公室（Office of Government Ethics），英国于1994年设立了公共生活准则委员会（Committee on Standards in Public Life），加拿大于2007年成立了政府道德咨询办公室（Office of the Conflict of Interest and Ethics Commissioner of Canada）。这些行政伦理委员会以独立性促进公正公平、以灵活性促进高效实效，带动整个国家治理取得明显成效②。

二、坚持依法治国和以德治国相结合

党的十五大正式提出"依法治国是党领导人民治理国家的基本方略"，之后又提出了"以德治国"的理念。党的十六大更是将"依法治国和以德治国相结合"概括为国家治理的十条基本经验之一③，并将"以德治国"作为新观点首次写进党章，成为中国共产党治国理政总方略的一部分，充分显示了"以德治国"的极端重要性。事实上，提出"以德治国"不只是因为"德治"是一种历史传承，表现出一种治国的惯性；更重要的是，法治的有效实施离不开德治。习近平总书记指出："道德是法律的基础，只有那些合乎道德、具有深厚道德基础的法律才能为更多人所自觉遵行。"④也就是说，"所有合法的都是合乎道德的。从某种意义上说，法律是一种强制性道德"⑤。法律虽有刚性、有威慑力，但从"扬善"的角度来讲，法律主要通过"惩恶"来扬善，而道德则是通过扬善来"抑恶"。

　　①　唐皇凤：《大国治理与政治建设——当代中国国家治理的战略选择》，《天津社会科学》2005年第3期。
　　②　王乐：《行政伦理委员会：国家治理的重要力量》，《学习时报》2016年7月28日。
　　③　《十六大以来重要文献选编》（上），北京，中央文献出版社2005年版，第7页。
　　④　《习近平谈治国理政》第2卷，北京，外文出版社2017年版，第117页。
　　⑤　王殿卿：《以德治国与道德及其教育的价值》，《高等教育研究》2001年第3期。

在这个意义上说，"法律可以惩治王宝森，但不能培养出孔繁森"。道德治"本"，法律治"标"。治标为治本赢得时间，治本为治标设定目标。所以，在治国问题上，要科学认识治"标"和治"本"的关系，将治"标"和治"本"有机结合起来。连"标"都治不了，根本就谈不上治"本"，所以首先要依靠法治。与此同时，光治"标"不治"本"，那么问题会以新的形式反复出现，所以还要重视用德治，以从根本上改造人心。[①]

习近平总书记不仅坚持依法治国，而且高度重视道德在国家治理中的教化作用，认为"再多再好的法律，必须转化为人们内心自觉才能真正为人们所遵行。……没有道德滋养，法治文化就缺乏源头活水，法律实施就缺乏坚实社会基础"。[②] 他尤其强调要发挥作为道德核心的社会主义核心价值观在国家治理中的作用，指出："治理国家、治理社会必须一手抓法治、一手抓德治，既重视发挥法律的规范作用，又重视发挥道德的教化作用，实现法律和道德相辅相成、法治和德治相得益彰。"[③] 有效的国家治理是道德规范深入人心和法律法规成为人们心中底线的有机统一。由此，形成了以法律法规为基础的"硬治理"和以道德文化为基础的"软治理"相结合的治国方案。基于德治在国家治理中的重要地位，而价值观又是德治的内核，社会主义核心价值观通过以德治国这种形式参与到国家治理中，并在其中发挥着重要作用。

第三节　社会主义核心价值观对国家治理现代化的四大支撑作用

国家治理主要涉及制度建设与人的建设两个层面，把这两个层面的建设统一起来的基本要素是制度与人背后的价值与信仰，所以，国家治理必须高度重视价值与信仰。习近平总书记在中央政治局第十三次集体学习时就讲过："培育和弘扬核心价值观，有效整合社会意识，是社会系统得以正常运转、社会秩序得以有效维护的重要途径，也是国家治理体系和治

理能力的重要方面。"①大致说来，社会主义核心价值观对国家治理现代化的支撑作用至少体现在以下 4 个方面。一是目标导向：建设什么样的国家、形成什么样的社会、培养什么样的国民；二是制度遵循：为社会主义制度现代化提供根本的价值规范；三是能力提升：凝聚力量、维护稳定、塑造"新民"；四是效果评判：评估中国国家治理现代化的实现程度。

一、目标导向：建设什么样的国家、形成什么样的社会、培育什么样的国民

社会主义核心价值观之于推进国家治理现代化来说，不仅具有工具属性，即指明了要采用现代的理念、方法和手段治理国家；还具有目的属性，即回答了建设什么样的国家、形成什么样的社会、培育什么样的国民的问题。社会主义核心价值观的第一个层面回答了建设一个什么样的国家，即要把中国建设成为一个"富强、民主、文明、和谐"的社会主义国家，这是近代以来全体中华儿女孜孜以求的梦想，离开了这些价值追求，国家治理根本就谈不上现代化。社会主义核心价值观的第二个层面回答了形成一个什么样的社会，即要在中国形成一个"自由、平等、公正、法治"的社会，这些价值目标反映了人类文明的共性，缺少这些价值目标的社会，就根本称不上是现代社会。社会主义核心价值观的第三个层面回答了培育什么样的国民，即要使中国人民成为"爱国、敬业、诚信、友善"的好公民，这些价值目标也成为塑造社会主义新人的重要指向。总之，社会主义核心价值观从国家、社会和个人 3 个方面对国家治理现代化起了价值导向的作用。

二、制度遵循：为社会主义制度现代化提供根本的价值规范

马克斯·韦伯指出："每个国家都有它自己的社会制度和内在精神，前者是一个社会有效运行所要求的一套经济社会伦理规范和法律体系，而后者则包括人们的行为规范、价值目标、奋斗目的等文化观念。"②这种"内在精神"是制度构建的重要支撑，抑或说制度是价值观的外化和定型的表现，没有文化、没有精神，抑或说没有价值要素或价值追求的制度，它本身是没有灵魂的。社会主义核心价值观有助于消解制度现代化过程中

---

① 《习近平谈治国理政》第 1 卷，北京，外文出版社 2018 年版，第 163 页。

② ［德］马克斯·韦伯：《新教伦理与资本主义精神》，于晓、陈维刚译，上海，上海三联书店 1987 年版，第 114 页。

的价值冲突、实现人民对制度现代化的价值认同，为社会主义制度现代化提供根本的价值指引和价值规范。

一方面，制度的设计需要价值观的指引。制度是观念的凝结，观念是制度的灵魂。"制度中蕴含着文化基因，是人们的伦理关系、价值关系及其评判尺度的现实凝结物。"[①] 一个良好的、有效的国家治理体系，只有在充分吸收以现代政治基本价值（透明、参与、法治、回应、责任、公正、包容、效益、廉洁、和谐等）为主要内容的核心价值体系的基础上才能真正建立，才能有效运转。制度设计的理念如果"不善"，那么"良制"也就无从谈起。

另一方面，制度的变革也需要价值观的导向。在丹尼尔·贝尔（Daniel Bell）看来，"意识上的变革——价值观和伦理道德上的变革——会推动人们去改变他们的社会安排和体制"[②]。通过对世界政治制度变革的考察，我们发现观念/价值观与制度变革之间的"强关联性"，在制度设计、变革和执行中，一定要首先确立正确的观念/价值观。苏联戈尔巴乔夫改革失败的一个重要原因就在于，制度变革的指导思想——"改革新思维"已经严重背离了社会主义的基本价值准则。因此，从戈尔巴乔夫提出"改革新思维"的那一刻，苏联制度的瓦解已经是可以预见的事情了。这里的教训极为深刻，中国的制度设计和变革一定要坚持社会主义方向，坚持社会主义核心价值观的基本要求。

三、能力提升：凝聚力量、维护稳定、塑造"新民"

社会主义核心价值观在新时代国家治理中的作用不仅体现在制度层面，也体现在人（执行制度的人）的层面，通过凝聚力量、维护稳定、塑造"新民"，显著提升了人的制度执行力。

（一）凝聚力量

全面深化改革涉及经济体制、政治体制、文化体制、社会体制、生态文明体制以及党的建设体制等的改革，其广泛性、深刻性前所未有，这就需要调动起全党全军全国各族人民的积极性，让一切生产力要素的活力竞相迸发，让一切创造财富的源泉充分涌流，从而为全面深化改革、实现社会主义现代化奠定坚实的基础。然而，随着中国市场化改革的推进，多

---

① 鲁鹏：《制度与发展关系研究》，北京，人民出版社2002年版，第192页。
② ［美］丹尼尔·贝尔：《后工业社会的来临》，高銛译，北京，商务印书馆1984年版，第527页。

元化价值观相互激荡与冲突，造成社会成员在文化价值判断上的困惑和行为上的无所适从，从而导致对社会主义的理想信念产生怀疑和动摇。面对这一境况，只有培育和践行社会主义核心价值观，让社会主义核心价值观成为全体中国人民的共同价值追求，才能自觉抵制西方国家意识形态和文化的扩张，为社会主义社会意识形态提供坚强的"主心骨"，为中国特色社会主义事业筑起坚不可摧的文化长城；才能有效化解社会矛盾，统筹协调各种利益关系，巩固社会主义国家政权。

哈佛大学列维茨基（Steven Levitsky）等人通过对"冷战"后威权主义体制的研究表明：对政党凝聚力来说，意识形态、价值观等非物质手段，比利益分配等物质手段的作用更大。仅仅依靠物质手段的政党往往是脆弱的，这种脆弱在发生经济危机时表现得更为明显[1]。任何一种未建立在社会主义价值共识基础上的国家治理都很难得到社会大众的广泛认同和普遍拥护，也就无法激起推动国家治理的强大社会力量，从而难以实现有效的国家治理。即是说，共同的生活信仰与价值体系具有凝聚人心、凝聚社会的力量，从而降低社会成本的作用。一个国家的崛起归根到底是精神状态的崛起，精神崛起是一个民族崛起的真正原动力，也是支撑崛起后盛况的基础。邓小平指出："我们这么大一个国家，怎样才能团结起来，组织起来呢？一靠理想，二靠纪律，没有这样的信念，就没有凝聚力。没有这样的信念，就没有一切。"[2] 所谓理想就是共产主义的远大理想。

（二）维护稳定

学者萧功秦在研究国内外政治变革时，提出了"薄壳效应"的概念，认为传统政治体制一旦改革开放后，就可能发生"政治参与爆炸"。人们在宽松的政治预期下，激发起强烈的街头式的政治参与诉求，这种诉求会在短期内集结起来，对执政中心形成压力、构成挑战。在这种情况下，根本上挑战现存秩序的激进主义与浪漫主义思潮将会取得广场上的话语霸权，并凝聚广场上不同人群的反体制"革命"共识，其冲击力之大是前所未有的[3]。法国大革命、俄国革命都是"薄壳效应"的典型事件。所以，在全面深化改革时期，一定不能放松对意识形态领域的管控，要防止

---

[1]　Steven Levitsky, Lucan A. Way. *Competitive Authoritarianism: Hybrid Regimes after the Cold War,* New York: Cambridge University Press, 2010:65.

[2]　《邓小平文选》第3卷，北京，人民出版社1993年版，第190页。

[3]　滕明政、秦宁波：《论邓小平的社会主义有序发展观——兼论对全面深化改革的启示》，《云南社会科学》2016年第2期。

"左"、右激进主义对改革大方向的干扰,要更加注重用社会主义核心价值观引导舆论、凝聚共识,不断强化党和政府维护稳定尤其是维护政治稳定的能力,为全面深化改革创造和平有序环境,赢得宝贵时间。也正是在这个意义上,我们一定要全面深刻领会习近平总书记关于"意识形态工作是党的一项极端重要的工作"①的科学论断,把意识形态工作的领导权、管理权、话语权牢牢掌握在手中,任何时候都不能旁落。

要认识到核心价值观和意识形态不仅是本国统治者用来营造良好国家治理环境的重要手段,而且也是某些国家搞乱他国思想,在他国制造动乱的重要工具。例如,美国"对华十条训令"中就有专门的条款,强调要利用所有的媒体资源,在举手投足、一言一行间破坏他们(中国)的传统价值。我们(美国)要利用一切可能的手段来毁灭他们(中国)的道德观和价值观。摧毁他们(中国)的自尊自信,腐蚀和埋灭他们(中国)刻苦耐劳的精神。⋯⋯鼓励他们(中国)蔑视、鄙视、进一步公开反对他们(中国)原来所受的思想教育,特别是共产主义教条。⋯⋯要不断制造新闻,丑化他们(中国)的领导②等。对此我们应高度警惕,在培育和践行社会主义核心价值观问题上一定要旗帜鲜明、立场坚定,毫不动摇、一以贯之。

(三)塑造"新民"

梁启超曾讲过,"国民之文明程度低者,虽得明主贤相以代之,及其人亡则其政息焉⋯⋯国民之文明程度高者,虽偶有暴君污吏,虔刘一时,而其民力自能补救之而整顿之"③,而塑造"新民"盖有二法"一曰,淬厉其所本有而新之,二曰,采补其所本无而新之"④。之于中国这样一个能数千年立国于亚洲大陆的国家,必有宏大高尚完美之特质,吾人所当保存之而勿失坠也。因此,定要濯之拭之,发其光晶;锻之炼之,成其体段;培之浚之,厚其本原,继长增高,日征月迈。即是说,中国"新民"塑造的一个关键途径就是返本开新,以中华文化之精要哺育现代国家之"新民"。

社会主义核心价值观作为中国传统文化精华的当代凝结,成为我们塑造"新民"的宝贵资源。具体而言,社会主义核心价值观对"新民"的

---

①　《习近平关于总体国家安全观论述摘编》,北京,中央文献出版社2018年版,第106页。

②　黎宅:《美国制定歹毒的对付中国的〈十条诫令〉》,《政工研究动态》2000年第15期。

③　梁启超:《新民说》,宋志明选注,沈阳,辽宁人民出版社1994年版,第2~3页。

④　梁启超:《新民说》,宋志明选注,沈阳,辽宁人民出版社1994年版,第2~3页。

塑造体现在两个方面：一是使国民在思想境界上有较大提升。通过把社会主义核心价值观灌输给国民，使国民在心理上认同社会主义，成为中国社会主义现代化建设所需要的爱国之人、诚信之人、敬业之人、友善之人，成为将"富强、民主、文明、和谐，自由、平等、公正、法治"作为自己精神追求的人。二是使国民在实际行动上有较大作为。思想影响行为，通过社会主义核心价值观的教育，使国民主动探寻实现社会主义核心价值观要求的路径（比如，如何使自己更爱国，如何使国家更加强大等），并为此不断克服"本领恐慌"，增强实现这些要求所需要的能力。一句话，建设社会主义新社会需要按照社会主义核心价值观塑造而成的"新人"，有此"新人"建成社会主义新社会便有希望。

四、效果评判：评估中国国家治理现代化的实现程度

效果评判或曰治理评估是衡量国家治理成效及其现代化程度的重要环节。联合国开发计划署（UNDP）、经合组织（OECD）、世界银行（WB）等有关机构纷纷提出自己的评估体系，其中比较有影响力的有世界银行的"世界治理指标"（WGI），联合国人类发展中心的"人文治理指标"（HGI），经合组织的"人权与民主治理测评"指标体系（MDG），联合国奥斯陆治理研究中心的"民主治理测评体系"（MH&DG）以及国内俞可平等人的"中国治理评估框架"等。这些指标体系大都包含了法治、公正、稳定、效益、廉洁等内容，而这些内容基本上都可以在社会主义核心价值观中找到踪迹。因此，社会主义核心价值观不仅对国家治理及其现代化起了价值导向的作用，还作为重要的衡量标准，判断中国的国家治理是否达到了现代化的要求。例如，当我们根据"法治"价值，制定"法律制定、法律意识、法律接近、法律判决、法律执行、法治投入、法治满意度"等具体指标时，我们就可以观测中国法治现代化的实现程度。

当然，我们也不能无限夸大以价值观为内核的德治的作用。"道德具有能够相对脱离现实生活的纯粹性、崇高性和圣洁性，但也具有流动性、易变性和不可控性等缺陷。"[①]我们在强调道德教化作用的同时，也要十分重视法律及其作用，提防"泛道德主义"。亚里士多德曾讲过："人类由于志趣善良而有所成就，成为最优良的动物，如果不讲礼法、违背正义，他就堕落为最恶劣的动物。悖德（不义）而又武装起来，势必引

---

① 赵民：《"道德教化论"的实质及其它》，《兰州大学学报》2002 年第 2 期。

致世间莫大的祸害。"①因此，尽管道德在推动人们向善、营造良好人际关系等方面具有重要作用，但由于道德缺乏法治的刚性，人们可以有选择性地履行道德要求，规避对自己不利的方面，从而使道德准则无法完全发挥其应有的功效。也就是说，治国理政仅靠道德的内省和自我约束是不够的。但我们也不能因此而走向另一个极端——无限贬损以价值观为内核的德治的作用，治国理政中无视道德的功能和效用也是不明智的。我们需要做的是如何更好地协调道德与法治的关系，如何让价值观更好地发挥作用。

第四节　培育和践行社会主义核心价值观

习近平总书记指出："推进国家治理体系和治理能力现代化，要大力培育和弘扬社会主义核心价值体系和核心价值观。"②就如何培育和践行社会主义核心价值观的问题，中央高度重视、社会积极响应，产生了许多具有积极意义的成果。在此基础上，笔者选择从国家治理的视角来理解这一问题，认为抓住了"制度"和"人"，实际上就抓住了国家治理视域下的中国社会主义核心价值观培育和践行的关键，强调要分析作为"硬制度"的法律法规和作为"软制度"的道德文化如何有助于将社会主义核心价值观的培育和践行落小落细落实，分析"组织"和"教育"如何通过提升主体的素质和能力，来促进社会主义核心价值观的培育和践行。

一、用制度来保障

社会制度是价值观培育的基础性工具，它不仅为核心价值观培育提供刚性保障，而且为核心价值观培育确立了可能性空间。好的制度会鼓励人们自觉地抑恶从善，不好的制度则会为"作恶"提供方便，甚至会在一定程度上抑制行善的愿望和动机。关于这一点，邓小平很早就已经明确强调过，"制度好可以使坏人无法任意横行，制度不好可以使好人无法充分做好事，甚至会走向反面"③。社会主义制度为社会主义核心价值观的培育提供了重要保障。其中，社会主义政治制度提供了有力的政治保证，社会

① ［古希腊］亚里士多德：《政治学》，吴寿彭译，北京，商务印书馆1983年版，第9页。
② 《习近平谈治国理政》第1卷，北京，外文出版社2018年版，第106页。
③ 《邓小平文选》第2卷，北京，人民出版社1994年版，第333页。

主义经济制度提供了坚实的物质基础，社会主义意识形态提供了良好的文化氛围。

用制度来保障价值观落到实处已经成为国际和国内的共识。从国际来看，多数国家的主流价值观建设都以制度安排作为保障。例如，法国从1959年就开始制定"关于在国外扩张和恢复法国文化活动的五年计划"。直到现在，它仍通过预算草案来从经济方面保障其文化政策的实施，以此来扩大法国在世界上经济的、文化的影响力。从国内来看，只有通过固定、稳定的政策、制度、法规等促进社会主义核心价值观的最终落实，才能更好地扩大社会主义核心价值观的影响力。例如，在落实社会主义核心价值观中的"诚信"时，原先我们以开展活动为主，开展了诸如"百城万店无假货"，创建"诚信一条街"等活动，现在借助现代科技，国家将建设统一的社会信用体系（制度）。根据规划，以政务、商务、社会、司法四大领域为主体的信用体系建设方案实现了对社会信用的全面覆盖，2017年建成集合金融、工商登记、税款缴纳、社保缴费、交通违章等信用信息的统一平台，实现资源共享。这种以居民身份证为基础的公民统一社会信用代码制度和以组织机构代码为基础的法人和其他组织统一社会信用代码制度，对于落实诚信价值观起到巨大的促进作用[1]。

就落实价值观的制度建设而言，要努力创新和完善社会主义核心价值观培育与践行的各项制度，努力形成凝聚社会主义核心价值、寄予人民美好道德期盼、充盈自由平等公平正义的制度体系，让制度成为社会主义核心价值观融入现实生活的重要媒介和桥梁。我们既要重视国家层面大政方针、法律法规的"宏观制度"，也要重视社会层面的学习、宣传、教育、监督以及评价等"微观制度"，实现制度的"硬"与"软"，"大"与"小"的有机结合。

一方面，要重视法律法规在推广社会主流价值中的作用。"要把社会主义核心价值观贯彻到依法治国、依法执政、依法行政实践中……用法律的权威来增强人们培育和践行社会主义核心价值观的自觉性。……注重把社会主义核心价值观相关要求上升为具体法律规定……形成有利于培育和践行社会主义核心价值观的良好法治环境。"[2]法律法规以明文的形式规定了支持什么、反对什么，鼓励什么、禁止什么，引导人们向善，体现社

---

① 覃正爱：《社会主义核心价值观的本质、灵魂及与"以德治国"的关系》，《理论视野》2015年第9期。

② 《十八大以来重要文献选编》（上），北京，中央文献出版社2014年版，第581~582页。

主义核心价值观的要求;法律法规的惩戒设定,把体现核心价值内容的条文权利义务化和法律后果化,对社会主义核心价值观的践行具有保障作用。

另一方面,要重视机制流程在将社会主义核心价值观落细落小落实中的作用。要"形成科学有效的诉求表达机制、利益协调机制、矛盾调处机制、权益保障机制,最大限度增进社会和谐。……要完善市民公约、村规民约、学生守则、行业规范,强化规章制度实施力度"[①]。有了好的制度固然重要,但执行制度的细则、流程也非常重要。各地区、各部门要想把社会主义核心价值观落细落小落实,就必须根据自身实际,制定具体可行的实施细则,让制度的执行时时处处都有切实的遵循。

二、用组织来执行

培育和践行社会主义核心价值观,就其根本来说要靠人来执行、靠人来落实。在中国国家治理中,人不仅是"个体"的人,而且是"社会"的人,尤其是"组织"的人。中国共产党通过自身党组织的渗透,分布于整个社会,从而形成巨大的组织化力量。列宁曾指出:无产阶级"所以能够成为而且必然会成为不可战胜的力量,就是因为它根据马克思主义原则形成的思想一致是用组织的物质统一来巩固的"[②]。习近平总书记强调:"党的力量来自组织,组织能使力量倍增。"[③]因此,落实社会主义核心价值观,必须发挥组织的力量,激活组织的功能。大致来说,用组织来培育和践行社会主义核心价值观主要有 3 个要点。

(一)党委领导、部门负责,全党动手、全社会参与的工作格局

各级党委和政府要切实负起政治责任和领导责任,把培育和践行社会主义核心价值观作为自己一项重要工作;宣传思想部门承担着十分重要的使命,必须守土有责、守土负责、守土尽责;经济、教育、科技、政法以及其他承担社会管理职能的各部门,要加强同宣传思想工作部门的沟通和配合,自觉支持培育和践行社会主义核心价值观的战线工作;工会、共青团、妇联等以及民主党派、无党派和工商联等人民团体要动员社会力量支持参与社会主义核心价值观的培育和践行工作。要充分发挥"五类"主体的作用,即充分发挥工人、农民、知识分子的主力军作用,发挥党员、

---

① 《十八大以来重要文献选编》(上),北京,中央文献出版社 2014 年版,第 582 页。
② 《列宁选集》第 1 卷,北京,人民出版社 2012 年版,第 526 页。
③ 《十九大以来重要文献选编》(上),北京,中央文献出版社 2019 年版,第 560 页。

干部的模范带头作用，发挥青少年的生力军作用，发挥社会公众人物的示范作用，发挥非公有制经济组织和新社会组织从业人员的积极作用，形成人人践行社会主义核心价值观的生动景象[①]。

（二）党员干部必须践行"作出表率、见诸行动"的先锋队要求

习近平总书记指出："党员的形象就反映了党的形象，特别是基层群众看我们党，很大程度上就是通过身边的党员来看的。一个党员就是群众中的'一面旗'，千百万共产党员的先进形象就是我们党的光辉形象。"[②]党员干部的引领带动作用体现在，党员干部以更高的标准、更严的要求，以身作则、率先垂范，讲党性、重品行、作表率，自觉践行社会主义核心价值观；要求普通群众做到的自己首先做到，要求别人不做的自己坚决不做，以实际行动影响和带动全社会，以良好的党风政风带动社会风气的好转。除在自觉践行社会主义核心价值观上作好表率之外，还要在培育和践行社会主义核心价值观的能力上有"几把刷子"，不仅使自己真正成为落实社会主义核心价值观的行家里手，还能够以自己有效的工作（开展活动、建立制度等）带动更多的人践行社会主义核心价值观。

（三）有"德"者上、无"德"者下的选人用人准则

在习近平总书记看来，当政者不立德、不修德、不践德是帝国崩溃、王朝覆灭、执政党下台等的重要原因。所以，他强调"德乃官之本，为官先修德"[③]，要"坚持德才兼备、以德为先"用人标准。"重德是我们党选人用人的一个重要原则，这个'德'从根本上讲就是社会主义核心价值体系和核心价值观。"[④]"对那些信念坚定、为民服务、勤政务实、敢于担当、清正廉洁的好干部，要及时提拔任用到合适岗位上来，形成鲜明的以德为先用人导向。……对那些信念动摇、精神颓废的干部，对那些腐化堕落、道德败坏的干部，对那些在关键时刻逃避责任、引起民愤民怨的干部，要及时作出组织处理。"[⑤]按照核心价值观的要求来选人用人，有利于选出信念坚定、为民服务、勤政务实、敢于担当、清正廉洁的好干部，打造一支高素质的国家治理团队，提升国家治理水平，从而为培育和践行社会主义核心价值观提供坚强组织保证。

[①]　《十八大以来重要文献选编》（上），北京，中央文献出版社2014年版，第588页。

[②]　习近平：《之江新语》，杭州，浙江人民出版社2007年版，第136页。

[③]　习近平：《之江新语》，杭州，浙江人民出版社2007年版，第258页。

[④]　刘云山：《着力培育和践行社会主义核心价值观》，《求是》2014年第2期。

[⑤]　刘云山：《着力培育和践行社会主义核心价值观》，《求是》2014年第2期。

三、用文化来涵养

价值观作为文化的、道德的核心，与一般的文化和道德等相比，虽然地位更为重要，但它也不能离开一般的文化和道德，只有以之为土壤，价值观才能枝繁叶茂。正如习近平总书记所指出的，"我们提倡和弘扬社会主义核心价值观，必须从中华优秀传统文化中汲取丰富营养，否则就不会有生命力和影响力"①。

文化对价值观的涵养大致体现在两个方面：一是在内容上丰富价值观的内涵。核心价值观若不从传统文化中汲取养料，那么它就可能沦为干瘪瘪的24个字；二是在形式上成为价值观的载体。价值观要想真正入脑入心，必须有有效的载体，否则就只能停留在"形而上"的层面。真正实现中国传统文化对社会主义核心价值观的涵养，就要努力实现中国传统文化的创造性转化和创新性发展。

（一）创造性转化

传统文化的创造性转化至少包括4个方面的内容：一是就文化精神而言，由传统文化强调的"克己复礼""礼治""人治"转换为现代文化主张的开放、竞争和"法治"；二是就文化内涵而言，由强调个人无条件服从集体利益转换为个人利益服从集体利益与集体尊重和保护个人利益相结合；三是就服务主体而言，由原先的为统治者服务转换为广大人民群众服务；四是就思维范式而言，由固守"经典""我注六经"转换为实事求是、"六经注我"。

（二）创新性发展

创新性发展至少包括3个方面内容。一是民族的也是世界的。一方面继承传统文化，坚守中华民族的根性；另一方面，用开放的视角观照中国与世界，批判性地继承和借鉴外来先进文化，使"中国应当对于人类有较大的贡献"②。二是历史的也是现代的。"历史是现实的根源，任何一个国家的今天都来自昨天"③，在实现中华民族伟大复兴的历史征程上，一定要重视文化"返本开新"。"返本"才能"开新"，"返本"更重要的是为了"开新"。一方面必须对我们传统文化做出新的合乎时代的新解释；另一方面又要利用我们传统的文化资源对当前人类社会面临的重大问题建构出新的

---

① 《习近平关于社会主义文化建设论述摘编》，北京，中央文献出版社2017年版，第115页。
② 《毛泽东文集》第7卷，北京，人民出版社1999年版，第157页。
③ 《习近平外交演讲集》第1卷，北京，中央文献出版社2022年版，第124页。

理论体系。三是独立的也是综合的。文化的发展具有一定的独立性，但文化更对政治、经济等具有反作用，文化的创新性发展，一方面要构建文化与政治、经济的融合机制，发挥文化的政治价值和经济价值等；另一方面要丰富人的全面发展的文化维度，使文化的发展成为人的全面发展的重要衡量指标①。

四、用教育来内化

这里的"教育"可以从两个层面来理解，一是学校教育，二是社会教育。中国是一个党管宣传、党管教育的国家，这是中国的特点，也是中国的优势，不能因为和西方不同，就妄自菲薄、"自废武功"，要理直气壮地重视和发挥宣传教育对价值形成、人格养成的作用，用教育来内化社会主义核心价值观。要重视学校的教育，尤其是针对青少年的社会主义核心价值观教育；要重视社会的教化，特别是思想舆论领域的宣传、教育和引导，形成校内校外的联动机制：一方面，校内校外讲的要一致，不要"假大空"，而要"真小实"，防止"学校一学期抵不过网上十分钟"；另一方面，校内校外要协同，不要只管"自己的一亩三分地"，而要大家"一盘棋"，防止衔接漏洞，阵地被别人占据。

（一）在学校教育上

培育核心价值观，必须坚持从小抓起、从学校抓起。青少年阶段是价值观形成阶段，是可塑性最强的时期。抓好了青少年思想道德教育，也就抓住了未来、管住了长远。要把青少年价值观教育摆在突出位置，坚持育人为本、德育为先，融入国民教育的全过程，贯穿到学校教育、家庭教育、社会教育的各个环节和各个方面。做到社会主义核心价值观进教材、进课堂、进头脑，使社会主义核心价值观的种子在少年儿童心中生根发芽、真正培育起来。要以对国家和民族高度负责的态度，净化社会文化环境，整治网络环境，对那些危害青少年身心健康的违法犯罪行为要坚决查处、严厉打击，让广大青少年健康成长。尤其要做好以下 3 项工作。

1. 发挥学校理论高地优势，集中批驳错误观点。马克思曾说过："理论只要能说服人，就能掌握群众；而理论只要彻底，就能说服人。所谓彻底，就是抓住事物的根本。"② 学校是专家学者汇聚的地方，是学术研究，

① 滕明政：《新时代提升中国文化软实力路径探析》，《深圳社会科学》2022 年第 5 期。
② 《马克思恩格斯全集》第 3 卷，北京，人民出版社 2002 年版，第 207 页。

尤其是哲学社会科学研究的重镇。有资料表明，目前在哲学社会科学的队伍、项目、经费、成果、获奖等方面的数量上，高校均占全国的 85% 以上[①]。学校应该充分发挥这种理论高地优势，从理论上剖析各种社会思潮的本质，从而为驳斥历史虚无主义、新自由主义以及"普世价值"、西方宪政民主等错误思潮提供坚实的理论支撑，也为用社会主义核心价值观教育青年、塑造青年，提供有力的学理支撑。

2. 发挥价值观教育主渠道作用，构建有效衔接的课程体系。小学"思想品德课"、中学"思想政治课"、高校"思想政治理论课"，是学校进行社会主义核心价值观教育的主载体、主渠道，要根据不同阶段学生的特点，科学安排教育内容，合理地选择教育方法[②]。一方面，要遵循认知规律，由表及里。小学、中学阶段要通过具体而生动的事例，告诉学生什么是真善美，什么是假恶丑，并可以直接告知或潜移默化影响的方式告知学生怎样去追求真善美、抵制假恶丑；而大学、研究生阶段则要引导学生思考"为什么"，从而在理论认知的基础上自觉做到思想认同。另一方面，要遵循实践规律，由易入难。小学、中学阶段可以引导学生做好人好事，从而完善价值观的实践教育教学体系；而大学、研究生阶段则要引导学生把个人职业发展，与为人民服务、为实现中华民族伟大复兴中国梦紧密结合起来，更好地发挥社会实践的养成作用。

3. 构建一支强大的思想政治和价值观教育工作队伍。思想政治和价值观教育工作从根本上说是做人的工作，也是由人来做的工作，必须紧紧围绕人，不仅要准确了解学生特点，做到因材施教；更重要的是要建立一支强大的工作队伍。一要建立全面的教师队伍，把思想政治理论课教师、专业课教师统筹起来，使每一位授课教师都肩负立德树人的使命，也具备立德树人政治本领；二要建立专业的辅导员队伍，把校内专职辅导员与校内外兼职辅导员统筹起来，更加注重学生的身心成长，而不是一般的事务指导；三要建立贴心的学生队伍，把学生能力提升与品德修炼统筹起来，大力支持学生骨干在班级、支部、学生会、学生社团、志愿者联合会等组织中发挥引导和示范作用。

（二）在社会教育上

党和政府要自觉地担当起政治社会化和政治教育的职责，推动核心

①　韩喜平：《社会主义核心价值观培育与高校的责任》，《中国高等教育》2014 年第 7 期。

②　《积极培育和践行社会主义核心价值观的若干问题——访清华大学高校德育研究中心副主任吴潜涛教授》，《思想理论教育导刊》2014 年第 11 期。

价值体系的内化和普及化，促使国民和官员普遍认同和自觉践行社会主义核心价值观，从而为现代国家治理体系奠定坚实的社会基础，把思想舆论领域的宣传、教育和引导工作当作一项极端重要的工作落细落小落实。

1. 要坚持正面宣传教育为主的方针。要大力宣传最美人物、弘扬最美精神，利用好手中的媒体资源积极传播正能量。正面宣传中一条非常重要的经验就是注重发挥榜样的作用。列宁曾指出，榜样的力量是无穷的。新形势下，尤其要重视党员领导干部和公众人物（特别是明星、网络"大V"等）在践行社会主义核心价值观中的示范和带动作用，通过他们的率先践行，使之成为大家学习的模范与榜样。

2. 要对"假丑恶"敢抓敢管，敢于亮剑。旗帜鲜明地弘扬真善美、贬斥假恶丑，树立正确导向、澄清模糊认识、匡正失范行为，形成激浊扬清、抑恶扬善的思想道德舆论场，引导人们自觉做良好道德风尚的建设者，做社会文明进步的推动者。在事关坚持还是否定四项基本原则的大是大非和政治原则问题上，我们必须增强主动性、掌握主动权、打好主动仗。要勇敢地率先冲在一线，敢于亮剑、敢于亮身份、敢于亮观点，要证明我们这支队伍是能够冲得上、抵得住、打得赢的。

3. 新形势下要重视大众媒体，尤其是互联网在传播社会主义核心价值观中的作用。要善于运用大众媒体传播核心价值观，加强核心价值观的网上传播，最大限度地唱响正气歌，使核心价值观真正成为人们心灵的罗盘，成为人们情感的寄托。习近平总书记强调："宣传思想工作是做人的工作的，人在哪儿重点就应该在哪儿。"[①]一定要增强阵地意识，巩固和拓展红色地带，改造黑色地带，争取灰色地带，建设社会主义核心价值观的网上传播阵地[②]。

需要指出的是，抓住了"制度"和"人"，实际上就抓住了国家治理视域下的社会主义核心价值观培育和践行的关键。与此同时，我们也应该对这两个因素给予重视并加以运用。一是中国作为一个文明从未中断的国家，应该重视从传统文化中汲取营养，用文化来涵养社会主义核心价值观的培育和践行；二是通过政党来引领社会主义核心价值观的培育和践行是中国理论和实践的总结，中国不能因为和西方不同，就自我矮化，甚至把自己打入另类。中国应该重视宣传教育对价值形成、人格养成的作用，用教育来内化社会主义核心价值观。

---

① 《习近平关于社会主义文化建设论述摘编》，北京，中央文献出版社 2017 年版，第 29 页。
② 《习近平关于网络强国论述摘编》，北京，中央文献出版社 2021 年版，第 52 页。

第七章　新时代中国国家治理的实践抓手

当今世界，除极个别国家／地区外，现代政治基本上都是政党政治，政党不但不能在治理中缺位，而且要充分展示自身优势，更好发挥主导性、建设性作用[①]。政党治理的好坏直接关涉国家治理现代化的程度，只有执政党自身角色不断理性化和现代化才能为国家政治社会发展提供强有力的支撑，才能为国家治理现代化提供可靠的抓手。因此，政党治理便成为国家治理的核心命题。这一问题的中国表达就是"办好中国的事情，关键在党"。既然"关键在党"，那么接下来的逻辑必然是"党要管党"，而管党治党的一条重要经验就是"党要管党，才能管好党；从严治党，才能治好党"。所以习近平总书记反复强调："治国必先治党，治党务必从严。"[②]党的十八大以来，以习近平同志为核心的党中央大力管党、从严治党，全面推进党的建设新的伟大工程取得新成效。

第一节　"治国必先治党"的内在逻辑

治国必先治党，至少体现为两层含义：一是国家治理必须坚持党的领导，离开党的领导就不能有效推进国家治理；二是只有把党治理好才能把国家治理好，政党治理是国家治理的基础和前提。但是治国和治党是两个不同的范畴，实现从治国到治党转换的内在逻辑究竟是什么？只有揭示出这种内在逻辑才能够科学回答为什么党的建设是新时代中国国家治理的抓手。

---

① 刘云山：《为完善全球经济治理贡献政党智慧和力量——在"2016 中国共产党与世界对话会"上的主旨讲话》，《人民日报》2016 年 10 月 15 日。

② 《习近平著作选读》第 2 卷，北京，人民出版社 2023 年版，第 43 页。

一、治国与治党的差异及关联

治国和治党是两个不同的范畴，但为什么在中国要把治国与治党结合起来考察，甚至会有"治国必先治党"的说法？对此有必要剖析治国与治党的差异及关联（见表7-1）。

表7-1　治国与治党的差异及关联

		治国	治党
差异	治理对象	国家	政党
	治理依据	宪法和法律法规	党章和党规党纪
	治理主体	人民	党员
	治理方式	国家权力机关依法治理	党内专责机关依纪处理
关联	治理的领导主体	中国共产党（特别是党的干部）	
	治理依靠和服务的群体	人民	
	治理的工具	"制度"	
	治理的指向	权力	

资料来源：笔者根据现有资料整理。

（一）治国和治党的不同点

1.治理对象不同。治国的对象是国家，狭义的国家治理一般指的是政府治理，而广义的国家治理则涉及国家的政治、经济、文化、社会、生态文明等方方面面。治党的治理对象是政党，在中国如无特殊说明一般特指中国共产党，狭义的政党治理一般指的是中国共产党自身建设，广义的政党治理则不仅包括中国共产党自身建设，还包括党与权力机关、行政机关、司法机关，党与企业、社会等一系列关系的处理。

2.治理依据不同。治国的依据是以宪法为核心的各项法律法规。其中宪法是国家的根本大法，是治国安邦的总章程，具有最高的法律效力。治党的依据是以党章为核心的各项党规党纪。党章是党的根本大法，在党内具有最高规范效力，其他党内法规和纪律都要体现党章、落实党章、维护党章，不得与党章相抵触。值得注意的是，宪法和国家法律法规对所有公民具有普适性，"全国各族人民、一切国家机关和武装力量、各政党和各社会团体、各企业事业组织，都必须以宪法为根本的活动准则"①。党章和党规党纪的适用对象是党员而非全体公民，党章是"全党必须共同遵守的根本行为规范"②。

3.治理主体不同。治国的主体是人民。人民虽然是治国的主体，但并非所有的人民都能够直接参与国家治理。因此，在实际政治生活中，通常是人民选举代表组成各级人民代表大会及其常务委员会，人民代表大会（在人民代表大会闭会期间是其选出的常委会）作为国家的权力机关代表人民行使治理国家的职能。这是最为根本的。当然，还有其他代表人民的机构和团体也在积极参与国家治理，例如，政府、政协、民主团体等。治党的主体是党员。同样，党员虽然是治党的主体，因此，在实际政治生活中，通常是党员选举代表组成各级党代表大会及其常务委员会，各级党代表大会（在党代表大会闭会期间是其选出的中央委员会和地方、基层的党组织的委员会）代表党员来治党。

4.治理方式不同。由于治国和治党的依据不同，相应地，它们的治理方式也有所区别③。治国主要是国家权力机关依法治理，而治党主要是党内专责机关依纪处理。具体来说，治国的执法机关是各级人民代表大会选出的"一府一委两院"，政府行使行政权，法院检察院行使审判权和检察权，监察委员会行使监察权。治党的执"法"机关是各级党代表大会选出的纪律检查委员会，纪委行使监督、执纪、问责。此外还有一些不同，比如，违法或违纪的处理程序等，都不完全相同。公民如果违法，一般由司法机关对其采取强制性的方式进行处罚，比如拘留、判刑等。党员如果违反党纪，一般会由纪律检查委员会对其进行调查，然后对其进行纪律处分。

（二）治国和治党的内在关联

1.治理的领导主体。无论治党还是治国都要坚持中国共产党的领导。正所谓，中国特色社会主义的最大特色、最本质的特征就是党的领导。这里特别值得一提的是，由于我国80%的公务员和95%县处级以上的领导干部都是共产党员④，因此，国家治理和政党治理形成了一个非常重要的交集，不论是党组织系统的干部，还是国家政权系统的干部，只要是党员干部的问题，首先都由党组织包括党的纪律检查委员会来处理，在处理中

---

① 《习近平谈治国理政》第1卷，北京，外文出版社2018年版，第138页。

② 《十八大以来重要文献选编》（上），北京，中央文献出版社2014年版，第123页。

③ 邢乐勤、吴瑶：《论治国与治党的关系》，《浙江工业大学学报（社会科学版）》2017年第2期。

④ 《习近平关于全面从严治党论述摘编（2021年版）》，北京，中央文献出版社2021年版，第401页。

发现违法犯罪事实再移交给国家司法部门处理。所以我们要把治国和治党结合起来，而不能割裂开来。

2. 治理依靠和服务的群体。无论治党还是治国都要坚持紧紧依靠人民，始终为了人民。从国家治理来说，没有人民参与，国家治理寸步难行，更别说实现宏伟的奋斗目标了；推进国家治理体系和治理能力现代化，建设社会主义现代化强国必须团结一切可以团结的力量，调动一切可以调动的积极因素。与此同时，治理好国家是为了谁？当然是为了人民，为了不断满足人民对美好生活的向往。从政党治理来说，人民的支持是中国共产党从弱小到强大的生命密码，人民的监督是中国共产党跳出历史周期率的第一个答案。治理好政党是为了谁？当然也是为了人民，为了更好地全心全意为人民服务。

3. 治理的工具。无论治党还是治国都要依靠"制度"，都体现了强烈的规矩意识。这种"制度"体现在国家治理上，表现为"依法治国"，强调宪法和法律在国家治理中具有至高无上的权威性，任何组织和个人都不能凌驾于宪法和法律之上。这种"制度"体现在政党治理上，表现为"依规治党"，强调党章和党规在党的治理中具有至高无上的权威性，"不允许有任何不参加党的组织生活、不接受党内外群众监督的特殊党员"[1]。在社会主义的中国，由于党性和人民性是统一的，因此，这种"制度"（"法"）是党和人民意志的集中体现，在实际政治生活中更是要推进法纪贯通，从而更是将治党与治国紧密结合起来。

4. 治理的指向。无论治党还是治国都有一个共同的指向——治权[2]。在封建社会尽管也有"法"和"法制"，但其主要是用来治民的；而我们现在主要是用其来约束和规范干部的用权方式和用权行为，使他们能够依法用权，为人民用权，而不是违法乱纪、以权谋私，更不能贪赃枉法。权力的监督和制约是有一些共性规律的，因此，可以而且应当强化治党和治国的有机沟通和协作，共同把权力治理好。

二、"治国必先治党"的历史经验与现实要求

如果说坚持党的领导揭示了"治国必先治党"的大前提，那么政党治理的好坏与国家治理的优劣之间的正相关关系则更加强化了"治国必先

---

① 《中国共产党章程》，北京，人民出版社 2022 年版，第 31 页。
② 李君如：《治理什么样的国家，怎样治理国家？》，北京，外文出版社 2018 年版，第 102~104 页。

治党"的必然性。

（一）历史地看，党衰，国家衰；党兴，国家兴

邓小平曾指出，"中国要出问题，还是出在共产党内部"①，"我们共产党内部要搞好，不出事，就可以放心睡大觉"②。这句通俗易懂的"大白话"揭示了一个极其深刻的道理。例如，把共产党跟国民党相比较，国民党内部变质变色变味，结果丢掉了大陆，败走台湾；而中国共产党始终坚守初心使命，通过党的建设，永葆先进性、纯洁性和战斗力，极大地改变了国家的面貌，推动中华民族伟大复兴进入了不可逆转的历史进程。

这种经验教训不仅体现在宏大叙事上，更体现在具体细节上。例如，政党能够制定并执行正确的路线问题，不仅是关系党的事业兴衰成败的第一位的问题，更关系到国家和人民的命运。"文化大革命"十年内乱，由于路线的错误，使中国国民经济到了崩溃的边缘。而拨乱反正，首先从党的路线破题，重新确立了实事求是的思想路线，然后实现全党工作重点由"阶级斗争为纲"转移到以经济建设为中心，形成党在社会主义初级阶段"一个中心两个基本点"的基本路线，即党的政治路线，平反冤假错案，提出干部要革命化、年轻化、知识化、专业化，形成了适合社会主义现代化建设需要的组织路线。党的这一系列举措，极大地推动了中国社会的发展，使中国大踏步赶上了时代。③有学者指出，拨乱反正，是因为有"乱"。因此，邓小平在治国的时候，首先抓的就是整党、治党。这是一条非常重要的经验。④总之，历史告诉我们，国家的发展前途和党的治国路线息息相关、密不可分。党的治国路线正确与否，关系到党和国家的前途命运，是治国兴国最根本的问题。

（二）现实地看，"四个伟大"中起决定性作用的是党的建设新的伟大工程

习近平总书记指出："伟大斗争，伟大工程，伟大事业，伟大梦想，紧密联系、相互贯通、相互作用，其中起决定性作用的是党的建设新的伟大工程。"⑤不断增强"四个意识"，提高"四自能力"，经受"四大考验"，战胜"四种危险"，把党建设得更加坚强有力，才能团结带领人民有效应对重大挑战、抵御重大风险、克服重大阻力、解决重大矛盾，夺取新时代

①《邓小平文选》第3卷，北京，人民出版社1993年版，第380页。
②《邓小平文选》第3卷，北京，人民出版社1993年版，第381页。
③《习近平著作选读》第2卷，北京，人民出版社2023年版，第479页。
④ 李君如：《治理什么样的国家，怎样治理国家？》，北京，外文出版社2018年版，第106页。
⑤《习近平著作选读》第2卷，北京，人民出版社2023年版，第14页。

中国特色社会主义伟大胜利，才能不断迈向实现中华民族伟大复兴的宏伟目标。

在世界百年未有之大变局中，尽管我们党的建设取得了巨大成就，但"我们党面临的执政环境是复杂的，影响党的先进性、弱化党的纯洁性的因素也是复杂的，党内存在的思想不纯、组织不纯、作风不纯等突出问题尚未得到根本解决"①；"党面临的执政考验、改革开放考验、市场经济考验、外部环境考验将长期存在，精神懈怠危险、能力不足危险、脱离群众危险、消极腐败危险将长期存在"②。对于这些问题，我们绝不能掉以轻心。因此，研究治国问题，必须先研究执政党问题。我们必须时刻保持解决大党独有难题的清醒和坚定，坚决落实新时代党的建设总要求，健全全面从严治党体系，结合伟大斗争、伟大事业、伟大梦想的实践推进伟大工程，全面推进党的自我净化、自我完善、自我革新、自我提高，唯此，才能"确保党在世界形势深刻变化的历史进程中始终走在时代前列，在应对国内外各种风险和考验的历史进程中始终成为全国人民的主心骨，在坚持和发展中国特色社会主义的历史进程中始终成为坚强领导核心"③，才能更好地推进国家治理现代化。

第二节　"治党务必从严"的基本要求

治党务必从严，至少可以从 3 方面理解：一是为什么必须从严，为什么只有从严治党才能治好党；二是什么是从严治党，特别是全面从严治党的具体内涵和要求是什么；三是如何坚定不移全面从严治党，确保党始终成为中国特色社会主义事业的坚强领导核心。

一、全面从严治党是一个重大战略举措

改革开放以来，在党的建设问题上的提法大致经历了这样一个变化过程：加强党的建设—以改革的精神建设党—建设马克思主义执政党—提高党的建设科学化水平—从严治党—全面从严治党。全面从严治党既是解决多年积存的突出问题，也是为改革深化创造条件、扩大回旋空间，努力

---

① 《习近平著作选读》第 2 卷，北京，人民出版社 2023 年版，第 50 页。
② 《习近平著作选读》第 1 卷，北京，人民出版社 2023 年版，第 52 页。
③ 《习近平著作选读》第 2 卷，北京，人民出版社 2023 年版，第 14~15 页。

争取和平推进中国现代化进程。2014 年 10 月，在党的群众路线教育实践活动总结大会上，习近平总书记从 8 个方面系统阐述了"全面推进从严治党"思想。2014 年 12 月 14 日，习近平总书记在江苏调研时，首次形成了"四个全面"的表述，他指出："协调推进全面建成小康社会、全面深化改革、全面推进依法治国、全面从严治党，推动改革开放和社会主义现代化建设迈上新台阶。"①这是从完成党的十八大提出的任务、要求以及党和国家事业发展中必须解决好的主要矛盾提出来的，它明确了"四个全面"的科学内涵。2015 年 2 月初，在省部级主要领导干部专题研讨班开班式上，习近平总书记作出了"四个全面"是战略布局的判断，认为它"既有战略目标，也有战略举措，每一个'全面'都具有重大战略意义"②，这就明确了"四个全面"的科学定位。这样一来，包含全面从严治党在内的"四个全面"从中国实际出发，由一般的任务要求逐渐上升为重要的国家战略。

二、核心是加强党的领导，基础在全面，关键在严，要害在治

习近平总书记指出："全面从严治党，核心是加强党的领导，基础在全面，关键在严，要害在治。"③

（一）核心是加强党的领导

中国特色社会主义最本质的特征就是坚持中国共产党的领导，中国的事情要办好，首先中国共产党的事情要办好。习近平总书记指出："党的十八大以来我们所进行的探索，所开展的工作，所取得的成就，所走过的路程，及其给党和国家事业带来的历史性成就和历史性变革，值得我们自豪，有许多成功经验值得认真总结。其中，最根本的就是两条，一条是必须把党建设好，一条是必须把道路坚持好。把党建设好了，我们的国家、我们的人民、我们的事业就有了主心骨；把道路坚持好了，我们的国家、我们的人民、我们的事业就有了方向标。"④但现实中，为什么一些西方国家特别喜欢抹黑攻击中国的政党制度呢？

---

① 《习近平谈治国理政》第 2 卷，北京，外文出版社 2017 年版，第 22 页。
② 《习近平谈治国理政》第 2 卷，北京，外文出版社 2017 年版，第 27 页。
③ 《习近平关于全面从严治党论述摘编（2021 年版）》，北京，中央文献出版社 2021 年版，第 11 页。
④ 《习近平关于全面从严治党论述摘编（2021 年版）》，北京，中央文献出版社 2021 年版，第 22~23 页。

其实西方国家明白，中国能爆发出如此惊人的能量是与中国共产党的领导制度分不开的，他们不会眼睁睁地看着西方秩序遭到破坏，他们也明白"打蛇要打七寸"，所以他们学会了从"根本"出发——要想阻止中国成为世界强国，首先就要毁掉中国的政党制度。对此，习近平总书记深刻地指出："西方国家策划'颜色革命'，往往从所针对的国家的政治制度特别是政党制度开始发难，大造舆论，大肆渲染，把不同于他们的政治制度和政党制度打入另类，煽动民众搞街头政治。当今世界，意识形态领域看不见硝烟的战争无处不在，政治领域没有枪炮的较量一直未停。"① 对此，我们一定要保持清醒的头脑，毫不动摇地坚持、发展和完善我们的治党制度。

（二）基础在全面，"全面"就是管全党、治全党

要求全覆盖、全方位、全过程、全周期；主体全覆盖、内容无死角、劲头不松懈；范围是所有党的组织、对象是所有党员、内容是党的所有工作。面向 9900 多万名党员、500 多万个党组织，覆盖党的建设各个领域、各个方面、各个部门，重点是抓住"关键少数"。"全面"非常重要，如果不全面、出现漏洞，势必会滋生"侥幸"心理，甚至会产生"法外之人"，从而严重损伤党的制度的权威性，弱化全面从严治党的效果。

（三）关键在严，"严"就是真管真严、敢管敢严、长管长严

要求从严、措施从严、查处从严；思想教育从严、干部管理从严、作风要求从严、组织建设从严、制度执行从严；组织要严、制度要严、机制要严、纪律要严、执行要严。与以往党的建设相比，新时代全面从严治党之所以能够取得如此显著的成就，其中很重要的一点就是"严"字当头，一改之前的宽松软状态，一张蓝图绘到底，让党的制度规矩真正发挥出应有的作用。

（四）要害在治，"治"就是落实治党责任，真正做到治病救人

从党中央到省市县党委，从中央部委、国家机关部门党组（党委）到基层党支部，都要肩负起主体责任，党委书记要把抓好党建当作分内之事、必须担当的职责；各级纪委要担负起监督责任，敢于瞪眼黑脸，勇于执纪问责②。要治标与治本相结合，坚持依规依法治党、制度治党，坚持把握规律、科学治党。需要注意的是，新时代全面从严治党尽

---

① 《习近平关于社会主义政治建设论述摘编》，北京，中央文献出版社 2017 年版，第 18 页。
② 《习近平关于全面从严治党论述摘编（2021 年版）》，北京，中央文献出版社 2021 年版，第 21 页。

管处理了不少人，但其本质上并不是"整人"，而是"救人"。它从团结的愿望出发，根据党章和党内法规的要求，为了维护党的纯洁和团结而纠治不合格党员，努力营造良好的政治生态，从而与以往的残酷斗争、无情打击区分开来。监督执纪"四种形态"很好地体现了"治"的特点和本色。

第三节　新时代党的建设具有七个维度

"文化大革命"的十年，"党的各级组织普遍受到冲击并陷于瘫痪、半瘫痪状态，党的各级领导干部普遍受到批判和斗争，广大党员被停止了组织生活，党长期依靠的许多积极分子和基本群众受到排斥"[1]，这种不正常的党内生活"不可避免地给一些投机分子、野心分子、阴谋分子以可乘之机，其中有不少人还被提拔到了重要的以至非常重要的地位"[2]。因此，结束"文化大革命"以后，1977 年党的十一大明确提出，要"认真解决由于'四人帮'破坏而造成的思想不纯、组织不纯和作风不纯的问题"[3]，为此，有针对性地提出了要搞好党的思想建设和组织建设，整顿党的作风。这种强烈的问题导向，事实上成了后来结构化党建的雏形。

一、结构化党建基本维度的形成

由于党的十一大仍然坚持"无产阶级专政下继续革命"，因此，党的建设并没有真正实现拨乱反正。"经过十一届三中全会以来的努力，我们党内的政治生活首先是党中央的政治生活，已经由过去长期不正常的严重状态逐步恢复到马克思主义的正确轨道上来。"[4]尤其值得一提的是，1982年党的十二大报告首次用专章的形式部署党的建设内容。但由于这是拨乱反正以后召开的首次党代会，因此包含党建在内的各方面任务异常繁重，党的十二大报告并没有用加强党的某个方面建设的提法，而是强调着重解决 4 个问题，即"健全党的民主集中制，使党内政治生活进一步正常

① 《三中全会以来重要文献选编》（下），北京，人民出版社 1982 年版，第 810 页。
② 《三中全会以来重要文献选编》（下），北京，人民出版社 1982 年版，第 811 页。
③ 华国锋：《十一大上的政治报告》，https://www.cntheory.com/tbzt/sjjlzqh/ljddhgb/2021 10/t20211029_37379.html。
④ 《十二大以来重要文献选编》（上），北京，人民出版社 1986 年版，第 49 页。

化"① "改革领导机构和干部制度，实现干部队伍的革命化、年轻化、知识化、专业化"② "加强党在工人、农民、知识分子中的工作，密切党同群众的联系"③ "有计划有步骤地进行整党，使党风根本好转"④。以我们今天的观点视之，这 4 个问题大致可以归为政治建设、组织建设、作风建设三大建设。1987 年，党的十三大报告中提出，"解决党内思想不纯、组织不纯、作风不纯的问题，是一项长期的经常工作"⑤，因此，要在改革开放中加强"党的思想建设、组织建设、作风建设"，加强党的制度建设⑥。

　　1992 年，江泽民在党的十四大报告中继承了这种思路，从思想、组织、作风等方面分析党的建设面临的新情况和新问题。1997 年，他在党的十五大报告中提出，要"从思想上、组织上、作风上全面加强党的建设"⑦，即党的建设至少包含思想、组织和作风建设 3 个维度。2002 年，江泽民在党的十六大报告中强调，"一定要把思想建设、组织建设和作风建设有机结合起来，把制度建设贯穿其中"⑧，由此形成了思想、组织、作风和制度建设 4 个党建维度。2007 年，胡锦涛在党的十七大报告中进一步提出："以坚定理想信念为重点加强思想建设，以造就高素质党员、干部队伍为重点加强组织建设，以保持党同人民群众的血肉联系为重点加强作风建设，以健全民主集中制为重点加强制度建设，以完善惩治和预防腐败体系为重点加强反腐倡廉建设。"⑨增加了反腐倡廉建设维度，由此形成了思想、组织、作风、制度和反腐倡廉建设 5 个党建维度。2012 年，胡锦涛在党的十八大报告中再次强调"全面加强党的思想建设、组织建设、作风建设、反腐倡廉建设、制度建设"⑩五大建设。2017 年，习近平总书记在党的十九大报告中进一步提出"新时代党的建设总要求"这一命题，强调要"全面推进党的政治建设、思想建设、组织建设、作风建设、纪律建设，把制度建设贯穿其中，深入推进反腐败斗争"⑪。与之前相比，

　　① 《十二大以来重要文献选编》（上），北京，人民出版社 1986 年版，第 49 页。
　　② 《十二大以来重要文献选编》（上），北京，人民出版社 1986 年版，第 51 页。
　　③ 《十二大以来重要文献选编》（上），北京，人民出版社 1986 年版，第 53 页。
　　④ 《十二大以来重要文献选编》（上），北京，人民出版社 1986 年版，第 49 页。
　　⑤ 《十三大以来重要文献选编》（上），北京，人民出版社 1991 年版，第 52 页。
　　⑥ 《十三大以来重要文献选编》（上），北京，人民出版社 1991 年版，第 55 页。
　　⑦ 《江泽民文选》第 2 卷，北京，人民出版社 2006 年版，第 43 页。
　　⑧ 《江泽民文选》第 3 卷，北京，人民出版社 2006 年版，第 568~569 页。
　　⑨ 《胡锦涛文选》第 2 卷，北京，人民出版社 2016 年版，第 652 页。
　　⑩ 《胡锦涛文选》第 3 卷，北京，人民出版社 2016 年版，第 653 页。
　　⑪ 《习近平谈治国理政》第 3 卷，北京，外文出版社 2020 年版，第 48 页。

增加了政治建设和纪律建设的内容，由此形成了新时代党建的 7 个维度。党的二十大继续沿用了"新时代党的建设总要求"这一提法，并着重论述了党的政治建设，强调要"坚持和加强党中央集中统一领导"①。

　　总之，所谓结构化党建，就是分维度、分模块地推进党的建设。换句话说，论述党建一定有几个基本维度必谈，在谈完这些基本维度之后根据情势的需要，再添加其他内容（见表 7-2）。这种结构化党建模式，一方面可以使人们较好地把握党建的基本维度，从而有针对性地开展党建；另一方面党建维度的减少和增加可以使人民更加直观地感受到在某一阶段党建的变化，从而与时俱进地推进党建。

表 7-2　结构化党建的基本维度（1977~2022 年）

时间	结构化党建的基本维度
党的十一大（1977 年）	思想建设、组织建设、作风建设
党的十二大（1982 年）	政治建设、组织建设、作风建设
党的十三大（1987 年）	思想建设、组织建设、作风建设、制度建设
党的十四大（1992 年）	思想建设、政治建设、组织建设、作风建设
党的十五大（1997 年）	思想建设、组织建设、作风建设
党的十六大（2002 年）	思想建设、组织建设、作风建设、制度建设
党的十七大（2007 年）	思想建设、组织建设、作风建设、制度建设、反腐倡廉建设
党的十八大（2012 年）	思想建设、组织建设、作风建设、反腐倡廉建设、制度建设
党的十九大（2017 年）	政治建设、思想建设、组织建设、作风建设、纪律建设、制度建设、反腐败斗争
党的二十大（2022 年）	政治建设、思想建设、组织建设、作风建设、纪律建设、制度建设、反腐败斗争

资料来源：笔者根据中国共产党历次全国代表大会数据库整理。

二、新时代在党的建设中增加政治建设和纪律建设的原因

　　在新时代，深刻认识习近平总书记为何要从 7 个维度论述党的建设，

---

① 《习近平著作选读》第 1 卷，北京，人民出版社 2023 年版，第 53 页。

其关键就是要回答以习近平同志为核心的党中央为什么要在五大建设的基础上增加政治建设和纪律建设。

（一）在党的建设中增加政治建设的原因

在笔者看来，在党的建设中增加政治建设至少有以下 4 点原因。

第一，就一般意义上来讲，政党首先是政治性组织，不讲政治的组织不能称其为政党。因此，作为政党的共产党当然必须讲政治，必须进行政治建设，强化党员对本党政治主张、政治观点以及政治愿景等的认同。对此，习近平总书记郑重指出："共产党不讲政治还叫共产党吗？"[①]

第二，就当下中国共产党面临的问题来讲，以习近平同志为核心的党中央深刻地认识到不讲政治、不进行政治建设的巨大危害性。出现了"七个有之"问题，即"一些人无视党的政治纪律和政治规矩，为了自己的所谓仕途，为了自己的所谓影响力，搞任人唯亲、排斥异己的有之，搞团团伙伙、拉帮结派的有之，搞匿名诬告、制造谣言的有之，搞收买人心、拉动选票的有之，搞封官许愿、弹冠相庆的有之，搞自行其是、阳奉阴违的有之，搞尾大不掉、妄议中央的也有之"[②]。这些人不仅污染了政治生态，破坏了中央权威，更有甚者演化成对抗中央、分裂组织的行径。因此，习近平总书记强调："党的政治建设是党的根本性建设，决定党的建设方向和效果。"[③]在政治建设上犯错误将是全局性、广泛性的，甚至是颠覆性的。尤其在党内发生周永康、薄熙来、令计划等重大政治案件后，将政治建设作为党的建设的一项重要任务单独提出，就显得尤为重要和迫切。

第三，政治建设将形成中国共产党独特的精神风骨。共产党人所讲的政治是马克思主义指导下的政治，是为人的全面而自由发展的政治，是和资产阶级等其他政党与众不同的政治，她坚持以人民为中心的政治立场，坚持社会主义的政治方向，坚持民主集中制的政治组织原则，坚持党的领导、人民当家作主、依法治国有机统一的政治道路。共产党人就是要讲政治，就是要坚决驳斥那些虚伪的、别有用心的政治过时论；就是要在大是大非问题上始终保持清醒认识，在"跟谁走"问题上始终坚定不移；就是要加强党性锻炼，"不断提高政治觉悟和政治能力，把对党忠诚、为党分忧、为党尽职、为民造福作为根本政治担当，永葆共产党人

①《习近平关于全面从严治党论述摘编（2021年版）》，北京，中央文献出版社2021年版，第98页。

②《习近平著作选读》第 1 卷，北京，人民出版社 2023 年版，第 521 页。

③《习近平谈治国理政》第 3 卷，北京，外文出版社 2020 年版，第 48 页。

政治本色"①。

第四，政治建设将铸就中国共产党强大的发展优势。我们的政治建设坚持民主集中制，既能充分反映广大人民的意愿又有利于形成全体人民的统一意志，既能保证国家机关协调高效运转又有利于集中力量办大事②。早在 1987 年，邓小平在《改革的步子要加快》一文中就明确指出："社会主义国家有个最大的优越性，就是干一件事情，一下决心，一做出决议，就立即执行，不受牵扯。"③而西方国家则不一样，几个机构之间议而不决，决而不行，互相扯皮、互相推诿，效率低下，甚至出现"政府关门"这样的政治奇闻④。因此，邓小平强调，民主集中制体现了我们的优越性，"我们有很多优越的东西，这是我们社会制度的优势，不能放弃"⑤。政治建设通过民主集中制这一环节，使全党服从中央，在中央带领下，全党心往一处想、劲往一处使，必将产生其他政党无法比拟的力量，铸就中国共产党强大的发展优势。

（二）在党的建设中增加纪律建设的原因

在党的建设中增加纪律建设至少有以下 4 点原因。

一是纪律严明是党的光荣传统和独特优势。中国共产党创立时仅有 50 多名党员，而今天则成为拥有 9900 多万名党员的世界第一大马克思主义执政党，严明的纪律和规矩功不可没。在严酷的斗争环境中，虽然中国共产党的人员物资等极度匮乏，但严明的纪律形成了共产党的吸引力——共产党和人民军队的秋毫无犯与国民党和反动军队的压榨劫掠形成了鲜明对比，让老百姓觉得跟着共产党和人民军队是有前途的。所以，"当兵就要当红军，处处工农来欢迎，官长士兵都一样，没有人来压迫人"。更有"最后一碗米送去做军粮，最后一尺布送去做军装，最后一件老棉袄盖在担架上，最后一个亲骨肉送去上战场"⑥这样动人的民谣。在"进城"前，中国共产党又提出了"两个务必"，确定了"六条规定"等。这些加强纪律建设的做法，对中国共产党更好地适应"在全国执政并长期执政"具有十分重要的意义。

① 《习近平谈治国理政》第 3 卷，北京，外文出版社 2020 年版，第 49 页。
② 杨光斌：《民主集中制是我国根本政治制度的优势所在》，《光明日报》2014 年 9 月 30 日。
③ 《邓小平文选》第 3 卷，北京，人民出版社 1993 年版，第 240 页。
④ 滕明政：《邓小平的批判性实践考察》，《中国矿业大学学报（社会科学版）》2015 年第 2 期。
⑤ 《邓小平文选》第 3 卷，北京，人民出版社 1993 年版，第 256 页。
⑥ 《十八大以来重要文献选编》（下），北京，中央文献出版社 2018 年版，第 814~815 页。

二是政党建设需要有专门的调节工具。国有国法，家有家规，国法家规皆有自己约束的对象，并在各自特定的"域"中发挥作用。政党建设不能用国法家规的"尺子"来度量和约束政党的思想和行为，而必须建立自己的调节工具，这个工具就是党规党纪。

三是纪律建设是将党内零散的纪律、规定等内容系统化的核心环节。在不同的历史时期，中国共产党制定颁布了许多与纪律相关的规章、条款，这些规章、条款多是以问题为导向，致力于解决当时的问题，具有鲜明的时代印记。例如，"三大纪律、八项注意""两个务必""六条规定""八个坚持、八个反对"等，其具体内容尽管有些许相同的地方，但总的来讲，差别很大。这就形成了纪律建设的一个个"土豆"，需要有一个"筐"来将它们装起来。特别是对于中国共产党这样一个百年大党，回顾自己走过的路，将零散的纪律系统化，总结纪律建设的成败得失，探讨纪律建设的基本规律，对于中国共产党更好地走向未来大有裨益。

四是纪律建设是解决"要么好同志、要么阶下囚"困境的应对之策。一方面，一段时间以来，有些人对党的纪律重视不够，形成了"违纪是小事、违法才要紧"的错误认识，视党的纪律如同儿戏，在错误的泥潭中越陷越深；另一方面，党的十八大以来，以习近平同志为核心的党中央坚持全面从严治党，提出"党纪严于国法"，勤提领子常扯袖，将错误思想和行为扼杀在萌芽状态，防止养痈遗患，取得了很好的成效。正反两方面的对比，清楚地表明加强党的纪律建设的重要性，把纪律建设作为党的建设的一项重要内容单独提出的时机已经成熟。

第四节　新时代党的七大建设的核心要义

新时代党的七大建设或者说党建的七大维度具有鲜明的问题导向，政治建设集中解决政治权威和政治忠诚问题，思想建设集中解决"缺钙"和"软骨病"问题，组织建设集中解决干部和人才问题，作风建设集中解决党的形象问题，纪律建设集中解决纪律松弛、不懂规矩、不守规矩问题，制度建设集中解决"牛栏关猫""麻杆做栅栏"问题，反腐败斗争集中解决"老虎""苍蝇""狐狸"问题。根据问题指向，每一大建设的核心内容便跃然纸上。

一、以同党中央保持高度一致为核心，重塑党内政治生态和政治生活

一段时间以来，不少人士把讲政治等同于党同伐异、阶级斗争，谈之色变；更有不少人士提出，我们已经进入"后政治时代"，讲政治已经过时，谁讲谁"掉价"，一时间"淡化政治""去政治化"思潮甚嚣尘上。然而世界和中国的社会主义运动表明，不讲政治，以人民为中心的政治立场就会动摇，社会主义的政治方向就会偏离，民主集中制的政治组织原则就会废弃，坚持党的领导、人民当家作主、依法治国有机统一的政治道路就会荒芜。在党的十九大上，习近平总书记系统阐述了为什么要加强党的政治建设，为什么要把党的政治建设摆在首位。他指出："旗帜鲜明讲政治是我们党作为马克思主义政党的根本要求。党的政治建设是党的根本性建设，决定党的建设方向和效果。"①

党的政治建设的首要任务是"保证全党服从中央，坚持党中央权威和集中统一领导"②。服从组织决议是中国共产党第一部党章（党纲）就确立并一直坚持下来的，以后逐渐发展成为系统的"四个服从"。然而，服从并不是时时处处都能做到的，正如一个队伍经常是不大齐整的。所以，要经常喊看齐。习近平总书记强调："只有经常喊看齐，只有各级党组织都经常喊看齐，才能时刻警醒、及时纠偏，使全党始终保持整齐昂扬的奋进状态"③，才能在思想政治行动统一的基础上，凝聚起实现中国梦的磅礴力量。加强党的政治建设，要使每一位党员自觉做到在党爱党、在党言党、在党忧党、在党为党，始终坚持以党的旗帜为旗帜、以党的意志为意志、以党的使命为使命，一句话，要使每一位党员在思想上政治上行动上自觉同党中央保持高度一致。

（一）讲政治需要营造良好的政治生态

习近平总书记指出："做好各方面工作，必须有一个良好政治生态。政治生态污浊，从政环境就恶劣；政治生态清明，从政环境就优良。"④而从政环境又会直接影响官员的行为，例如，佞于隋而诤于唐（司马光语）

---

① 《习近平谈治国理政》第 3 卷，北京，外文出版社 2020 年版，第 48 页。
② 《习近平谈治国理政》第 3 卷，北京，外文出版社 2020 年版，第 48 页。
③ 《习近平关于全面从严治党论述摘编（2021 年版）》，北京，中央文献出版社 2021 年版，第 102 页。
④ 《习近平关于全面从严治党论述摘编（2021 年版）》，北京，中央文献出版社 2021 年版，第 403 页。

的裴矩①，不是其个人本性发生了什么变化，而是不同从政环境对其施加的影响不同罢了②。邓小平当年从制度建立的角度来谈论党内政治生态问题，因为结束"文化大革命"以后，最大的问题是制度的有无和制度的好坏，而现今习近平总书记则进一步从制度能否有效运行的角度来论述这一问题，因为经过改革开放40多年的制度建设，我们已经建立了相对完备的制度体系。但有了好的制度还不够，因为从制定好制度到落实好制度，中间还需要有一个好的政治生态环境。没有好的政治生态环境，大家纷纷以走"暗门"、开"天窗"、踩"红线"、越"底线"、闯"雷区"为"荣"为"傲"，再好的制度也会沦为"稻草人""纸老虎"。所以，要把党的政治建设摆在首位，努力营造风清气正的政治生态③。要下大气力拔"烂树"、治"病树"、正"歪树"，迅速改变"劣币驱逐良币"的逆淘汰，大力倡导清清爽爽的同志关系，规规矩矩的上下级关系，让党内关系全面回归正常化、纯洁化。党的十八大以来，党中央"打老虎"工作不断推进，坚决处理了辽宁拉票贿选案、湖南衡阳破坏选举案、四川南充拉票贿选案等案件所涉及的基层干部，努力修复政治生态。新征程上，要"增强党内政治生活政治性、时代性、原则性、战斗性，用好批评和自我批评武器，持续净化党内政治生态"④。

（二）讲政治要全面严肃党内政治生活

党内政治生活是党组织教育管理党员和党员进行党性锻炼的主要平台。经验表明，抓住了严格党内政治生活这个关键点，也就抓住了解决党内矛盾和问题的钥匙⑤。然而一段时间以来，党内政治生活不认真不严肃现象比较普遍，庸俗化、随意化倾向比较突出。正如习近平总书记所批评的，有的党组织违背"四个服从"原则，有令不行、有禁不止，对党中央和上级的决策部署合意的就执行、不合意的就不执行；有的党员、干部党

---

① 隋炀帝是个好大喜功的皇帝，对于"四海宾服、万邦来朝"的局面异常痴迷。裴矩为讨好皇帝，便竭尽其所能地帮助他实现梦想，先是游说西域列国向隋朝称臣纳贡，紧接着又联合铁勒等部合击吐谷浑，向西北地区拓地数千里，不久后又唆使西突厥进攻东突厥，迫使东突厥处罗可汗向隋朝称臣。因此，在隋朝时，裴矩是谄媚"昏君"的"奸臣"。唐太宗即位后，喜欢大臣们进谏，年近八十的裴矩再度转型，成为深受皇帝赞许的诤臣，并被任命为民部尚书。（"矩年且八十，而精爽不衰，以晓习故事，甚见推重。"见《旧唐书·裴矩传》。）

② 滕明政：《习近平的国家治理现代化思想研究——推进国家治理体系和治理能力现代化》，《大连理工大学学报（社会科学版）》2018年第1期。

③ 《习近平著作选读》第2卷，北京，人民出版社2023年版，第51页。

④ 《习近平著作选读》第1卷，北京，人民出版社2023年版，第53页。

⑤ 习近平：《做焦裕禄式的县委书记》，北京，中央文献出版社2015年版，第63页。

的意识弱化、组织观念淡薄，不相信组织、不服从组织、不依靠组织，把党组织当成了来去自由的"大车店"、各取所需的"大卖场"、自行其是的"私人俱乐部"；有的党员、干部讲利益不讲党性、讲关系不讲原则、讲面子不讲规矩，甚至把党内同志关系异化为人身依附关系，搞小山头、小圈子、小团伙那一套，搞门客、门宦、门附那一套等①。因此，党的十八大以来，以习近平同志为核心的党中央新修订通过了《关于新形势下党内政治生活的若干准则》，其中"坚持党的基本路线、坚决维护党中央权威、保持清正廉洁的政治本色"等内容直指党的政治建设。

二、以补好党员之钙，做好社会意识形态工作为着力点，全面加强党的思想建设

重视思想工作是自毛泽东以来中共党建的重要经验，这种经验不仅局限于党的自身建设领域，而且是中国共产党开展许多工作的重要手段。比如在残酷的对敌斗争中，"做对方思想工作"就是中共的重要办法。苏联情报专家来华介绍经验时曾说，用金钱、美色才能获得有价值的情报，对此，中共情报工作负责人李克农明确表示："我们过去没有这样干，今后也不会这样干！我们主要靠交朋友、做政治思想工作，有时也用一些金钱，但只是辅助手段。"②这种"攻心为上"的传统智慧被中共发扬光大。毛泽东通过思想改造，把"许多愿意为共产党主张而奋斗的新党员，锻炼成为有最高阶级觉悟的布尔塞维克的战士"③。在他看来，"掌握思想教育，是团结全党进行伟大政治斗争的中心环节"④。当下中国正在实现伟大梦想的征程上，必须进行伟大斗争，建设伟大工程，推进伟大事业。对此，习近平总书记明确了新时代党的思想建设的着力点。

（一）就党内而言，党员必须坚持"革命理想高于天"

一直以来，理想崇高、信念坚定、骨头硬朗是中国共产党党员的特殊品质，是共产党区别于其他选举型政党的显著之处，也是共产党取得胜利的关键所在。革命年代，中国共产党人如果没有坚定的理想信念，那么面对敌人封锁包围、残酷镇压，革命的火种不但不能"燎原"，甚至连保存都成问题。而我们将革命火种燃成燎原之势，战胜千难万险使革命走向

---

① 《习近平关于全面从严治党论述摘编》，北京，中央文献出版社2016年版，第38~39页。
② 李大光：《"圣智"和"仁义"的优势》，《北京日报》2014年10月27日。
③ 《中共中央文件选集》第10册，北京，中共中央党校出版社1991年版，第620~621页。
④ 《毛泽东选集》第4卷，北京，人民出版社1991年版，第1094页。

胜利，"就是因为我们有理想，有马克思主义信念，有共产主义信念"。①
和平时期，中国共产党人如果没有坚定的理想信念，那么面对市场经济、
面对利益诱惑，将会有相当数量的党员干部经不起"糖衣炮弹"的攻击，
在政治上变质、在思想上蜕化、在生活上腐化、在行动上落伍。所以，
习近平总书记强调，"理想信念坚定，骨头就硬；没有理想信念，或理想
信念不坚定，精神上就会'缺钙'，就会得'软骨病'"②。这一点可以从党
的十八大以来众多落马官员的忏悔录中得到印证。

　　没有坚定的理想信念，忘了初心，眼界就窄了、私欲就重了，人生
观、价值观就扭曲了，谋私成为内在的精神动力，在金钱美色面前节节败
退，最终滑向腐败深渊。所以，必须警醒式地强调党的理想信念教育问
题，把坚定理想信念教育作为党的思想建设的首要任务，大力解决好世界
观、人生观、价值观的"总开关"问题。党的十八大以来，习近平总书记
在十八届中央政治局第一次集体学习，在全国组织工作会议、宣传工作会
议、党校工作会议等重要场合反复重申坚定理想信念的重要性；党的十九
大闭幕仅一周，习近平总书记就带领十九届中央政治局常委瞻仰上海中共
一大会址和浙江嘉兴南湖红船，回顾建党历史，重温入党誓词，号召在全
党开展"不忘初心、牢记使命"主题教育。确保党始终不忘初心、牢记使
命、永远前进。党的二十大闭幕不到一周，习近平总书记带领中共中央政
治局常委赴陕西延安瞻仰延安革命纪念地，宣示新一届中央领导集体赓续
红色血脉、传承奋斗精神，在新的赶考之路上向历史和人民交出新的优异
答卷的坚定信念。面向未来，习近平总书记要求："加强理想信念教育，
引导全党牢记党的宗旨，解决好世界观、人生观、价值观这个总开关问
题，自觉做共产主义远大理想和中国特色社会主义共同理想的坚定信仰者
和忠实实践者。"③

　　（二）就全社会而言，必须认识到"意识形态工作是党的一项极端重
要的工作"

　　习近平总书记指出："经济建设是党的中心工作，意识形态工作是党
的一项极端重要的工作。"④在整个社会结构中，虽然经济是基础，居于中
心地位，但只有经济是不行的，而且经济更好地发展也需要意识形态为其

---

① 《邓小平文选》第 3 卷，北京，人民出版社 1993 年版，第 110 页。
② 《习近平总书记系列重要讲话读本》，北京，学习出版社、人民出版社 2014 年版，第 159 页。
③ 《习近平著作选读》第 1 卷，北京，人民出版社 2023 年版，第 53 页。
④ 《习近平谈治国理政》第 1 卷，北京，外文出版社 2018 年版，第 153 页。

营造良好的氛围。意识形态工作事关党和国家的前途命运，这是被历史和现实一再证明了的。习近平总书记告诫："一个政权的瓦解往往是从思想领域开始的，政治动荡、政权更迭可能在一夜之间发生，但思想演化是个长期过程。思想防线被攻破了，其他防线就很难守住。我们必须把意识形态工作的领导权、管理权、话语权牢牢掌握在手中，任何时候都不能旁落。"[①]

现实中，我们发现意识形态的斗争并未随着"冷战"的结束而终结，它不但继续存在，而且还发挥了重要作用。西方国家借助电视、广播、电影、网络等方式大力向外输出他们的文化价值观，力图从思想上改造中国，达到"不战而胜"。国内面对多元化思潮，迫切需要通过意识形态工作，统一思想、凝聚人心，把全国人民的力量汇集到建设中国特色社会主义事业上来。坚持用科学理论武装头脑，不断培植我们的精神家园。对各级党委来说，一定要认真学习贯彻《党委（党组）意识形态工作责任制实施办法》，认真落实好意识形态工作责任制；对领导干部特别是党的高级干部来说，要把系统掌握马克思主义基本理论作为看家本领，党校、干部学院、社会科学院、高校、理论学习中心组等都要把马克思主义作为必修课，成为马克思主义学习、研究、宣传的重要阵地；对其他党员来说，要认真学党章党规、学系列讲话，做合格党员；对社会大众来说，要自觉弘扬和践行社会主义核心价值观，增强对中国共产党和中国特色社会主义的认同感。当下，尤其要大力批判历史虚无主义，着力加强社会主义发展史、中共党史、新中国史、改革开放史的学习和教育，全面认识我们走过的170多年、100多年、70多年和40多年的历史道路，增强中国特色社会主义的道路自信、理论自信、制度自信和文化自信。

三、以新时代党的组织路线为牵引，夯实基层组织，建设高素质干部队伍

中国共产党拥有9900多万名党员，其党员人数比世界上许多国家的总人口还多。如此庞大的规模必然增加了党员管理的难度。如果思想上不统一、政治上不团结、行动上不一致，那么纵有庞大的规模，也必然是没有力量，近代中国的屈辱历史已经清楚地证明了这一点。正如孙中山当年

---

① 成其圣：《一刻也不能放松和削弱意识形态工作》，《求是》2013年第17期。

所痛心地指出："中国四万万之众等于一盘散沙。"① 所以说，中国共产党的力量不仅体现在党员数量上、体现在党员质量上，更体现在党员对于党组织决定的坚定拥护和坚决贯彻上，体现在党是一个整体，而"不是什么简单的算术式的总和"②。为何要成为整体，因为"组织能使力量倍增"③；党为什么能成为一个整体，就是因为有"组织力"。所以，习近平总书记在全国组织工作会议上明确强调："党的力量来自组织。党的全面领导、党的全部工作要靠党的坚强组织体系去实现。"④

（一）以提升组织力为重点，全面加强党的基层组织建设

建立了严密的基层党组织工作制度体系，推动服务群众、做群众工作制度化、常态化、长效化。中央先后颁布了《关于改进地方党政领导班子和领导干部政绩考核工作的通知》《关于加强基层服务型党组织建设的意见》《关于加强乡镇干部队伍建设的若干意见》《关于加强社会组织党的建设工作的意见（试行）》《关于加强乡镇政府服务能力建设的意见》《中国共产党农村基层组织工作条例》《关于加强和改进城市基层党的建设工作的意见》《中国共产党党和国家机关基层组织工作条例》《关于加强基层治理体系和治理能力现代化建设的意见》等文件，对党的基层党组织工作作出了科学系统的规划，推动党的基层建设有规可依。

加大了投入力度，确保基层党组织有资源、有能力为群众服务。《关于加强基层服务型党组织建设的意见》中明确提出："全面落实基层党组织书记、专职党务工作者报酬待遇和基本养老、医疗保险等社会保障待遇……建立稳定的经费保障制度……支持基层党组织活动场所、服务设施建设和便民利民举措，为基层党组织开展工作、服务群众创造良好条件。"⑤ 这些规定解决了"巧妇难为无米之炊"的窘境，特别是基层党群活动中心、新时代文明实践站（所）的建设，使党的阵地越发巩固。

在抓好干部的同时，抓好其他党员的教育和管理。习近平总书记强调："要严格党员日常教育和管理，使广大党员平常时候看得出来、关键时刻站得出来、危急关头豁得出来，充分发挥先锋模范作用。要疏通党员队伍出口，对那些丧失党员条件的及时进行组织处置，对那些道德败

① 《孙中山选集》上卷，北京，人民出版社2011年版，第399页。
② 《列宁选集》第1卷，北京，人民出版社2012年版，第471页。
③ 《习近平谈治国理政》第1卷，北京，外文出版社2018年版，第395页。
④ 《十九大以来重要文献选编》（上），北京，中央文献出版社2019年版，第560页。
⑤ 《关于加强基层服务型党组织建设的意见》，《人民日报》2014年5月29日。

坏、蜕化变质的坚决清除出党。"①据统计，党的十八大以来，已有 90 多万名党员出党②。总之，我们党是按照马克思主义建党原则建立起来的政党，要强化党的意识和组织观念，自觉做到思想上认同组织、政治上依靠组织、工作上服从组织、感情上信赖组织。

（二）建设中国特色社会主义，关键在于建设一支宏大的高素质专业化干部队伍

"为政之要，莫先于用人。"③作为一个从基层成长起来的干部，作为一个主管过组织工作的领导，习近平总书记深知这一点。在党的组织建设上，以习近平同志为核心的党中央着重从"干部和人才"的角度提出了新时代党的组织路线——"全面贯彻新时代中国特色社会主义思想，以组织体系建设为重点，着力培养忠诚干净担当的高素质干部，着力集聚爱国奉献的各方面优秀人才，坚持德才兼备、以德为先、任人唯贤，为坚持和加强党的全面领导、坚持和发展中国特色社会主义提供坚强组织保证。"④新时代党的组织路线的科学内涵是一个有机统一、逻辑严密的整体，明确了坚持、贯彻和发展新时代党的组织路线的指导思想、重点、着力点、原则、目标等内容，从而为做好新时代组织工作指明了前进方向。在党的二十大上，习近平总书记不仅再次强调了党管干部、建设高素质干部队伍等问题，而且着重强调了要加强干部和人才的"斗争精神和斗争本领"，可谓用意极深。在百年变局、世纪疫情、复兴全局中，我们面临世所罕见、史所罕见的矛盾与冲突，唯有斗争，唯有敢于斗争、善于斗争，才能"狭路相逢勇者胜"。

此外，尤其需要注意的是，新时代党中央突出强调党的组织建设要完成培养接班人的任务。20 世纪 60 年代初，我们党提出了培养造就千百万无产阶级革命事业接班人的战略任务。党的十一届三中全会以后，邓小平曾经从实现四个现代化的角度提出干部队伍要实现"革命化、年轻化、知识化、专业化"⑤，进入新时代以来，习近平总书记重申"接班人"思想，强调"建设堪当民族复兴重任的高素质干部队伍"⑥。要求做好新时代年轻干部工作，大力发现培养选拔优秀年轻干部，把"建设高素质专业化年轻

①《十八大以来重要文献选编》（上），北京，中央文献出版社 2014 年版，第 351 页。
②《十八大以来已有 90 多万名党员出党》，《中国青年报》2021 年 8 月 27 日。
③《习近平谈治国理政》第 1 卷，北京，外文出版社 2018 年版，第 411 页。
④《习近平谈治国理政》第 3 卷，北京，外文出版社 2020 年版，第 517 页。
⑤《邓小平文选》第 3 卷，北京，人民出版社 1993 年版，第 380 页。
⑥《习近平著作选读》第 1 卷，北京，人民出版社 2023 年版，第 54 页。

干部队伍"上升到"党和国家事业发展的百年大计"的高度，要求务必"抓好后继有人这个根本大计"①。为此，他既对年轻干部提要求，要求优秀年轻干部必须做到对党忠诚，有足够本领来接班，当老实人、讲老实话、做老实事。同时，又对组织部门提要求，组织部门放眼各条战线、各个领域、各个行业，注意培养有专业背景的复合型领导干部。对有潜力的优秀年轻干部，还要让他们经受吃劲岗位、重要岗位的磨炼，把重担压到他们身上。对有培养前途的优秀年轻干部，要不拘一格大胆使用②。与此同时，组织部门也要有系统思维和全局观念，充分发挥各年龄段干部的积极性，让整个干部队伍都有干劲、有奔头、有希望③。可谓饱含深情、关怀备至。

四、以中央八项规定为突破口，小处着手，以上率下，久久为功

党的作风关系党的生死存亡，关系事业的成败。人们都记得这样一段历史故事：1941年，陈嘉庚率"南洋华侨回国慰劳视察团"回国慰劳抗日将士。在重庆，国民党蒋介石花巨资隆重接待；到延安，毛泽东则用自己种的蔬菜和邻居送来的一只母鸡来宴请。陈嘉庚通过对重庆和延安进行实地考察和对国共两党的近距离观察，认为国民党"虚浮乏实"，共产党则勤俭诚朴，由此得出"中国的希望在延安"的判断。因此，作风上的问题绝对不是小事。所以，"进京赶考"前，毛泽东又特意向全党提出了"两个务必"④的要求。分管纪律检查工作的陈云更是强调："执政党的党风问题是有关党的生死存亡的问题。因此，党风问题必须抓紧搞，永远搞。"⑤党的十八大以来，以习近平同志为核心的党中央高度重视党的作风建设，将作风建设作为新时期从严管党治党的切入点。党的十八大召开不到1个月，中央政治局就审议通过了改进工作作风、密切联系群众的中央八项规定，由此拉开了党的作风建设的大幕。在党的二十大上又进一步提出了"三个务必"⑥，更好地指导新时代党的建设工作。

---

① 《习近平著作选读》第1卷，北京，人民出版社2023年版，第55页。
② 《十九大以来重要文献选编》（上），北京，中央文献出版社2019年版，第572页。
③ 滕明政：《好干部靠组织培养也需组织监督》，《光明日报》2018年8月17日。
④ 毛泽东在党的七届二中全会上提出："务必使同志们继续地保持谦虚、谨慎、不骄、不躁的作风，务必使同志们继续地保持艰苦奋斗的作风。"参见《毛泽东选集》第4卷，北京，人民出版社1991年版，第1438~1439页。
⑤ 《陈云文选》第3卷，北京，人民出版社1995年版，第273页。
⑥ 习近平总书记在党的二十大上提出："全党同志务必不忘初心、牢记使命，务必谦虚谨慎、艰苦奋斗，务必敢于斗争、善于斗争。"参见《习近平著作选读》第1卷，北京，人民出版社2023年版，第1~2页。

（一）作风建设要从小处着手

习近平总书记明确指出："作风建设，既要抓大，也要抓小，要从具体事情抓起，早提醒，早纠正，不能睁一只眼闭一只眼，更不能护着掩着。"①研读中央八项规定，我们不难发现，它涉及的内容非常小而具体。比如，在精简会议活动上，要求未经中央批准一律不出席各类剪彩、奠基活动和庆祝会、纪念会、表彰会、博览会、研讨会及各类论坛等；在改进文风上，要求没有实质内容、可发可不发的文件、简报一律不发；在改进警卫工作上，要求减少交通管制，一般情况下不得封路、不清场闭馆等等。也正是因为小、因为具体，所以更具可操作性，更易打开工作局面。实际上，我们在回顾党的十八大以来的党的作风建设时，会更加真切地感受到这种"小处着手、以小博大"的智慧。正如习近平总书记后来自己形容的，这就叫"八项规定一子落地，党的建设满盘皆活"。此后，这种小处着手、以小博大、件件落实的作风建设思路，还可以从开展党的群众路线教育实践活动反"四风"、整治中秋国庆期间公款送礼等不正之风、狠刹"舌尖上的浪费"、禁办奢华晚会等诸多党建活动中找到其踪迹。

（二）作风建设要以上率下

班固在《白虎通·三教》中曾讲过："教者效也，上为之，下效之。"教，就是效仿，上面的人怎么做，下面的人就模仿着去做。党员是先锋队，要走在普通群众前面；党员领导干部又是党员的带头人，因此党员领导干部在作风建设上更应走在前列，作好表率。倘若党员领导干部不带头执行或者执行不积极，那么其他党员和群众就很难有前进方向和工作动力，这样一来，作风建设就很难推动。所以，当民主人士周世钊跟毛泽东讲，你不该派岸英去朝鲜，不然他现在还活着。毛泽东语重心长地回答道："我作为党中央的主席，作为一个领导人，自己有儿子，不派他去抗美援朝，保家卫国，又派谁的儿子去呢？人心都是肉长的，不管是谁，疼爱儿子的心都是一样。如果我不派我的儿子去，而别人又人人都像我一样，自己有儿子也不派他去上战场，先派别人的儿子去上前线打仗，这还算是什么领导人呢？"②将心比心，确实如此。所以，习近平总书记指出："凡事都是这样的，上行下效，上率下行，上有所好、下必甚焉，上有所恶、下必不为，上面松一寸、下面松一尺。所以，坚持'两个务必'要从领导干部做起，领导干部要以身作则。"[1]他强调，抓作风建设，首先要从中央政治局做起，要求别人做到的自己先要做到，要求别人不做的自己坚决不做。"全党看着中央政治局，要求全党做到的，中央政治局首先要做到"[2]，"中央政治局同志从我本人做起"[3]。领导带头就是鲜明的旗帜，上级垂范就是无声的命令。这种"以上率下、示范全党"的做法，在党内外引起强烈反响，广大党员干部纷纷向上级看齐、向总书记看齐，时刻绷紧作风建设的弦。广大人民群众的满意度提高了，纷纷给共产党以身作则、做好模范的行为点赞。以上率下，不仅使党内风气得到好转，更以党风政风的改善促进了民风社风的改善。

（三）作风建设要永远在路上

习近平总书记指出："作风问题具有反复性和顽固性"[4]，抓一抓会好转，松一松就反弹。所以，他要求善始善终、善作善成，常抓不懈、久久为功[5]。例如，虽然以为民务实清廉为主要内容的党的群众路线教育实践活动有期限，但贯彻群众路线没有休止符，作风建设永远在路上。2014年3月9日，习近平总书记在十二届全国人大二次会议安徽代表团参加审议时，提出"既严以修身、严以用权、严以律己，又谋事要实、创业要实、做人要实"的重要论述。此后，中共中央办公厅专门印发《关于在县处级以上领导干部中开展"三严三实"专题教育方案》，明确要把"三严三实"融入领导干部经常性学习教育，强调不分批次、不划阶段、不设环节，不是一次活动，推动作风建设长效化、常态化[6]。"永远在路上"才能从根本上解决作风问题。如若虎头蛇尾，蜻蜓点水，搞一阵风，受处分的人不但认识不到自己的错误，反而会认为自己"倒霉"。这样一来，风头过了，他们会变本加厉地"胡作非为"，使作风问题越发严重。对此，

① 《习近平关于党的群众路线教育实践活动论述摘编》，北京，党建读物出版社、中央文献出版社 2014 年版，第 53~54 页。

② 《习近平关于党的群众路线教育实践活动论述摘编》，北京，党建读物出版社、中央文献出版社 2014 年版，第 56 页。

③ 《习近平关于党的群众路线教育实践活动论述摘编》，北京，党建读物出版社、中央文献出版社 2014 年版，第 51 页。

④ 《习近平关于党的群众路线教育实践活动论述摘编》，北京，党建读物出版社、中央文献出版社 2014 年版，第 14 页。

⑤ 《习近平关于党的群众路线教育实践活动论述摘编》，北京，党建读物出版社、中央文献出版社 2014 年版，第 14 页。

⑥ 《习近平关于党的群众路线教育实践活动论述摘编》，北京，党建读物出版社、中央文献出版社 2014 年版，第 76 页。

习近平总书记告诫："这方面过去有不少教训，要好好记取。"①要向有经验的挑山工学习，不在"快活三里"久留。像公款大吃大喝、公款旅游、公款送节礼礼金这些问题，我们发扬钉钉子精神，一个毛病一个毛病纠治，一个问题一个问题突破，一年接一年坚守。2024 年 10 月 28 日，中央纪委国家监委公布了 2024 年 9 月全国查处违反中央八项规定精神问题汇总情况，这是自 2013 年 9 月建立月报制度起连续 133 个月公布月报数据。

五、以"党纪严于国法"的自信与定力，使纪律
真正成为带电的"高压线"

靠什么来管理我们这样一个大党？靠的就是纪律。"加强纪律性、革命无不胜"是中国共产党历史经验的重要总结。习近平总书记指出："我们党是靠革命理想和铁的纪律组织起来的马克思主义政党，纪律严明是党的光荣传统和独特优势。"②高度重视党的纪律已经成为中共党建与其他政党建设的明显区别。1935 年，蒋介石的爱将张灵甫射杀妻子吴海兰，蒋介石先是把张灵甫判了 10 年投进监狱，但没到两年就特赦并加官晋爵。1937 年，革命功臣黄克功因逼婚不成，枪杀陕北公学女学员刘茜，被陕甘宁边区高等法院判处死刑。时间相近、案情相似，但两种截然不同的处理结果，再次向世人证明了中国共产党治党务必从严的坚定决心和坚决行动，成为中国共产党赢得人民尊重，无往而不胜的强大武器。实现中华民族伟大复兴的中国梦是一项伟大的事业，这项事业越伟大，越是可能面临更多的艰难险阻，越是需要我们进行更加艰苦卓绝的伟大斗争，也就越需要严明的纪律和规矩，维护党的团结统一，确保全党统一意志、统一行动、步调一致前进，做到有令必行、有禁必止。

（一）严明党的纪律首要的就是严明政治纪律

财经纪律、人事纪律等固然重要，但政治纪律更为根本，因为政治纪律是管方向的，方向错了，其他方面再怎么努力也枉然；进一步讲，违反政治纪律者通常都有很大的政治野心，其思想和行为直接与分裂政党、颠覆政权相关联。从党的十八大以来查处的高级干部严重违纪违法案件来看，破坏党的政治纪律和政治规矩问题非常严重。习近平总书记严正指

---

① 《习近平关于全面从严治党论述摘编（2021 年版）》，北京，中央文献出版社 2021 年版，第 306 页。

② 《习近平关于党风廉政建设和反腐败斗争论述摘编》，北京，中央文献出版社、中国方正出版社 2015 年版，第 30 页。

出："全面从严治党、严明党的纪律，决不能回避政治问题，对政治隐患就要从政治高度认识。"[1]全党必须旗帜鲜明讲政治，自觉把政治纪律摆在首位。中央强调遵守党的政治纪律，最核心的就是"坚持党的领导，坚持党的基本理论、基本路线、基本纲领、基本经验、基本要求，同党中央保持高度一致，自觉维护中央权威"[2]。纵观世界政党，不仅共产党重视政治纪律，其他政党也无不重视政治纪律。以美国政党为例，无论民主党还是共和党都要求党员，尤其是重要党员必须拥护本党的政治主张、政策主张。每当投票时，本党"党鞭"就会"叮嘱"党员遵循一致投票原则，不能违背党部意见，擅自另投他人。那些在政治上、行动上与本党离心离德的党员，会被提醒、警告甚至开除。

（二）严明党的纪律要理直气壮地坚持"党纪严于国法"

无数案例证明，党员"违法"，无不始于"违纪"。而很多官员之所以肆意"破纪"，就是因为在他们看来，"违纪是小事、违法才处理"，于是积小恶成大恶，最终沦为"阶下囚"。安徽省原副省长倪发科在接受组织调查时曾经抱怨："如果组织上早提醒或早处理我两年，我给国家造成的损失也不至于这么大，自己犯的错误也不至于这么严重。"虽然抱怨"组织提醒得太晚"不免有些矫情，毕竟近些年中央、民间、媒体不停在"念叨"党纪。但同时，"抱怨"正显示出了党内监督执纪的重要性。所以，要加强监督执纪，把守纪律和讲规矩摆在更加重要的位置，坚持"纪严于法、纪在法前"，平时要"多做提提领子、扯扯袖子的工作"，治病于初始、治患于萌芽，党员一违纪，组织就提醒，防止小错铸成大错。党的十八大以来，以习近平同志为核心的党中央正是秉持这种思路提出了监督执纪的"四种形态"，坚持挺纪在前、抓早抓小、防微杜渐，保护和挽救了不少党员，维护了党的肌体健康。需要注意的是，"党纪严于国法"并不意味着党的领导与依法治国是冲突的。"党纪严于国法"仅仅是针对作为先锋队的中国共产党党员而言的，党纪对于全体国民并不具有普遍适用性。之所以提出"党纪严于国法"就在于中国共产党是先锋队，而不是一般的政治组织[3]。

---

① 《习近平关于全面从严治党论述摘编（2021年版）》，北京，中央文献出版社2021年版，第106页。

② 《习近平关于严明党的纪律和规矩论述摘编》，北京，中央文献出版社、中国方正出版社2016年版，第13页。

③ 滕明政、徐志宏：《依法治国必须坚持党的领导》，《中国社会科学报》2015年7月1日。

（三）严明党的纪律要使纪律真正成为带电的"高压线"

实事求是地讲，我们制定了不少党内纪律和规矩，但为什么还存在那么多问题，一个重要的原因就是执纪不够认真，板不起脸、下不去手，对违纪行为睁一只眼闭一只眼。一些执纪干部仍认为监督执纪就是"栽刺""找茬""得罪人"，不愿监督执纪、不敢监督执纪，使党的纪律成了"低压线"，甚至成了不通电的"零压线"。对此，习近平总书记告诫道："纲纪不彰，党将不党，国将不国。"[①]党的十八大以来，以习近平同志为核心的党中央充分发扬共产党人最讲"认真"的精神，坚决查办违法违纪案件，凡是违纪的无论事情多小、级别多高都坚决予以查处。执行纪律不搞特殊，没有例外，各级党组织要敢抓敢管，使纪律真正成为带电的"高压线"。在监督执纪问责问题上，习近平总书记特别反对好人主义，在他看来："奉行好人主义，出发点就有问题，因为好的是自己，坏的是风气、是事业。大量事实表明，一些地方和单位正气不彰、邪气蔓延，工作局面长期打不开，矛盾问题积累一大堆，同好人主义的盛行有密不可分的关系。"[②]因此，严格监督执纪问责就要坚持原则、敢于斗争，反对好人主义。

六、以实现邓小平制度定型的 30 年之约为目标，完善党内制度法规体系

1992 年，邓小平提出："恐怕再有三十年的时间，我们才会在各方面形成一整套更加成熟、更加定型的制度。"[③]此后，党的制度建设，或者说党建制度化成为中共党建的一贯做法。党的十八大以来，以习近平同志为核心的党中央高度重视制度建设，不断致力于"推动中国特色社会主义制度更加成熟更加定型，为党和国家事业发展、为人民幸福安康、为社会和谐稳定、为国家长治久安提供一整套更完备、更稳定、更管用的制度体系"[④]。截至2021年7月1日，全党现行有效党内法规共3615部[⑤]。习近平总书记在庆祝中国共产党成立100周年大会上宣布，我们党已经"形成比较完善的党内法规体系"[⑥]。2022年，在党的二十大上，习近平总书记宣

---

①　《习近平关于严明党的纪律和规矩论述摘编》，北京，中央文献出版社、中国方正出版社 2016 年版，第 86 页。

②　《习近平谈治国理政》第 4 卷，北京，外文出版社 2022 年版，第 532 页。

③　《邓小平文选》第 3 卷，北京，人民出版社 1993 年版，第 372 页。

④　《习近平谈治国理政》第 1 卷，北京，外文出版社 2018 年版，第 105 页。

⑤　中共中央办公厅法规局：《中国共产党党内法规体系》，《人民日报》2021 年 8 月 4 日。

⑥　《习近平著作选读》第 2 卷，北京，人民出版社 2023 年版，第 479 页。

布：“中国特色社会主义制度更加成熟更加定型，国家治理体系和治理能力现代化水平明显提高。”①

（一）注重党内法规与国家法律的衔接与协调

值得注意的是，中央不仅重视党内法规制度体系的完善，还重视党内法规与国家法律的衔接与协调，一方面强调“纪严于法、纪在法前”，另一方面强调“对于党纪中虽有规定但可以由法律法规进行规范的，尽量通过法律法规来体现；对于法律既没有规定也不适合规定的事项，应由党纪逐步实现全面覆盖”②。经过长期努力，我们已经初步形成了“以党章为根本，以民主集中制为核心，以准则、条例等中央党内法规为主干，以部委党内法规、地方党内法规为重要组成部分，由各领域各层级党内法规组成的”党内法规体系③。在具体内容上，“1+4”为基本框架，“1”即党章，居于统领地位；“4”是党的组织、领导、自身建设和监督保障方面的法规。党内法规体系形成了新时代党建的“笼子”，为全面从严治党提供了可靠的制度保障。

（二）把权力关进制度的笼子里

用制度的笼子把权力约束起来，是制度建构的本意，也是制度架构必须遵循的基本原则。2013 年 1 月 22 日，习近平总书记在十八届中央纪委二次全会上指出：“要加强对权力运行的制约和监督，把权力关进制度的笼子里，形成不敢腐的惩戒机制、不能腐的防范机制、不易腐的保障机制。”④权力天然具有扩张性、腐蚀性，因此权力必须受约束。实践证明，与道德的约束相比，还是制度的约束更牢靠。我们一定要认识到：“在公共生活中，既存在约束权力的制度笼子，也存在关押罪犯的坚实囚笼；公职人员要想身体不进关押罪犯的坚实囚笼，就得先让其行使的权力进入制度的笼子。”⑤而要把权力关进制度的笼子里，就必须编密扎紧笼子。笼子太松不行，笼子用麻秆做栅栏也不行，即使是细密的铁笼子，不关门也不行。所以，要按照决策、执行、监督三者之间既相互制约又相互协调的原则区分和配置权力，构建起严密的权力运行制约和监督体系。

---

① 《习近平著作选读》第 1 卷，北京，人民出版社 2023 年版，第 8 页。
② 黄树贤：《大力加强党内法规制度建设》，《人民日报》2014 年 12 月 16 日。
③ 中共中央办公厅法规局：《中国共产党内法规体系》，《人民日报》2021 年 8 月 4 日。
④ 《习近平关于严明党的纪律和规矩论述摘编》，北京，中央文献出版社、中国方正出版社 2016 年版，第 176~177 页。
⑤ 邓联繁：《制度建设的新路向》，《学习时报》2014 年 4 月 28 日。

（三）制度规矩的生命力就在于执行

贯彻执行制度规矩关键在真抓，靠的是严管。类比依法治国，在依规治党上有这样 4 句话："有制度规矩可依""有制度规矩必依""执行制度规矩必严""违反制度规矩必究"。第一句强调的是制度规矩的创立，后三句强调的是制度规矩的执行。制度规矩的运用与执行的关键就在于制度规矩面前人人平等、执行制度规矩没有例外，尤其是党政高级干部不例外，也必须受制度规矩的约束。因为任何制度规矩的执行都涉及人，而只要有人的活动，就存在"上行下效"的规律，上梁不正下梁歪。党员领导干部若带头违反党的制度规矩，损害的不仅是制度规矩的严肃性和权威性，更是党自身的公信力。所以，贯彻落实制度规矩，一定做到习近平总书记强调的"不留'暗门'、不开'天窗'，坚决维护制度的严肃性和权威性，坚决纠正有令不行、有禁不止的行为，使制度成为硬约束而不是'橡皮筋'"[1]。要引导广大干部牢固树立制度意识，形成尊崇制度、遵守制度、捍卫制度的良好氛围；要加强对党员领导干部贯彻执行制度规矩的监督检查，逐步构建党统一指挥、全面覆盖、权威高效的监督体系[2]，用监督传递压力，用压力推动落实，对贯彻落实不力的要追责，违反制度规矩的要惩戒[3]。

七、以零容忍态度和巧妙的策略高举巡视利剑，夺取和巩固反腐败压倒性胜利

中国共产党的宗旨是"全心全意为人民服务"，一切消极腐败现象都与党的宗旨水火不容。习近平总书记强调："腐败是社会毒瘤。如果任凭腐败问题愈演愈烈，最终必然亡党亡国。……中国历史上因为统治集团严重腐败导致人亡政息的例子比比皆是，当今世界上由于执政党腐化堕落、严重脱离群众导致失去政权的例子也不胜枚举啊！"[4] 党的十八大以来，以习近平同志为核心的党中央，重拳反腐，重塑政治生态，"打虎""拍蝇""猎狐"取得了重大成效。截至党的二十大召开前夕，立案审查中管

① 习近平：《在党的群众路线教育实践活动总结大会上的讲话》，北京，人民出版社 2014 年版，第 18 页。
② 《习近平谈治国理政》第 3 卷，北京，外文出版社 2020 年版，第 53 页。
③ 滕明政：《十八大以来党内监督理论与实践研究综述》，《理论与改革》2017 年第 6 期。
④ 《习近平关于党风廉政建设和反腐败斗争论述摘编》，北京，中央文献出版社、中国方正出版社 2015 年版，第 5 页。

干部 701 人；共查处涉教育、医疗、养老、社保、执法、司法与民生领域的腐败问题和作风问题 65 万多件；2014 年以来，我国已从 120 个国家和地区追回外逃人员 10542 人，追回赃款 447.5 亿元，"百名红通人员"中有 60 多名归案。① 全党全国全社会感到了变化、看到了希望，树立了党的权威、赢得了群众信任。面对成绩，一些人提出"该松口气、歇歇脚"了，习近平总书记坚决表示："只要存在腐败问题产生的土壤和条件，反腐败斗争就一刻不能停，必须永远吹冲锋号。"② 总的来讲，新时期党中央从 3 个方面推进了反腐败斗争。

（一）在态度上，反腐零容忍

习近平总书记强调："对腐败问题要零容忍。不管级别有多高，谁触犯法律都要问责，都要处理，我看天塌不下来。"③ "反腐零容忍"的意义体现在两个方面，一是打破"刑不上大夫"观念，二是打破"法不责众"观念。

就打破"刑不上大夫"而言，先前不少人认为官越大掌握的资源就越多，犯了事可以疏通关系予以摆平；又或者认为官越大社会影响就越大，上级查处时"投鼠忌器"。这种错误思想造成了极坏的影响，使官员们大胆踩"红线"，主动破规矩。因为在他们看来，"官位 = 特赦权"，官位越高特赦权越多，只要能爬上去，之前所有的违法乱纪都会"赦免"。"反腐零容忍"打破了"反腐自留地"的幻想，反腐没有"铁帽子王"，不存在"刑不上大夫"一说。深入推进反腐败斗争，就必须"持续保持高压态势，做到零容忍的态度不变、猛药去疴的决心不减、刮骨疗毒的勇气不泄、严厉惩处的尺度不松，发现一起查处一起，发现多少查处多少，不定指标、上不封顶"④。

就打破"法不责众"而言，先前不少人认为一两个人违法乱纪，法律法规可以惩罚得过来；而如果很多人都违法乱纪，也就不好惩罚了。于是不仅自己"下水"，更拉别人"下水"，结成"攻守联盟"，集体对抗组织和法律审查。"窝案""串案""塌方式腐败"就是在这种错误思想下形

---

① 《破解反腐败世界难题》，《瞭望》2022 年第 12 期。
② 《习近平著作选读》第 1 卷，北京，人民出版社 2023 年版，第 56 页。
③ 《习近平关于党风廉政建设和反腐败斗争论述摘编》，北京，中央文献出版社、中国方正出版社 2015 年版，第 110 页。
④ 《习近平关于党风廉政建设和反腐败斗争论述摘编》，北京，中央文献出版社、中国方正出版社 2015 年版，第 102~103 页。

成的。此外，"蚁贪"也是利用了这种心理，"国家哪有时间和精力来管我们这些'小官'"是"蚂蚁""苍蝇"们真实的心理写照。党的十八大以来的反腐实践表明：只要违法乱纪，不管多少人、不管级别多低，都不会放过。习近平总书记强调："坚持'老虎''苍蝇'一起打，既坚决查处大案要案，严肃查办发生在领导机关和领导干部中的滥用职权、贪污贿赂、腐化堕落、失职渎职案件，又要着力解决发生在群众身边的腐败问题，严肃查处损害群众利益的各类案件，切实维护人民合法权益，努力做到干部清正、政府清廉、政治清明。"①这就改变了我们过去关注大案要案的惩治腐败策略，也就是说，反腐不存在"抓大放小"一说，而是有腐必反、除恶务尽。

（二）在手段上，用好巡视这把反腐"利剑"

巡视是党内监督的战略性制度安排，而不是权宜之计。进一步推进反腐败工作，必须更好地用好巡视这把反腐"利剑"，发挥好巡视的威慑作用。正如习近平总书记所言："现在的巡视有点'八府巡按'的意思了，群众说'包老爷来了'，有'青天'之感，有问题的干部害怕了。"②在当下，巡视这种权力垂直运作方式，对于破除官官相护的地方/部门/集团保护主义具有十分重要的意义，因为它不受地方/部门/集团权力的牵绊，它直接听命于上级。当然，这并不意味着巡视就可以解决全部腐败问题，因为巡视如果没有很好的制度约束，极易成为打击政治对手的工具。所以我们看到中纪委会同中组部联合公布了《中国共产党巡视工作条例》，党的十八届六中全会制定了《关于新形势下党内政治生活的若干准则》，修订并通过了《中国共产党党内监督条例》，全面规范了党的巡视工作，努力用好巡视这把反腐"利剑"，防止误用误伤。在发挥巡视"利剑"优势的同时，中央还重视发挥"派"的权威和"驻"的优势，将《中华人民共和国行政监察法》升级为《中华人民共和国监察法》，实现对所有行使公权力的公职人员的监督③。

---

① 《习近平关于党风廉政建设和反腐败斗争论述摘编》，北京，中央文献出版社、中国方正出版社 2015 年版，第 96 页。

② 《习近平关于党风廉政建设和反腐败斗争论述摘编》，北京，中央文献出版社、中国方正出版社 2015 年版，第 114 页。

③ 滕明政：《十八大以来国家监察体制改革的四大进展》，《科学社会主义》2019 年第 3 期。

　　（三）在策略上，从治标入手，治本寓于治标之中

　　在反腐败问题上，党中央高度重视制度反腐，习近平总书记曾明确表示："没有健全的制度，权力没有关进制度的笼子里，腐败现象就控制不住。"①因此，不能说中央不重视制度反腐，但如同任何事情必须有巧妙的策略才能实现既定的目标一样，在反腐败这个"老大难"问题上，面对"依然严峻复杂"的反腐形势，可行的路径只能是"从治标入手，治本寓于治标之中，实现标本兼治"②。只有通过一系列治标措施，先遏制住腐败态势，才能为接下来建章建制，用制度反腐营造良好条件。正是在这个意义上，中央提出"坚持标本兼治，当前要以治标为主，为治本赢得时间"③。这里赢得时间，可以体现为两个方面：一是为制度建设赢得时间，因为制度建设本身需要一个过程，从制度的创立、修改、完善等都需要时间和实践的检验；二是为党和政府重塑形象赢得时间，党和政府需要通过治标式反腐，尤其是"打虎""拍蝇""猎狐"，来表明自己真反腐的决心，赢得民众对党和政府的信任④。事实上，党的十八大以来，在治标式反腐取得一定成效的同时，中央也着手进行反腐败的制度建设，例如中共中央印发了被称为"改革开放以来最全、最严"的《中国共产党廉洁自律准则》和《中国共产党纪律处分条例》，制定了规范和约束党内法规的"立法法"——《中国共产党党内法规制定条例》，党中央始终坚持标本兼治，不断深化标本兼治，一体推进不敢腐、不能腐、不想腐⑤，不断"强化不敢腐的震慑，扎牢不能腐的笼子，增强不想腐的自觉"⑥。目前不敢腐的目标初步实现，不能腐的笼子越扎越牢，不想腐的堤坝正在构筑，"标本兼治"的目标正一步一步地实现⑦。

---

　　① 《习近平关于党风廉政建设和反腐败斗争论述摘编》，北京，中央文献出版社、中国方正出版社 2015 年版，第 125 页。

　　② 滕明政：《新时代中国共产党党内监督重要经验探析》，《中国井冈山干部学院学报》2022 年第 4 期。

　　③ 王岐山：《牢记党章　求真务实　全面履职》，《中国监察》2013 年第 3 期。

　　④ 滕明政：《中国共产党十八大以来党内监督的鲜明特点》，《重庆社会科学》2021 年第 1 期。

　　⑤ 《习近平关于全面从严治党论述摘编（2021 年版）》，北京，中央文献出版社 2021 年版，第 382 页。

　　⑥ 《习近平关于全面从严治党论述摘编（2021 年版）》，北京，中央文献出版社 2021 年版，第 380 页。

　　⑦ 滕明政：《新时代中国共产党党内监督重要经验探析》，《中国井冈山干部学院学报》2022 年第 4 期。

第五节　新时代党的七大建设的内在联系

新时代党的七大建设各有自己的问题指向和功能定位，同时它们又相互联系、有机互动。

一、政治建设是党的根本性建设

政治建设是党的根本性建设，决定党的建设方向和效果。这是因为，政党最基本的属性是政治性而不是经济性或其他，政党建设的首义在于维持其基本属性不变。因此，党的全部建设必须围绕保证全党服从中央、坚持党中央权威和集中统一领导这个首要的政治任务展开。在思想建设上，通过思想教化实现思想认同——认同党的理想，认同党的事业，认同党的组织，而这种思想认同正是党的政治建设所要完成的重要任务——全党服从中央，始终同党中央保持高度一致的重要基础。在组织建设中，无论是发展党员、教育党员、管理党员，还是选拔党员、任用党员、监督党员，党性原则或者说政治立场坚定与否都是第一位的。在作风建设中，反"四风"，重塑党的三大优良作风，始终保持党的先进性和纯洁性，使党始终做到立党为公、执政为民，政治性始终蕴含其中。在纪律建设中，强调首要的是严明党的政治纪律。习近平总书记指出："党的纪律是多方面的，但政治纪律是最重要、最根本、最关键的纪律，遵守党的政治纪律是遵守党的全部纪律的重要基础。"[1]在制度建设中，确立中国共产党的领导地位始终是制度建设必须正面回答的问题。在反腐败斗争中，强调腐败不仅是经济问题，更是政治问题。不少经济腐败的背后都隐藏着政治目的，一些腐败分子为了保住并攫取更大经济利益，在政治上有更大的诉求，搞团团伙伙、小圈子，严重危害党和国家政治安全[2]。因此，必须把党的政治建设摆在首位，其他建设都要围绕政治建设这项党的根本性建设展开。

① 《习近平关于严明党的纪律和规矩论述摘编》，北京，中央文献出版社、中国方正出版社2016年版，第13页。

② 赵振宇：《惩治腐败必须紧抓不放利剑高悬》，《中国纪检监察》2016年第2期。

二、思想建设是党的基础性建设

中国共产党在学习马克思主义中诞生，马克思主义是这个政党的指导思想，也是这个政党的精神基因[①]。习近平总书记指出："共产主义远大理想和中国特色社会主义共同理想，是中国共产党人的精神支柱和政治灵魂，也是保持党的团结统一的思想基础。"[②]思想建设的首要任务就是要使全党坚定理想信念，不忘我们为何而来，始终牢记自己的使命担当。换句话说，人有理想追求和坚定信念，干事创业才能有奔头，遇到困难才不会气馁、沮丧。党的建设伟大工程不是一帆风顺的，不仅有外部风险的挑战，也有内部危机的考验，思想理论上的成熟是政治上坚定的基础；思想工作做得好，党员素质高，向心力强，党组织就更易于管理和使用；思想建设干得好，党员作风优良、纪律严明，党的作风建设和纪律建设就更易于推进；思想教化搞得好，骨头硬朗、能够经受得起市场经济的利益输送，也有利于推进反腐败斗争。因此，必须大力抓好党的思想建设这项基础性工作。

三、组织建设是党的建设的实体依托

党的建设中其他各大建设都需要人来完成，在中国共产党话语中，人不仅是单个的人，更是组织的人，即党员是党组织的成员。组织建设通过两方面助力其他建设。一是为其他建设提供合格的高素质专业化人员。通过组织建设，党组织遴选、培育出优秀党员，使之能够胜任其他建设的需要。二是以组织的形式放大贯彻落实其他建设的力量。"党的力量来自组织，组织能使力量倍增。"[③]通过组织建设，党组织把党员团结凝聚起来，使全党以统一的意志、统一的行动和统一的步调去贯彻落实党的路线方针政策，从而形成单个人无法匹敌的力量，推进党的建设更快更好地发展。

四、纪律建设和制度建设是党的建设的有力保障

从广义上讲，纪律是制度的组成部分，两者都以其稳定性、严肃性、权威性规范着党员和党组织的思想和行为。一方面，其他建设"始"于制

---

① 滕明政：《十六大以来的中央政治局集体学习研究》，《天津行政学院学报》2013年第4期。
② 《习近平谈治国理政》第3卷，北京，外文出版社2020年版，第49页。
③ 《习近平谈治国理政》第1卷，北京，外文出版社2018年版，第395页。

度，制度是开展其他建设的基本遵循；另一方面，其他建设又"终"于制度，其他建设最后一个环节就是总结提炼，形成新的"制度"以巩固既有成果，并为党的建设新征程提供基本遵循，这一过程循环往复，以至无穷。正因如此，以习近平同志为核心的党中央要求把制度建设贯穿整个党的建设之中。从狭义上讲，纪律和制度的约束对象和范围不尽相同。纪律更侧重于"禁止"，纪律划定"红线""底线"，要求不能踩"红线"，越"底线"，而制度对象则更为广泛，也更为宏观，它除了纪律所要求的"禁止"事项外，还包含了"应为"的内容。例如，要求共产党员应该全心全意为人民服务，永远把人民对美好生活的向往作为自己的奋斗目标等。

五、作风建设和反腐败斗争是党的建设的专项任务

这两大建设体现了中国共产党浓重的问题意识。作风体现一个政党的形象，人们通过政党的作风来认识和评价这个政党。形式主义、官僚主义、享乐主义和奢靡之风这"四风"严重损害了党的形象和威信。"腐败是危害党的生命力和战斗力的最大毒瘤"[1]，是人民群众深恶痛绝的问题，更是导致一些国家亡国亡党的深刻原因。腐败和以"四风"为代表的作风问题与党的性质和宗旨格格不入，必须坚决予以清除。而反"四风"、反腐败，就要通过加强党的政治建设，使党员自觉响应党中央的号召，一切行动听从指挥，增强党员党组织的原则性和战斗性；就要通过加强党的思想建设，不断用习近平新时代中国特色社会主义思想武装头脑、凝心铸魂，站位高了、格局大了、视野宽了，就不会庸俗，就不容易落入腐败和"四风"的窠臼；就要加强党的组织建设，运用组织的力量，最广泛最充分地调动组织一切可以利用的资源，集中精力打好作风建设和反腐败斗争的攻坚战；就要通过加强党的纪律建设和制度建设，为作风建设和反腐败斗争提供铁规、禁令，常抓不懈、久久为功。

总之，党的建设是一项伟大工程，党的建设成效直接关系国家治理现代化的实现与否。全面从严治党不仅要分模块地推进党的政治、思想、组织、作风、纪律、制度和反腐败斗争，更要注重七大建设的整体性，因为每一项建设都会对其他建设产生重要影响，每一项建设又都需要其他建设协同配合。党的十八大以来，以习近平同志为核心的党中央已经明确提

---

① 《习近平著作选读》第 1 卷，北京，人民出版社 2023 年版，第 56 页。

出了思想建党和制度治党相结合的党建思路——"要使加强制度治党的过程成为加强思想建党的过程，也要使加强思想建党的过程成为加强制度治党的过程"①，党的十九大又进一步提出要把党的制度建设贯穿政治、思想、组织、作风、纪律等建设中，事实上已经清楚地表明党的建设不仅是伟大工程，更是系统工程。新时代推进党的建设新的伟大工程，就要更加注重党的建设的整体性、系统性与关联性，使各项建设举措协调共振、形成合力。唯此，才能"把党建设成为始终走在时代前列、人民衷心拥护、勇于自我革命、经得起各种风浪考验、朝气蓬勃的马克思主义执政党"②。

① 《十八大以来重要文献选编》（中），北京，中央文献出版社 2016 年版，第 95 页。
② 《习近平谈治国理政》第 3 卷，北京，外文出版社 2020 年版，第 48 页。

第八章　新时代中国国家治理的评估体系

习近平总书记指出："小智治事，中智治人，大智立法。"[①] 治理好一个国家离不开良法善制，制度以其稳定性、权威性、可预期性指引着国家和社会的健康发展。所以在南方谈话中，邓小平提出制度定型30年之约。30年来，中国共产党人努力完成邓小平关于制度建设的"约定"，取得了一系列显著成就，但也存在一些问题，当下最突出的问题就是亟须建立一套符合中国国情的治理评估体系，以更好地推进中国国家治理现代化。

第一节　国内外国家治理评估体系的基本现状

目前，国内外许多机构和个人纷纷推出自己的治理评估体系，有的在实践中还产生了较为广泛的影响。大致说来，以下几个治理评估体系比较具有代表性。

一、国外几种主要的治理评估体系

实事求是地讲，国外在治理评估体系建设上行动比较早、成果比较多、影响比较大，代表性的治理评估体系主要有以下几个。

（一）世界银行的"世界治理指标"［World Bank: Worldwide Governance Indicators（WGI）］

世界治理指标从言论和责任（Voice and Accountability）、政治稳定（Political Stability and Absence of Violence）、政府效能（Government Effectiveness）、管制质量（Regulatory Quality）、法治（Rule of Law）、控制腐败（Control of Corruption）6个方面对全球215个国家和地区的治理

---

① 《习近平关于社会主义政治建设论述摘编》，北京，中央文献出版社2017年版，第28页。

状况进行了评估。这套指标体系建立在调查机构、智库、非政府组织、国际组织以及私营部门等 30 多个独立数据来源的基础上，整合了许多发达国家和发展中国家的企业、公民及专家的调研成果[①]。

这个指标自 1996 年发布以来，不断丰富和完善，影响力越来越大。1996 年，WGI 仅有 13 个数据来源，只涉及 173 个国家。而 2007 年 WGI 已经涵盖 212 个国家，而且是基于 35 个独立的数据来源。由于数据来源的扩大，WGI 覆盖的治理内容更加翔实，治理评估的平均标准误差下降已超过 1/3。通过对 WGI 治理估计值显著性变化的分析，我们发现，自 1998 年以来，非洲和拉美许多国家（诸如肯尼亚、南非、秘鲁、塞尔维亚）的国家治理水平得到相当程度的改善；而东南亚和南亚等不少国家（诸如泰国、菲律宾、巴基斯坦、孟加拉国）的国家治理水平在某种程度上则有所恶化[②]。

（二）联合国开发计划署的"治理指标项目"（UNDP OslO Governance Centre: Governance Indicators Project）

治理指标项目由联合国奥斯陆治理中心具体负责，通过支持联合国开发计划署驻各国办事处的工作，使各国办事处能够帮助本国的合作伙伴建立一个符合本国发展计划的有效的民主治理评估体系。该项目为实施本国治理评估提供了三大类援助活动：一是提升包括政府、公民社会组织、媒体以及所有公民社会在内的本国各利益相关方在使用和建构治理指标方面的能力；二是促进建立围绕本国发展计划的指标体系；三是通过关注贫穷和性别两大因素来加强现有指标和发展新的指标，出版了《治理指标使用者指南》《千年发展目标指标》等综合性文献，以及《评估民主治理：挑选对贫穷和性别敏感指标的框架》《享有信息权利的影响评估》等专门文献[③]。

该项目设定了参与、代表、责任、透明、回应、高效以及平等评估所依据的基本价值。从 2002 年开设相关项目以来，已经在蒙古国、菲律宾、马拉维、阿富汗以及中国开展。并根据不同国家的情况设置了相应的主要评估领域。例如，蒙古国设置了公民权、法律和权利，代表性和责任政府，公民社会与公众参与，国家以外的民主 4 个主要领域；菲律宾的治理指标范围涵盖了行政指标、经济指标、政治指标、社会发展指标、多部

---

① 参见世界银行的"世界治理指标"，http://info.worldbank.org/governance/wgi/#home。
② 俞可平：《国家治理评估：中国与世界》，北京，中央编译出版社 2009 年版，第 119~133 页。
③ 参见联合国开发计划署的"治理指标项目"。

门指标 5 个方面；马拉维国家发展计划中的治理指标涵盖了宏观经济稳定状况、公共部门管理，包括公共政策和法治、安全、公司治理、人权等 7 个领域 ①；而在中国，联合国开发计划署以善治为目标，推动中国政府完善法制、提高公民参与度，强调中国治理过程要增强透明性、公正性和包容性 ②。

（三）自由之家的"自由指数"（Freedom House: Freedom Index/ Freedom in the World）

自由指数是自由之家最著名的治理评价成果。1941 年温特尔·威尔基（Wendell Willkie）和埃莉诺·罗斯福（Eleanor Roosevelt）等人创建了自由之家，这个主要从事民主权利和公民自由方面研究和行动倡议的国际性非政府组织，因其自由评估报告而名声大噪。虽然自由之家自我宣称是"世界民主和自由的代言人"，但由于其预算的 80% 来自美国政府，所以该组织被视为美国政府利益的维护者（它是布什家族的核心产业之一），受到公众和国际社会的强烈批评与指责。例如，在涉港问题上，自由之家及其总裁阿布拉莫维茨（Michael Aburamowitz）表现极其恶劣，以至于中国外交部对其实施了制裁。自由之家认为政治权利能使公民依靠选举、竞争公共职位等方式，自由地参与政治过程。公民自由包括了言论和信仰自由、结社权和集会权、法治、不受国家干预的个人自治权等。自由之家的自由指数从 1972 年开始评估，1978 年开始进行年度评估，提供综合性的《世界自由》（*Freedom in the World*）报告。现已涵盖世界上绝大多数国家和地区，被政策制定者、资助机构、国际组织、公民社会、研究者、媒体等广泛使用。自由之家在测量方法中确立了一套最基本的标准，这套标准撇开了地理位置、种族及宗教构成以及经济发展水平等差异因素，被认为能够适用于所有国家和地区 ③。

自由指数虽然强调普适性，并注重强调严格的、平衡的和无偏见的判断，但其测量标准和测量手段仍然不可避免使其带有西方尤其是美国的色彩。其中一个非常关键的问题就是，各个国家的国情和历史背景不一样，因而对于自由的定义特别是当下实现自由的优先项并不完全一致。例如，对于处于战乱中的国家来说，人们更渴望免于战争的自由，他们并不十分关心能够结束战争的领导者是不是一票一票选举出来的，只要能够结

---

① 俞可平：《国家治理评估：中国与世界》，北京，中央编译出版社 2009 年版，第 87~118 页。
② 参见联合国开发计划署的"治理指标项目"。
③ 俞可平：《国家治理评估：中国与世界》，北京，中央编译出版社 2009 年版，第 275~281 页。

束战争，人民就会支持，就会感到自由。相反，即使是选举出来的，但结束不了战争，那对人民来说，他们最渴望的东西并没有实现，并没有感到自由。再如，对于贫穷的国家来说，人民更希望有免于饥饿和贫穷的自由。对于安定且富裕国家的人员，比如说科研工作者，他们对上述问题就没有那么关心，他们更关心学术交流、探讨和成果发表与转化的自由。因此，以发达国家的标准来衡量发展中国家本身就不适宜，而主要测量政治领域的标准却被当成全领域的标准则更不适宜，或许在自由指数之前"政治"这两个字不要省掉更为适宜。自由之家除发布自由指数外，从 1995 年开始每年还发布"转型评估"（World & Nations in Transit）。这就更是以西方转型为目标导向，其西方中心主义的色彩更是相当浓厚。此外，由于自由指数评估并不针对政府或者政府绩效，而是对公民实际享有的权利和自由进行评估[①]，所以，在对整个国家治理的总体性考量中，自由指数只是总体性指标中的一个具体指标。

（四）透明国际的"清廉指数"（Transparency International: Corruption Perceptions Index）

清廉指数是由透明国际组织发布的反映全球各个国家腐败状况的指标体系。1993 年，德国的彼得·艾根（Peter Eigen）创办了透明国际组织，自 1995 年发布第一个年度清廉指数以来，一直进行年度评估。评估的国家数量也从最初的 41 个，发展到最多时（2011 年）的 183 个。并在全球 90 个国家或地区建立分会（在中国，与中国行政监察学会及清华大学国情研究中心、廉政研究中心建立联系）。这个以法治、透明、腐败为评估主题的指标体系被政策制定者、捐赠机构、国际组织、公民社会、研究者和媒体作为衡量腐败程度的工具。每年发布的清廉指数都会被广泛宣传和报道，成为许多国家的报纸头版头条。一些捐赠组织在划拨款项过程中也将该指数作为重要依据[②]。

值得注意的是，清廉指数并没有提出自己独立的评估指标，而是对其他机构提出的现有的廉政指标进行综合分析，在取加权平均数的基础上对被评估国家进行排名。它的数据主要来源于以下机构：（1）哥伦比亚大学［The State Capacity Survey by the Center for International Earth Science Information Network（CIESIN）at Columbia University, CU］；（2）经济学

---

① 参见自由之家的"自由指数"，http://www.freedomhouse.org.
② 俞可平：《国家治理评估：中国与世界》，北京，中央编译出版社 2009 年版，第 298~301 页。

人智库（The Economist Intelligence Unit, EIU）；（3）自由之家（Freedom House Nations in Transit, FH）；（4）瑞士洛桑国际管理发展学院（The International Institute for Management Development, Lausanne, Switzerland, IMD）；（5）商业国际集团（Grey Area Dynamic Ratings by the Merchant International Group, MIG）；（6）政治与经济风险顾问（The Political and Economic Risk Consultancy, PERC）；（7）联合国非洲经济委员会（United Nations Economic Commission for Africa, UNECA）；（8）世界经济论坛（The World Economic Forum, WEF）；（9）伦敦国际市场研究中心（The World Markets Research Centre, London, WMRC）等。目前清廉指数对中国的清廉程度排名仍不太友好。

二、国内几种主要的治理评估体系

总体来讲，国内治理评估体系建设起步比较晚，但 2000 年以来，我们已经深刻认识到国外治理评估体系的巨大影响力，于是奋起直追，也推出一些比较有建树的治理评估体系。

（一）俞可平的"中国治理评估框架"（Framework of Governance Assessment in China）

2008 年 12 月 15 日，由俞可平教授领衔的中央编译局比较政治与经济研究中心发布"中国治理评估框架"。该框架包含公民参与、人权与公民权、党内民主、法治、合法性、社会公正、社会稳定、政务公开、行政效益、政府责任、公共服务和廉政 12 个领域，共计 116 个评估要点[①]。这个框架是对俞可平 2003 年在《增量民主与善治》一书中所提出的 15 个标准（法治、公民的政治参与、多样化、政治透明度、人权和公民权状况、对党和政府的监督、党内民主和多党合作、基层民主、民间组织的状况、合法性、责任性、回应性、效率、秩序、稳定），98 个指标[②]的深化。

（二）何增科的"中国善治指数评价体系框架"（Framework of Evaluation System for Good Governance in China Index）

2008 年，何增科在总结治理善治理论、戴维·伊斯顿（David Easton）的政治体系理论和阿尔蒙德（Gabriel A. Almond）功能主义理论基础上，

---

① 俞可平：《中国治理评估框架》，《经济社会体制比较》2008 年第 6 期。
② 俞可平：《增量民主与善治》，北京，社会科学文献出版社 2003 年版，第 161~165 页。

提出了"中国善治指数评价体系框架"。该评价体系框架由 3 个一级指标、13 个二级指标和 63 个三级指标组成。其中一级指标主要设置了治理体系完善程度、治理过程民主程度、治理结果优良程度 3 个评价维度；二级指标细化了一级指标，从而制定出考察标准；三级指标则细化了二级指标，从而设计出得分要点。在权重及赋分上，何增科提出该评价指标体系的善治指数实行百分制，13 个二级指标的权重相等。63 个三级指标中的每个指标的评级按程度高低大小强弱分为 10 个等级。值得注意的是，他强调评价中国国家治理不仅要重视客观指标，还要设计和选择若干主观指标，侧重考察相关群体对治理的满意度[①]。

（三）包国宪的"公共治理评价的指标体系"（Index System of Public Governance Evaluation in China）

2008 年，包国宪在参加中央编译局比较政治与经济研究中心"治理评估的理论与实践学术研讨会"时初步提出了"我国公共治理评价的指标及指标要素"，次年在《中国行政管理》杂志上对该问题进行了系统的阐述。在包国宪看来，对于公共治理的最终目标，国内外学者已经达成共识——"善治"，而在治理评价的内容与指标问题上，国内外学者并未完全达成一致，纷纷提炼出各自的指标体系，但这些指标体系也不乏共性，在此基础上，他设计了法治、参与、透明度、责任、效能、公平、可持续性 7 个评价指标，并为每个指标设置了 4 个指标要素，共计 28 个指标要素[②]，以期全面而科学地反映公共治理的整体状态与水平。

（四）高奇琦的"国家参与全球治理指数"（States' Participation Index of Global Governance）

2014 年 11 月 18 日，由高奇琦领衔的华东政法大学政治学研究所召开了"国家参与全球治理 2014 论坛暨国家参与全球治理指数预发布会"，公布了《国家参与全球治理指数（SPIGG）2014 年度报告》。该指标体系由 4 项一级指标、8 项二级指标和 31 项三级指标组成。在 4 项一级指标中，一是体现了创新性参与日常性参与的结合，"全球机制创设"是创新性的参与，而"全球机制维护""全球决策参与""全球责任承担"则是日常性的参与。二是体现了过程性参与和资源性参与的结合。"全球机制创设""全球机制维护""全球决策参与"体现的是国家参与全球治理的过程，而"全

---

① 何增科：《中国治理评价体系框架初探》，《北京行政学院学报》2008 年第 5 期。
② 包国宪、周云飞：《中国公共治理评价的几个问题》，《中国行政管理》2009 年第 2 期。

球责任承担"则体现为国家以资源来支撑全球治理的内涵[1]。2014年公布的首份报告选取了具有典型性和代表性的25个国家，其中美国排名第一，中国排名第五。在2021年发布的《全球治理指数2021报告》中，新增了"参与联合国全球治理机制"指标，测评对象扩展到189个国家。值得注意的是，中国的排名已经跃升至第二，仅次于美国。

第二节　建立中国国家治理评估体系的必要性与重要性

要准确判断国家治理成效，明晰国家治理的不足，找出今后治理改革的方向，就需要建立一套科学有效的国家治理评估体系。目前，国内外诸多机构和个人对国家治理评估体系进行了不少探索，取得了一些成效，但不得不承认这些评估体系并不能完全满足当下中国国家治理评估的需要。

一、西方戴着有色眼镜无法看到中国近年来取得的巨大治理成就

尽管一些西方组织和个人宣称，坚持"价值中立"的准则来制定治理评估体系，但实际上西方根深蒂固的优越感，尤其是美国那种深入骨髓的"例外主义"[2]，使很多西方研究者不自觉地以西方甚至是本国现实或未来的目标为模板，建构评估体系。例如，同样都是关于"民主"的测评，西方的测评体系更强调民主的程序——是否有多党竞争、是否有一人一票等，即所谓的形式民主；而中国不仅关注民主的程序，更关注当选者是否真正为人民服务，是否真正实现人民当家作主，即实质民主[3]。中西方对民主认识的侧重点不同，如果非要用西方标准来衡量中国民主程度，就可能得出荒腔走板的论断。例如，英国经济学人集团的经济学人信息部（也称经济学人智库）发布号称衡量国家民主水平的民主指数（The Democracy Index）报告，其核心测评指标有5个，即选举进程和多元化（Electoral Process and Pluralism）、政府职能（Functioning of Government）、政治参与（Political Participation）、政治文化（Political Culture）、公民自由（Civil Liberties）。按照这个与中国国情不相符的评测

---

① 高奇琦：《国家参与全球治理的理论与指数化》，《社会科学》2015年第1期。
② 滕明政：《历史的剧中人和剧作者：基辛格和他的〈论中国〉》，《理论与改革》2015年第5期。
③ 张维为：《这就是中国：何为民主》，上海，上海人民出版社2021年版，第29~36页。

指标给中国民主打分，结果第一项得分为 0，其余得分也相对低分，使中国在参评的 160 多个国家中排在第 150 名左右（2020 年第 151 名，2021 年第 148 名，2022 年第 156 名，2023 年第 148 名），排在苏丹、吉布提等非洲国家后面，很显然没有真实恰当地反映目前中国的民主水平和治理成就。

值得注意的是，那些挂着非政府组织旗号的机构，很多实际上并不"非"政府，因为他们中的许多人员是政府（退休）人员，他们也致力于将自己的一些人员推送到政府部门工作，美国的"旋转门"机制将这一点体现得淋漓尽致。以布鲁金斯协会（Brookings Institution）为例，200 多名研究员中，大约有一半的人有政府工作背景[①]。原会长斯特普·塔尔博特（Strobe Talbott）曾担任克林顿政府的副国务卿，因涉嫌为卡塔尔政府秘密游说而被迫辞职的会长约翰·艾伦（John Allen）曾任北约最高军事长官。原中国中心的主任和资深研究员杰夫里·贝德（Jeffrey Bader）在加入布鲁金斯协会之前一直服务于美国政府，奥巴马政府上台之后，杰夫里又重返政府。原外交政策资深学者苏珊·赖斯（Susan Rice）曾服务于克林顿政府，后被奥巴马任命为驻联合国大使和总统国家安全事务助理。与此同时，很多研究机构的经费直接来自政府拨款。例如，全国民主基金会（The National Endowment for Democracy）、亚洲基金会（The Asian Foundation）和欧亚基金会（The Eurasia Foundation）等机构的经费直接来自国会拨款；美中关系全国委员会（National Committee on United States-China Relations）、亚洲协会（Asia Society）、史汀生研究中心（Stimson Center）等组织的经费部分靠政府拨款，部分靠社会赞助。许多非政府组织虽然没有从政府获得直接的拨款，但通过申请政府的"研究项目"，每年也从政府手中得到非常可观的经费资助[②]。

这样一来，那些所谓"价值中立"的组织机构实际上并不中立，其所谓的"普世价值"其实就是"西方价值"，特别是"美国价值"[③]，因而由这种特殊机制、特殊机构推出的治理评估体系具有浓重的西方色彩，甚至是西方政府色彩，也就不足为奇了。事实上，他们制定的很多治理评估指标已经成为西方国家对异质意识形态国家发动舆论攻击的手段之一。例如，尽管每年报告发布时都遭到相关国家的强烈回应，但大赦国际（Amnesty

① 王莉丽：《美国智库的"旋转门"机制》，《国际问题研究》2010 年第 2 期。
② 张毓强：《美国对外宣传的特点之四：重视非政府组织的作用》，《对外传播》2009 年第 11 期。
③ 俞可平：《中国治理评估框架》，《经济社会体制比较》2008 年第 6 期。

International）和美国国务院每年仍乐此不疲地发布"世界国别人权报告"（Country Reports on Human Rights Practices），对相关国家进行攻击；再如由微软、通用、福特等跨国公司基金会资助的世界正义工程（The World Justice Project）发布的"世界法治指数"（WJP Rule of Law Index）对中国就不那么"友好"，在参评的 100 多个国家中，把中国排在后半部分。例如，2020 年把中国排在 128 个参评国家的第 88 名，2021 年在 139 个参评国家中排第 98 名，2022 年在 140 个参评国家中排第 95 名，2023 年在142 个参评国家中排第 97 名①。难怪有学者直言："用西方的标准衡量中国法治状况，在很大程度上无视了中国在此方面所取得的成绩。"② 总之，试图建立一套普遍适用的评价体系，使之能够测量不同国家和不同地区之间的治理水平，这个想法本身是好的；然而目前这些评价体系主要由西方提供，并有意无意夹带了不少"私货"，测评的结果也就难以做到客观公正。

二、中国目前的治理评估体系尚不能有效地评价中国治理实践

尽管近些年来我们推出了不少国家治理评估体系，对于推动中国国家治理变革发挥了举足轻重的作用，但总体而言，中国的国家治理评估体系仍然存在着一些不足。

（一）中国国家治理体系的研究起步相对较晚

西方早在 20 世纪 90 年代初就开始酝酿建立全球性的治理评估体系，而中国从 90 年代中后期才开始引进西方的治理思想（此时尚谈不上建立中国治理评估体系），直至约 2000 年以后才开始逐渐建立自己的治理评估体系。实事求是地讲，这些治理评估体系大都仅把中国当作评估对象，而没有将世界主要国家纳入其中，所以既不能对其他国家产生影响，也不能准确地评估中国在国际上的地位、作用以及贡献等。2016 年全国哲学社会科学工作座谈会以后，中国明显加快制定世界性的评价指标体系步伐，制定了综合性的"国家参与全球治理指数"（华东政法大学团队研制）、专业性的"世界大学学术排名"（ShanghaiRanking's Academic Ranking of World Universities）（上海交通大学团队研制）等。

---

① Rule of Law Index 2023, World Justice Project, https://worldjusticeproject.org/rule-of-law-index/downloads/WJPIndex2023.pdf.

② 高奇琦：《突破西方评价标准垄断　构建国家治理指数》，《人民日报》2015 年 8 月 30 日。

（二）学者研发的不少国家治理评估体系比较侧重理论建构而实际应用相对有限

中国的学者们基于个人的专业特长、学术积累和实践体悟，提出了关于评价治理活动的应然性指标。但应当承认，这些评估体系大都仍只是理论构想，没有进入实际测评，因而对现实的治理行为影响相对有限。甚至包括已经提出 10 多年的 "中国治理评估框架"（Framework of Governance Assessment in China）也没有用来进行大规模的实际测评。尽管相当数量的国家治理评估体系是为了实际应用而设计的，但考虑到是否具有科学性、权威性，换句话说是否有单位认同，愿意采用；是否具有可操作性，数据是否可以便利获取等，大部分国家治理评估体系实际上很难投入到现实治理绩效的测评中。

（三）政府主导的一些评估体系有简单化的倾向

例如，很多上级对下级党政领导干部的绩效考核中，虽然设计了不少测评指标、形成了评估体系，但真正受到重视的指标或起决定性作用的指标往往就那么几个。通过数据统计与分析，周黎安指出，省级官员的升迁概率与省区 GDP 的增长率呈显著的正相关关系，即所谓 GDP 锦标赛晋升模式，这种模式将关心仕途的地方政府官员置于经济的激励之下[1]。另外，由政府主导的评估体系，往往自觉不自觉地赋予政府部门在评估时更大的权重。例如，某地方的公共部门绩效评估体系中，被服务对象评价所占的分数不高，他们与直接领导、投诉中心共享 36 分，而被评估对象自我评价独占 40 分，后者所占评价比例明显过高[2]。实践表明，由党政领导部门与学术机构合作研制的治理相关评价体系往往能同时具备科学性和可操作性两个方面的优点，例如，中央编译局和厦门市 "生态文明" 联合课题组研制的 "生态文明指标体系"（Ecological Civilization Indicator System）在实际应用过程中就产生了较好的反响。

三、建立中国国家治理评估体系有助于阐明中国国家治理行为的合法性

实践表明，治理行为深受治理评估体系的影响。一些国家和地区会习惯性地参照治理评估体系中的相关指标来调整自己的治理行为，以期获得更好的排名，赢得更好的声誉。大到国家和国际组织，小到单位和学

---

[1]　周黎安：《中国地方官员的晋升锦标赛模式研究》，《经济研究》2007 年第 7 期。
[2]　何增科：《治理评价体系的国内文献述评》，《经济社会体制比较》2008 年第 6 期。

校亦是如此，所以我们看到很多学校根据评估指标来引进师资、招收学生、评价成果等，当然也有学校干脆退出对自己十分不利的排名。可以说，掌握治理评估体系是掌握影响他者话语权的重要手段，一些国家和组织正是借治理排名抬高自己，压低对手。因此，可以从这一角度来理解为什么在每年美国发布"世界国别人权报告"后，中国随即发布"美国的人权纪录"（Human Rights Record of the United States）及"美国侵犯人权事记"（Chronology of Human Rights Violations of the United States）予以回应。要知道，美国的人权状况并不是中国优先考量的事情，但现在中国必须予以回应。一方面是维护国际正义的要求，揭露美国人权报告的别有用心及其虚伪性——美国人权报告如同镜子只照别人不照自己，对别国的人权状况指指点点；另一方面也是维护中国形象的要求。我们绝不接受"教师爷"般颐指气使的说教①，更不接受任何对中国的无端指责与抹黑，中国的人权事业已经取得显著进步，不能因为中国人权观不同于美国人权观，就无视中国近些年所取得的进步。中国的这些举动清楚地表明治理评估体系对国家行为产生了重要影响。也正是在这个意义上，我们要深刻领会习近平总书记关于"落后就要挨打，贫穷就要挨饿，失语就要挨骂"②的深刻论断，架构适合自己的治理评估体系，集中力量解决"挨骂"问题。

治理评估体系之所以能够影响治理行为，主要是基于这样的原因：或是因为治理评估体系的正确性，反映事物发展的内在规律性，因而具有真理的力量。中国提出的推动构建人类命运共同体的主张得到国际社会越来越多的认同，联合国秘书长古特雷斯称赞道："联合国 2030 年可持续发展议程的目标和习主席倡导的人类命运共同体理念高度契合，就是要让每一个人都能享受到发展的成果。"③世界上只有一个地球，我们要弘扬全人类共同价值，求同存异、共建人类命运共同体，共享人类发展成果。或是因为治理评估体系的制定者有"实力"，能够对评估对象施加威慑力，因而具有"霸权"的力量。美国等西方国家要求其他国家照搬照抄西方模式，对"不从者"，动不动打着民主、人权的幌子，径直干涉他国内政——从伊拉克的热战到西亚北非的"颜色革命"，从伊朗的暗杀到乌克

---

① 《习近平谈治国理政》第 4 卷，北京，人民出版社 2022 年版，第 11 页。
② 《习近平关于总体国家安全观论述摘编》，北京，中央文献出版社 2018 年版，第 117 页。
③ 《联合国秘书长古特雷斯接受人民日报全媒体独家采访：中国是多边主义的最重要支柱》，《人民日报》2018 年 4 月 10 日。

兰的拱火、巴以冲突的火上浇油等，严重破坏了这些国家的独立主权，造成了严重的社会问题。也正是在这个意义上，我们能够更好地理解为什么习近平总书记要将"坚持独立自主"作为中国共产党百年奋斗的 10 条历史经验之一，因为真正做到独立自主真的太重要了，但也真的太难了，由此建立符合中国实际的国家治理评估体系势在必行、任重道远。

随着中国综合国力的飞速跃升，历史为中国提供了绝佳的阐述中国治理理念、建构国家治理评估体系的机会。习近平总书记指出："这是一个需要理论而且一定能够产生理论的时代，这是一个需要思想而且一定能够产生思想的时代。"[1]中国有能力将和平、发展、公平、正义、民主、自由的全人类共同价值转化为新型的国家治理评估体系，发挥出治理评估体系对于国家治理行为的"指挥棒"作用，从而引导中国国家治理实践向着更好的未来前进。[2]中国作为一个具有全球重要影响力的负责任大国，其新型国家治理评估体系也必将对全球国家治理评估产生积极影响。一方面，它为中国自己的国家治理行为提供合法性支撑，增强中国在国家治理领域中的话语权；另一方面，它也给世界上那些既希望加快发展又希望保持自身独立性的国家和民族提供了全新选择，国家治理并非只有西方一种模式，每个国家都可以并应该根据自己国家的国情选择适合自己的国家治理模式和国家治理评估体系。

第三节　建立中国国家治理评估体系的基本原则

遵循什么样的基本原则是建立中国国家治理评估体系的首要问题，即是说，必须明确中国国家治理评估体系要达到的目的——科学评估中国国家治理的绩效，分析目前治理存在的不足并指明进一步努力的方向——推进国家治理现代化。有效设计中国国家治理评估体系至少应坚持以下 4 条基本原则。

一、中国立场与世界眼光相结合

中国的国家治理评估体系当然要首先植根中国，它是为了测评中国国家治理的现状并指明治理方向而存在的，对于这一点，我们一定要头脑

---

① 习近平：《在哲学社会科学工作座谈会上的讲话》，北京，人民出版社 2016 年版，第 8 页。
② 滕明政：《建立中国特色治理评估体系》，《深圳特区报》2022 年 5 月 31 日。

清醒。习近平总书记强调："中国有 960 多万平方公里土地、56 个民族，我们能照谁的模式办？谁又能指手画脚告诉我们该怎么办？……照抄照搬他国的政治制度行不通，会水土不服，会画虎不成反类犬，甚至会把国家前途命运葬送掉。只有扎根本国土壤、汲取充沛养分的制度，才最可靠、也最管用。"[①] 所以，中国的国家治理评估体系必须立足中国国情，体现中国特色，尤其要反映出中国共产党在整个国家治理中的地位和作用，体现出中国国家治理的重要逻辑——"办好中国的事情关键在党"。与此同时，我们也不能固守自我、自我隔绝于世界。治理思潮虽然兴起于西方，在理论设计和实践操作上带有西方色彩。但不可否认的是，任何一个好的政权都希望实现民主善治，国家治理总有一些共性的规律可以互相借鉴。中国在设计自己的治理评估体系时，应该借鉴世界治理的成功经验，避免无效治理，将共同追求的目标，例如全人类共同价值的理念纳入进来。这不仅是制定科学治理评估体系的有效保证，也是中国与世界就国家治理问题进行沟通对话的重要基础。

二、可操作性与高标准化相结合

中国国家治理评估体系必须具有可操作性，设计它不是为了好看，而是希望运用到现实的国家治理测评中，不但能够有效评估治理的绩效，检验治理实践的付出程度和治理效果的改善程度，实现奖励先进、激励后进、惩罚落后的初衷；而且能够发现治理过程中的问题，并提出优化和改进治理的方案，实现以评促改、以评促建，推进中国国家治理现代化。实践层面的可操作性至少应体现为：数据尽可能从公开的数据库中直接获得，采访党政部门回避涉密话题，参与评估活动的人员、时间及财力花费合理等。从实际执行的角度来看，如果治理评估体系能够由政府背书，不但会极大提高数据、资料的可获得性，而且会显著增强治理体系的权威性和可推广性。但与此同时，也不能为了实施方便就任意降低标准，用低标准测出一堆看似"满意"的数据其实是无助于发现问题，也是无益于推动整个中国国家治理现代化的。当然，标准也不宜过高，"跳一跳摘桃子"可能是一种比较恰当的标准，即通过努力可以达到，换句话说，治理评估体系的指标要给治理主体提供为之奋斗的目标。

---

① 《习近平谈治国理政》第 2 卷，北京，人民出版社 2017 年版，第 286 页。

三、现实性与引导性相结合

设计中国的国家治理评估体系要坚持问题导向，坚持以我们正在做的事情为中心。目前，我们正行进在实现中华民族伟大复兴的道路上，虽然已经解决了许多旧的矛盾和问题，但也产生了不少新的矛盾和问题。比如，过去30多年，我国经济快速发展，但也造成了资源枯竭和环境恶化。在世界百年未有之大变局与新冠疫情相互交织的背景下，我国经济增长速度面临换挡、结构调整遭遇阵痛、前期刺激政策需要消化，需要特别警惕一系列"灰犀牛""黑天鹅"事件的发生。与此同时，被高速增长遮蔽的一些社会问题随着经济增速下滑而开始摆上台面，发展不平衡不协调的问题日益凸显，这些都是我们面临的重大现实性问题。在国家治理评估体系的设计中，既要体现出中国"追赶时代"所需要的速度、效率，同时又要引导中国实现绿色发展、公平发展等。立足于现实，使国家治理评估体系言之有物，不陷于空洞；着眼于未来，使国家治理评估体系体现引导性，不流于俗套。

四、主观性与客观性相结合

治理评估应该将反映治理状态的客观数据与人民群众对治理状况的主观评价结合起来。一方面，我们的治理活动是以人民为中心的，就是要不断满足人民的需要，使人民从我们的治理活动中拥有更多的"获得感"。所以，主观评价，尤其是普通人民群众对治理的评价应该成为治理评估的重要维度，当然官员自评也应该设定合理的评估权重。事实上，当主观评价的样本量足够大，那么主观评价本身也会具有客观性，即一个群众可能看走眼，但千万群众很难都看走眼；个别官员可能侥幸一时，但不可能侥幸一世，因为"群众的眼睛是雪亮的"。另一方面，人的主观评价具有变动性和非唯一性，评价者不同、评价场合不同等都会造成评价结果的不同，为如实地发现问题，就需要一定的"确定性"，这就要求治理评估必须设置客观的评价维度、硬性的评价指标，用数据说话。

第四节 基于五大新发展理念设计中国国家治理评估体系

根据中国国家治理所追求的目标以及建立中国国家治理评估体系应

遵循的基本原则，在设计中国国家治理评估体系的具体指标时可以采用"理念—标准—要点"的基本设计思路。首先确立中国国家治理评估体系的核心理念，即是说要明确我们的评估主要考核哪些方面的内容。其次确立中国国家治理评估的基本标准，即是说要细致考察每一核心理念需要哪些支撑环节。最后分解中国国家治理评估体系的得分要点，即是说要把评估量化，用数字的形式表达出来。

一、评估体系的指标设计

基于五大新发展理念设计中国国家治理评估体系，实际上提供了一种把党中央政策落细落小落实的有益探索，有利于引导各治理主体心怀"国之大者"，努力增强贯彻执行党中央决策部署的政治自觉和政治主动，不断推动高质量发展和高质量治理。借此思考，笔者设计了 5 个一级指标（核心理念）、15 个二级指标（基本标准）、56 个三级指标（得分要点）（见表 8-1）。

表 8-1　基于五大新发展理念的中国国家治理评估体系

核心理念 （一级指标）	基本标准 （二级指标）	得分要点 （三级指标）
创新	环境	科技投入占公共财政支出的比重
		创新创业者对创新创业环境满意度
		创新型企业密度
	投入	R&D 经费占 GDP 比重
		基础研究经费占 R&D 比重
		万人规模以上企业劳动力 R&D 人员比重
	产出	万人发明专利拥有量
		年末有效发明专利量
		技术合同成交金额
		进入世界 500 强企业数量
		新兴产业增加值占 GDP 比重

续表

核心理念 （一级指标）	基本标准 （二级指标）	得分要点 （三级指标）
协调	城乡	城乡基尼系数
		城乡恩格尔系数
		年末常住人口城镇化率
	区域	区域基尼系数
		区域恩格尔系数
	经济社会	三大产业结构比重
		文化产业增加值占地区生产总值比重
	脑力劳动和 体力劳动	脑力和体力劳动者收入差距
		脑力和体力劳动者社会地位
绿色	生产	万元 GDP 能耗（标准煤）
		万元国内生产总值用水量
		清洁能源发电量
		清洁能源消费量占能源消费总量比重
		万元 GDP 污染物排放量
	生活	PM$_{2.5}$ 年均浓度
		建成区绿化覆盖率
		生活垃圾资源化利用率
	生态环境治理与 保护	环境保护投入占公共财政支出的比重
		环境污染和生态破坏追责力度
		生态补偿机制完善程度
开放	贸易与投资	货物进出口总额
		服务进出口总额
		对外贸易依存度
		外商直接投资额
		对外非金融直接投资额
		年末国家外汇储备

续表

核心理念 （一级指标）	基本标准 （二级指标）	得分要点 （三级指标）
开放	国际组织	在华国际组织占中国全部国际组织比重
		中国新建国际组织占世界新增国际组织比重
		"一带一路"、亚投行等的建设成效
	人文交流	本地常住外国人比重
		出境游客增长率
		入境游客增长率
共享	经济发展成果	国内生产总值
		人均国内生产总值
		全员劳动生产率
		人均可支配收入增长率
		最低工资水平增长率
		居民消费价格
		人均粮食产量
		城镇调查失业率年均值
		贫困人口减少量/乡村振兴经济增加量
	社会公共服务	人均教育资源占有率
		千人病床拥有数增长率
		新增供应人才住房和保障性住房增长率
		人均公共文体设施面积增长率

资料来源：笔者根据《求是》杂志等现有成果分析汇总。

（一）创新

创新评估的是中国国家治理的动力问题。习近平总书记指出："创新是引领发展的第一动力，是建设现代化经济体系的战略支撑。"[1]因此，要

---

[1]《习近平谈治国理政》第3卷，北京，人民出版社2020年版，第201页。

把创新摆在国家治理和发展的关键位置，贯穿于党和国家一切工作，即把创新设置为一级指标。创新环境、创新投入和创新产出是反映创新程度的基础性指标，即把创新环境、创新投入和创新产出设置为二级指标。其中二级指标"创新环境"包含"科技投入占公共财政支出的比重""创新创业者对创新创业环境满意度"和"创新型企业密度"3个三级指标，分别反映了创新活动中的硬件基础设施、软件公共服务、创新型企业依存和联系程度等情况；二级指标"创新投入"包含"R&D经费占GDP比重""基础研究经费占R&D比重"和"万人规模以上企业劳动力R&D人员比重"3个三级指标，分别反映了创新活动中的财力投入和人力投入等情况；二级指标"创新产出"包含"万人发明专利拥有量""年末有效发明专利量""技术合同成交金额""进入世界500强企业数量"和"新兴产业增加值占GDP比重"5个三级指标，分别反映了创新活动中的技术产出、实力产出和产业优化等情况。

（二）协调

协调评估的是中国国家治理的均衡问题。新时代我国社会主要矛盾是"人民日益增长的美好生活需要和不平衡不充分的发展之间的矛盾"[①]，影响满足人民美好生活需要的因素固然有很多，但最主要的是发展不平衡不充分问题，其他问题归根结底都是由此造成或派生的。习近平总书记指出："协调既是发展手段又是发展目标，同时还是评价发展的标准和尺度。"[②]对此，要正确处理中国国家治理和发展过程中的重大关系，不断增强中国国家治理整体性、系统性和协调性，唯此才能使中国国家治理和发展行稳致远，所以要把协调设置为一级指标。城乡差别、区域差别、经济社会差别以及脑力劳动和体力劳动差别是反映协调程度的基本维度，即把城乡协调、区域协调、经济社会协调以及脑力劳动和体力劳动协调设置为二级指标。其中二级指标"城乡协调"包含"城乡基尼系数""城乡恩格尔系数"和"年末常住人口城镇化率"3个三级指标，分别反映了城市与乡村的收入差距和消费差距，以及城镇化等情况；二级指标"区域协调"包含"区域基尼系数"和"区域恩格尔系数"两个三级指标，分别反映了不同区域的收入差距和消费差距等情况；二级指标"经济社会协调"包含"三大产业结构比重"和"文化产业增加值占地区生产总值比重"两个三

---

① 《习近平谈治国理政》第3卷，北京，人民出版社2020年版，第9页。

② 习近平：《论把握新发展阶段、贯彻新发展理念、构建新发展格局》，北京，中央文献出版社2021年版，第85页。

级指标，分别反映了经济社会发展中的经济基础结构合理程度以及物质文明与精神文明协调程度等情况；二级指标"脑力劳动和体力劳动协调"包含"脑力和体力劳动者收入差距"和"脑力和体力劳动者社会地位"两个三级指标，分别反映了脑力劳动者和体力劳动者的经济和社会处境差异等情况。

（三）绿色

绿色评估的是中国国家治理的可持续性问题。习近平总书记指出："人与自然是生命共同体，人类必须尊重自然、顺应自然、保护自然。"[1]因此，中国国家治理现代化是人与自然和谐共生的现代化，要始终坚持绿水青山就是金山银山的理念，牢固树立保护生态环境就是保护生产力、改善生态环境就是发展生产力的思想，即要把绿色设置为一级指标。绿色生产、绿色生活以及生态环境治理与保护是反映绿色发展程度的基本维度，即把绿色生产、绿色生活以及生态环境治理与保护设置为二级指标。其中二级指标"绿色生产"包含"万元 GDP 能耗（标准煤）""万元国内生产总值用水量""清洁能源发电量""清洁能源消费量占能源消费总量比重"和"万元 GDP 污染物排放量"5 个三级指标，分别反映了绿色生产中能源资源消耗、清洁能源使用和废物排放等情况。其中二级指标"绿色生活"包含"$PM_{2.5}$ 年均浓度""建成区绿化覆盖率"和"生活垃圾资源化利用率"3 个三级指标，分别反映了绿色生活中绿色资源占有（例如，空气质量、绿地面积等）和绿色资源消费等情况；二级指标"生态环境治理与保护"包含"环境保护投入占公共财政支出的比重""环境污染和生态破坏追责力度"和"生态补偿机制完善程度"3 个三级指标，分别反映了生态环境治理与保护中绿色投入、环境治理和生态保护等情况。

（四）开放

开放评估的是中国国家治理的内外联动问题。习近平总书记指出："开放带来进步，封闭必然落后。中国的发展离不开世界，世界的繁荣也需要中国。"[2]即使在当前逆全球化思潮抬头，单边主义、保护主义明显上升的国际形势下，中国以内循环为主并不意味着不要外循环，我们要始终不渝地坚持对外开放的基本国策，实行更加积极主动的对外开放政策，努力形成全方位、多层次、宽领域的高水平对外开放格局，推动经济全球化

---

[1] 习近平：《论把握新发展阶段、贯彻新发展理念、构建新发展格局》，北京，中央文献出版社 2021 年版，第 348 页。

[2] 《习近平谈治国理政》第 3 卷，北京，人民出版社 2020 年版，第 187 页。

朝着更加开放、包容、普惠、平衡、共赢的方向发展，即要把开放设置为一级指标。贸易与投资、国际组织和人文交流是反映开放程度的基础性指标，即把贸易与投资、国际组织和人文交流设置为二级指标。其中二级指标"贸易与投资"包含"货物进出口总额""服务进出口总额""对外贸易依存度""外商直接投资额""对外非金融直接投资额"和"年末国家外汇储备"6 个三级指标，分别反映了经济开放中的贸易和投资等情况；二级指标"国际组织"包含"在华国际组织占中国全部国际组织比重""中国新建国际组织占世界新增国际组织比重"和"'一带一路'、亚投行等的建设成效"3 个三级指标，分别反映了机构开放中的中国接纳国际组织的开放心态和积极参与国际治理的主动作为等情况；二级指标"人文交流"包含"本地常住外国人比重""出境游客增长率"和"入境游客增长率"3 个三级指标，分别反映了人文开放中的人口流动、文化交流等情况。

（五）共享

共享评估的是中国国家治理的目的问题。习近平总书记指出："人民对美好生活的向往，就是我们的奋斗目标。"[1]因此，我们必须坚持发展为了人民、发展依靠人民、发展成果由人民共享，作出更有效的制度安排，使全体人民在发展中有更多的获得感，即要把共享设置为一级指标。经济发展成果和社会公共服务人均占有情况是反映共享程度的基本维度，即把经济发展成果和社会公共服务设置为二级指标。其中二级指标"经济发展成果"包含"国内生产总值""人均国内生产总值""全员劳动生产率""人均可支配收入增长率""最低工资水平增长率""居民消费价格""人均粮食产量""城镇调查失业率年均值"和"贫困人口减少量 / 乡村振兴经济增加量"9 个三级指标，分别反映了经济发展成果共享中的 GDP 总量与人均值、劳动生产率与人均收入、居民基本消费、减贫与乡村振兴等情况；二级指标"社会公共服务"包含"人均教育资源占有率""千人病床拥有数增长率""新增供应人才住房和保障性住房增长率"和"人均公共文体设施面积增长率"4 个三级指标，分别反映了社会公共服务共享中的教育、医疗、住房以及文化体育等情况。

二、需要进一步研究的问题

基于五大新发展理念的中国国家治理评估体系较好地反映了新时代

---

[1]《习近平谈治国理政》第 1 卷，北京，人民出版社 2018 年版，第 424 页。

国家治理的时代要求和现实呼声，是推进新时代中国国家治理现代化的一种富有新意的探索，但也有一些问题需要进一步研究。

（一）如何增强中国国家治理评估体系的指标全面性需要进一步研究

国家治理是一个系统性工程，涵盖方方面面，但评估体系的指标不可能包含所有方面，因而两者之间就产生了矛盾，如何以有限的指标较为全面而不失真地描绘出复杂的国家治理成为一大难题。目前设计的评估指标力求在全面基础上把握重点，表 8-1 中的二级指标和三级指标不能说应有尽有，但基本涵盖了中国国家治理评估的主要方面，未来可以根据中国国家治理实践的需要进一步补充。当然，指标不能追求面面俱到，因为"预警指标过多，不仅会耗费大量的人力、物力和财力，延长预警周期，难以及时预警，而且还会降低预警效率，降低预警的可行性，难以达到预警的目的"[①]。因此，如何确保中国国家治理评估体系的指标全面性与实际操作的简易性需要进一步加强研究。

（二）如何划分中国国家治理评估体系的指标权重及赋值需要进一步研究

五大新发展理念是有顺序的，"创新是引领发展的第一动力。必须把创新摆在国家发展全局的核心位置"[②]。顺序本身就是一种重要性排序[③]，据此"创新"应该占据较大权重。但"较大权重"究竟多大？即是说将概念量化（数字化）、精确化却不容易。有人提出运用模糊学，但模糊学所得出的结论难以进行治理绩效排序。一般来说，对于指标少的项目，可以采用主观赋值法特别是专家打分法来确定它们之间的分值；对于指标多的项目，则通常采用因子分析法等客观赋值法来确定它们之间的分值[④]。按照下一级指标加权平均得到上一级指标，最后得出五大新发展理念的综合指数[⑤]，即中国国家治理评估体系的综合指数。但专家打分法有主观不确定性等问题，因子分析法也存在浓缩后因子的意义不能完全确定等局限，这些都需要进一步加强研究，因此在表 8-1 中暂未进行权重赋值。

---

①　年志远、李丹：《国家经济安全预警指标体系的构建》，《东北亚论坛》2008 年第 6 期。

②　《十八大以来重要文献选编》（中），北京，中央文献出版社 2016 年版，第 792 页。

③　滕明政、秦宁波：《论邓小平的社会主义有序发展观——兼论对全面深化改革的启示》，《云南社会科学》2016 年第 2 期。

④　叶卫平：《国家经济安全定义与评价指标体系再研究》，《中国人民大学学报》2010 年第 4 期。

⑤　"五大新发展理念指标体系及省级区域评估报告"课题组：《五大新发展理念省级区域评估研究》，《上海经济》2017 年第 3 期。

（三）如何确定中国国家治理评估体系的指标警戒阈值需要进一步研究

　　建立中国国家治理评估体系的一个重要目的就是预警——防止治理失误、治理不足演变为治理失败、治理溃败。但目前宏观领域的国家（含世界／全球）治理评估体系，例如，世界银行的"世界治理指标"、联合国开发计划署的"治理指标项目"、俞可平的"中国治理评估框架"、包国宪的"公共治理评价的指标体系"，也包括本书设计的"基于五大新发展理念的中国国家治理评估体系"等都尚未将警戒问题作为核心内容加以研究，因而未能提出科学的警戒阈值。微观领域的治理评估指标体系，例如，美国联邦银行监管当局的"统一金融机构评级系统"（Uniform Financial Institutions Rating System，也称 CAMELS 评级系统）、Sundaraurajan 等的"银行监管治理指数"（Banking Regulatory Governance Index）等，虽然对金融风险起到了一定的预测预警功能，但是局限于个别领域和个别问题，再加上外国毕竟不同于中国。因此，需要根据中国的实际进行修正、补充与完善，以避免出现虚警或者漏警的情况。此外，微观领域的预警如何上升为宏观的国家治理预警机制，以及如何把国家治理评估体系与总体国家安全观的评价和预警结合起来，使中国国家治理守住底线，实现安全发展，这些问题也都需要进一步加强研究。

（四）如何凸显中国国家治理评估体系的政党建设内容需要进一步研究

　　从某种意义上说，五大新发展理念主要揭示了国家治理和发展的共同追求，体现了人类社会发展的共性规律，表明中国国家治理走的是世界文明发展的大道，因为很难说世界上哪个国家不追求更高质量、更可持续的治理。但中国国家治理必须有自己的特色，这就需要在治理评估体系的指标中予以显现。习近平总书记指出："中国最大的国情就是中国共产党的领导。什么是中国特色？这就是中国特色。"[①]中国革命、建设和改革的历史和实践一再证明："中国特色社会主义最本质的特征是中国共产党领导，中国特色社会主义制度的最大优势是中国共产党领导。"[②]在政党与国家、政党与法律生成的关系上，中国与西方很多国家有着不同的发展路径。中国共产党是中国特色社会主义事业的领导核心，治国先治党是中国

[①] 《习近平关于社会主义政治建设论述摘编》，北京，中央文献出版社 2017 年版，第 28 页。
[②] 《习近平谈治国理政》第 2 卷，北京，人民出版社 2017 年版，第 43 页。

国家治理的最基本逻辑。所以，中国国家治理评估体系必须突出政党领导和政党治理在国家治理中的地位及作用。换句话说，如何在基于五大新发展理念的中国国家治理评估体系中科学地融入并凸显党的领导和党的建设的内容需要进一步加强研究。

　　总之，中国特色社会主义进入新时代，每一位哲学社会科学工作者都应该"自觉以回答中国之问、世界之问、人民之问、时代之问为学术己任，以彰显中国之路、中国之治、中国之理为思想追求，在研究解决事关党和国家全局性、根本性、关键性的重大问题上拿出真本事、取得好成果"①。本书尝试作出些许探索，求教于方家并期待引起学界对该问题的重视，与大家携手建构起科学有效的中国国家治理评估体系，为指引、推动和衡量国家治理现代化作出应有的贡献，更好地助力中国式现代化全面推进中华民族伟大复兴中国梦的早日实现。

---

　　① 《习近平在中国人民大学考察时强调　坚持党的领导传承红色基因扎根中国大地　走出一条建设中国特色世界一流大学新路》，《人民日报》2022 年 4 月 26 日。

第九章　新时代中国国家治理的基本特点

党的十八大以来，以习近平同志为核心的党中央在新时代中国国家治理方面提出了许多具有哲学深度、历史厚度，中国立场、世界眼光的论断，形成了具有鲜明特质的国家治理思想，而且语言风格极具魅力。借此思考，本书从思想魅力和语言风格两个维度论述了新时代中国国家治理的基本特点①。

第一节　新时代中国国家治理的思想特点

新时代中国国家治理坚持党性与人民性相统一，党性寓于人民性之中，没有脱离人民性的党性，也没有脱离党性的人民性；坚持问题导向与系统思维相结合，既有什么问题就解决什么问题，是什么性质的问题就解决什么性质的问题，又统筹兼顾，谋一域更谋全局；坚持顶层设计与底线思维相结合，既立意高远、寻求根本解决之道，又从坏处准备，千方百计托底、守底、保底；坚持本土情怀与国际视野相结合，既立足中国实际、服务中国发展、展现中国自信，又借鉴国外经验、参与全球治理、推动世界发展；坚持制度建设与能力提升并举，把国家治理体系和治理能力现代化结合在一起，既建立健全制度法规体系，又不断提升制度执行力；坚持使命担当与铁腕改革相融合，担当起该担当的责任，以身许党、报党报国，以抓铁有痕、踏石留印的劲头，做到言必信、行必果。

---

① 这里需要指出的是，就整个中国国家治理与西方国家治理而言，坚持中国共产党的领导是中国国家治理最鲜明的特点，习近平总书记曾指出"中国共产党的领导是中国特色社会主义最本质的特征"。相关内容前文已有论述，此处不再赘述。

一、党性与人民性相统一

新时代中国国家治理特别强调党性与人民性的统一，坚决反对任何形式的割裂与对立，坚决廓清和纠正现实生活中个别党员领导干部中存在的"你是站在党的一边，还是站在人民的一边""你是替党讲话，还是替老百姓讲话"等错误观点、荒唐说法。党性和人民性是统一的。这是马克思主义政党与西方政党的显著区别。西方政党尽管也宣称代表选民的利益，但因为允许金钱干政，事实上选举代表"钱主"，即资本家的利益。而中国共产党这种先锋队组织从建立之初就不允许金钱干政，进一步讲，她不是政治运行的工具，无须讨好"钱主"；她是带领人民建立国家的领导力量①，来自人民、代表人民、依靠人民、为了人民是其内在基因。因此，从本质上说，维护和发展中国共产党的利益就是维护和发展中国人民的利益，维护和发展中国人民的利益就是维护和发展中国共产党的利益。

（一）就坚持党性来说

习近平总书记理直气壮地指出："党性原则不仅要讲，而且要理直气壮讲，不能躲躲闪闪、扭扭捏捏。"②坚持党性的要求有很多，但最根本的一条就是加强政治纪律性，自觉同党中央保持高度一致。2015 年 12 月 11 日至 12 日，习近平总书记在全国党校工作会议上提出"党校姓党"的重要命题，强调"党校增强看齐意识，就要坚持党校一切工作都必须围绕党中央决策部署来进行"③。2016 年 1 月 5 日，习近平主席到第 13 集团军视察时指出，部队各级党委班子和团以上领导干部要"自觉强化政治意识、看齐意识、带头意识"④。在此基础上，逐渐形成了政治意识、大局意识、核心意识、看齐意识。党的十九大以来，以习近平同志为核心的党中央进一步把党的政治建设摆在首位，提出"全党同志特别是高级干部要加强党性锻炼，不断提高政治觉悟和政治能力，把对党忠诚、为党分忧、为党尽职、为民造福作为根本政治担当，永葆共产党人政治本色"⑤。并把"四个意识"写进新修订的《中国共产党章程》。中国共产党本身就是一个巨大的人才宝库，通过民主集中制原则将全党全社会的智慧汇总到党中央⑥，

① 滕明政：《党建科学化：一个新阐释》，《重庆社会科学》2015 年第 2 期。
② 《习近平新时代中国特色社会主义思想三十讲》，北京，学习出版社 2018 年版，第 214 页。
③ 《习近平谈治国理政》第 2 卷，北京，外文出版社 2017 年版，第 158 页。
④ 《习近平在视察第 13 集团军时强调》，《解放军报》2016 年 1 月 8 日。
⑤ 《习近平谈治国理政》第 3 卷，北京，外文出版社 2020 年版，第 49 页。
⑥ 滕明政：《十六大以来的中央政治局集体学习研究》，《天津行政学院学报》2013 年第 4 期。

越是进行伟大斗争越是需要统一思想、凝聚智慧，越是需要坚持党性，自觉向中央看齐。做到政治上同向，思想上同心，行动上同步①。具体来说，包括以下3点。

1.坚持党性、服从组织纪律是中国共产党创立时就立下的规矩。早在中国共产党酝酿成立之时，党的早期领导人蔡和森就提出："党的组织为极集权的组织，党的纪律为铁的纪律，必如此才能养成少数极觉悟极有组织的分子，适应战争时代及担负偌大的改造事业。"②党的一大制定了《中国共产党纲领》，规定了"在加入我们的队伍以前，必须与那些与我们的纲领背道而驰的党派和集团断绝一切联系"，"地方委员会的财务、活动和政策，应受中央执行委员会的监督"③。党的二大通过了《中国共产党章程》，专列"纪律"一章，规定了"全国大会及中央执行委员会之议决，本党党员须绝对服从之"，"本党一切会议均取决多数，少数绝对服从多数"④等内容。党的五大通过了《组织问题议决案》，明确提出"政治纪律"一词，指出"党内纪律非常重要，但宜重视政治纪律，不应将党的纪律在日常生活中机械的应用"⑤。这样一来，中国共产党在创立时就强调立规矩、守规矩，即是说规矩、纪律已经成为中国共产党的精神基因。

2.严密的组织纪律性是中国共产党发展壮大的内在秘密。中国共产党创立时仅有58名党员，而今天则成为拥有9900多万名党员的世界第一大马克思主义执政党，严明的纪律和规矩功不可没。在严酷的斗争环境中，中国共产党的人员物资等极度匮乏，凝聚党员靠的就是理想和纪律，特别是在国共合作时期，中国共产党的组织纪律性令国民党的官员们感到震惊。在成立不到5年时间里，中国共产党已经有5万多名党员。大革命失败后，中共革命队伍中弥漫着悲观情绪，以毛泽东为代表的中国共产党人的一个重要措施就是加强党的纪律建设，以维护团结、提升战斗力。为此，毛泽东亲自主持了一场入党仪式，将"服从纪律"列为入党誓词的重要内容，并逐渐提出了"三大纪律、八项注意"等，使中国共产党党员人数在20世纪30年代初回升至30万人。第五次反"围剿"失败后，党和红军被迫开始长征，没有严明的纪律和规矩，党和红军是不可能走完长

① 孙杰：《全党都要增强看齐意识》，《光明日报》2016年5月3日。
② 《蔡和森文集》（上），北京，人民出版社2013年版，第74页。
③ 《建党以来重要文献选编（1921—1949）》第1册，北京，中央文献出版社2011年版，第2页。
④ 《建党以来重要文献选编（1921—1949）》第1册，北京，中央文献出版社2011年版，第167页。
⑤ 《建党以来重要文献选编（1921—1949）》第4册，北京，中央文献出版社2011年版，第208页。

征的。党和红军进入陕北后，靠着严明的纪律，迅速赢得群众的信赖和支持，百姓踊跃参军入党，中国共产党党员数量在 1940 年就已有 80 万之众。延安时期，毛泽东强调："路线是'王道'，纪律是'霸道'，这两者都不可少。"①通过延安整风使全党实现了高度的团结和统一，极大地增强了党的战斗力，加速了抗日战争的胜利。1948 年 9 月，毛泽东又提出了"加强纪律性，革命无不胜"②的著名论断，党的七届二中全会又提出了"两个务必"，确定"六条规定"等。这些做法，对中国共产党发展壮大、最终取得革命胜利，进而顺利地转变为全国性的执政党具有重大意义。

3. 增强看齐意识是准备进行许多具有新的历史特点的伟大斗争的要求。新的历史特点的伟大斗争，表明发展起来的中国面临的问题呈现出新的样态。一方面，中国发展了，更有能力也更加自信地解决许多问题，于是原先一些中国没有能力深度参与的事务，现在要求中国积极参与、发出声音乃至解决问题。例如，一些发达国家要求中国承担更多的国际经济责任③，一些发展中国家不仅希望中国承担更多的国际经济责任，而且希望中国承担更多的国际安全责任，希望中国能为它们提供安全保障等。由此，世界第二大经济体的地位和发展中国家的身份形成矛盾；做负责任大国的政策目标与"不当头"的战略原则形成矛盾；不干涉他国内政与主张国际正义形成矛盾④。另一方面，中国巨大的体量深刻改变世界格局，中国崭新的发展模式深刻震撼了世界，在许多问题上，中国不可能一味妥协退让，这让一些"霸道"国家感到不舒服，疯狂围堵中国，使我们的外部发展环境呈现出空前复杂性、自我革命性、现代法治性、生死攸关性等新特点⑤。国际围堵更加凶猛、国内利益调整更加艰难、转型升级压力更加巨大、从严治党更加繁重、生态环境保护更加迫切等。所以，习近平总书记一而再、再而三强调全党要增强看齐意识。2015 年 12 月 11 日至 12 日，习近平总书记在全国党校工作会议上强调"党校姓党"，党校增强看齐意识，就要坚持党校一切工作都必须围绕党中央决策部署来进行⑥。2015 年 12 月 28 日至 29 日，习近平总书记在中共中央政治局召开专题民主生活

---

①《毛泽东文集》第 2 卷，北京，人民出版社 1993 年版，第 374 页。

②《毛泽东文集》第 5 卷，北京，人民出版社 1996 年版，第 194 页。

③ Robert B. Zoellick, Whither China: from Membership to Responsibility? *DISAM Journal of International Security Assistance Management*, 2006(2).

④ 阎学通：《权力中心转移与国际体系转变》，《当代亚太》2012 年第 6 期。

⑤ 辛向阳：《把握"具有许多新的历史特点的伟大斗争"的深刻含义》，《红旗文稿》2015 年第 7 期。

⑥《习近平谈治国理政》第 2 卷，北京，外文出版社 2017 年版，第 328 页。

会上指出："各级领导干部要有看齐意识，自觉向党中央看齐，向党的理论和路线方针政策看齐。我们中央政治局的同志必须有很强的看齐意识，必须经常看齐、主动看齐，这样才能真正看齐。这是最最紧要的政治。"[①] 2016 年 1 月 11 日，习近平总书记在接见军委机关各部门负责同志时强调，要强化看齐意识，经常、主动、坚决向党中央和中央军委看齐，始终同党中央和中央军委保持高度一致，坚决维护党中央和中央军委权威，坚决听从党中央和中央军委指挥[②]。中国共产党本身就是一个巨大的人才宝库，通过民主集中制原则将全党全社会的智慧汇总到党中央[③]，越是进行伟大斗争越是需要统一思想、凝聚智慧，越是需要坚持党性，自觉向中央看齐。

（二）就坚持人民性来说

2012 年 11 月 14 日，刚当选总书记的习近平就向中国和世界许下了自己的执政承诺——"人民对美好生活的向往，就是我们的奋斗目标"[④]。在次年当选国家主席的 25 分钟讲话中，习近平总书记先后 44 次提到"人民"。在党的十九大报告中，"人民"一词共出现了 203 次；在党的二十大报告中，"人民"一词共出现了 177 次，"人民"已经成为名副其实的高频词汇。从中央八项规定到党的群众路线教育实践活动，从"轻车简从"到深入群众号民需之脉、体民情之意……"以人民为中心"已经成为新时代中国国家治理最浓重的底色。具体而言，坚持人民性至少包含了来自人民、依靠人民、为了人民、人民标准 4 方面内容。

1. 来自人民。人心向背是最大的政治。习近平总书记指出："我们党来自人民、植根人民、服务人民，党的根基在人民、血脉在人民、力量在人民。失去了人民拥护和支持，党的事业和工作就无从谈起。"[⑤]在这一问题上，古今中外有许多经典的论述和案例。作为政治组织的政党虽然具有普通民众不具有的性质、任务，但究其根本来说，她的根基仍在于普通民众，即是说，任何当政者首先是民众、首先是人，然后才是当政者。但从民众成长为当政者后，不知不觉地会产生有一种"凌驾于"民众的倾向，开始忘了自己是从哪里来的，这种倾向一旦变为现实，实际上就走向

① 《习近平关于全面从严治党论述摘编（2021 年版）》，北京，中央文献出版社 2021 年版，第 102 页。

② 《习近平密集强调"向党中央看齐"各省如何落实》，http://news.qq.com/a/20160128/006576.htm。

③ 滕明政：《十六大以来的中央政治局集体学习研究》，《天津行政学院学报》2013 年第 4 期。

④ 《习近平谈治国理政》第 1 卷，北京，外文出版社 2018 年版，第 4 页。

⑤ 《习近平谈治国理政》第 1 卷，北京，外文出版社 2018 年版，第 367 页。

了民众的对立面，其结果就是被推翻。河南"内乡县衙"有一副很有名的对联，其上联写道：吃百姓之饭，穿百姓之衣，莫道百姓可欺，自己也是百姓；下联写道：得一官不荣，失一官不辱，勿说一官无用，地方全靠一官。古人云"水可载舟，亦可覆舟"。毛泽东强调要坚持"从群众中来到群众中去"的根本工作方法，总结出"中国共产党最大的政治优势是密切联系群众，党执政后的最大危险是脱离群众"①的重要经验。所以，党的十八大以来，以习近平同志为核心的中央领导集体着力解决群众反映强烈的突出问题：从反对"四风"，狠抓形式主义、官僚主义、享乐主义和奢靡之风，到"以零容忍态度惩治腐败"，坚持"老虎""苍蝇"一起打，从极个别党员领导干部"口无遮拦，想说什么说什么，想干什么干什么"到"把守纪律讲规矩摆在更加重要的位置"。其目的就是要收复民心"失地"，防止人心"水土流失"②。

2. 依靠人民。人们常说，延安革命根据地政权"是陕北人民用小米哺育出来的"，淮海战役"是人民用独轮小车推出来的"，改革开放"是适应人民愿望、根据群众创造搞起来的"。历史一再启示我们，人民是历史的创造者，只有依靠人民才能不断发展壮大。在首次同中外记者见面时，习近平总书记就要求全党一定认识到"人民群众是我们力量的源泉。我们一定要始终与人民心心相印、与人民同甘共苦、与人民团结奋斗"③。此后反复强调要依靠人民。在论述中国梦时，习近平总书记强调，"中国梦归根到底是人民的梦，必须紧紧依靠人民来实现"④。在论述群众路线时，习近平总书记强调，"党只有始终与人民心连心、同呼吸、共命运，始终依靠人民推动历史前进"⑤。在论述"全面深化改革"时，习近平总书记强调，"紧紧依靠人民推动改革"⑥。在论述依法治国时，习近平总书记仍然强调，"人民是依法治国的主体和力量源泉"⑦，坚持法治建设必须依靠人民。

3. 为了人民。全心全意为人民服务是中国共产党的立党宗旨，是中国共产党人最鲜明的价值取向。习近平总书记指出"我们党是全心全意为人

---

① 《习近平著作选读》第 1 卷，北京，人民出版社 2023 年版，第 212 页。

② 林学启：《人心是最大的政治》，《学习时报》2015 年 8 月 3 日。

③ 《习近平谈治国理政》第 1 卷，北京，外文出版社 2018 年版，第 5 页。

④ 《习近平著作选读》第 1 卷，北京，人民出版社 2023 年版，第 99 页。

⑤ 《习近平著作选读》第 1 卷，北京，人民出版社 2023 年版，第 124 页。

⑥ 《习近平著作选读》第 1 卷，北京，人民出版社 2023 年版，第 186 页。

⑦ 《十八大以来重要文献选编》（中），北京，中央文献出版社 2016 年版，第 158 页。

民服务、代表中国最广大人民根本利益、来自人民为了人民的马克思主义政党"①，要"把实现好、维护好、发展好最广大人民根本利益作为出发点和落脚点"②。在索契接受俄罗斯电视台专访时，习近平主席向世界再次重申自己的执政理念——"为人民服务，担当起该担当的责任"③。这里需要注意的是，习近平总书记一以贯之地坚持为了人民、情系人民的立场。早在梁家河插队时就已经显现，正如习近平总书记的自述："15 岁来到黄土地时，我迷惘、彷徨；22 岁离开黄土地时，我已经有着坚定的人生目标，充满自信。作为一个人民公仆，陕北高原是我的根，因为这里培养出了我不变的信念：要为人民做实事！"④ 从政后，"为了人民"的价值取向就更加充分显露出来，这一点从《做人民群众的贴心人》《善于同群众说话》《一切为民者，民则向往之》等文章中看得清清楚楚⑤。

4. 人民标准。要让人民成为中国国家治理效能如何的评判者，以人民的获得感作为改革成效的评价标准。邓小平强调要把人民拥护不拥护、赞成不赞成、高兴不高兴、答应不答应作为衡量、判断社会主义建设成败的标准。习近平总书记进一步指出："党的一切工作，必须以最广大人民根本利益为最高标准。检验我们一切工作的成效，最终都要看人民是否真正得到了实惠，人民生活是否真正得到了改善，人民权益是否真正得到了保障。"⑥ 他强调要把"是否给人民群众带来实实在在的获得感作为改革成效的评价标准"⑦，"小康不小康，关键看老乡"，要让改革的成就惠及广大人民。新时代中国国家治理就是要确立这样一种理念，判断我们改革的成就不能只是党员领导干部说什么就是什么，要让人民拥有发言权，而且是根本的发言权，只有这样才能使来自人民、依靠人民、为了人民得到有效的保障，确保其落到实处。

（三）就党性和人民性为何能够统一来说

党性和人民性是统一的，归根结底在于党的性质宗旨决定了党的利益和人民的利益是一致的。中国共产党是全心全意为人民服务、代表中国

① 《习近平关于社会主义文化建设论述摘编》，北京，中央文献出版社 2017 年版，第 23 页。
② 《习近平谈治国理政》第 1 卷，北京，外文出版社 2018 年版，第 154 页。
③ 《习近平谈治国理政》第 1 卷，北京，外文出版社 2018 年版，第 101 页。
④ 《梁家河》编写组：《梁家河》，西安，陕西人民出版社 2018 年版，第 120 页。
⑤ 郭亚丁：《习近平党建思想的鲜明特点》，《浙江日报》2016 年 1 月 13 日。
⑥ 《习近平谈治国理政》，北京，外文出版社 2014 年版，第 28 页。
⑦ 习近平：《深入扎实抓好改革落实工作　盯着抓反复抓直到抓出成效——在中央全面深化改革领导小组第二十一次会议上的讲话》，《人民日报》2016 年 2 月 24 日。

最广大人民根本利益、来自人民为了人民的马克思主义政党。党的利益寓于人民的利益之中，没有脱离人民的利益的党的利益，也没有脱离党的利益的人民的利益。

1. 中国共产党发展了"政党"的概念。在西方学术范式和话语体系中，政党从根本上所含的意思是"部分"①。但共产党从创立起，马克思恩格斯就强调："无产阶级的运动是绝大多数人的，为绝大多数人谋利益的独立的运动。"② 共产党不代表一小部分人的利益，而代表最广大人民的利益。

2. 中国共产党没有自身任何特殊利益。《中国共产党章程》规定："党除了工人阶级和最广大人民群众的利益，没有自己特殊的利益。"③ 这就要求中国共产党在任何时候都把群众利益放在第一位，同群众同甘共苦，保持最密切的联系，坚持权为民所用、情为民所系、利为民所谋，不允许任何党员脱离群众、凌驾于群众之上。中国共产党不是一个谋私利的组织，更不是任何一个利益集团的代表，她始终是中国各族人民共同利益的代表。

3. 党的利益和人民的利益都是整体性的概念。党的利益是从全党而言的，人民的利益也是从全体人民而言的，不能简单从某一级党组织、某一部分党员、某一个党员来理解党的利益，也不能简单从某一个阶层、某部分群众、某一个具体人来理解人民的利益。只有站在全党的立场上、站在全体人民的立场上，才能真正把握好党的利益和人民的利益。把党的利益和人民的利益割裂开来、对立起来，搞碎片化，在理论上是错误的，在实践上更是有害的。因此，个别党员干部有私心、谋私利，不代表作为整体的党是有私心、谋私利的。

因此，可以说共产党就是为了人民产生的，离开了人民或者说与人民不一致，那共产党就没有存在的必要了，此即"原点"上的一致性。除此以外，中国共产党还通过一系列制度设计来保障党性和人民性始终相统一。

一是中国共产党坚持了议行合一的制度设计。全国人民代表大会制度是议行合一的政治制度，它有利于国家机器运转的高效率，有利于维护人民的根本利益。邓小平指出："社会主义国家有个最大的优越性，就是干一件事情，一下决心，一做出决议，就立即执行，不受牵扯。……没有

①　[意]乔万尼·萨托利：《政党与政党体制》，王明进译，北京，商务印书馆2006年版，第13页。
②　《马克思恩格斯选集》第1卷，北京，人民出版社2012年版，第411页。
③　《中国共产党章程》，北京，人民出版社2022年版，第21页。

那么多互相牵扯，议而不决，决而不行。就这个范围来说，我们的效率是高的。"[①] 中国共产党的这一制度设计使党的主张能够真正变为实际决策，进而落到实处。

二是中国共产党坚持了从群众中来，到群众中去的工作方法。毛泽东指出："凡属正确的领导，必须是从群众中来，到群众中去。"[②] 这就要求党员干部要深入群众，认真调查研究，把群众的分散意见集中化、系统化，形成科学的决策，然后回到群众中去宣传解释，贯彻执行。然后再从群众中集中起来，再到群众中坚持下去，如此无限循环。中国共产党通过这一科学的领导方法和工作方法，真正做到了紧紧依靠群众，始终服务群众。

三是中国共产党科学处理了局部与全局、当前与长远、多样与根本三对利益关系。中国共产党既引导人民自觉做到以大局为重、局部服从大局，同时要照顾局部发展的要求；既着眼于实现社会主义现代化和中华民族伟大复兴的宏伟目标，同时又切实解决好事关人民群众利益的实际问题；既着眼于群众的根本利益，同时又肯定不同阶层、不同方面群众的不同利益。中国共产党统筹兼顾了国家和个人利益，有利于实现国强民富。

四是中国共产党坚持了学习教育活动的常态化。这些年来先后开展的整党、"三讲"教育、保持共产党员先进性教育活动、深入学习实践科学发展观活动、党的群众路线教育实践活动等，其目的都是重温党的性质宗旨，使党始终保持与人民群众的血肉亲情、鱼水情谊。中国共产党正是通过这样的具体运行机制确保了自己始终与人民心连心、同呼吸、共命运，忠实地做到党的利益与人民的利益是一致的。

二、问题意识与系统思维相结合

新时代中国国家治理既坚持问题意识、树立问题导向，有什么问题就解决什么问题，是什么性质的问题就解决什么性质的问题；又坚持系统思维，不仅解决表面问题，更要解决深层次问题；不仅解决某一个问题，也要一并解决相关问题。

---

① 《邓小平文选》第 3 卷，北京，人民出版社 1993 年版，第 240 页。
② 《毛泽东选集》第 3 卷，北京，人民出版社 1991 年版，第 899 页。

（一）就坚持问题意识来说

"问题是时代的格言，是表现时代自己内心状态的最实际的呼声。"①问题之所以成为时代的格言，就是因为它是事物发展过程中矛盾的"关节点"。一方面，问题是事物发展的障碍，遇到问题就得减速、换挡，甚至需要另谋出路；另一方面，问题也隐含了事物发展的线索，抓住问题就抓住了事物发展的"牛鼻子"，破解问题就能闯关升级，打开发展的新局面。例如，破解芯片"卡脖子"问题，实现中国高水平科技自立自强，就能更加安全地推动中国经济实现高质量发展。

1. 清醒地认识国家发展起来以后的问题。早在 30 年前，邓小平就叮嘱道："发展起来以后的问题不比不发展时少。"②诚然如此，国家发展起来以后，解决问题的方法和资源更多了，但新问题或者深层的问题更加尖锐地摆在我们面前。对此，习近平总书记要求我们"准备经受风高浪急甚至惊涛骇浪的重大考验"③。国际上，世界百年未有之大变局加速演进，全球进入高度复杂性和高度不确定性的社会，世界经济增长动能不足，贫富分化日益严重，地区热点问题此起彼伏等；而且随着中国崛起，国际上尤其是美国对中国的围堵越来越严重甚至是达到疯狂的地步，争取一个和平的有利于自己发展的环境成为越来越迫切的任务。在国内，原先被经济高速增长"掩盖"的矛盾日益凸显。全面深化改革时期，利益调整是一场"比触动灵魂还难"的工作，而领导中国特色社会主义事业的中国共产党又面临着"四种风险""四大考验"等。不清醒地认识问题，不准备进行斗争就没有出路可言。

2. 问题倒逼改革，改革解决问题。它有两层含义：一是问题是改革之"的"。没有问题的改革是"无的放矢"的，所谓的改革只能是瞎改一通。应当承认由问题倒逼的改革虽然具有某种被动意味，凸显了改革的紧迫性，但它也表明此时问题已经暴露得比较充分，人们能够更容易认识和把握问题的本质，进而更加精准有效地提出解决方案。与之相对应的是"主动改革"，它是在矛盾未充分展开之前进行的，虽然看起来"高大上"，但它需要更大的勇气，更多的智慧，同时也因为更难把握问题的本质而使改革具有更大的风险。所以，不能简单地说哪一种改革更好，而应该充分发挥两者的优势，并将两者有机结合起来。二是"中国共产党人干

---

①《马克思恩格斯选集》第 1 卷，北京，人民出版社 1995 年版，第 203 页。

②《邓小平年谱（一九七五——一九九七）》下卷，北京，中央文献出版社 2004 年版，第 1364 页。

③《习近平著作选读》第 1 卷，北京，人民出版社 2023 年版，第 22 页。

革命、搞建设、抓改革，从来都是为了解决中国的现实问题"①。在一定意义上，我们欢迎问题，我们不惧怕问题，因为解决了问题就意味着前进。从某种意义上说，"用改革的办法解决改革中产生的问题"已经成为中国共产党治国理政的重要方法论。

3. 确立全面的问题意识。"有什么问题，就解决什么问题；是什么性质的问题，就解决什么性质的问题；什么问题突出，就着力解决什么问题；什么时间段内的问题突出，就着力解决这一时间段内的问题；什么范围内的问题突出，就着力解决这一范围内的问题。"②以党的建设为例，针对思想问题，习近平总书记强调要坚定理想信念，提出"补钙论"；针对制度问题，习近平总书记强调要进一步推进制度定型和制度执行，提出"笼子论"；针对作风问题，习近平总书记推动全党开展党的群众路线、"三严三实"、"两学一做"等教育实践活动，提出反"四风"的任务；针对腐败问题，习近平总书记领导开展了高强度的反腐倡廉运动，"打老虎""拍苍蝇""猎狐狸"，有腐必反、除恶务尽等。

（二）就坚持系统思维来说

系统思维是一种全局性的思维方法，对事情全面思考、不就事论事，把想要达到的结果、现有的条件、实现的路径、产生的影响都进行整体的考量，同时强调在整体观的指导下解决局部的、具体的问题。"不谋全局者，不足谋一域"是系统思维的集中表达。新时代中国国家治理之所以会有强烈的系统思维指向，就是因为经济全球化使一切都成为世界性的了，各国之间的相互联系和相互依存日益加深，任何一个国家和地区的问题都有可能成为世界性的问题。与此同时，国内改革也进入深水攻坚时期，各种矛盾纷繁复杂，不可能靠单个力量进行单个领域和层次的改革，必须整体谋划、一体推进。即是说必须坚持系统思维，不但要改得全，而且要改革措施配合好。具体而言，系统思维体现在两个维度。

第一个维度：局部与整体，强调树立整体观。局部是为整体服务的，即是说为了实现整体目标而分设局部。举例来说，为了实现全面深化改革总目标，党的十八届三中全会设立了3大板块16个部分60条300多项具体改革举措来落实。系统思维的这一个维度强调要心怀"国之大者"，全国一盘棋，不同地区、领域、部门、单位等都要具有大局意识，把自己的

①　《习近平谈治国理政》第 1 卷，北京，外文出版社 2018 年版，第 74 页。
②　张书林：《习近平执政党建设思想：基础、架构和特点》，《理论探索》2015 年第 2 期。

工作放在全局中考量，看是否有利于推进全局的工作，是否有利于维护根本利益，推动长远发展；要主动服从大局、贡献大局、推动大局，而不能总打自己的"小九九"。改革不是单兵突进，不是某一地区、领域、部门、单位等的改革，而是全面的改革。

第二个维度：局部与局部，强调关联性。它大致包含两个方面的内容。一是局部与局部之间孰轻孰重、谁先谁后，即要从全局中找出"牛鼻子"，推进重点领域和关键环节的变革，打开突破口；而不是眉毛胡子一把抓、呼隆隆一团乱干[①]。早在 2012 年习近平总书记首次外出考察时，就曾指出："我国改革已经进入攻坚期和深水区，进一步深化改革，必须更加注重改革的系统性、整体性、协同性，统筹推进重点领域和关键环节改革。"[②] 二是局部与局部之间要互相配合、协同共进。习近平总书记强调："改革开放是一个系统工程……每一项改革都会对其他改革产生重要影响，每一项改革又都需要其他改革协同配合。"[③] 所以，新时代中国国家治理要坚持整体推进，形成改革合力而不能互相掣肘。在《关于〈中共中央关于全面深化改革若干重大问题的决定〉的说明》中，习近平总书记再次全面阐述了坚持系统思维、整体协同推进改革的思想，强调要加强各项改革的关联性、系统性、可行性研究。指出："经济、政治、文化、社会、生态文明各领域改革和党的建设改革紧密联系、相互交融，任何一个领域的改革都会牵动其他领域，同时也需要其他领域改革密切配合。如果各领域改革不配套，各方面改革措施相互牵扯，全面深化改革就很难推进下去，即使勉强推进，效果也会大打折扣。"[④]

不仅在具体改革问题上，习近平总书记强调要注重系统性、整体性，从而体现他的系统性思维；而且就整个中国特色社会主义事业来说，这种系统性思维也体现得很明显。我们看到在党的十八大提出"五位一体"总体布局的基础上，习近平总书记于 2014 年在江苏调研时又提出了"四个全面"战略布局，党的十八届五中全会更是进一步提出了创新、协调、绿色、开放、共享五大新发展理念。这些"成套"的思想，为新时代中国国家治理提供了系统性的方法论指导。

① 滕明政、秦宁波：《论邓小平的社会主义有序发展观——兼论对全面深化改革的启示》，《云南社会科学》2016 年第 2 期。

② 《习近平关于全面深化改革论述摘编》，北京，中央文献出版社 2014 年版，第 30 页。

③ 《习近平谈治国理政》第 1 卷，北京，外文出版社 2018 年版，第 68 页。

④ 《习近平谈治国理政》第 1 卷，北京，外文出版社 2018 年版，第 88 页。

值得注意的是，虽然问题意识具有"对症下药"的特点，即它是直接奔着问题去的，但也正因为这种强烈的目的性，使其在实际运作中较少兼顾其他，因而也就难免存在"头痛医头、脚痛医脚"的弊病。一方面，这种"单打一"的问题解决方式，极易造成"按下葫芦起来瓢"，表面上看起来解决了某个问题，但实际上也许并未真正解决，甚至衍生出其他问题。另一方面，系统思维考虑全局，旨在设计整体性的解决方案甚至是"一劳永逸"的解决方案。但也有可能因为太顾及全面而搞得面面俱到，看似全面的"完美"方案，极有可能因为找不到突破口而无法下手。所以，必须把强调问题意识与重视系统思维结合起来。既要坚持全面论，也要坚持重点论，并根据实践的发展不断调适。

三、顶层设计与底线思维相贯通

新时代中国国家治理既坚持治国有蓝图、有规划，站在历史的广度和时代的高度观览全局，谋划中国下一个 5 年、10 年、30 年乃至更长时间和更大格局的发展；又坚持治国有底线、有操守，始终不渝地坚持我们国家的社会主义属性，有效防范风险，做到处变不惊，平稳推进我们的事业。

（一）就坚持顶层设计而言

它要求统筹考虑各层次和各要素，致力于在最高层次上寻求问题的根本解决之道。改革已进入攻坚期、深水期，由相对容易的改革进入"啃硬骨头"的改革，由单项的改革进入全面综合的改革；传统的就事论事、零敲碎打、拆东墙补西墙、头痛医头脚痛医脚的方法，已经难以适应全面深化改革的要求，这就提出了顶层设计的需求。习近平总书记高度重视顶层设计，强调要"加强顶层设计和整体谋划"①。

如果说，系统思维体现了新时代中国国家治理的"全"，即强调整体协调、全面推进；那么，顶层设计、战略思维则体现了新时代中国国家治理的"高"，即立意高、定位高，看得远、想得深，关注的是根本的、长远的、全局的和深层次的问题，强调要识大体、顾大局、观大势、谋大事。与强调具体操作上的"精确性"相比，新时代中国国家治理的这个特点更多强调的是"视野"，看到的不是一天两天的事，不是一年两年的事，而是 10 年、20 年乃至更长时间和更大格局的事。中国的政治体制允

---

① 《习近平谈治国理政》第 1 卷，北京，外文出版社 2018 年版，第 68 页。

许和要求我们这样做，这是西方多党制所不具有的体制优势。有 4 个实践突出体现了这一特点。一是成立中央全面深化改革领导小组（后改为中央全面深化改革委员会），全面负责中国改革的总体设计、统筹协调、整体推进、督促落实，下设 6 个专项小组具体推进相关事宜。截至 2024 年 11 月 25 日，共召开 72 次会议（其中 2014 年 1 月首次会议至 2018 年 3 月机构改革前，深改领导小组召开 39 次，此后深改委召开 33 次），一些事关全局的重大改革落地，国家治理体系和治理能力现代化水平显著提升。二是成立国家安全委员会，统筹协调涉及国家安全的重大事项和重要工作，有效维护中国国家安全和社会稳定，以新安全格局保障新发展格局。[①] 三是提出和平、发展、公平、正义、民主、自由是全人类的共同价值，有效回应西方以所谓的"普世价值"对我们的攻击和诘难，争夺国际话语权。四是提出"一带一路"倡议，成立亚洲基础设施投资银行与金砖国家新开发银行等，把中国所倡导的"开放、包容、共商、共建、共享、共赢"等原则用"实体"的形式加以落实，为推动建立公正合理的国际政治经济新秩序奠定基础，为构建人类命运共同体写下"脚本"，为中华民族伟大复兴谱就"序章"。如果说前两者是对中国国内改革"老大难"问题开出的一剂猛药，横向切割，超越部门利益、眼前利益的掣肘[②]；后两者则是中国开辟国家发展空间，虽不谋求推翻美国主导的现有国际体系、组织以及制度，但对不公正不合理的国际政治经济旧秩序提出建设性的优化方案，并在联合国框架下努力提供国际社会所需的新的公共产品，体现了高度的战略智慧。

值得注意的是，提顶层设计不是抛弃摸着石头过河。实践证明，成功的改革多是逐步摸索，一路探寻，最终获得成功的。任何制度都是渐进演变的结果。夸大人类理性，制度设计和建设反而会酿成灾难[③]。所以，不能过分夸大顶层设计的作用，以至于为了推行顶层设计而否定摸着石头过河。正因如此，习近平总书记明确提出了对待摸着石头过河和加强顶层设计的科学态度，"摸着石头过河和加强顶层设计是辩证统一的，推进局部的阶段性改革开放要在加强顶层设计的前提下进行，加强顶层设计要在

---

① 《习近平著作选读》第 1 卷，北京，人民出版社 2023 年版，第 43 页。

② 滕明政：《习近平的国家治理现代化思想研究——推进国家治理体系和治理能力现代化》，《大连理工大学学报（社会科学版）》2018 年第 1 期。

③ 郑永年：《中国的改革模式及其未来》，载陈明明主编：《转型危机与国家治理》，上海，上海人民出版社 2011 年版，第 70~86 页。

推进局部的阶段性改革开放的基础上来谋划"①，要努力把摸着石头过河和加强顶层设计结合起来。

（二）就坚持底线思维而言

它要求"凡事要从坏处准备，努力争取最好结果，做到有备无患"②。底线思维包括道路底线、改革底线、经济底线、党风底线、宣传底线、生态底线、法律红线、道德底线、国家利益底线等许多具体内容，其中最核心的就是"防控那些可能迟滞或中断中华民族伟大复兴的全局性风险"③。与坚持顶层设计强调"高"相比，底线思维更突出"底"。大致说来，它至少体现在以下 3 个方面。

1. 托底，即托好底线，底线之上皆可为，营造发展大空间，创造发展大机遇。在以往，人们不知道"底线"是什么、在哪里，所以干事创业总是不敢迈开步子，生怕受惩罚。而习近平总书记提出"底线思维"看似约束了某些领域、某些环节、某些部分，是一种"限制"；但实际上却是一种"扫雷"行为，它传达的信息非常明确，底线之上是安全的、可以大胆地想和干。习近平总书记强调只要经过了充分论证和评估，只要是符合实际、必须做的，"该干的还是要大胆干"④。在这个意义上，"底线思维绝不是对风险的被动防守，而是对风险的主动出击"⑤。习近平总书记指出："增强忧患意识，充分看到发展中的困难、问题和不利因素，不是消极泄气，而是要避免犯脱离实际、超越阶段而急于求成、急躁冒进的错误，真正做到既尽力而为又量力而行。"⑥底线就是基础，就是平台，有底线来托底，就可以一往无前、更加有所作为地发展。

2. 守底，即守住底线，底线之下切莫试，捍卫原则，维护性质。底线的表征是由量变到质变的一个临界值，一旦突破临界值，事物的性质就会发生根本变化。在这方面，我们党的领导人的表现尤其值得称道，邓小平以巨大的政治勇气捍卫毛泽东和毛泽东思想的地位，"不丢刀子""不砍旗"。江泽民面对国外敌对势力"分化""西化"，国内资产阶级自由化泛滥，以及苏联解体、东欧剧变的巨大压力，旗帜鲜明地扛

---

①　《习近平谈治国理政》第 1 卷，北京，外文出版社 2018 年版，第 68 页。

②　《习近平关于总体国家安全观论述摘编》，北京，中央文献出版社 2018 年版，第 70~71 页。

③　《十九大以来重要文献选编》（中），北京，中央文献出版社 2021 年版，第 654 页。

④　《十八大以来重要文献选编》（上），北京，中央文献出版社 2014 年版，第 509 页。

⑤　钟君：《国家治理的底线思维和战略定力——学习习近平总书记系列重要讲话体会之七十二》，《前线》2015 年第 1 期。

⑥　习近平：《坚持实事求是的思想路线》，《学习时报》2012 年 5 月 28 日。

起马克思主义和社会主义的旗帜，防止了国家分裂、社会变质①。同样，习近平总书记也坚定地捍卫新时代中国国家治理变革的思想底线，强调新时代中国国家治理改革的社会主义属性，指出："改革是社会主义制度自我完善和发展，怎么改、改什么，有我们的政治原则和底线，要有政治定力。"②不要西方一聒噪中国没有政治改革，就想着在中国放弃党的领导，搞多党制；对于那些不能改的，再过多久也不能改，中国"决不能在根本性问题上出现颠覆性错误"③；对那些挑战底线、拿原则说事的，要坚决反对、绝不姑息。

3. 保底，即保住底线，强调预留缓冲带，防止硬着陆，做到有备无患、遇事不乱。古人云："凡事预则立，不预则废。"（《礼记·中庸》）"君子安而不忘危，存而不忘亡，治而不忘乱，是以身安而国家可保也。"（《周易·系辞下》）此可谓警示箴言。在新时代中国国家治理中，习近平总书记指出："我们的事业越前进、越发展，新情况新问题就会越多，面临的风险和挑战就会越多，面对的不可预料的事情就会越多。我们必须增强忧患意识，做到居安思危。"④在这个问题上，一定要头脑特别清醒，宁可把形势想得更复杂一些，把挑战看得更严峻一些，也不能温水煮青蛙、放松警惕，仓皇应对、败下阵来。坚持底线思维就要防患于未然，提前预防可能突破底线的行为。能够提前预防，就可以减少乃至阻止问题爆发；甚至可以讲，即使问题爆发，我们也已经有了充足的应对准备。

四、本土情怀与国际视野相结合

新时代中国国家治理既突出强调要立足中国实际、针对中国问题、提出中国方案，展现了新时代中国国家治理浓厚的本土情怀；又不断强调要具有世界眼光、顺应世界潮流、借鉴世界经验，体现了新时代中国国家治理宽广的国际视野。正如习近平总书记在中央外事工作会议上所讲的："中国要发展，必须顺应世界发展潮流。要树立世界眼光、把握时代脉搏，要把当今世界的风云变幻看准、看清、看透。"⑤

---

① 张福记、滕明政：《再论江泽民对马克思主义的坚持与发展》，《湘湘论坛》2013 年第 1 期。
② 《习近平关于全面深化改革论述摘编》，北京，中央文献出版社 2014 年版，第 49 页。
③ 《习近平谈治国理政》第 1 卷，北京，外文出版社 2018 年版，第 348 页。
④ 《习近平谈治国理政》第 1 卷，北京，外文出版社 2018 年版，第 23 页。
⑤ 《习近平谈治国理政》第 2 卷，北京，外文出版社 2017 年版，第 442 页。

（一）就本土情怀而言

新时代中国国家治理非常鲜明地体现了一个基本特点，那就是"中国的问题必须从中国基本国情出发，由中国人自己来解答"①，具体来说，主要体现在 3 个方面。

1. 成功的发展模式必得自根自生。习近平总书记指出："一个国家选择什么样的治理体系，是由这个国家的历史传承、文化传统、经济社会发展水平决定的，是由这个国家的人民决定的。"②换句话说，鞋子合不合脚，穿鞋的最有发言权，而不是造鞋的；一个国家的发展模式合不合适，这个国家的人民才最有发言权，而不是国外的政客。我们采取哪种治国方式不是为了好看，不是为了迎合某些国家、某些个人的口味，而是为了解决问题。解决中国问题的总依据当然是中国实际（包括中国历史、文化、价值观念、人民需求等），而不是其他。正如钱穆所分析的："政治制度，必然得自根自生。纵使有些可以从国外移来，也必然先与其本国传统，有一番融合媾通，才能真实发生相当的作用。"③中国式现代化的初步成功和取得的显著成就告诉世界，每个国家都应该根据自己国家的特殊国情，努力选择适合自己的发展道路。

2. 照搬国外发展模式从来不能得到成功。早在 1938 年党的六届六中全会上，毛泽东就率先提出了"马克思主义中国化"的命题，强调根据中国的实际来运用马克思主义；50 年代，毛泽东又提出"以苏为鉴"，自主探索适合中国的发展道路。那些不顾本国国情照搬国外模式的国家，其国家治理大都相当糟糕，特别是苏联解体后，实行"休克疗法"的俄罗斯就是明例。直到普京上台，强调国家自主性，俄罗斯的国家治理才逐渐走上正轨。所以，党的第三个历史决议明确将"独立自主"作为中国共产党百年奋斗的 10 条历史经验之一，强调："人类历史上，没有一个民族、一个国家可以通过依赖外部力量、照搬外国模式、跟在他人后面亦步亦趋实现强大和振兴。那样做的结果，不是必然遭遇失败，就是必然成为他人的附庸。"④对此，我们应该深刻警醒。照搬照抄没有出路，一味模仿容易迷失。

---

① 《习近平著作选读》第 1 卷，北京，人民出版社 2023 年版，第 16 页。
② 《习近平谈治国理政》第 1 卷，北京，外文出版社 2018 年版，第 105 页。
③ 钱穆：《中国历代政治得失》，北京，九州出版社 2012 年版，"序"第 1 页。
④ 《中共中央关于党的百年奋斗重大成就和历史经验的决议》，北京，人民出版社 2021 年版，第 67 页。

3.强调本土情怀是从实践中得出的重要结论，同时也是中国自信的重要表现。习近平总书记指出："中国特色社会主义政治制度之所以行得通、有生命力、有效率，就是因为它是从中国的社会土壤中生长起来的。中国特色社会主义政治制度过去和现在一直生长在中国的社会土壤之中，未来要继续茁壮成长，也必须深深扎根于中国的社会土壤。"①在这一方面我们要有自信，中国已经到了一个需要自信，应该自信的时代。"当今世界，要说哪个政党、哪个国家、哪个民族能够自信的话，那中国共产党、中华人民共和国、中华民族是最有理由自信的。"②一定要研究我们的道路、理论、制度和文化，坚信我们的道路、理论、制度和文化，这种信心能百倍地增强革命毅力和革命热情，有了这样的革命毅力和革命热情就能创造出奇迹来③。须知强调本土情怀并不是一种狭隘的保守主义，相反，它是一种立足自身的实事求是。那些"言必称希腊""语必引西方"的人，那些甘愿将中国沦为西方理论跑马场的人是不自信的，也是无根底的，实践将证明其失败。

（二）就国际视野而言

如果说当年邓小平更强调中国的发展离不开世界，中国需要开放，要大踏步地追赶时代潮流的话；那么新时代习近平总书记则更强调中国发展对世界的贡献，他在党的十九大报告中提出"为解决人类问题贡献了中国智慧和中国方案"④，在党的二十大报告中进一步提出"为解决人类面临的共同问题提供更多更好的中国智慧、中国方案、中国力量"⑤。甚至在某种意义上，我们开始强调世界的发展需要中国，正如习近平总书记所言，"欢迎大家搭乘中国发展的列车，搭快车也好，搭便车也好，我们都欢迎"⑥。大致说来，新时代中国国家治理的世界眼光、人类情怀突出体现在两个方面。

1.始终不渝地走和平发展道路，为中国发展赢得良好的国际环境。习近平总书记强调："中国最需要和谐稳定的国内环境与和平安宁的国际环境，任何动荡和战争都不符合中国人民根本利益。"⑦纵览世界历史，人

---

① 《习近平谈治国理政》第2卷，北京，外文出版社2017年版，第286~287页。
② 《十八大以来重要文献选编》（下），北京，中央文献出版社2018年版，第348页。
③ 滕明政、王路坦：《强化"三个自信" 抵制错误思潮》，《中国教育报》2016年2月4日。
④ 《习近平著作选读》第2卷，北京，人民出版社2023年版，第9页。
⑤ 《习近平著作选读》第1卷，北京，人民出版社2023年版，第13页。
⑥ 《习近平关于社会主义文化建设论述摘编》，北京，中央文献出版社2017年版，第210页。
⑦ 《习近平外交演讲集》第1卷，北京，中央文献出版社2022年版，第236页。

们在这方面的教训实在太深刻了。千万不能乱；一乱，就什么都谈不上了。且不说两次世界大战对全球许多国家和人民的摧残，仅说当今西亚北非动荡局势的危害：伊拉克、利比亚等国原本是比较富裕的国家，动乱发生后，整个国家的现代化进程完全被打乱了，人民的生活水平急剧下降，难民丛生。所以，中国走和平发展道路不是权宜之计而是长久之计，不是外交辞令而是切实之举。

面对世界热点问题，中国从不主张一味示强施压、进行外部武力干预，尤其是面对咄咄逼人的美国政府，中国保持了相当大的克制，主张在联合国框架内，坚持"政治解决是唯一出路"[1]，致力于走出所谓的"修昔底德陷阱"，证明"国强不必霸"。与此同时，我们也应该清醒地认识到，和平不是妥协换来的，正如毛泽东所指出的，"以斗争求团结则团结存，以退让求团结则团结亡"[2]。我们坚持走和平发展道路，但绝不意味着我们会牺牲国家核心利益以求所谓的"和平"。"中国人民也绝不允许任何外来势力欺负、压迫、奴役我们，谁妄想这样干，必将在14亿多中国人民用血肉筑成的钢铁长城面前碰得头破血流！"[3]

2. 积极参与全球治理，为人类更好地发展贡献中国智慧。当今世界的很多问题都是源于不公正不合理的国际政治经济旧秩序，源于某些人"身体已进入二十一世纪，而脑袋还停留在过去，停留在殖民扩张的旧时代里，停留在冷战思维、零和博弈老框框内"[4]。所以要破除不公正不合理的思维以及体制机制，推动全球治理体系朝着更加公正合理有效的方向发展。习近平总书记强调："加强全球治理、推进全球治理体制变革已是大势所趋。这不仅事关应对各种全球性挑战，而且事关给国际秩序和国际体系定规则、定方向；不仅事关对发展制高点的争夺，而且事关各国在国际秩序和国际体系长远制度性安排中的地位和作用。"[5]

然而现行国际体系的主要建立者，尤其是美国在推动全球治理体系变革方面的动力不足，甚至频频"退群"；与此同时，随着中国综合国力的增强，中国日益走近世界舞台的中央，越来越有能力和意愿为世界提供国际公共产品。以习近平同志为核心的党中央，顺应时代潮流，弘扬全人

① 《习近平谈治国理政》第 1 卷，北京，外文出版社 2018 年版，第 251 页。
② 《毛泽东选集》第 2 卷，北京，人民出版社 1991 年版，第 745 页。
③ 《习近平谈治国理政》第 4 卷，北京，外文出版社 2022 年版，第 12 页。
④ 《习近平谈治国理政》第 1 卷，北京，外文出版社 2018 年版，第 273 页。
⑤ 《习近平在中共中央政治局第二十七次集体学习时强调　推动全球治理体制更加公正更加合理为我国发展和世界和平创造有利条件》，《光明日报》2015 年 10 月 14 日。

类共同价值，坚持正确义利观，积极维护开放型世界经济体制，提高国际法在全球治理中的地位和作用，推动建设和完善区域合作机制，践行共商共建共享的全球治理观，促进"一带一路"国际合作，构建人类命运共同体等。换句话说，中国参与全球治理不仅向世界提供纺织品、服装、装备制造等物质产品，也向世界提供理念、制度、文化等国际公共产品。中国的发展、中国的国家治理已经不仅仅是中国的事情，而越来越成为影响世界的事情。这就是"中国威胁论""中国崩溃论""中国责任论"等论调日益增多的重要背景之一。但无论看好还是唱衰，都表明一个问题，那就是讨论国际问题总有中国无法绕开的巨大身影。此即新时代中国国家治理的海外溢出效应。所以，我们看到习近平总书记强调要加强中国与世界各国良性互动，统筹好国内和国际两个大局。"更好把国内发展与对外开放统一起来，把中国发展与世界发展联系起来，把中国人民利益同各国人民共同利益结合起来，不断扩大同各国的互利合作，以更加积极的姿态参与国际事务，共同应对全球性挑战，努力为全球发展作出贡献。"①

五、制度建设与能力提升相协同

重视人的因素是中国古代治理及中国早期社会主义治理实践的一个重要特点。荀子曾讲过，"法不能独立，类不能自行；得其人则存，失其人则亡"（《荀子·君道篇》）。在"人治"与"法治"问题上，我们曾一度倚重"人治"，社会主义建设时期，某位国家领导人就曾讲过，"人治好还是法治好，我看还是人治好"②。重视人的因素当然不能说是错的，毕竟人是历史活动的主体，但一味强调人的主观能动性是国家治理的决定性因素，就容易忽略人性的弱点，使治理活动呈现随意性，甚至"无法无天"。也正是基于这种思考，邓小平强调了制度的重要性，认为"国家长治久安，还是要靠制度"，随后开启了制度治国的新风尚。但如同倚重人不行，过分强调制度也是不行的。没有人的能力的提升，再好的制度也难以有效执行，难以发挥应有的作用。正是考虑到制度与人的能力的关联性，所以，习近平总书记把"国家治理体系和治理能力现代化结合在一起"。

——————————

① 《习近平谈治国理政》第1卷，北京，外文出版社2018年版，第248页。

② 柳建辉、曹普：《中国共产党执政历程（1949—1976）》第2卷，北京，人民出版社2011年版，第266页。

（一）就高度重视制度建设而言

习近平总书记强调："要适应时代变化，既改革不适应实践发展要求的体制机制、法律法规，又不断构建新的体制机制、法律法规，使各方面制度更加科学、更加完善，实现党、国家、社会各项事务治理制度化、规范化、程序化。"①据不完全统计，党的十八大以来（截至2021年7月1日），我党共出台147部中央党内法规、100部部委党内法规、2184部地方党内法规②，涉及党章、准则、条例、规则、规定、办法、细则、规范性文件等方方面面。我们已经全面构建起以党章为根本、若干配套法规为支撑的党内法规制度体系。

党内规章制度建设在习近平总书记关于国家治理重要论述中有两个非常突出的地方，一是高度重视党章。党的十八大闭幕不久，习近平总书记就在《人民日报》发表《认真学习党章、严格遵守党章》的署名文章，强调："党章就是党的根本大法……集中体现了党的性质和宗旨、党的理论和路线方针政策、党的重要主张，规定了党的重要制度和体制机制，是全党必须共同遵守的根本行为规范。"③二是通过了《中央党内法规制定工作五年规划纲要（2013—2017年）》《中央党内法规制定工作第二个五年规划（2018—2022年）》等文件，明确提出："力争经过5年努力，基本形成涵盖党的建设和党的工作主要领域、适应管党治党需要的党内法规制度体系框架"④，"到建党100周年时形成以党章为根本、以准则条例为主干，覆盖党的领导和党的建设各方面的党内法规制度体系，并随着实践发展不断丰富完善"。⑤习近平总书记不仅重视党内法规制度，同样也非常重视国家法律法规建设，我国仅2013年就通过了130多项国家法律法规。与此同时，不仅重视制度的"立"，也重视制度的"清理"。2013年8月，中共中央首次集中清理党内法规的成果公布，1978年以来制定的党内法规和规范性文件中，有162件决定废止、138件宣布失效，467件继续有效（其中42件将作出修改）⑥，如图9-1所示。

① 《习近平关于全面深化改革论述摘编》，北京，中央文献出版社2014年版，第28页。
② 《中国共产党党内法规体系》，《人民日报》2021年8月4日。
③ 《习近平关于党风廉政建设和反腐败斗争论述摘编》，北京，中央文献出版社、中国方正出版社2015年版，第29页。
④ 《中央党内法规制定工作五年规划纲要（2013—2017年）》，《人民日报》2013年11月28日。
⑤ 《中共中央印发〈中央党内法规制定工作第二个五年规划（2018—2022年）〉》，http://www.gov.cn/zhengce/2018-02/23/content_5268274.htm。
⑥ 《中共中央对党内法规制度进行集中清理　决定废止和宣布失效一批党内法规和规范性文件》，http://cpc.people.com.cn/n/2013/0830/c164113-22751167.html。

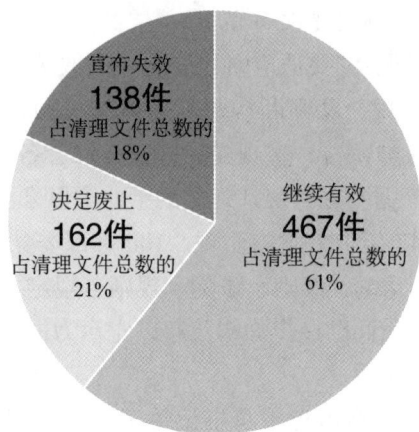

图 9-1　如何处理 767 件党内法规和规范性文件

资料来源：笔者根据中国共产党新闻网整理。

（二）就高度重视能力提升而言

习近平总书记强调："只有以提高党的执政能力为重点，尽快把我们各级干部、各方面管理者的思想政治素质、科学文化素质、工作本领都提高起来，尽快把党和国家机关、企事业单位、人民团体、社会组织等的工作能力都提高起来，国家治理体系才能更加有效运转。"①所以我们看到，党的十八大以来中央轮训干部、提升干部能力的力度空前加大。2015年 10 月 18 日，中共中央专门印发了《干部教育培训工作条例》，对培训的对象、内容、方式方法、机构、师资、课程、教材、经费、考核与评估等方面作了全面的规划与部署，提出要培养造就信念坚定、为民服务、勤政务实、敢于担当、清正廉洁的好干部，推动学习型、服务型、创新型马克思主义执政党建设和学习型社会建设，推进国家治理体系和治理能力现代化，为不断夺取中国特色社会主义新胜利、实现中华民族伟大复兴的中国梦提供思想政治保证、人才保证和智力支持②。数据显示，党的十八大以来，全国共培训各类各级干部、企业经营管理人员等 8400 多万人次。其中，中组部在"一校五院"③直接举办各类主体班次 1100 多期，调训干

① 《习近平谈治国理政》第 1 卷，北京，外文出版社 2018 年版，第 105 页。
② 《干部教育培训工作条例》，《光明日报》2015 年 10 月 19 日。
③ "一校五院"：中共中央党校、国家行政学院、浦东干部学院、井冈山干部学院、延安干部学院以及大连高级经理学院，2018 年中央和国家机构改革后，中共中央党校和国家行政学院合并，组建新的中共中央党校，加挂国家行政学院的牌子。

部 6.5 万多人次，其中省部级干部 7189 人次[①]。以党校系统为例，目前全国共有省级党校 34 所，副省级党校 15 所，市地级党校 360 多所，县级党校近 2500 所。另外，不少党政部门、国有企业、高等学校、部队等也办了党校，这些党校都在积极开设干部轮训班。作为中国共产党轮训培训党的高中级领导干部和马克思主义理论骨干的最高学府的中共中央党校，自党的十八大以来，在中青年干部培训班、省部班、地厅班和民族班等常规班次外，又开办了 2 个月学制的县委书记研修班，新开设了学制 1 个月的深化国有企业改革研讨班，第一次对全国 796 所公办本科高校的 1446 名党委书记和校长进行了集中轮训，这在历史上尚属首次。此外，中共中央党校还就中央新颁布的法规、条例的学习开办短期班，就新闻发布、国家安全等主题学习开办短期班。2013 年至 2016 年 6 月，中共中央党校各类主体班次培训学员超过 3.1 万人，这个数量是前 8 年培训人数的总和。[②]此外，党的十八大以来，中国共产党积极推进干部人事制度改革，着力破解干部工作中存在的"唯票""唯分""唯 GDP""唯年龄"等问题，大力推进人才发展体制机制改革和政策创新，推进"千人计划""万人计划"等重大人才工程，人才工作开创了新的局面，一支规模宏大、专业门类齐全、能力素质较高的人才大军已初步形成[③]。

（三）就高度重视将完善治理体系和提高治理能力结合起来而言

习近平总书记指出："国家治理体系和治理能力是一个有机整体，相辅相成，有了好的国家治理体系才能提高治理能力，提高国家治理能力才能充分发挥国家治理体系的效能。"[④]在这种治理体系与治理能力并举的思想指导下，中国共产党的治国实践也明显体现出了这种特征。例如，党的十八大以来的党风廉政建设和反腐败斗争，不仅坚决查处党员干部队伍中的腐败分子，努力保持党的队伍的先进性和纯洁性，而且努力建章建制，审议通过了《中国共产党廉洁自律准则》《中国共产党纪律处分条例》；再如以党的法治建设为例，一方面强调"我们要以宪法为最高法律规范，继续完善以宪法为统帅的中国特色社会主义法律体系，把国家各项事业和

---

　　① 赵兵：《立根固本，依靠学习走向未来——党的十八大以来干部教育培训跃上新台阶》，《人民日报》2017 年 8 月 1 日。

　　② 徐伟新：《中央党校：十八大后培训学员是前八年总和》，《北京青年报》2016 年 7 月 7 日。

　　③ 虞云耀：《实现中国梦的根本保证——十八大以来全面加强党的建设回顾》，《紫光阁》2014 年第 7 期。

　　④ 《习近平谈治国理政》第 1 卷，北京，外文出版社 2018 年版，第 91 页。

各项工作纳入法制轨道,实现国家和社会生活制度化、法制化"①。另一方面,又强调必须按照"五硬"要求,努力建设一支德才兼备、信念坚定、执法为民、敢于担当、清正廉洁的高素质政法队伍。在思想和实践中都坚持了制度和能力并举,使新时期的国家治理在事实上更新了荀子"重人"的主张,将海瑞所言"人法兼资,而天下之治成"变为现实。

因此,我们一定要深刻体悟习近平总书记把制度设计和制度执行相结合的政治智慧。人总有挣脱制度束缚的冲动,而制度的使命就是遏制住这种冲动。一方面释放这种冲动所带来的活力,促使制度不断更新发展;另一方面收住这种冲动所带来的破坏力,防止无法无天。因此制度与人不是一种静态的关系,而是一种不断变动的关系,这种内在张力要求我们:一是要努力追求"善制良能",即是说,我们要制定好的制度,提升好的能力,以达到制度与人的正向互动,实现国家治理的最优状态。二是要积极改造"善制恶能"之"恶能"和"坏制良能"之"坏制"。有了好的制度,执行制度的能力达不到,好的制度也无法落实。例如,唐太宗时,因为有房玄龄、杜如晦、魏徵等一大批贤吏严于执法,《贞观律》得到有效实施;而唐德宗时,朝堂上"小人多,君子少",《贞观律》就难以实施。正如白居易在《论刑法之弊》一文中慨叹道:"虽有贞观之法,苟无贞观之吏,欲其刑善,无乃难乎?"所以,要加强人的改造,提升人执行制度的能力。同样,人的能力素质没有问题,但制度有问题,那么好人也会没法做好事,例如佞于隋而诤于唐的裴矩,不是其本性发生了什么变化,而是政治生态(制度)不同了。所以,要加强制度建设,营造良好的政治生态。这两种情形普遍存在,是国家治理中需要集中解决的。三是要竭力避免"坏制恶能",比如既得利益者利用其所掌握的资源、寻找培植代理人,拉帮结派、搞团团伙伙,极力阻挠制度变革,甚至推出维护既得利益者、损害广大民众的坏制。以习近平同志为核心的党中央对这种情况保持高度的警醒,他严正地指出:"党内存在野心家、阴谋家,从内部侵蚀党的执政基础……全党必须讲政治,把政治纪律摆在首位,消弭隐患、杜绝后患。"②这种情况虽然很少,但影响极恶劣、破坏性极大,必须竭力避免。

---

① 《十八大以来重要文献选编》(上),北京,中央文献出版社 2014 年版,第 89~90 页。
② 《习近平关于全面从严治党论述摘编(2021 年版)》,北京,中央文献出版社 2021 年版,第 106 页。

六、使命担当与强力改革相融合

新时代中国国家治理既立足历史大视野和发展大趋势，把历史的接力棒勇敢地接过来，以强烈的使命意识担负起对国家的责任、对民族的责任、对人民的责任、对党的责任；又着眼于时代新要求和发展新呼唤，以强烈的改革精神不断厚植进取精神、开拓能力，把看准了的事情，一往无前、坚定不移干下去干成功，从而表现出独具魅力的精气神。

（一）就"为人民而担责"的使命担当而言

早在十八届中共中央政治局常委同中外记者见面时的讲话中，习近平总书记就明确提出，我们的责任，就是要团结带领全党全国各族人民，接过历史的接力棒，继续为实现中华民族伟大复兴而努力奋斗，使中华民族更加坚强有力地自立于世界民族之林，为人类作出新的更大的贡献。[①] 这种强烈的使命担当，根植于 5000 多年的中华文明史，500 多年的世界社会主义史，180 多年的中国近代斗争史，100 多年的中国共产党奋斗史、70 多年的中华人民共和国发展史、40 多年的改革开放实践史，集中体现了中国共产党对中华民族的前途命运、对社会主义运动的前进方向、对中国的复兴道路的深邃思考，以及对党领导人民实现"两个一百年"奋斗目标光明前景的庄严承诺。但这种强烈的使命感当时并未被认真重视。

然而，他们忽视了一个重要的因素，那就是中国的政治体制不同于西方，实行多党制的国家，国家和政府首脑考虑的只是我要努力当上总统（总理、首相等），以及当总统（总理、首相等）任期之内的事情，超过任期就不考虑了。因为不执政，考虑再多也没有用，也没有实施的机会。而在中国，中国共产党长期执政使中国国家领导人能够考虑长远的事情[②]。中国有作为的当政者把主政看成是事业，而不仅仅是职业。在这个意义上讲，习近平总书记是伟大的政治家，而不是普通的政客，他不会像某些政客那样动动嘴皮，赢得选票；抖抖衣服，上台执政；拍拍屁股，甩手走人，而是强调责任重大，使命光荣。正如他在接受俄罗斯电视台采访时所言："我的执政理念，概括起来说就是：为人民服务，担当起该担当的责任。"[③]

---

① 《习近平谈治国理政》第 1 卷，北京，外文出版社 2018 年版，第 4 页。
② 郑永年：《习近平的政治路线图》，http://news.ifeng.com/exclusive/lecture/special/zhengyongnian01/。
③ 《习近平谈治国理政》第 1 卷，北京，外文出版社 2018 年版，第 101 页。

（二）就踏石留印、抓铁有痕的强力改革而言

实现中华民族伟大复兴中国梦内在包含实现国家治理现代化的内容，党的二十大将"基本实现国家治理体系和治理能力现代化"作为全面建成社会主义现代化强国的总体性目标之一[①]。当蓝图已经绘就，真抓实干便是圆梦的关键。正如毛泽东所讲："政治路线确定之后，干部就是决定的因素。"[②]这句话在当下的一种解读就是，新一届党中央能否真正拿出壮士断腕的决心和行动将决定中国改革究竟能够走多远。因为就世界范围来看，领导核心实行改革的决心和能力是政治实力的核心。不同领导者的决心和能力的差别使得历史的发展呈现出天壤之别，历史的惯性常常会因政治强人的出现而加速。这也是为什么历史上常有只凭一代人就完成崛起的例子，如秦始皇 22 岁亲政，17 年后统一六国；彼得大帝 17 岁亲政，32 年后将俄国建成欧洲强国等[③]。党的十八大以来的实践充分证明了，习近平总书记无愧为党中央和全党的核心、人民的领袖、军队的统帅、时代的领路人。因此，党的十八届六中全会正式提出"以习近平同志为核心的党中央"[④]这一重大政治论断。党的十九届六中全会进一步将"确立习近平同志党中央的核心、全党的核心地位，确立习近平新时代中国特色社会主义思想的指导地位"写入新通过的《中共中央关于党的百年奋斗重大成就和历史经验的决议》，并且强调"两个确立"对推进中华民族伟大复兴历史进程具有决定性意义[⑤]。

在中国当前的政治体制中，以习近平同志为核心的党中央具有强大的威慑性力量，能够触动既得利益者的"蛋糕"；具有无比的感召性力量，能够唤起民众对改革的认同和支持。更重要的是，党中央已经公开作出了承诺，要带领人民实现中华民族伟大复兴的中国梦。习近平总书记指出："现在，我们比历史上任何时期都更接近中华民族伟大复兴的目标，比历史上任何时期都更有信心、有能力实现这个目标。"[⑥]它的重要意义在于，要把"两个一百年"奋斗目标中的第一个目标，即在中国共产党成立100 年时把全面建成小康社会变为现实，这是一种革命性的变革，将"革

---

① 《习近平著作选读》第 1 卷，北京，人民出版社 2023 年版，第 20 页。

② 《毛泽东选集》第 2 卷，北京，人民出版社 1991 年版，第 526 页。

③ 阎学通：《历史的惯性：未来十年的中国与世界》，北京，中信出版社 2013 年版，第 XIII 页。

④ 《十八大以来重要文献选编》（下），北京，中央文献出版社 2018 年版，第 559 页。

⑤ 《中共中央关于党的百年奋斗重大成就和历史经验的决议》，北京，人民出版社 2021 年版，第 26 页。

⑥ 《习近平谈治国理政》第 2 卷，北京，人民出版社 2017 年版，第 57 页。

命尚未成功，后辈仍需努力"变为"革命尚未成功，我辈务必努力"。实现与否人民都在看着，这是无可推卸的历史责任。正如习近平总书记所言："全党在看，群众在盼，国际社会也在关注。改革不是做样子，不是做表面文章，只说不做不行，说了做了没有成效也不行。"①所以，习近平总书记庄严承诺："我将无我，不负人民。我愿意做到一个'无我'的状态，为中国的发展奉献自己。"②以习近平同志为核心的党中央没有等待观望、裹足不前、优哉游哉的改革，而是痛下壮士断腕的决心，以时不我待的紧迫感和夙夜在公的责任感，毫不迟疑地推进中国国家治理现代化、全力实现"两个一百年"奋斗目标。

事实上，自党的十八大以来，我们已经明显感觉到以习近平同志为核心的党中央在推进国家治理体系和治理能力现代化问题上的坚强决心和坚决行动。

1. 特别强调领导带头、以上率下。习近平总书记指出："正人必先正己，正己才能正人。中央怎么做，上层怎么做，领导干部怎么做，全党都在看。"③无论是落实中央八项规定精神，还是反对"四风"等活动，都是中央政治局常委同志率先垂范，担当全党全社会的表率，用榜样的力量影响和带动全党和全社会贯彻落实中央的精神指示，推进国家治理体系和治理能力现代化。

2. 特别重视严字当头、从严从实抓好落实。在习近平总书记看来，我们的所有成绩都是干出来的，不干什么都没有。因此，他坚决反对有令不行、有禁不止，我行我素、为所欲为。在抓落实上，习近平总书记提出了"钉子论"，指出："抓落实就好比在墙上敲钉子：钉不到点上，钉子要打歪；钉到了点上，只钉一两下，钉子会掉下来；钉个三四下，过不久钉子仍然会松动；只有连钉七八下，这颗钉子才能牢固。"④党的十八大以来，以习近平同志为核心的党中央之所以能够一改之前"上百个红头文件管不住一张嘴"的尴尬局面，就是因为我们真管真严，坚决防止搞形式、放空炮、走过场⑤。也正是因为严和实，我们才能在百年变局和世纪疫情叠加的情况下，如期完成全面建成小康社会的伟大历史任务，在实现中华民族

---

① 《习近平关于全面深化改革论述摘编》，北京，中央文献出版社 2014 年版，第 145 页。
② 《习近平谈治国理政》第 2 卷，北京，人民出版社 2017 年版，第 144 页。
③ 《十八大以来重要文献选编》（中），北京，中央文献出版社 2016 年版，第 89 页。
④ 习近平：《之江新语》，杭州，浙江人民出版社 2007 年版，第 241 页。
⑤ 滕明政：《新时代中国共产党党内监督重要经验探析》，《中国井冈山干部学院学报》2022 年第 4 期。

伟大复兴中国梦的历史进程中迈出关键性一步。实践证明，只有严要求、动真格，真实抓、抓真实，才能真正把国家治理现代化推向深入，否则再好的蓝图也只能是镜中花、水中月。

3. 特别注意思想建设和制度建设相结合。习近平总书记指出："从严治党靠教育，也靠制度，二者一柔一刚，要同向发力、同时发力。"[1] 因此，一方面，习近平总书记强调共产党员要加强党性和道德教育，杜绝思想滑坡；要加强"补钙"，防止"软骨病"；要坚持马克思主义的基本立场观点和方法，为中国特色社会主义共同理想而奋斗。另一方面，习近平总书记强调要加强制度建设，把权力关进制度的笼子里，决不允许有令不行、有禁不止；要增强制度执行力，制度执行到人到事，做到用制度管权管事管人；要坚持制度面前人人平等、执行制度没有例外，即是说，显著增强了制度和制度执行力。这些都证明了，推进国家治理体系和治理能力现代化不是仅仅说在嘴上、开在会上、写在纸上、挂在墙上，而是要抓铁有痕、踏石留印，持续努力、久久为功，把它落到实处。

如果这些周密的部署、系统的论述还不足以引起人们对我们党以踏石留印、抓铁有痕的铁腕推进改革的话，那么毅然决然地打掉"大老虎""军老虎"，则表明反腐无禁区，谁都不是"铁帽子王"。至此，人们应该有足够的理由相信，党中央已经拥有强力推行改革的能量、智慧、胆魄与劲头，一定能够把宏伟的蓝图变为现实。正是这种使命担当与强力改革相融合，所以，习近平总书记才能在庆祝中国共产党成立 100 周年大会上向世界庄严宣告："我们实现了第一个百年奋斗目标，在中华大地上全面建成了小康社会，历史性地解决了绝对贫困问题，正在意气风发向着全面建成社会主义现代化强国的第二个百年奋斗目标迈进。"[2]

总之，党的二十大把"全面建成社会主义现代化强国"作为新时代新征程中国共产党的使命任务。[3] 强国不会自动实现，强国须治国。新时代中国国家治理思想在其理论构思方面具有鲜明的特点，它坚持党性与人民性相统一，坚持问题意识与系统思维相结合，坚持顶层设计与底线思维相贯通，坚持本土情怀与国际视野相融合，坚持制度建设与能力提升并举，坚持使命担当与强力改革相融合。深刻理解和全面把握新时代中国国

---

① 《十八大以来重要文献选编》（中），北京，中央文献出版社 2016 年版，第 94 页。

② 《习近平谈治国理政》第 4 卷，北京，外文出版社 2022 年版，第 3 页。

③ 《习近平著作选读》第 1 卷，北京，人民出版社 2023 年版，第 18 页。

家治理的思维特点，有利于我们在了解新时代中国国家治理内容的基础上增强推进国家治理体系和治理能力现代化的自信心和自觉性。我们还要努力把蕴含在这些思维特点中的"结合论"等方法论内化于心、外化于行，不断助力以中国式现代化全面推进中华民族伟大复兴的光荣事业。

第二节　新时代中国国家治理的语言特点

在语言方面，习近平总书记关于国家治理重要论述同样具有鲜明的特点。习近平总书记的讲话既质朴又文雅、既形象又概括、既亲和又警辟、既说理又动情，生动有效地向国人和世人传达了他的执政理念。

一、既质朴又文雅

习近平总书记是一个"白话"高手，他善于用大白话、大实话，用老百姓听得懂、记得住、传得开、用得上的语言来讲话；他又是一个"文言"妙手，善于用名言警句、诗词典故，以最经典的语言来展现文明的魅力，提升讲话的艺术感。

列宁曾说："最高限度的马克思主义＝最高限度的通俗化。"[1] 习近平总书记也明确指出："要深入浅出，用朴实的语言阐述深刻的理论。要有感而发，情真意切。"在国家发展追求上，习近平总书记讲道："我们的人民热爱生活，期盼有更好的教育、更稳定的工作、更满意的收入、更可靠的社会保障、更高水平的医疗卫生服务、更舒适的居住条件、更优美的环境，期盼孩子们能成长得更好、工作得更好、生活得更好。"[2] 教育、工作、收入、医疗等都是老百姓关心关注的重要话题，习近平总书记在新一届中央政治局常委同中外记者见面会上用这样的平民化语言娓娓道来，显示了其一心为民的本色。在国家与人民的关系上，他讲道，"国家好，民族好，大家才会好"[3]。在干群关系上，他说："我们的方针再正确，如果不被群众理解，也难以贯彻施行。如果群众不听，你就先跟着群众走，群众跳火坑，你也跟着跳下去……你一起跳，感情上拉近

---

① 《列宁全集》第 36 卷，北京，人民出版社 1959 年版，第 468 页。
② 《习近平谈治国理政》第 1 卷，北京，外文出版社 2018 年版，第 4 页。
③ 《习近平著作选读》第 1 卷，北京，人民出版社 2023 年版，第 63 页。

了，工作就好做了。"①在为官要求上，他讲道"每一个领导干部都要拎着'乌纱帽'为民干事，而不能捂着'乌纱帽'为己做'官'"②，要坚决反对"墙头草""推拉门"等干部队伍中的好人主义。在党性修养上，他讲，"理想信念就是共产党人精神上的'钙'，没有理想信念，理想信念不坚定，精神上就会'缺钙'，就会得'软骨病'"③。

再如他借用生活中的物品，用生动的比喻和生活化的语言，发表了以小见大的精辟见解。提出"小灶论"，讲树典型不能用"开小灶""吃偏饭"的方式来催生；提出"鞋子论"，讲"鞋子合不合脚，只有穿鞋的人自己才知道"④，同样"一个国家的发展道路合不合适，只有这个国家的人民才最有发言权"⑤；提出"打牌论"，讲"我们手里捏着一把好牌，一定要有好牌打成为好局的自信"⑥；提出"茶和啤酒论"，用"正如中国人喜欢茶而比利时人喜爱啤酒一样，茶的含蓄内敛和酒的热烈奔放代表了品味生命、解读世界的两种不同方式。但是，茶和酒并不是不可兼容的，既可以酒逢知己千杯少，也可以品茶品味品人生"⑦，来形容不同文明可以共生共荣；提出"吃饭论"，用"同样一桌饭，即使再丰盛，8个人吃和80个人吃、800个人吃是完全不一样的"⑧，来阐明对中国发展现状的清醒认识；提出"两山论"，指出"既要绿水青山，也要金山银山。……绿水青山本身就是金山银山"⑨，指出经济发展与生态保护不是互相对立的，而是协同促进的；提出"扣子论"，讲青年时期价值观的养成好比"穿衣服扣扣子"，"如果第一粒扣子扣错了，剩余的扣子都会扣错，人生的扣子从一开始就要扣好"⑩；提出"钉子论"，讲"抓落实就好比在墙上敲钉子"⑪；提出"稻草人论"，讲"有规定就要执行，否则规定就成了'稻草人'"⑫，等等。这些口语化、接地气的表达，党员干部和普通百姓不但乐意听，而且能够听得懂，并能够以之为指导开展工作。

① 习近平：《干在实处　走在前列》，北京，中共中央党校出版社2006年版，第444页。
② 习近平：《干在实处　走在前列》，北京，中共中央党校出版社2006年版，第418页。
③ 《十八大以来重要文献选编》（上），北京，中央文献出版社2014年版，第80页。
④ 《习近平著作选读》第2卷，北京，人民出版社2023年版，第283页。
⑤ 《习近平谈治国理政》第1卷，北京，外文出版社2018年版，第273页。
⑥ 吴琼：《创新主流意识形态传播的话语表达方式》，《红旗文稿》2017年第10期。
⑦ 《习近平谈治国理政》第1卷，北京，外文出版社2018年版，第283页。
⑧ 《习近平谈治国理政》第1卷，北京，人民出版社2018年版，第265~266页。
⑨ 习近平：《之江新语》，杭州，浙江人民出版社2007年版，第186页。
⑩ 《习近平著作选读》第1卷，北京，人民出版社2023年版，第243页。
⑪ 习近平：《之江新语》，杭州，浙江人民出版社2007年版，第241页。
⑫ 《习近平关于依规治党论述摘编》，北京，中央文献出版社2022年版，第147页。

　　与此同时，习近平总书记重要讲话中也善于运用古今中外一些格言警句、谚语诗词，不仅提升了讲话的思想性和艺术性，而且往往有画龙点睛的效果。例如，在谈到理论学习时，他引用清代著名学者王国维治学三境界，指出，要有"望尽天涯路"那样志存高远的追求，耐得住"昨夜西风凋碧树"的清冷和"独上高楼"的寂寞；要有"衣带渐宽终不悔""人憔悴"的心甘情愿；更要在学习和实践中"众里寻他千百度"，最终"蓦然回首"，在"灯火阑珊处"领悟真谛①。在讲立德修养时，他引用《管子》中的名句，指出："国有四维，礼义廉耻，四维不张，国乃灭亡。"②在讲实践笃行时，他引用《老子》中名句，指出："合抱之木，生于毫末；九层之台，起于累土。"③在讲廉政为民时，他引用被康熙称为"天下第一清官"的张伯行的檄文，指出："一丝一粒，我之名节。一厘一毫，民之脂膏。宽一分，民受赐不止一分；取一文，我为人不值一文。谁云交际之常，廉耻实伤；倘非不义之财，此物何来？"④

　　借用"经典"这种语言载体，习近平总书记巧妙地向世界传播了他的治国理念和对外政策。例如，他对台湾同胞讲"兄弟同心，其利断金"，这段引自《周易》中的名句表达了习近平总书记对两岸美好愿景的向往。他对美国人士讲，"来而不可失者，时也；蹈而不可失者，机也"，说明发展中美关系要顺时应势、与时俱进。引用"天高任鸟飞，海阔凭鱼跃"，形象地说明宽广的太平洋有足够的空间容纳中美两个大国⑤。他对俄罗斯朋友讲"国之交在于民相亲"，强调两国人民的交流交往会极大地拉近两国的距离，有利于巩固中俄两国的传统深厚友谊。他引用车尔尼雪夫斯基的"历史的道路不是涅瓦大街上的人行道，它完全是在田野中前进的，有时穿过尘埃，有时穿过泥泞，有时横渡沼泽，有时行经丛林"，强调历史前进道路的曲折，同时他又引用"大船必能远航"和"长风破浪会有时"，表达对中俄发展的美好祝愿，相信中俄两国一定能够乘风破浪，扬帆远航，更好地造福两国人民，更好地促进世界的和平与发展。他在墨西哥讲，"朋友要老，好酒要陈""无论人与人还是国与国之间，尊重他人权利才能带来和平""唯有益天下，方可惠本国"，等等⑥。他在接受金砖

---

①　《习近平用典》，北京，人民日报出版社 2015 年版，第 129 页。
②　《习近平用典》，北京，人民日报出版社 2015 年版，第 75 页。
③　《习近平用典》，北京，人民日报出版社 2015 年版，第 109 页。
④　《习近平用典》，北京，人民日报出版社 2015 年版，第 205 页。
⑤　凌继尧：《习近平话语体系的风格研究》，《艺术百家》2015 年第 1 期。
⑥　窦卫霖、李霁阳：《习近平国际演讲的话语策略分析》，《浙江传媒学院学报》2013 年第 6 期。

国家媒体联合采访时，引用了《诗经》中的"如履薄冰""如临深渊"，引用了《道德经》中"治大国，若烹小鲜"，来表明治国应小心谨慎，不能操之过急①。这些引用，使习近平总书记的讲话质朴中见文雅，为讲话的表达效果增色不少。

二、既形象又概括

习近平总书记是一个会讲故事的"故事王"，喜欢用讲故事、举例子的方式来表达自己的观点，打动听众的心灵；同时他又是一个高屋建瓴的"思想王"，善于用极其凝练、高度概括的语言来阐述自己的思想，穿透听众的大脑。

以往中国国家领导人讲话很少用较大篇幅讲故事，甚至叙述性的语言也相对较少，但习近平总书记在讲故事、举例子上非常舍得笔墨，尤其在国际演讲中，他甚至曾用全文 1/10 的篇幅来讲故事。例如，在莫斯科国际关系学院的演讲中，他一口气讲了中国母子为苏联飞行大队长库里申科（俄文：Григорий аримович куришенко）守陵、别斯兰事件后俄罗斯儿童到中国疗养以及汶川地震后中国儿童到俄罗斯疗养 3 个故事（396 个字，占讲话全篇 9.8%），这些故事集中表现了中俄两国人民互帮互助、共渡难关的兄弟情义。这样的例子还有，在坦桑尼亚，习近平总书记讲了中国电视剧《媳妇的美好时代》在坦桑尼亚热播，以寻常百姓生活的共同点，瞬间拉近了两国人民的距离。在墨西哥，他讲了该国足球教练米卢（Bora Milutinovic）带领中国足球队闯进世界杯比赛和墨西哥跳水队在中国教练指导下拿下好成绩的事例，表明两国人民的友好交往，促进共同进步。在德国，他讲述了德国友人拉贝（John H.D.Rabe）在南京大屠杀中，积极联络在华外国人士为 20 多万中国人提供栖身之所，德国葡萄专家诺博（Norberto Gaolis）无私帮助山东枣庄人民的故事，等等。这些具体而鲜活的故事，实实在在地展现了中外人民的友谊，表明不同国家之间和平共处、互帮互助的可能性。

在国内，习近平总书记用陈望道翻译《共产党宣言》时蘸墨汁吃粽子的故事，讲述了信仰的味道、信仰的力量；用初唐名臣裴矩"在隋朝阿谀逢迎，在唐忠直敢谏"的故事，讲述了政治生态对官员的影响。举自己

---

① 顾晓、李渊：《语言力与传播力的时代性——从习近平总书记的语言风格谈电视新闻的文风改进》，《当代电视》2015 年第 5 期。

在福建宁德当地委书记时为何不住窗式空调房间而住在居民区里，在河北正定当县委书记时如何用车的例子，以此告诫领导干部不能搞特殊化①。讲自己如实上报产粮大县正定不少农民连温饱都不能保证，请求上级把粮食征购基数降下来的故事，告诫广大干部要坚持实事求是的工作路线，不能违背实情、违背民意。讲自己"异常艰苦、异常难忘"的下党考察之行，说明要到最深基层得到最切实民情，以真正找到破解发展难题之路。举"你是替党讲话，还是替老百姓讲话""你是站在党一边，还是站在群众一边"等例子，说明我们必须明确党性和人民性从来都是一致的、统一的，要对这些似是而非的说法加以廓清和纠正。讲美国的"棱镜""X-关键得分"等监控计划，说明国外互联网活动能量和规模已经远远超出了世人想象，互联网直接关系我国意识形态和政权安全等。

与此同时，习近平总书记善于锤炼语言，用一些极短的字词来概括社会主义建设中的基本问题。例如，他用"中国梦"来浓缩近代以来中国人民的共同追求，指出："实现中华民族伟大复兴，就是中华民族近代以来最伟大的梦想。这个梦想，凝聚了几代中国人的夙愿，体现了中华民族和中国人民的整体利益，是每一个中华儿女的共同期盼。"②用"6个时间段"来概括社会主义500多年，指出从提出社会主义思想到现在，大致经历了空想社会主义产生和发展，马克思恩格斯创立科学社会主义理论体系，列宁领导十月革命胜利并实践社会主义，苏联模式逐步形成，新中国成立后中国共产党对社会主义的探索和实践，作出改革开放的历史性决策、开创和发展中国特色社会主义6个阶段。用"4个伟大飞跃"概括中国共产党百年奋斗的历史成就，新民主主义革命时期，实现了中国从几千年封建专制政治向人民民主的伟大飞跃；社会主义革命和建设时期，实现了一穷二白、人口众多的东方大国大步迈进社会主义社会的伟大飞跃；改革开放和社会主义现代化建设，推进了中华民族从站起来到富起来的伟大飞跃；中国特色社会主义新时代，中华民族迎来了从站起来、富起来到强起来的伟大飞跃。用"4个走出来"展现了中国特色社会主义道路的由来，指出中国特色社会主义道路是在改革开放40多年的伟大实践中走出来的，是在中华人民共和国成立70多年的持续探索中走出来的，是在对近代以来180多年中华民族发展历程的深刻总结中走出来的，是在

---

① 文秀：《习近平讲话的语言风格及特点》，《学习时报》2013年12月9日。
② 《习近平谈治国理政》第1卷，北京，外文出版社2018年版，第36页。

对中华民族 5000 多年悠久文明的传承中走出来的，具有深厚的历史渊源和广泛的现实基础。用"3 天"来概括整个中华民族的历史征程，指出，昨天是"雄关漫道真如铁"，今天是"人间正道是沧桑"，明天是"长风破浪会有时"。用"亲诚惠容"4 个字表达中国的周边外交理念，指出："我国周边外交的基本方针，就是坚持与邻为善、以邻为伴，坚持睦邻、安邻、富邻，突出体现亲、诚、惠、容的理念。"①用"三严三实"表明当下党员干部队伍建设永远在路上，指出，既严以修身、严以用权、严以律己，又谋事要实、创业要实、做人要实②，强调把"三严三实"专题教育作为党的群众路线教育实践活动的延展深化，不分批次、不划阶段、不设环节，不是一次活动。用"深、实、细、准、效"来概括领导干部调研工作的基本要求③。

三、既亲和又警辟

习近平总书记讲起话来，既像"拉家常"的邻家兄长，以平易近人、和蔼可亲的姿态与广大群众、外国朋友聊天、谈心，极富亲和力和感染力；又似"唱黑脸"的包公，以金刚怒目、铁面无私，直面问题、痛陈时弊，极富震撼力与威慑力。

习近平总书记的话语中充满着亲和、温和、随和，以及平等、平易、平实的风格特点，一下子拉近了与听众的距离，让人倍感亲切、温暖和感动，不经意中感化人、教育人和引导人。比如，令大家记忆犹新的是他在十八届中央政治局常委与中外记者见面时的讲话，一开口就说"让大家久等了"，接下来又说"大家很敬业、很专业、很辛苦"，言语中一股理解人、关心人的暖流悄然涌动，浸润心田④。在离开梁家河 40 多年后，习近平总书记仍能亲切地喊出当年"小伙伴"的小名——"随娃""迎春""成儿""开伙"⑤。在武汉视察市民之家时，与市民打招呼："美女，你好！"视察南锣鼓巷时，会主动问："是否需要合影？没有去搞麻辣烫吧？"在与普通群众的交流中，他笑呵呵的一句"你比我大，我叫你大姐"温暖无数人的心，他对不认识自己的农家妇女微笑着说"我是人民的

---

①《习近平谈治国理政》第 1 卷，北京，外文出版社 2018 年版，第 297 页。

②《习近平著作选读》第 1 卷，北京，人民出版社 2023 年版，第 226 页。

③《习近平谈治国理政》第 1 卷，北京，外文出版社 2018 年版，第 1 页。

④ 文秀：《习近平讲话的语言风格及特点》，《学习时报》2013 年 12 月 9 日。

⑤《梁家河》编写组：《梁家河》，西安，陕西人民出版社 2018 年版，第 3~4 页。

勤务员"，等等。一点"官架子"都没有，始终与人平等、待人亲和。

在国际交往上，他也秉持这种亲和的风格。在北京 APEC 会议上，他讲道："也有人说，现在北京的蓝天是 APEC 蓝，美好而短暂，过了这一阵就没了，我希望并相信通过不懈的努力，APEC 蓝能够保持下去。"在坦桑尼亚演讲中，他开篇用当地语言"哈巴里"问好，一下子拉近了与听众的距离。在墨西哥演讲时，他深情地说道："我是一个足球迷，中国足球一直很努力，带领中国队进入世界杯的教练，正是担任过墨西哥国家队主教练的米卢。"在爱尔兰，他甚至走上球场草坪，捧起足球一试身手。在美国，他讲道："有时间我也看一些 NBA 比赛，甚至还看一点美国棒球赛。"在巴西，他讲道："上届世界杯有章鱼保罗，不知道明年还有没有可以预测未来的章鱼。"很多海外媒体和研究人员对习近平总书记这种平易近人的演讲方式给予了高度的关注和积极的评价，外国媒体评价习近平总书记"官话民说""有话直说"，极富人情味，美国媒体甚至称"习近平赢得了美国人民的心"[①]。由习近平总书记重要讲话汇编而成的《习近平谈治国理政》系列图书在海外热销，很多海外读者表示："从字里行间我感受到习近平主席简明坦诚、风趣幽默的论述风格，但更重要的是看到了一个努力为人民创造幸福生活的高尚的人。这正是当今世界需要的领导人。"[②]

与此同时，习近平总书记善于对问题开刀，拿现象作靶，动真格、出实招、亮利剑，说了不少"狠话"。针对国内的"圈子文化""山头主义"，习近平总书记尖锐地指出："同学、同行、同乡、同事等小圈子聚会也值得警惕，搞不好就会形成宗派主义、山头主义、小圈子。"[③]他强调："党的干部都是来自五湖四海，为了一个共同的革命目标走到一起来的。党内不允许这种不良风气蔓延，宗派主义必须处理，山头主义必须铲除。"[④]他告诫"千万不要搞小圈子"。针对党内的"人身依附"，他指出："不能把党组织等同于领导干部个人，对党尽忠不是对领导干部个人尽忠，党内不能搞人身依附关系。干部都是党的干部，不是哪个人的家臣。……搞这种东西总有一天会出事！有的案件一查处就是一串人，拔出萝卜带出

---

① 《习近平看 NBA　美国球迷直呼"太酷了"》，《成都晚报》2012 年 2 月 20 日。
② 《特写：美国书展内外热议〈习近平谈治国理政〉》，http://www.gov.cn/xinwen/2015-05/29/content_2870659.htm。
③ 《习近平关于党风廉政建设和反腐败斗争论述摘编》，北京，中央文献出版社、中国方正出版社 2015 年版，第 76 页。
④ 《习近平关于党风廉政建设和反腐败斗争论述摘编》，北京，中央文献出版社、中国方正出版社 2015 年版，第 77 页。

泥，其中一个重要原因就是形成了事实上的人身依附关系。"①针对"靠关系、搞门道"，他痛心地指出："如果升学、考公务员、办企业、上项目、晋级、买房子、找工作、演出、出国等各种机会都要靠关系、搞门道，有背景的就能得到更多照顾，没有背景的再有本事也没有机会，就会严重影响社会公平正义。"②针对有些干部"口无遮拦，毫无顾忌"，习近平总书记指出："有的党员干部想说什么说什么，想干什么干什么。有的还专门挑那些党已经明确规定的政治原则来说事，口无遮拦，毫无顾忌，以显示自己所谓的'能耐'，受到敌对势力追捧，对此他们不以为耻、反以为荣。这些问题在党内和社会上造成恶劣影响，给党的事业造成严重损害。"③针对公款挪用，习近平总书记痛斥道："有的地方扶贫、涉农、医保、低保资金都敢贪敢挪，而且拿这些钱来行贿买官，群众的'保命钱'成了干部的'买官钱'……贫困地区贪扶贫救济的钱，恶行令人发指！"④

　　特别是针对反腐败问题，习近平总书记讲了很多"重话""狠话"，指出："全党同志要深刻认识反腐败斗争的长期性、复杂性、艰巨性，以猛药去疴、重典治乱的决心，以刮骨疗毒、壮士断腕的勇气，坚决把党风廉政建设和反腐败斗争进行到底。"⑤"'有功必赏，有罪必罚，则为善者日进，为恶者日止。'不反腐败确实要亡党，真反腐败不仅不会亡党……使我们党更加坚强、更有力量。"⑥针对反腐败"刑不上大夫"的说法，习近平总书记指出："不管级别有多高，谁触犯法律都要问责，都要处理，我看天塌不下来。"⑦他告诫道："自己不检点，不清爽，不干净，让人家在背后指指点点的，怎么去要求人家啊？没法说，说了也没用啊！"⑧他要

　　①《习近平关于党风廉政建设和反腐败斗争论述摘编》，北京，中央文献出版社、中国方正出版社 2015 年版，第 40 页。

　　②《习近平关于党风廉政建设和反腐败斗争论述摘编》，北京，中央文献出版社、中国方正出版社 2015 年版，第 95 页。

　　③《习近平关于党风廉政建设和反腐败斗争论述摘编》，北京，中央文献出版社、中国方正出版社 2015 年版，第 33 页。

　　④《习近平关于党风廉政建设和反腐败斗争论述摘编》，北京，中央文献出版社、中国方正出版社 2015 年版，第 99 页。

　　⑤《习近平关于党风廉政建设和反腐败斗争论述摘编》，北京，中央文献出版社、中国方正出版社 2015 年版，第 97 页。

　　⑥《习近平关于党风廉政建设和反腐败斗争论述摘编》，北京，中央文献出版社、中国方正出版社 2015 年版，第 26 页。

　　⑦《习近平关于党风廉政建设和反腐败斗争论述摘编》，北京，中央文献出版社、中国方正出版社 2015 年版，第 110 页。

　　⑧《习近平关于党风廉政建设和反腐败斗争论述摘编》，北京，中央文献出版社、中国方正出版社 2015 年版，第 74 页。

求各级领导干部要以身作则、率先垂范，说到的就要做到，承诺的就要兑现。针对作风问题，他曾严肃地指出，我们党的执政基础很牢固，但如果作风问题解决不好，也就可能出现"霸王别姬"这样的时刻①。

在外交上，习近平总书记坚守底线，在事关国家利益问题上决不妥协，决不让渡自己的合法权益。他指出："我们要坚持走和平发展道路，但决不能放弃我们的正当权益，决不能牺牲国家核心利益。任何外国不要指望我们会拿自己的核心利益做交易，不要指望我们会吞下损害我国主权、安全、发展利益的苦果。"②针对国外媒体说中国增加国防预算是"国强必霸"的表现，习近平总书记指出："我们绝不走殖民掠夺的老路，也绝不走国强必霸的歪路，而是走和平发展的人间正道。在和平和安全问题上，中国是世界上纪录最好的大国。"③针对个别国家和人士指责中国设东海防空识别区、海空常态化巡视钓鱼岛、进行南海岛礁工程建设等强硬举措是中国"秀肌肉"，是在威胁周边国家。习近平总书记严正指出："远亲不如近邻。中国对周边国家坚持亲、诚、惠、容的理念。……我们主张通过协商和对话妥善管控分歧，解决争议。在事关中国主权和领土完整的重大原则问题上，我们不惹事，但也不怕事，坚决捍卫中国的正当合法权益。"④

四、既说理又动情

习近平总书记的讲话充满了睿智的理性，他长于以理服人，用理论武装群众、引导群众；同时，他的讲话又饱含了温暖的情感，善于以情动人，用情感感召群众、鼓舞群众。

马克思曾说过："理论只要说服人，就能掌握群众；而理论只要彻底，就能说服人。所谓彻底，就是抓住事物的根本。"⑤针对外国对中国的曲解、误读，习近平总书记指出："历史是现实的根源，任何一个国家的今天都来自昨天。只有了解一个国家从哪里来，才能弄懂这个国家今天怎么会是这样而不是那样，也才能搞清楚这个国家未来会往哪里去和不会往

① 《习近平关于党风廉政建设和反腐败斗争论述摘编》，北京，中央文献出版社、中国方正出版社 2015 年版，第 7 页。

② 《习近平谈治国理政》第 1 卷，北京，外文出版社 2018 年版，第 249 页。

③ 习近平：《弘扬和平共处五项原则　携手构建人类命运共同体——在和平共处五项原则发表 70 周年纪念大会上的讲话》，北京，人民出版社 2024 年版，第 11 页。

④ 习近平：《在德国科尔伯基金会的演讲》，《人民日报》2014 年 4 月 30 日。

⑤ 《马克思恩格斯选集》第 1 卷，北京，人民出版社 2012 年版，第 9~10 页。

哪里去。"①所以，习近平主席在布鲁日欧洲学院的演讲中，着重从5个方面介绍了中国。其一，中国是一个有着悠久文明的国家。中国人看待世界、看待社会、看待人生，有自己独特的价值体系。其二，中国是经历了深重苦难的国家。中国人民希望和平、反对战争，所以始终奉行独立自主的和平外交政策，坚持不干涉别国内政，也不允许别人干涉中国内政。其三，中国是实行中国特色社会主义制度的国家。独特的文化传统，独特的历史命运，独特的国情，注定了中国必然走适合自己特点的发展道路。其四，中国是世界上最大的发展中国家。让14亿多人都过上好日子，还需要付出长期的艰苦努力。其五，中国是正在发生深刻变革的国家。"中国全面深化改革，不仅将为中国现代化建设提供强大推动力量，而且将为世界带来新的发展机遇。"②抓住中国这些显著的特征，是科学认识中国的最基本前提。针对国内某些人士对中国特色社会主义的怀疑、动摇甚至否定，习近平总书记在新进中央委员会的委员、候补委员学习贯彻党的十八大精神研讨班上的讲话，特意讲了社会主义500多年，强调："我之所以要从世界社会主义思想的源头讲起，从中国特色社会主义的历史发展讲起，就是要说明，我们党在推进革命、建设、改革的进程中，是怎样经过反复比较和总结，历史地选择了马克思主义、选择了社会主义道路的；是怎样把马克思主义基本原理同中国实际和时代特征结合起来，独立自主走自己的路的；是怎样历经千辛万苦，付出各种代价，开创和发展了中国特色社会主义的。"③这些澄明透彻的说理，条分缕析的论证，科学回答了中国的今天来自昨天，今天影响明天，不能用历史虚无主义看待中国。

习近平总书记的重要讲话从来不把自己的观点强加给听众，而是用透彻的说理说服群众，引导全党加强学习时，他说："我们党历来重视抓全党特别是领导干部的学习，这是推动党和人民事业发展的一条成功经验。在每一个重大转折时期，面对新形势新任务，我们党总是号召全党同志加强学习；而每次这样的学习热潮，都能推动党和人民事业实现大发展大进步。"④引导人民踏实劳动，创造美好生活时，他指出："劳动是推动人类社会进步的根本力量。幸福不会从天而降，梦想不会自动成真。实现

---

① 习近平：《出席第三届核安全峰会并访问欧洲四国和联合国教科文组织总部、欧盟总部时的演讲》，北京，人民出版社2014年版，第41页。
② 习近平：《出席第三届核安全峰会并访问欧洲四国和联合国教科文组织总部、欧盟总部时的演讲》，北京，人民出版社2014年版，第45页。
③ 《十八大以来重要文献选编》（上），北京，中央文献出版社2014年版，第8页。
④ 《习近平谈治国理政》第1卷，北京，外文出版社2018年版，第401页。

我们的奋斗目标，开创我们的美好未来，必须紧紧依靠人民、始终为了人民，必须依靠辛勤劳动、诚实劳动、创造性劳动。我们说'空谈误国，实干兴邦'，实干首先就要脚踏实地劳动。"[①]引导青年奋斗时，习近平总书记指出："人的一生只有一次青春。现在，青春是用来奋斗的；将来，青春是用来回忆的。"[②]引导全党反对"四风"，加强批评和自我批评时，他说："批评和自我批评是一剂良药，是对同志、对自己的真正爱护。开展批评和自我批评需要勇气和党性，不能把我们防身治病的武器给丢掉了。"[③]引导全党牢记"两个务必"，他指出：全党同志要不断学习领会"两个务必"的深邃思想，始终做到谦虚谨慎、艰苦奋斗、实事求是、一心为民，继续把人民对我们党的"考试"、把我们党正在经受和将要经受各种考验的"考试"考好，使我们的党永远不变质、我们的红色江山永远不变色[④]。这些"苦口婆心"的讲话真正说到了党员干部和群众的心坎上，指明了人民行动的方向。

习近平总书记的讲话饱含了对祖国、对人民的深情厚谊，饱含了对世界、对人类发展的大爱，在阐述中国梦时，他指出："中国梦归根到底是人民的梦，必须紧紧依靠人民来实现，必须不断为人民造福。……生活在我们伟大祖国和伟大时代的中国人民，共同享有人生出彩的机会，共同享有梦想成真的机会，共同享有同祖国和时代一起成长与进步的机会。有梦想，有机会，有奋斗，一切美好的东西都能够创造出来。"[⑤]在《忆大山》一文中，他深情回顾了他与作家贾大山的交往和友谊，讲了他拜访大山并请大山"出山"担任文化局局长，促膝长谈到深夜，别离后关心对方又不忍打扰对方，自己多次看望生病的大山等。习近平总书记感慨"大山的逝世，使我失去了一个好朋友、好兄长"，"但他那忧国忧民的情愫，清正廉洁、勤政敬业的作风，襟怀坦荡、真挚善良的品格，刚正不阿、疾恶如仇的精神，都将与他不朽的作品一样，长留人间"。[⑥]再如他在《念奴娇·追思焦裕禄》一词中表达他对焦裕禄的崇敬之情，"生也沙丘，死也沙丘，父

① 《习近平谈治国理政》第 1 卷，北京，外文出版社 2018 年版，第 44 页。
② 《习近平谈治国理政》第 1 卷，北京，外文出版社 2018 年版，第 54 页。
③ 习近平：《坚持用好批评和自我批评的武器 提高领导班子解决自身问题能力》，《人民日报》2013 年 9 月 26 日。
④ 习近平：《充分调动干部和群众积极性 保证教育实践活动善做善成》，《人民日报》2013 年 7 月 13 日。
⑤ 《习近平谈治国理政》第 1 卷，北京，外文出版社 2018 年版，第 40 页。
⑥ 习近平：《忆大山》，《光明日报》2014 年 1 月 13 日。

老生死系"，"为官一任，造福一方，遂了平生意。绿我涓滴，会它千顷澄碧"。这样浓重的情感，既是焦裕禄本人的，更是习近平总书记本人的为人为官的追求，反映的正是他亲民爱民的高尚情操和心系国家前途命运的赤子情怀。

谈非洲，他讲道："中非一家亲。我这个年纪的中国人，从小就是在中非友好的热烈气氛中长大的，对非洲有很浓厚的兴趣，熟知一些非洲国家老一代领导人的名字，熟知坦赞铁路等中非友好佳话。"①在前往墨西哥的专机上，他深情地讲道："当我透过飞机舷窗俯瞰浩瀚的太平洋时，仿佛看见几个世纪前那些满载丝绸、瓷器的'中国之船'正向着阿卡普尔科破浪前行；当我踏上贵国的土地时，又仿佛看见那位传说中的乐善好施的美丽的'中国姑娘'正在普拉埃布传授纺织、刺绣技术。"②在哈萨克斯坦，他讲道："我的家乡陕西，就位于古丝绸之路的起点。站在这里，回首历史，我仿佛听到了山间回荡的声声驼铃，看到了大漠飘飞的袅袅孤烟。这一切，让我感到十分亲切。"③在美国，他讲到中美两国也曾经历风风雨雨，但总的趋势是不断前进，有诗云"青山遮不住，毕竟东流去"，对中美发展充满信心，充满期待。

无情未必真豪杰。文如其人、话如其人、事如其人。不仅在讲话中，我们可以感知习近平总书记是一个有情有义、温暖人心的领袖，而且这也是他实际生活的真实写照。官方在党的十八大之后，公布了习近平总书记与家人推着坐轮椅的父亲、与母亲牵手散步、早年骑着自行车载女儿等照片，公开了他与夫人彭丽媛相亲相爱的故事，把一个真实的人民领袖呈现在了人民面前。④

---

① 《习近平接受金砖国家媒体联合采访》，《人民日报》2014年3月20日。
② 《习近平外交演讲集》第1卷，北京，中央文献出版社2022年版，第39页。
③ 《习近平谈治国理政》第1卷，北京，外文出版社2018年版，第287页。
④ 滕明政、徐志宏：《习近平总书记重要讲话的风格与中国话语体系的建设》，载北京市中国特色社会主义理论研究中心编：《马克思主义中国化研究2015》，北京，社会科学文献出版社2016年版，第121~132页。

第十章　新时代中国国家治理的重要意义

一个时代总有一个时代的问题，正所谓"问题是时代的格言，是表现时代自己内心状态的最实际的呼声"①。党的十八大以来，以习近平同志为核心的党中央准确把握时代方位、实践要求和历史使命，发表了关于新时代国家治理的一系列重要讲话，直面了国家职能和国家治理主体的问题，正视了中国争夺国际话语权的难题，解答了中华优秀传统文化创造性转化和创新性发展的课题，回应了处在历史十字路口的世界向何处去的议题，集中展现了新一代中央领导集体的治国理念和执政方略。全面深刻地认识习近平总书记关于新时代国家治理重要论述的重大意义，有助于增强坚持和完善中国特色社会主义制度、推进国家治理体系和治理能力现代化的自觉性和主动性，更好地助力中华民族伟大复兴早日实现。

第一节　理论之维：丰富和发展了马克思主义国家学说

习近平总书记关于新时代国家治理的重要论述既坚持了马克思恩格斯国家学说的基本观点，同时又根据新的实践、新的发展、新的问题提出了许多新的思想、新的观点、新的论断。当年马克思和恩格斯在深刻揭露与批判资本主义国家的弊病、总结巴黎公社管理新社会的经验教训基础上，提出了未来国家治理的基本设想；列宁对马克思恩格斯国家学说进行了布尔什维克化的初步改造，推动了马克思主义国家理论与实践的发展。但不可否认的是，在较长一段时间里，人们比较偏重马克思主义国家理论中的政治职能，而对国家的其他职能关注略显不足。党的十八大以来，以习近平同志为核心的党中央对马克思主义国家理论进行了中国化的改造：

---

① 《马克思恩格斯选集》第 1 卷，北京，人民出版社 1995 年版，第 203 页。

一是调适了国家政治统治职能和社会管理职能的比例；二是扩大了国家治理主体的范围，推进了新时代中国国家治理的现代化。

一、统筹兼顾和有效发挥了国家两种基本职能

马克思恩格斯论述了国家的两种基本职能——政治统治和社会管理，并且强调"政治统治到处都是以执行某种社会职能为基础"[①]。尽管这种认识本身是非常深刻的，但由于他们并没有直接参与社会主义国家治理的实践，所以他们的这种论述只是原则性的和预测性的，怎么处理两者之间的关系、协调两者之间的比例，是他们所不能具体给出的。列宁虽然有领导社会主义国家治理的实践，但时间太短，而且当时严峻的国内国际形势，使列宁的许多探索偏重强调要利用好国家的政治统治职能——无产阶级专政。正如列宁所指出的，只有懂得阶级专政"才算掌握了马克思国家学说的实质"[②]。尽管这一时期列宁也重视国家的社会职能，但他更多的还是从政治角度来谈论社会职能。列宁曾讲道："从事国家的经济建设，收获更多的粮食，开采更多的煤炭……消除饥荒，这就是我们的政治。"[③]可以说，战时共产主义政策主要是从政治角度推进国家建设的。虽然此后有新经济政策的调整，但列宁之后，尤其是斯大林在位期间，政治职能几乎是包容一切的，想问题办事情都是"政治性"的。中国在一段时间里，也有这种倾向。

在新时代国家治理问题上，习近平总书记当然也强调政治统治这种职能，强调人民民主专政、强调党的领导，等等。但习近平总书记也从国家消亡、实现共产主义这一宏大视角去认识国家治理现代化，意识到单纯的政治统治将越来越少，而社会治理将越来越多，即意识到公共服务和社会管理等在新时代国家治理中的重要地位和作用，强调深入推进党和国家机构改革，促进党和国家机构职能在系统方面和整体性方面不断进行加强和完善[④]；加强公共服务和社会事务管理，"政府要切实履行好服务职能"[⑤]。其实，恩格斯早在《社会主义从空想到科学的发展》中就曾预言这种变化趋势，他指出："当国家终于真正成为整个社会的代表时，它就使自己成

---

① 《马克思恩格斯选集》第3卷，北京，人民出版社2012年版，第560页。

② 《列宁选集》第3卷，北京，人民出版社2012年版，第140页。

③ 《列宁选集》第4卷，北京，人民出版社2012年版，第308~309页。

④ 文丰安：《中国式现代化进程中推进国家治理体系和治理能力现代化的特色、困境与破解路径》，《中国行政管理》2023年第10期。

⑤ 《习近平关于社会主义政治建设论述摘编》，北京，中央文献出版社2017年版，第112页。

为多余的了。……那时，国家政权对社会关系的干预在各个领域中将先后成为多余的事情而自行停止下来。那时，对人的统治将由对物的管理和对生产过程的领导所代替。"①我们看到新时代国家的职能悄然呈现出从统治向管理、治理以及服务转变的倾向。党的十八届三中全会不仅首次提出"国家治理体系和治理能力现代化"的总命题，而且多次提及治理体制、治理结构以及依法治理、源头治理、第三方治理等具体概念。党的十九届四中全会则专门通过了相关制度文件，系统推进国家治理体系和治理能力现代化。事实上，尽管"治理"和"管理"只是一字之差，但它"体现的是系统治理、依法治理、源头治理、综合施策"②。新时代国家治理的理念实现了从管控型向服务型转变，从优先政治职能到强调社会职能的转变。顺应这一理念转变，国务院不断深化"放管服"改革，到2020年年底国务院先后取消和下放国务院部门行政审批事项的比例达47%，彻底终结非行政许可审批，压减国务院部门行政审批中介服务事项达71%③。政府治理、服务的色彩越来越浓，而统治、管理的色彩越来越淡。当然，我们也应该清醒地认识到，这种转变并非不要政治统治职能，相反，它要求加强党对涉及党和国家事业全局的重大工作的集中统一领导，"提高党把方向、谋大局、定政策、促改革的能力和定力"④；强调的是党要管好大政方针，而不是说一切事情都要党去管。

二、不断扩大和有效利用了各种国家治理主体

马克思恩格斯充分肯定了人民在国家治理中的主人翁地位，强调"必须使国家制度的实际承担者——人民成为国家制度的原则"⑤。他们高度颂扬了巴黎公社所采取的措施，认为"公社是法国社会的一切健全成分的真正代表，因而也就是真正的国民政府"⑥，公社"所采取的各项具体措施，只能显示出走向属于人民、由人民掌权的政府的趋势"⑦。为了使官员都成为公仆和勤务员，他们设计了这样的"薪酬"制度——"从公社委

---

① 《马克思恩格斯选集》第3卷，北京，人民出版社2012年版，第812页。
② 《习近平关于社会主义社会建设论述摘编》，北京，中央文献出版社2017年版，第127页。
③ 《中国共产党一百年大事记》，北京，人民出版社2021年版，第187页。
④ 《习近平著作选读》第2卷，北京，人民出版社2023年版，第17页。
⑤ 《马克思恩格斯全集》第3卷，北京，人民出版社2002年版，第72~73页。
⑥ 《马克思恩格斯选集》第3卷，北京，人民出版社2012年版，第106页。
⑦ 《马克思恩格斯选集》第3卷，北京，人民出版社2012年版，第107页。

员起，自上至下一切公职人员，都只能领取相当于工人工资的报酬。"①可以说这些理念非常先进，至今仍具有重要的启迪意义。例如，今天中国的公务员薪酬制度设计，就仍然基本上坚持这个原则。这里需要着重指出的是，人民是社会主义国家的主人，在国家治理中居于主体地位②，这是毫无疑问的。但由于现代国家普遍实行的是代议制，所以尽管人民是国家的主人，但很多人并不能直接参与国家治理，而是由人民选出的代表来进行国家治理。换句话说，能够直接参与国家治理的主体实际上是相对有限的。在近代民族国家独立的过程中，由于要求集中有限的资源，迅速做出反应等而不得不强调政令统一，实行一元化领导，指派、委任代替了人民选举。这原本是特殊时期的特殊政策，但如果一些国家和地区不适当地将其扩大化，在平时也采取这些特殊政策，就可能会使治理主体（人民代表）呈现脱离人民的倾向，滋生官僚主义，使公仆演变成"官老爷"。此外，在某些过分强调阶级斗争的情况下，两极思维消除了中间阶层的存在，不是人民就是敌人，错误地将某些人民划为敌人，治理主体来源的广泛性遭到极大压缩，治理主体构成的公正性受到严重损伤。

毛泽东曾经尝试用群众运动的方式来预防和解决党和政府工作人员变质、变色、变味的问题，赋予人民治理权、扩大治理主体的范围，在初期取得了一定成效，但因为缺乏必要制度约束，最终也不能算是成功的。在新时代，习近平总书记同样认识到治理主体的范围不能封闭，因此依法有序扩大了治理主体范围，不仅发挥传统的党和政府的作用，而且突出强调人大、政协等机构在国家治理中的作用，尤其是高度重视发挥社会组织的作用，明确提出要"激发社会组织活力……适合由社会组织提供的公共服务和解决的事项，交由社会组织承担"③。在新时代国家治理中，党和政府虽然仍将是最重要的主体，但已不是唯一的主体，各种治理主体应该各司其职、各尽其力，共同把国家治理好。对此，有学者指出，习近平总书记关于新时代国家治理重要论述在传统国家理论中增加了新的内容，"凸显了国家政权的所有者或者叫主权的拥有者与受委托的职业管理者的授权和问责关系；突出了多元行动者之间的合作管理；强调维护秩序和提供社会公共服务的并重"④。当然，我们也应当明确，扩大治理主体的范围有助

① 《马克思恩格斯选集》第3卷，北京，人民出版社2012年版，第98~99页。
② 《十九大以来重要文献选编》（中），北京，中央文献出版社2021年版，第274页。
③ 《十八大以来重要文献选编》（上），北京，中央文献出版社2014年版，第539~540页。
④ 何增科：《国家治理及其现代化探微》，《国家行政学院学报》2014年第4期。

于团结一切可以团结的力量参与国家建设，但并不是要弱化原有党政主体的作用。相反，中国近代独特的政党与国家生成关系决定了中国共产党在中国国家治理中的核心地位[①]。因此，我们要更加努力地推进党和政府自身建设，练就过硬本领，使其成为更称职的治理主体，在新时代国家治理中更好地发挥组织和领导作用，实现"党领导人民有效治理国家"[②]。就此而言，习近平总书记关于新时代国家治理重要论述恰恰是对马克思主义国家学说，尤其是对马克思和恩格斯关于国家职能和国家治理主体范围相关理论的丰富与发展。

第二节　现实之维：回应和解答了中国争夺国际话语权的问题

话语权是一种神奇的力量，虽然以实体力量（硬实力）为基础，即没有强大的实体力量，也无法强硬和有力；但话语权与实体力量的发展并不同步，即并不是说有了强大的实体力量，就有了话语权，话语权需要精心建构。中国在这方面尤其要加大建构力度，努力打造反映中国实践、体现中国特色、具有中国表达的中国话语权，迅速改变中国因缺乏必要的话语权而导致"挨骂"的被动局面。

一、努力争夺中国故事解读权，不断解决中国"挨骂"问题

早在 20 世纪 70 年代，福柯（Michel Foucault）就曾提出"话语即权力"的著名论断，强调谁掌握了话语，谁就掌握了对世界的秩序的整理权[③]。约瑟夫·奈（Joseph S.Nye）则直接提出"软实力"的概念，强调借助它可以使人随我所欲，在国际上可以"造就一种情势，使其他国家仿效该国倾向并界定其利益"[④]。西方国家在这些理论的影响和指导下，精心构建了强势的话语体系，在相当程度上，垄断了国际话语权，使其不仅在物质上强大，而且在文化精神上葆有"道义感"。据不完全统计，欧美媒

---

①　滕明政：《党建科学化：一个新阐释》，《重庆社会科学》2015 年第 2 期。

②　《习近平谈治国理政》第 3 卷，北京，外文出版社 2020 年版，第 29 页。

③　[法]米歇尔·福柯：《话语的秩序》，肖涛译，载许宝强、袁伟选编：《语言与翻译的政治》，北京，中央编译出版社 2000 年版，第 7 页。

④　Joseph S. Nye. Soft Power, *Leadership Excellence*, 2009, (80).

体垄断了全世界 90% 的新闻信息，西方三大通讯社（美联社、路透社及法新社）的日发稿量相当于 84 个国家新闻单位组成的不结盟通讯社提供新闻量的 1000 倍[①]，使其他国家的好声音传不出去；在重要的国际学术组织、学术期刊、学术评价数据库等方面，西方的优势更是非常明显，以 SSCI 收录的 3216 种期刊为例，美国 1364 种，占 42.41%；英国 979 种，占 30.44%；中国大陆 11 种，仅占 0.34%，没有一种以汉语为办刊语种的期刊[②]。对信息占有的极度不平衡，使中国的好声音、好故事在国际上很难被人听到。西方不仅"垄断"了信息源，让世界只能听他们说；而且还恣意抹黑他国，向世界传达错误信息。例如，新疆棉事件、新冠病毒命名问题等。对于这种造谣、攻击与抹黑，普沃斯基曾一针见血地指出其背后的底层逻辑——一种制度的优越性通常是通过另一种制度的缺陷表现出来[③]。由此，攻击中国社会制度来美化西方资本主义制度正是美国惯用的伎俩。随着中国的崛起，美国等西方国家纷纷加入对中国奇迹、中国模式的解读中，提出了诸如"国家资本主义""专制统治加市场经济"等，一定程度上抢占了我们对自身发展模式的解读权，甚至在相当程度上使我们的发展陷于被解释状态。换句话说，我们应当承认，当前中国的话语体系建设相对滞后，与中国道路的成功实践相比，还未形成与之相匹配的中国话语体系。所以，习近平总书记强调："落后就要挨打，贫穷就要挨饿，失语就要挨骂。……争取国际话语权是我们必须解决好的一个重大问题。"[④]

　　党的十八大以来，以习近平同志为核心的党中央为扭转这种不利局面，做了大量创造性工作。一是充分认识我们在解读中国发展模式上的话语弱势，不讳疾忌医。在哲学社会科学工作座谈会上，习近平总书记严肃地指出："我国哲学社会科学在国际上的声音还比较小，还处于有理说不出、说了传不开的境地。"[⑤]所以，他要求我们必须有所行动、有所作为，"要善于提炼标识性概念，打造易于为国际社会所理解和接受的新概念、新范畴、新表述"[⑥]，努力构建中国自主知识体系，增强议题设置能

　　① 何明星：《构建中国文化对外传播体系增强传播能力》，《中国出版》2013 年第 5 期。

　　② 沈壮海：《建设具有自己特色和优势的学术话语体系》，《学习时报》2016 年 5 月 24 日。

　　③ ［美］亚当·普沃斯基：《民主与市场：东欧与拉丁美洲的政治经济改革》，包雅钧等译，北京，北京大学出版社 2005 年版，第 75 页。

　　④ 《习近平关于社会主义文化建设论述摘编》，北京，中央文献出版社 2017 年版，第 211 页。

　　⑤ 《习近平谈治国理政》第 2 卷，北京，外文出版社 2017 年版，第 346 页。

　　⑥ 《习近平谈治国理政》第 2 卷，北京，外文出版社 2017 年版，第 346 页。

力，更加有力地开展交流、交锋。二是明确话语权争夺是一项重要工作。在全国宣传思想工作会议上，习近平总书记从中心工作和意识形态工作、远大理想和现实目标、党性和人民性、正面宣传和舆论斗争、总结经验和改革创新、中国特色和国际比较、全党动手和部门负责7个方面全面部署了中国的宣传思想工作和话语体系建设任务，强调要"讲好中国故事，传播好中国声音，增强在国际上的话语权"①。三是主动解读"中国模式"。习近平总书记指出："所谓的'中国模式'是中国人民在自己的奋斗实践中创造的中国特色社会主义道路。"②这条道路最大的特点就是有一个代表中国最广大人民根本利益的先进政党总揽全局、协调各方、引领方向；这条道路既不同于封闭僵化的老路，也不同于改旗易帜的邪路，而是引领中国大踏步赶上时代的人间正道、时代新路。这一系列举措迈出了中国话语权建设的重要一步，对中国夺回解读自己故事的权利、防止"歪嘴和尚念歪经"具有十分积极的推动作用。

二、大力破除西方话语迷信，不断增强中国话语自信

在新时代中国国家治理中，以习近平同志为核心的党中央不仅奋力夺回了中国故事的解读权，而且以其建设性的努力为世界提供了全新的话语和概念，解构了西方治理"神话"，破除了对西方话语的"迷信"。以往不少人把现代化等同于西方化，把现代文明等同于西方文明，一提到西方尤其是美国，总是"顶礼膜拜"，总认为西方的月亮就是比中国的月亮圆。一些所谓的"公知"对西方极尽谄媚之能事，对中国则是极尽苛责之病态。例如，对待执法活动，"公知"鼓吹西方执法者面对民众，都是温情脉脉的；而中国执法者面对民众，总是面目可憎的。但事实是，美国无辜的黑人弗洛伊德（George Floyd）惨遭白人警察当街跪杀，美军退伍士兵阿什莉·巴比特（Ashli Babbitt）没战死沙场却在美国国会被枪杀。对待腐败问题，"公知"告诉中国人，腐败是因为中国"不民主"，只要实行美式民主、三权分立、多党制选举，中国就再也没有腐败了。但事实是，美国的腐败世所罕见，仅希拉里（Hillary Diane Rodham Clinton）"邮件门"暴露出来的黑料就让人不寒而栗：希拉里和克林顿（William Jefferson Clinton）借助"克林顿基金会"的名义，肆意卖官鬻爵、权钱交易、借

---

① 《习近平关于社会主义文化建设论述摘编》，北京，中央文献出版社2017年版，第197~198页。
② 《十八大以来重要文献选编》（上），北京，中央文献出版社2014年版，第111页。

刀杀人，而揭露希拉里的记者、学者、前任官员，纷纷离奇"自杀"或"遇害"等①。一些自诩客观公正的西方媒体，其表现真是让人大跌眼镜。例如，对待抗疫问题，《纽约时报》说中国"封城给人民的生活和自由带来了巨大损失"，意大利"封城"则是"冒着经济风险保全欧洲"，而两条信息发布时间前后仅隔 20 分钟。如此的"双标"，难怪中国网友纷纷调侃"纽约时报，驰名双标"②。

有效性是讲述中国好故事、建构中国话语权的最大底气。正如之前一段时间非常流行的广告语所言"不看广告看疗效"，用"事实"来说话，不仅有利于打破民众对西方尤其是对美国制度模式的迷信，而且有利于增强民众对中国制度模式的自信。从"发展才是硬道理"③到"不管白猫黑猫，抓住老鼠就是好猫"，从"三个有利于"标准④到"两个是否"标准⑤，从一穷二白到 230 多种工业产品产量跻身世界第一，从中华人民共和国成立之初的人均只有几十美元到现在人均 1 万多美元，中国治国理政的理论与实践已经取得长足的进步，发展迅猛的事实更是令世人瞩目。对此，习近平总书记指出："我国国家制度和国家治理体系管不管用、有没有效，实践是最好的试金石。中华人民共和国成立 70 年来，我们党领导人民创造了世所罕见的两大奇迹。一是经济快速发展奇迹。……二是社会长期稳定奇迹。……可以说，在人类文明发展史上，除了中国特色社会主义制度和国家治理体系外，没有任何一种国家制度和国家治理体系能够在这样短的历史时期内创造出我国取得的经济快速发展、社会长期稳定这样的奇迹。"⑥这些实实在在的变革和成就让我们真真切切地感到新时代中国国家治理的理论行、实践好，这就是有效性带给我们的巨大底气。

在此基础上，以习近平同志为核心的党中央不断建构新的话语，尤其在庆祝中国共产党成立 100 周年大会这样隆重的场合，习近平总书记郑重阐释了许多中国概念、中国话语和中国表达。例如，以"发展全过程人民民主"回应"选举民主"。民主是中国共产党的内在基因和优良传统，中国共产党建党伊始就把民主集中制作为自己的组织原则，延安时期建立了"三三制"民主政权，中华人民共和国成立后更是建立了人民代表大会

---

①　韩鹏：《美国打阿富汗 20 年，最大输家是公知》，https://news.ifeng.com/c/88pyPGTJx0R。

②　韩鹏：《美国打阿富汗 20 年，最大输家是公知》，https://news.ifeng.com/c/88pyPGTJx0R。

③　《邓小平文选》第 3 卷，北京，人民出版社 1993 年版，第 377 页。

④　《邓小平年谱（一九七五——九九七）》上卷，北京，中央文献出版社 2004 年版，第 147 页。

⑤　《邓小平文选》第 3 卷，北京，人民出版社 1993 年版，第 372 页。

⑥　《习近平谈治国理政》第 3 卷，北京，外文出版社 2020 年版，第 124 页。

制度，确保人民真正成为国家和社会的主人。总之，中国的民主是符合我们中国国情的，是广泛、真实、管用的民主[①]。但为什么西方总是喜欢攻击中国的民主制度，污蔑中国没有民主，其中一个很重要的原因就是中国没有照搬西方的政治制度和政党制度，而是实事求是地建构了适合自己的制度，这让傲慢的西方难以接受。对于这一问题，习近平总书记曾深刻地剖析道："西方国家策划'颜色革命'，往往从所针对的国家的政治制度特别是政党制度开始发难，大造舆论，大肆渲染，把不同于他们的政治制度和政党制度打入另类，煽动民众搞街头政治。当今世界，意识形态领域看不见硝烟的战争无处不在，政治领域没有枪炮的较量一直未停。"[②] 对此，我们一定要保持高度警觉。

西方所谓的选举民主远不像宣传的那样美好。事实上，选民对当选者的约束极其有限，只能在下次选举的时候把当选者选下去。这在一定程度上也造成了当选者的有恃无恐，甚至选出了美国特朗普（Donald Trump）那样"极其任性"的总统；也导致英国在新冠疫情暴发之初就提出"群体免疫"那样荒腔走板的政策，民众再怎么抗议示威也收效甚微。而我们强调民主的本质是人民当家作主，人民不仅能够参加选举，而且能够监督和约束官员，例如，在抗疫中民众不满意的官员及时受到调查和处理。我们强调民主应当是"全过程"的，不仅包括民主选举，也包括民主协商、民主决策、民主管理、民主监督等环节，要切实防止出现选举时漫天许诺、选举后无人过问的现象[③]。打蛇打七寸，直击民主"弊病"。再如，以中国式现代化解构西方现代化，打破了"现代化＝西方化"的迷思，证明了现代化不是少数国家尤其不是美国的"专利品"，也不是非此即彼的"单选题"，中国式现代化以其文明性、进步性和优越性直陈西方式现代化的资本至上、弱肉强食、两极分化、霸道强权等本性和弊端；以全人类共同价值解构西方"普世价值"，人类社会确实有一些共同的价值追求，西方价值也只是其中一种，并不是唯一，不能将自己的价值观和模式强加于人，搞意识形态对立和对抗，而应该共商共建共享，等等。

实践已经充分证明，世界上不存在放之四海而皆准的模式，中国国家治理的成功让人们正在见证着"历史终结论"的终结、"社会主义失败论"的失败、"中国崩溃论"的崩溃。西方治理"神话"应该走下"神坛"

---

① 中华人民共和国国务院新闻办公室：《中国的民主》，《人民日报》2021年12月5日。
② 《习近平关于社会主义政治建设论述摘编》，北京，中央文献出版社2017年版，第18页。
③ 《习近平谈治国理政》第2卷，北京，外文出版社2017年版，第290页。

了，鼓吹西方神话者可以休矣。就此而言，习近平总书记关于新时代国家治理重要论述切实回应和解答了中国争夺国际话语权的现实问题，锻造了中国争夺国际话语权的有力武器，增强了中国话语自信。

第三节　历史之维：继承和弘扬了中华优秀传统文化

在新时代国家治理中，以习近平同志为核心的党中央非常注重借鉴中华优秀传统文化的智慧以启发当前的中国国家治理，做到以史鉴今、以史增信、以文化人、以文增智。就广义的国家治理而言，习近平总书记挖掘了中国历史和传统文化中的丰富治国智慧，直接滋养了中国今天的治国理论和实践；就狭义的文化发展而言，习近平总书记特别注重中华优秀传统文化的创造性转化和创新性发展，推动了中国特色社会主义文化的大发展大繁荣。

一、促进中国历史和传统文化中的治国智慧发扬光大

中华文明是世界上唯一没有中断的文明，悠久的历史积累了非常丰富的治国智慧。习近平总书记在第十八届中央政治局第十八次集体学习时指出："治理国家和社会，今天遇到的很多事情都可以在历史上找到影子，历史上发生过的很多事情也都可以作为今天的镜鉴。"[①] 所以，美国的"中国通"基辛格在其著作《论中国》一书中开篇就讲述了这样一个故事：毛主席借用中国历史上通过斗争与印度求得和平与繁荣的经验，提出解决 1962 年中印冲突问题的思路和对策。对此，基辛格不禁感慨道："没有哪个国家享有如此悠久的连绵不断的文明，抑或与其古老的战略和政治韬略的历史及传统如此一脉相承。"[②] 所以，习近平总书记提出："要治理好今天的中国，需要对我国历史和传统文化有深入了解，也需要对我国古代治国理政的探索和智慧进行积极总结。"[③] 为此，在新时代国家治理中，以习近平同志为核心的党中央突出强调对历史的学习，要求加强党史、新

---

① 习近平：《牢记历史经验历史教训历史警示　为国家治理能力现代化提供有益借鉴》，《人民日报》2014 年 10 月 14 日。

② ［美］亨利·基辛格：《论中国》，胡利平等译，北京，中信出版社 2012 年版，第 XII 页。

③ 习近平：《牢记历史经验历史教训历史警示　为国家治理能力现代化提供有益借鉴》，《人民日报》2014 年 10 月 14 日。

中国史、改革开放史、社会主义发展史和中华民族发展史"五史"的学习。在中国共产党成立 100 周年之际，中共中央在全党范围内开展了党史学习教育，要求做到学史明理、学史增信、学史崇德、学史力行①。在党的二十大上，习近平总书记更是进一步提出推动党史学习教育常态化、长效化②。

习近平总书记不仅注重挖掘中国历史上的治国智慧，而且强调借用中华优秀传统文化资源来精炼传神地表达新时代治国理念，破解现代治理难题。例如，在治国目标上，他所强调的"小康""全面小康"，就是对"因民之所利而利之""民亦劳止，汔可小康"等传统富民思想的继承和发展。在治国方略上，他所强调的"依法治国"，就是对"奉法者强则国强，奉法者弱则国弱""为官之义在于明法""国皆有法，而无使法必行之法"等古代法治思想的继承和发展。在治理主体的"治理"上，他汲取历史上夏朝因夏桀"荒淫无度，暴虐无道"而亡等历史教训，要求一体推进不敢腐、不能腐、不想腐的惩治和预防腐败体系③；他继承历史上"治国先治吏"的传统，强调"党要管党，首先是管好干部；从严治党，关键是从严治吏"④；他发扬中华民族尚贤爱才的优良传统，强调"要聚天下英才而用之"⑤，在全社会大兴识才、爱才、敬才、用才之风。在治国依靠力量和服务目的上，他吸收古代"民为贵""民惟邦本，本固邦宁"的民本思想，强调"重民生、办实事，解决人民群众最关心、最直接、最现实的利益问题"⑥。在促进国际交流与合作上，他从古代丝绸之路得到启发，倡议建设"丝绸之路经济带"和"21 世纪海上丝绸之路"；从古代追求"协和万邦""万国咸宁""四海之内，皆兄弟也"中得到启示，倡导全人类共同价值、构建人类命运共同体等⑦。这些凝结着中国历史和中华优秀传统文化智慧结晶的创新理念，实际上也是马克思主义同中华优秀传统文化相结合的丰硕成果。

---

① 《习近平谈治国理政》第 4 卷，北京，外文出版社 2022 年版，第 33 页。
② 《习近平著作选读》第 1 卷，北京，人民出版社 2023 年版，第 53~54 页。
③ 滕明政：《新时代中国共产党党内监督重要经验探析》，《中国井冈山干部学院学报》2022 年第 4 期。
④ 《习近平关于全面从严治党论述摘编（2021 年版）》，北京，中央文献出版社 2021 年版，第 257 页。
⑤ 《习近平著作选读》第 1 卷，北京，人民出版社 2023 年版，第 28 页。
⑥ 习近平：《之江新语》，杭州，浙江人民出版社 2007 年版，第 245 页。
⑦ 王卓怡、李一丹：《这三年，习近平对传统文化的"超越式传承"》，http://hb.qq.com/a/20160128/054120.htm。

二、推动新时代中国特色社会主义文化大发展大繁荣

文化是一种深层次的力量。为什么中华民族遭遇千难万险但都挺过来了？一个非常重要的原因就是"独具特色、博大精深的中华文化，为中华民族克服困难、生生不息提供了强大精神支撑"[①]。习近平总书记指出："一个国家、一个民族的强盛，总是以文化兴盛为支撑的，中华民族伟大复兴需要以中华文化发展繁荣为条件。"[②]反思历史，凡以军事力量建立的大帝国都不可能单纯依靠军事力量来维系，也就是通常所说的："马上得天下，安能马上治天下？"[③]这就要求我们必须研究中国历史上的治国理政经验，尤其是儒家学说中注重社会和谐、以民为本的国家治理经验与智慧，结合新的时代条件，深入思考如何立德兴国、教民化民。在这方面我们有过成功的经验，也有过惨痛的教训，得到的启示就是要实现从"马上"夺天下到"马下"治天下的转型，在治国理政中要高度重视以文化人、以理服人。也正是在这个意义上，我们要科学理解毛泽东"从孔夫子到孙中山，我们应当给以总结，承继这一份珍贵的遗产"[④]的思想，不仅要继承和发展党领导人民在革命、建设、改革中创造的革命文化和社会主义先进文化，也要继承和弘扬中华民族 5000 多年文明历史所孕育的中华优秀传统文化，推动中华优秀传统文化在新时代国家治理中发挥更大的作用。

在新时代国家治理中，以习近平同志为核心的党中央一方面强调："中华优秀传统文化是中华民族的突出优势，是我们在世界文化激荡中站稳脚跟的根基。"[⑤]事实上，中国不仅是一个国家，更是一种文明，或者说，在时代与世界的纵横比较中，中国就是一种文明型国家[⑥]。应当承认中华优秀传统文化是中国的显著标识，为当代中国发展提供了丰厚滋养；中国式现代化之所以能够创造人类文明新形态，就在于它深深植根于中华优秀传统文化，从中汲取了文明的精华。因此，习近平总书记强调："如果没有中华五千年文明，哪里有什么中国特色？如果不是中国特色，哪有

[①] 《习近平新时代中国特色社会主义思想学习问答》，北京，学习出版社、人民出版社 2021 年版，第 315 页。

[②] 《习近平关于社会主义文化建设论述摘编》，北京，中央文献出版社 2017 年版，第 3~4 页。

[③] 陈先达：《马克思主义和中国传统文化》，《光明日报》2015 年 7 月 3 日。

[④] 《毛泽东选集》第 2 卷，北京，人民出版社 1991 年版，第 534 页。

[⑤] 《中共中央关于党的百年奋斗重大成就和历史经验的决议》，北京，人民出版社 2021 年版，第 46 页。

[⑥] 张维为：《文明型国家》，上海，上海人民出版社 2017 年版，第 9 页。

我们今天这么成功的中国特色社会主义道路？"①因此，我们不仅要"把跨越时空、超越国度、富有永恒魅力、具有当代价值的文化精神弘扬起来"②，更要"让收藏在禁宫里的文物、陈列在广阔大地上的遗产、书写在古籍里的文字都活起来"③。在这一思想指导下，我们成立中国历史研究院、中国国家版本馆，加快立法，尤其是加快文化遗产法治建设；加大文物保护力度，中央财政每年投入80多亿元对国宝级文物进行保护；千方百计让文物活起来，使文物和文化遗产更好融入生活、服务人民。国家对博物馆、展览馆、美术馆、爱国主义教育基地实行免费开放；追讨流失海外的文物，已有成功追讨的案例④。

　　另一方面，以习近平同志为核心的党中央还强调："对历史最好的继承就是创造新的历史，对人类文明最大的礼敬就是创造人类文明新形态。"⑤文化复兴不是文化复古，直接把老祖宗搬到现在是无助于解决现实问题的，必须对传统文化进行创造性转化和创新性发展，把中华优秀传统文化以现代人们喜闻乐见的方式呈现出来，解决现代问题，回应现实诉求，还要把"当代中国文化创新成果传播出去"⑥。为此，新时代我们实施了中华文化传承工程、中国当代文学艺术创作工程、重点文化惠民工程、国际传播能力建设工程等⑦，推动文化事业全面繁荣；形成了"主流引导、商业渗透"的文化运营模式⑧，推动文化产业快速发展，近10年全国规模以上文化企业的数量增长了2.9万家，年营业收入增加了1倍多，达到11.9万亿元⑨。从故宫国潮到敦煌文创的热销，从《国家宝藏》到《中国诗词大会》的热播，从《只此青绿》到《唐宫夜宴》的爆红，中华优秀传统文化在现代手段的加持下，释放出强大的吸引力，不但丰富了中国人民的精神文化生活，增强了中国人民的文化自信，而且向世界展现了中华文化的魅力，丰富了世界文化艺术大宝库。就此而言，习近平总书记关于新

---

① 《习近平谈治国理政》第4卷，北京，外文出版社2022年版，第315页。

② 《习近平谈治国理政》第1卷，北京，外文出版社2018年版，第161页。

③ 《习近平谈治国理政》第1卷，北京，外文出版社2018年版，第161页。

④ 雒树刚：《"十二五"以来特别是党的十八大以来我国文化改革发展的辉煌成就》，《光明日报》2015年10月10日。

⑤ 习近平：《在文化传承发展座谈会上的讲话》，北京，人民出版社2023年版，第12页。

⑥ 《习近平谈治国理政》第1卷，北京，外文出版社2018年版，第161页。

⑦ 《习近平关于社会主义文化建设论述摘编》，北京，中央文献出版社2017年版，第192页。

⑧ 滕明政：《新时代提升中国文化软实力路径探析》，《深圳社会科学》2022年第5期。

⑨ 王珏：《满足人民文化需求　增强人民精神力量（中国这十年·系列主题新闻发布）》，《人民日报》2022年8月25日。

时代国家治理重要论述，科学继承与弘扬了中华优秀传统文化，推动新时代中国特色社会主义文化大发展大繁荣。

第四节　未来之维：为全球治理贡献了中国智慧、中国方案和中国力量

当今世界正处于百年未有之大变局，抗击新冠疫情的中西对比清楚地表明，以美欧为代表的西方国家治理模式不是完美无缺的，更不是世界各国国家治理的唯一模板。而近年爆发的俄乌冲突、巴以冲突更是无情地扯下了美国和一些西方国家虚伪的面纱：中立国不中立了，学术变得有国界了，私有财产也不再神圣不可侵犯了……"世界怎么了，我们怎么办？"①在一面是和平发展合作共赢的潮流和大势，一面是霸权、霸道、霸凌行径的威胁与挑战的背景下，世界对更好治理模式的渴望从未像今天这样迫切。对此，习近平总书记倡导人类命运共同体意识、弘扬全人类共同价值，提出"一带一路"、全球发展、全球安全、全球文明等倡议，推动全球善治，为动荡的世界提供了确定性、注入了正能量，为处在十字路口的世界各国人民指明了新方向、开辟了新道路。

一、倡导人类命运共同体意识，弘扬全人类共同价值

当今世界早已是一个你中有我、我中有你的命运共同体。对此，党的十八大提出了"人类命运共同体"的概念，此后，习近平总书记在多个场合进一步阐发该思想。尤其是 2015 年，国家主席习近平在第七十届联合国大会一般性辩论时，从政治、安全、文化、生态等多个维度系统论述了人类命运共同体思想。这一新理念新思想新战略非常重要，因为中国近些年快速发展正是得益于中国与世界的良性互动，而与此同时，"身体已经进入 21 世纪，但思维仍停在 20 世纪"的问题依然相当程度地存在，"修昔底德陷阱"就是很典型的例子。历史学家修昔底德（Thucydides）指出："权力由斯巴达向雅典转移是伯罗奔尼撒战争的根本原因。"②而它的当代语言就是：一个新崛起的大国必然要挑战现存大国，而现存大国也必

---

① 《习近平著作选读》第 1 卷，北京，人民出版社 2023 年版，第 561 页。
② ［美］法里德·扎卡利亚：《后美国世界：大国崛起的经济秩序新时代》，赵广成、林民旺译，北京，中信出版社 2009 年版，第 18 页。

然会竭尽全力来消除这种威胁，于是对抗变得不可避免，战争成为对抗的突出表现形式。其背后隐含的是：中国崛起"挑战"了美国，"挑战"了以美国为主导建立的国际体系，因此美国"不得不"遏制中国，美国把自己放到道义制高点，却把别人视为"破坏者"，用心极其险恶。一些人鼓吹中美陷入"修昔底德陷阱"的不可避免性，其实质就是为美国打压、遏制中国张目。对此，我们一定要头脑特别清醒。面对世界百年变局和大争之世，习近平总书记强调人类要更新思维，"走出一条'对话而不对抗，结伴而不结盟'的国与国交往新路"①。在他看来，"各国历史、文化、制度、发展水平不尽相同，但各国人民都追求和平、发展、公平、正义、民主、自由的全人类共同价值。我们要本着对人类前途命运高度负责的态度，做全人类共同价值的倡导者"②，努力推动全人类共同价值和人类命运共同体理念在世界因地制宜地落实和发展。由此，弘扬全人类共同价值、构建人类命运共同体，成为以习近平同志为核心的党中央对走出"修昔底德陷阱"的重大探索，是中国对未来人类发展和全球治理提出的中国方案。

　　基于弘扬全人类共同价值，构建人类命运共同体，习近平总书记从多维度提出了中国的政策主张。一是建构中美"不冲突不对抗、相互尊重、合作共赢"③的新型大国关系，以谈判、对话、协商等方式管控双方的矛盾和冲突，避免落入所谓的"修昔底德陷阱"，努力推动中美关系沿着健康轨道向前发展，共同维护整个世界的和平稳定。对此，我们审慎地处理了美国对华贸易战、科技战、金融战、舆论战等单边制裁、施压与挑衅，使摩擦和危机总体可控而不至于"擦枪走火"，可以说我们已经尽了最大的善意。但与此同时，我们也是坚持底线思维的，并不会一味妥协退让，我们明确告知美国："不要指望我们会拿自己的核心利益做交易，不要指望我们会吞下损害我国主权、安全、发展利益的苦果。"④二是贯彻"亲诚惠容和与邻为善、以邻为伴"⑤的周边外交理念，表明中国真心实意做周边国家好邻居、好朋友、好伙伴的决心，受到周边国家的欢迎。例如，菲律宾总统杜特尔特（Rodrigo Duterte）上台后，感受到中国的诚意，明确表示"只有中国在真正帮我们"，于是果断放弃了听从美国

　　① 《习近平谈治国理政》第 2 卷，北京，外文出版社 2017 年版，第 523 页。
　　② 《习近平谈治国理政》第 4 卷，北京，外文出版社 2022 年版，第 425 页。
　　③ 《习近平外交演讲集》第 1 卷，北京，中央文献出版社 2022 年版，第 287 页。
　　④ 《习近平谈治国理政》第 1 卷，北京，外文出版社 2018 年版，第 249 页。
　　⑤ 《习近平著作选读》第 1 卷，北京，人民出版社 2023 年版，第 50 页。

怂恿、频频在中国南海制造事端的做法，使中菲关系迅速好转。三是真实亲诚地与非洲国家开展合作，共谋发展。20年来，中非贸易额增长了20倍，中国已连续15年成为非洲第一大贸易伙伴国[①]。中国不对外输出战争和贫穷，而是以建设的姿态积极参与非洲基础设施建设，为非洲互联互通发展作出了重要贡献。一系列切实有效的合作成功粉碎了中国在非洲搞新殖民主义的污蔑，充分证明中非是休戚与共的命运共同体。四是把"追求共同发展"作为中国与其他发展中国家合作交流的重要方针，我们始终牢记邓小平"东西南北"理论，尤其以自身的发展集中解决"南北"这一关键问题。中国永远与发展中国家站在一起，始终"把自身发展和发展中国家共同发展紧密联系起来，把中国梦和发展中国家人民过上美好生活的梦想紧密联系起来"[②]，大家共经风雨、共谋发展、共享繁荣。如今，南方国家已经成为全球增长的重要动力，南南合作已经成为国际发展合作的重要维度。五是中国共产党坚持"独立自主、完全平等、互相尊重、互不干涉内部事务"[③]的原则，开展党际交流与合作，展现出谦和包容的大国大党风范，中国共产党的"国际朋友圈"不断壮大。特别是在美国拱火俄乌冲突的映衬下，更凸显了中国积极斡旋沙特伊朗世纪和解的重大意义。总之，无论与哪一类国家、哪一类政党和政治组织交往，中国都秉持了合作共赢的理念，真正同世界各国人民携手共进。

二、推进多边合作机制有效运作，实现全球善治

中国始终"站在历史正确的一边，站在人类进步的一边"[④]。一方面，中国坚定支持联合国这个世界上最大最具权威的多边合作组织在维护世界和平、促进经济发展、促进社会公正等方面继续发挥全局性、主导性作用；另一方面，中国积极推动新兴的多边合作机制的有效运作，充分发挥其在解决"专业""领域""区域"等问题中的灵活作用。中国主张发挥已有的上合组织、亚太经合组织等的作用，积极推动中阿合作论坛、中非合作论坛、前海合作论坛、博鳌亚洲论坛、欧亚经济论坛、中国—东盟"10+1"等高端论坛/组织在经贸等领域的作用，强调通过亚欧会议、亚

---

① 屈佩、沈小晓等：《中非经贸合作展现强劲活力（新时代中非合作）》，《人民日报》2024年8月29日。
② 《习近平扶贫论述摘编》，北京，中央文献出版社2018年版，第149页。
③ 《习近平著作选读》第1卷，北京，人民出版社2023年版，第50页。
④ 《习近平谈治国理政》第4卷，北京，外文出版社2022年版，第477页。

信会议、亚洲合作对话、中亚区域经济合作，以及中国同东盟、亚欧、南亚、阿拉伯、俄罗斯等多边 / 双边机制，深化互利合作、增进共同利益，成立了亚洲基础设施投资银行、金砖国家新开发银行等新的多边合作平台等。总之，在中国已经参与的多边机制中，中国积极推动将多边机制中各种好的想法落到实处；与此同时，中国积极倡议建设适应现代全球 / 区域治理要求的各种新的多边合作机制。其中，共建"一带一路"倡议是习近平总书记关于新时代中国国家治理之世界维度的重要抓手，是弘扬全人类共同价值、构建人类命运共同体的具体举措，也是中国向世界提供的重要国际公共产品。共建"一带一路"国家总人口约占全世界的六成，经济总量约占全世界的30%，贸易额约占全世界的1/4。"一带一路"倡议摆脱了以美国为首的不平等国际贸易谈判，是中国在近200年来首次提出以中国为主导的洲际开发合作框架。它是开放的、包容的，并不是中国提出、世界照办，而是共商共建共享；它尊重各方意愿，反映各方诉求，共同致力于推动更大范围的开放、更高水平的交流以及更深层次的融合。"合作共赢"理念在"一带一路"上体现得最为明显。"开放合作、和谐包容、市场运作、互利共赢"是它所坚持的原则，其中就直接包含了"合作""共赢"等理念；而作为主要内容的"五通"——"政策沟通、设施联通、贸易畅通、资金融通、民心相通"①本身就指向了一个政治、经济、文化等的共同体。

"一带一路"倡议不仅充分展现了中国合作共赢的理念，而且逐渐转换为实际的举措。截至2023年8月，中国已经同152个国家、32个国际组织签署了200多份共建"一带一路"合作文件②。在匈塞铁路、马来西亚东海岸铁路、中吉乌铁路、巴基斯坦苏吉吉纳里水电站、孟加拉国帕德玛大桥铁路连接线等项目上已经取得重大进展。其中，已经建成并投入使用的希腊·比雷埃夫斯港（地中海地区最大港口）、埃塞俄比亚·亚吉铁路（非洲第一条跨国电气化铁路）、莫桑比克·马普托大桥（非洲第一大悬索桥）、阿尔及利亚一号通信卫星（阿尔及利亚第一颗通信卫星，印在阿尔及利亚面额500第纳尔纸币上）、非洲疾控中心总部（非洲大陆第一所拥有现代化办公和实验条件且设施完善的全非疾控中心）、巴基斯坦—

---

① 国家发展改革委、外交部、商务部：《推动共建丝绸之路经济带和21世纪海上丝绸之路的愿景与行动》，《人民日报》2015年3月29日。

② 严赋憬、陈炜伟：《我国已与152个国家、32个国际组织签署共建"一带一路"合作文件》，《人民日报》2023年8月26日。

卡洛特水电站（"中巴经济走廊"首个水电投资项目）、斯里兰卡·科伦坡莲花电视塔（南亚最高的电视塔）、中老铁路（老挝第一条现代化铁路）、雅万高铁（印度尼西亚和东南亚第一条高速铁路）、中马友谊大桥（马尔代夫首座现代化桥梁，是世界首座在远洋深海无遮掩环境及珊瑚礁地质上建造的跨海大桥）、阿根廷·高查瑞300兆瓦光伏发电项目（阿根廷最大的光伏发电项目）等项目已经成为当地标志性工程，极大地造福了当地和沿线国家人民。"一带一路"用物理方式（铁路、公路、油管、气管、光缆、港口、交通枢纽、机场等）使东亚、西亚、非洲、欧洲互联互通，形成一个联系紧密的经济体；与此同时，"亚太自贸试验区"用贸易的方法以及与之相适应的法律制度安排把南北美洲和澳洲跟中国连在一起，一东一西，形成了新时代中国全球治理的两个重要支柱。概言之，中国提出并积极推动多边合作机制的有效运行，一方面表明中国尊重现行国际体系而不是要全盘推翻现行国际体系，中国只是改进现行国际体系中不公正不合理的部分，中国致力于积极推动现行国际体系中有益的政策主张尽快落小、落细、落实，而不是让它们仅仅成为好的设想、美的承诺和空的文件；另一方面表明中国不只是搭现行国际体系的便车，中国也"欢迎各国搭乘中国发展'顺风车'"①，积极提出新的全球发展构想，努力解决国际公共产品供应不足的问题，避免落入"金德尔伯格陷阱"。即是说，习近平总书记关于新时代国家治理的重要论述不仅强调办好中国国内的事情，也重视承担起中国作为负责任大国应该承担的责任，胸怀天下，推动实现全球善治。

　　总之，习近平总书记关于新时代国家治理重要论述在理论与现实、历史与未来4个维度具有重大价值，既坚持了马克思主义基本原理，又根据变化了的实际，不断丰富和发展了马克思主义国家学说；大胆直面了中国国家话语权建设面临的难题，着力打造融通中外的新概念、新范畴、新表达；充分汲取了中国历史和中国传统文化中的优秀治国智慧，直接滋养了今日中国的治理理论与实践；创造性地探索了走出"修昔底德陷阱"和"金德尔伯格陷阱"的中国道路，为人类更加美好的未来贡献了中国智慧、中国方案和中国力量②。

---

① 《习近平谈治国理政》第2卷，北京，外文出版社2017年版，第526页。
② 滕明政：《习近平关于新时代国家治理重要论述的四重价值》，《重庆社会科学》2024年第1期。

结语　走自己的路，推进中国国家治理现代化

习近平总书记指出："走自己的路，是党的全部理论和实践立足点，更是党百年奋斗得出的历史结论。"①在新民主主义革命时期，以毛泽东为代表的中国共产党人成功探索出适合中国国情的"农村包围城市，武装夺取政权"的革命道路，引领我们取得新民主主义革命的伟大胜利，建立了中华人民共和国。在社会主义革命和建设时期，毛泽东很早就提出"以苏为戒"②，努力寻找适合自己的发展道路，尽管有曲折，但毕竟迈进了社会主义，并且还取得了一系列重大的理论和实践成果。在改革开放和社会主义现代化建设新时期，邓小平明确提出："走自己的路，建设有中国特色的社会主义，中国才有希望。"③此后，经由江泽民、胡锦涛等中国共产党人的接续探索，中国不但没有被开除"球籍"，反而大踏步赶上了时代。中国特色社会主义进入新时代，中国"把中国发展进步的命运牢牢掌握在自己手中"④，使中华民族伟大复兴进入了不可逆转的历史进程。

党的第三个历史决议将"独立自主"作为中国共产党百年奋斗的十条经验之一，强调"独立自主是中华民族精神之魂，是我们立党立国的重要原则"⑤，并告诫道："人类历史上没有一个民族、一个国家可以通过依赖外部力量、照搬外国模式、跟在他人后面亦步亦趋实现强大和振兴。那样做的结果，不是必然遭遇失败，就是必然成为他人的附庸。"⑥因此，在

---

① 《习近平谈治国理政》第 4 卷，北京，外文出版社 2022 年版，第 10 页。
② 《毛泽东文集》第 7 卷，北京，人民出版社 1999 年版，第 23 页。
③ 《邓小平文选》第 3 卷，北京，人民出版社 1993 年版，第 197 页。
④ 《习近平谈治国理政》第 4 卷，北京，外文出版社 2022 年版，第 15 页。
⑤ 《中共中央关于党的百年奋斗重大成就和历史经验的决议》，北京，人民出版社 2021 年版，第 67 页。
⑥ 《中共中央关于党的百年奋斗重大成就和历史经验的决议》，北京，人民出版社 2021 年版，第 67 页。

推进新时代中国国家治理体系和治理能力现代化问题上，我们也必须坚持独立自主，走好我们自己的路。我们积极学习借鉴人类文明中关于国家治理现代化的一切有益成果，但必须扎根中国大地，分析和解决中国问题，形成符合中国实际的治理理论。

我们接纳多元共治的理念，积极培育、支持和鼓励多元主体参与国家和社会治理，但我们更强调作为先锋队的中国共产党要更好地发挥领导核心作用，努力形成一主多辅的治理格局；我们吸收世界民主政治的宝贵经验，不断丰富和完善政治参与尤其是民主选举的内容和形式，但我们更强调社会主义民主政治的本质是人民当家作主，而不只是选举民主，努力发展全过程人民民主，即包括协商、选举、决策、管理、监督等多个方面、多个环节、多个过程；我们借鉴全球法治建设的有益成果，为权力设置边界，把权力关进制度的笼子里，但我们提出社会主义法治是党的领导、人民当家作主和依法治国的有机统一。此外，我们还特别强调发挥社会主义核心价值观的作用，努力形成德治和法治相结合的治国方略。事实上，不仅狭义的国家治理——国家治理体系和治理能力现代化——需要走自己的路；广义的国家治理——新时代我们需要建立一个什么样的国家、怎样建设国家——也需要走自己的路，因此，党的二十大进一步提出要"以中国式现代化推进中华民族伟大复兴"①。

习近平总书记指出："这是一个需要理论而且一定能够产生理论的时代，这是一个需要思想而且一定能够产生思想的时代。我们不能辜负了这个时代。"②当代中国正在进行着宏大而独特的国家治理实践，这为国家治理理论的生长提供了肥沃的土壤和广阔的空间。在总结新时代中国国家治理实践、汲取马克思主义国家理论、吸收中国古代治国智慧、借鉴西方治国经验的基础上，我们认为可以建构以治理为核心的民主话语来打破西方以自由为核心的民主化话语，即以"治理民主"应对"自由民主"。如果说，西方"自由主义的民主"（Liberal Democracy）可以简称为"自由民主"；那么，我们"可治理的民主"（Governable Democracy）可以简称为"治理民主"。一方面"民主"是一种世界性语言和世界政治发展所追求的重要价值。另一方面，"治理"是中国自古以来就常用的实践活动，中国在悠久的历史中积累了许多非常宝贵的治理实践经验。更重要的是，"民

①《习近平著作选读》第 1 卷，北京，人民出版社 2023 年版，第 18 页。

② 习近平：《在哲学社会科学工作座谈会上的讲话》，北京，人民出版社 2016 年版，第 8 页。

主"这个在反对封建专制主义过程中占据"C 位"的概念，现在已经沦落为西方国家干涉、颠覆他国政权的意识形态工具。特别是某些西方国家所定义的"民主"已经在相当程度上失去了革命性和进步意义，因此，我们需要予以认真审视和重新定义。换言之，当今世界各个国家的发展状况已经远非西方国家"民主与专制"的范式所能概括和解释的。比如，如果说萨达姆（Saddam Hussein）时期的伊拉克是"专制"的，美国入侵后的伊拉克是"民主"的，那么为何大部分伊拉克人现在生活得反而远不如从前？再如，乌克兰、阿尔巴尼亚这样的所谓"民主国家"，其治理水平为何远远赶不上中国、新加坡这样的所谓"威权国家"。因此，我们需要创设一种新的话语去更好地解释各个国家的发展状况，而不能落入西方"民主与专制""民主与威权"范式的解释窠臼，等着被人家解读。在我们看来，"治理"就是一种很好的话语。根据各个国家治理的好坏优劣可以将世界划分为良治国家和劣治国家 ①，即确立"良治与劣治"（Good Governace or Bad Governace）的话语与标准。中国发展，尤其是改革开放以来 40 多年高速发展需要一种既能真正说明"中国秘密"的理论来解释，又需要一种能够让百姓听懂、能够与世界沟通的语言来表达，"治理民主"恰好可以做到这一点。概言之，"治理民主"这一中国式的，并且与西方"自由民主"相对应的概念，更新和扩大了"民主"话语权，可以成为与西方争夺"民主"话语权的重要概念。

我们应该破除对西方"自由民主"的迷信，它并没有自己宣称的那么美好。实际上"自由民主"是一个被包装、改造和神话的名词，是服从于美国等资本主义国家"扳倒社会主义"（当下突出地表现为"扳倒中国"）的重要意识形态武器。为了应对社会主义"多米诺骨牌"式的扩张，熊彼特（Joseph Alois Schumpeter）首先把人民主权理论简化和改造成民主就是选举产生政治家的过程，即选举民主。选举民主经过罗伯特·达尔（Robert Alan Dahl）、萨托利（Giovanni Sartori）等人的学术建构，此后逐渐成为自由民主理论的基本范式 ②。这种改造后的"民主理论"看似光鲜亮丽，实际上存在着致命的硬伤。在理论上，"选举式民主"具有单向度性，它仅代表政体的一个方面，即政体产生，而不能代表政体的全部。过分强调民主的这一方面，容易使民主逐渐走向形式主义，进而脱离"人民

---

① 张维为：《这就是中国：何谓民主》，上海，上海人民出版社 2021 年版，第 10~11 页。

② 杨光斌：《"国家治理体系和治理能力现代化"的世界政治意义》，《政治学研究》2014 年第 2 期。

主权"的本意。这就是我们要提"全过程人民民主"而不是只强调选举民主的重要原因，因为"人民只有投票的权利而没有广泛参与的权利，人民只有在投票时被唤醒、投票后就进入休眠期，这样的民主是形式主义的"[1]。

在实践上，"选举式民主"大都通过政党来实现，从而又进一步演化为"党争民主"。在民主发育不健全的国家和地区，"党争民主"成为引发社会动荡和国家分裂的重要根源，这些国家和地区日益沦为福山所谓的"失败国家"，这种例子在非洲尤其普遍。即使在美国，选举制度也早已偏离初衷，"选票至上"使两党将赢得选举作为自己的核心目标（甚至是唯一目标），甚至不惜绑架国家长远利益[2]。这种基于分权制衡原则、经由两党制实现的美国政体，实际上从一开始就埋下了分裂的种子。所以，美国联邦党人很早就提出警告，要科学理解选举中"代表"的真正含义。代表"是最有能力，最乐于促进其选民权益的人"。真正的代表要能够超越自身阶级、阶层、团体的狭隘性，代表大多数而不是只代表"自己人"，否则就会只有派别斗争，"这种民主政体就成了动乱和争论的图景"[3]。可惜的是，后来的美国人忘记建国先贤对于"何谓真正的代表"的忠告。对此罗伯特·凯利（Robert Kelley）不禁感慨道："革命的一代聚合了两类不同的人及两类不同的理念。经过不断的修正与发展，这种分野可以说一直持续至今。"[4]这种分野在"选举式民主"的"推波助澜"下，两党在政策主张上的相互对立，形成"否决型政体"[5]。美国政府"关门"、特朗普上台后接连否掉前任奥巴马的很多方案就是极好的佐证。

总之，在理论上，"治理民主"是可以和"自由民主"直接对话的，这将会极大改变中国在国际话语权争夺中缺少上位概念的不利局面。有了"治理民主"这一上位概念，我们可以更好地解读选举民主、协商民主等下位概念。在实践上，作为一种可行方案的"治理民主"比"自由民主"更有绩效，更能体现民主的本质——人民当家作主，因而是一个优于和超越"自由民主"的概念。这是我们研究新时代中国国家治理问题得出的一个重要结论。

① 《习近平谈治国理政》第 2 卷，北京，外文出版社 2017 年版，第 297 页。

② 孔根红：《从"驴""象"之争看美国政治制度缺陷》，《党建》2013 年第 11 期。

③ ［美］汉密尔顿、杰伊、麦迪逊：《联邦党人文集》，北京，商务印书馆 1980 年版，第 48 页。

④ Robert Kelley, Ideology and Political Culture from Jefferson to Nixon, *The American Historical Review*, 1977, 82(3).

⑤ Francis Fukuyama, *Political Order and Political Decay: from the Industrial Revolution to the Globalization of Democracy*, New York: Macmillan, 2014: 582.

参考文献

一、文献类

［ 1 ］《马克思恩格斯选集》第 1~4 卷，北京，人民出版社 1995、2012 年版。

［ 2 ］《马克思恩格斯文集》第 1~10 卷，北京，人民出版社 2009 年版。

［ 3 ］《列宁选集》第 1~4 卷，北京，人民出版社 2012 年版。

［ 4 ］《列宁专题文集》全 5 卷，北京，人民出版社 2009 年版。

［ 5 ］《毛泽东选集》第 1~4 卷，北京，人民出版社 1991 年版。

［ 6 ］《毛泽东文集》第 1~8 卷，北京，人民出版社 1993、1993、1996、1996、1996、1999、1999、1999 年版。

［ 7 ］《邓小平文选》第 1~3 卷，北京，人民出版社 1994、1994、1993 年版。

［ 8 ］《江泽民文选》第 1~3 卷，北京，人民出版社 2006 年版。

［ 9 ］《胡锦涛文选》第 1~3 卷，北京，人民出版社 2016 年版。

［10］《习近平著作选读》第 1~2 卷，北京，人民出版社 2023 年版。

［11］《习近平谈治国理政》第 1~4 卷，北京，外文出版社 2018、2017、2020、2022 年版。

［12］《建党以来重要文献选编（1921—1949）》第 1~26 册，北京，中央文献出版社 2011 年版。

［13］《十二大以来重要文献选编》（上、中、下），北京，中央文献出版社 1986、1986、1988 年版。

［14］《十三大以来重要文献选编》（上、中、下），北京，中央文献出版社 1991、1991、1993 年版。

［15］《十四大以来重要文献选编》（上、中、下），北京，中央文献出版社 1996、1997、1999 年版。

［16］《十五大以来重要文献选编》（上、中、下），北京，中央文献出版社 2000、2001、2003 年版。

［17］《十六大以来重要文献选编》（上、中、下），北京，中央文献出版社 2005、2006、2008 年版。

［18］《十七大以来重要文献选编》（上、中、下），北京，中央文献出版社 2009、2011、2013 年版。

［19］《十八大以来重要文献选编》（上、中、下），北京，中央文献出版社 2014、2016、2018 年版。

［20］《十九大以来重要文献选编》（上、中、下），北京，中央文献出版社 2019、2021、2023 年版。

［21］《二十大以来重要文献选编》（上），北京，中央文献出版社 2024 年版。

［22］《习近平关于实现中华民族伟大复兴的中国梦论述摘编》，北京，中央文献出版社 2013 年版。

［23］《习近平关于党的群众路线教育实践活动论述摘编》，北京，党建读物出版社、中央文献出版社 2014 年版。

［24］《习近平关于全面深化改革论述摘编》，北京，中央文献出版社 2014 年版。

［25］《习近平关于党风廉政建设和反腐败斗争论述摘编》，北京，中央文献出版社、中国方正出版社 2015 年版。

［26］《习近平关于全面依法治国论述摘编》，北京，中央文献出版社 2015 年版。

［27］《习近平关于协调推进"四个全面"战略布局论述摘编》，北京，中央文献出版社 2015 年版。

［28］《习近平关于严明党的纪律和规矩论述摘编》，北京，中央文献出版社、中国方正出版社 2016 年版。

［29］《习近平关于科技创新论述摘编》，北京，中央文献出版社 2016 年版。

［30］《习近平关于全面建成小康社会论述摘编》，北京，中央文献出版社 2016 年版。

［31］《习近平关于社会主义经济建设论述摘编》，北京，中央文献出版社 2017 年版。

［32］《习近平关于社会主义政治建设论述摘编》，北京，中央文献出版社 2017 年版。

［33］《习近平关于社会主义文化建设论述摘编》，北京，中央文献出版社 2017 年版。

［34］《习近平关于社会主义社会建设论述摘编》，北京，中央文献出版社 2017 年版。

［35］《习近平关于社会主义生态文明建设论述摘编》，北京，中央文献出版社 2017 年版。

［36］《习近平扶贫论述摘编》，北京，中央文献出版社 2018 年版。

［37］《习近平关于总体国家安全观论述摘编》，北京，中央文献出版社 2018 年版。

［38］《毛泽东邓小平江泽民胡锦涛关于中国共产党历史论述摘编》，北京，中央文献出版社 2021 年版。

［39］《习近平关于网络强国论述摘编》，北京，中央文献出版社 2021 年版。

［40］《习近平关于全面从严治党论述摘编（2021年版）》，北京，中央文献出版社2021年版。

［41］《习近平关于注重家庭家教家风建设论述摘编》，北京，中央文献出版社2021年版。

［42］《习近平关于坚持和完善党和国家监督体系论述摘编》，北京，中央文献出版社2022年版。

［43］《习近平关于社会主义精神文明建设论述摘编》，北京，中央文献出版社2022年版。

［44］《习近平关于依规治党论述摘编》，北京，中央文献出版社2022年版。

［45］《习近平关于城市工作论述摘编》，北京，中央文献出版社2023年版。

［46］《习近平关于基层治理论述摘编》，北京，中央文献出版社2023年版。

［47］《习近平关于中国式现代化论述摘编》，北京，中央文献出版社2023年版。

［48］《习近平新时代中国特色社会主义思想专题摘编》，北京，中央文献出版社、党建读物出版社2023年版。

［49］《习近平新时代中国特色社会主义思想的世界观和方法论专题摘编》，北京，中央文献出版社、党建读物出版社2023年版。

［50］《习近平关于调查研究论述摘编》，北京，中央文献出版社、党建读物出版社2023年版。

［51］《习近平关于金融工作论述摘编》，北京，中央文献出版社2024年版。

［52］《习近平关于全面加强党的纪律建设论述摘编》，北京，中央文献出版社2024年版。

［53］习近平：《摆脱贫困》，福州，福建人民出版社1992年版。

［54］习近平：《之江新语》，杭州，浙江人民出版社2007年版。

［55］习近平：《干在实处走在前列——推进浙江新发展的思考与实践》，北京，中共中央党校出版社2013年版。

［56］习近平：《论坚持党对一切工作的领导》，北京，中央文献出版社2019年版。

［57］习近平：《论党的宣传思想工作》，北京，中央文献出版社2020年版。

［58］习近平：《论中国共产党历史》，北京，中央文献出版社2021年版。

［59］习近平：《论把握新发展阶段、贯彻新发展理念、构建新发展格局》，北京，中央文献出版社2021年版。

［60］习近平：《论坚持人民当家作主》，北京，中央文献出版社2021年版。

［61］习近平：《论坚持人与自然和谐共生》，北京，中央文献出版社2022年版。

［62］《习近平外交演讲集》第1~2卷，北京，中央文献出版社2022年版。

［63］习近平：《习近平谈"一带一路"（2023年版）》，北京，中央文献出版社2023

年版。

［64］习近平:《论党的自我革命》,北京,人民出版社2023年版。

［65］《中国共产党简史》,北京,人民出版社2021年版。

［66］《全面建成小康社会大事记》,北京,人民出版社2021年版。

［67］《中共中央关于党的百年奋斗重大成就和历史经验的决议》,北京,人民出版社2021年版。

［68］《中国共产党的一百年》,北京,中共党史出版社2022年版。

［69］《习近平总书记系列重要讲话读本》,北京,学习出版社、人民出版社2016年版。

［70］《习近平新时代中国特色社会主义思想三十讲》,北京,学习出版社2018年版。

［71］《习近平新时代中国特色社会主义思想学习问答》,北京,学习出版社、人民出版社2021年版。

［72］《习近平新时代中国特色社会主义思想基本问题》,北京,人民出版社、中共中央党校出版社2020年版。

［73］《习近平新时代中国特色社会主义思想学习纲要(2023年版)》,北京,学习出版社、人民出版社2023年版。

［74］《习近平法治思想学习纲要》,北京,人民出版社、学习出版社2021年版。

［75］《习近平外交思想学习纲要》,北京,人民出版社、学习出版社2021年版。

［76］《习近平经济思想学习纲要》,北京,人民出版社、学习出版社2022年版。

［77］《习近平生态文明思想学习纲要》,北京,学习出版社、人民出版社2022年版。

［78］《总体国家安全观学习纲要》,北京,学习出版社、人民出版社2022年版。

［79］《习近平强军思想学习问答》,北京,解放军出版社、人民出版社2022年版。

［80］《习近平文化思想学习纲要》,北京,学习出版社、人民出版社2024年版。

［81］《深入学习习近平总书记重要讲话精神》,北京,人民日报出版社2014年版。

二、著作类

［1］曹锦清等:《百年变局与中国治理》,沈阳,辽宁人民出版社2022年版。

［2］陈春常:《转型中的中国国家治理研究》,上海,上海三联书店2014年版。

［3］陈理:《习近平治国理政理论研究》(上、下),北京,人民出版社2024年版。

［4］陈明明:《在革命与现代化之间:关于党治国家的一个观察与讨论》,上海,复旦大学出版社2015年版。

［5］陈明明:《转型危机与国家治理》,上海,上海人民出版社2011年版。

［6］陈锡喜:《大变局下的国家治理》,桂林,广西师范大学出版社2021年版。

［7］陈锡喜:《平易近人——习近平的语言力量》,上海,上海交通大学出版社

2014 年版。

[8] 程同顺：《国家治理现代化的政治学思考》，天津，天津大学出版社 2021 年版。

[9] 杜志章：《中国国家治理现代化综合评估体系研究》，武汉，华中科技大学出版社 2023 年版。

[10] 高飞等：《国家治理与全球治理》，北京，经济科学出版社 2023 年版。

[11] 高培勇、张翼：《深入推进国家治理现代化研究》，北京，中国社会科学出版社 2023 年版。

[12] 高培勇、张翼：《推进国家治理现代化研究》，北京，中国社会科学出版社 2021 年版。

[13] 龚维斌：《大国基石：推进基层治理现代化》，北京，国家行政管理出版社 2022 年版。

[14] 郭定平：《政党政治与国家治理》，北京，复旦大学出版社 2021 年版。

[15] 韩庆祥：《强国逻辑：走向强国之路》，北京，红旗出版社 2019 年版。

[16] 韩庆祥：《思想的力量——新一届中央领导集体治国理政的基本思路》，北京，中共中央党校出版社 2014 年版。

[17] 韩庆祥：《战略全局与能量凝聚》，杭州，浙江人民出版社 2023 年版。

[18] 胡鞍钢、王绍光等：《第二次转型：国家制度建设》（增订版），北京，清华大学出版社 2009 年版。

[19] 胡鞍钢：《民主决策：中国集体领导体制》，北京，中国人民大学出版社 2014 年版。

[20] 胡鞍钢：《中国国家治理现代化》，北京，中国人民大学出版社 2014 年版。

[21] 胡鞍钢：《中国现代化与国家治理现代化》，杭州，浙江人民出版社 2020 年版。

[22] 江必新：《国家治理现代化：十八届三中全会〈决定〉重大问题研究》，北京，中国法制出版社 2014 年版。

[23] 揭晓等：《马克思主义国家治理理论与中国实践》，北京，光明日报出版社 2023 年版。

[24] 景枫：《中国治理文化研究》，北京，中国社会科学出版社 2012 年版。

[25] 康晓强：《社会组织与现代国家治理》，北京，中国政法大学出版社 2014 年版。

[26] 李捷：《国家治理的思想变迁》，北京，生活·读书·新知三联书店 2024 年版。

[27] 李君如：《从严治党怎么治？》，北京，外文出版社 2019 年版。

[28] 李君如：《邓小平治国论》，北京，中国计划出版社 2016 年版。

[29] 李君如：《治大国：如何看中国共产党的治理之道》，北京，外文出版社 2019 年版。

[30] 李君如：《治理：中国大课题》，北京，外文出版社 2019 年版。

［31］李君如:《治理什么样的国家，怎样治理国家？》，北京，外文出版社 2018
年版。

［32］李君如:《中国共产党的创造：人类文明新形态》，北京，人民出版社 2023
年版。

［33］李君如:《自我革命：时刻保持解决大党独有难题的清醒和坚定》，北京，人民
出版社 2023 年版。

［34］李慎明:《居安思危：苏共亡党二十年的思考》，北京，社会科学文献出版社
2011 年版。

［35］李晓乐:《马克思主义国家治理理论的历史逻辑》，长春，吉林大学出版社
2022 年版。

［36］林尚立:《中国共产党与国家建设》，天津，天津人民出版社 2009 年版。

［37］林尚立:《中国共产党执政方略》，上海，上海社会科学院出版社 2002 年版。

［38］刘建军、邓理等:《国家治理现代化：新时代的治国方略》，上海，上海人民出
版社 2020 年版。

［39］刘建军:《古代中国政治制度十六讲》，上海，上海人民出版社 2009 年版。

［40］刘建军等:《创新与修复：政治发展的中国逻辑》，北京，中国大百科全书出版
社 2011 年版。

［41］刘敬鲁等:《哲学视野下的国家治理制度现代化》，沈阳，辽宁人民出版社
2023 年版。

［42］刘世军、刘建军等:《大国的复兴：国家治理体系与治理能力现代化》，上海，
上海人民出版社 2014 年版。

［43］刘须宽:《国家治理体系和治理能力现代化》，北京，人民日报出版社 2019
年版。

［44］刘园园:《当代中国国家治理的价值取向及其实践路径研究》，北京，人民出版
社 2022 年版。

［45］罗强强等:《新时代国家治理理论与实践》，北京，中国社会科学出版社 2021
年版。

［46］罗荣渠:《现代化新论——世界与中国的现代化进程》，北京，商务印书馆
2004 年版。

［47］罗许成:《全球化与当代中国马克思主义国家理论的新发展：一种国家治理的
视角》，杭州，浙江大学出版社 2009 年版。

［48］吕增奎:《执政的转型——海外学者论中国共产党的建设》，北京，中央编译出
版社 2011 年版。

［49］马润凡:《政治认同与国家治理》，北京，中国社会科学出版社 2022 年版。

［50］牛先锋:《国家治理现代化的唯物史观基础》,北京,社会科学文献出版社2019年版。

［51］欧阳康:《国家治理现代化理论与实践研究》,武汉,华中科技大学出版社2021年版。

［52］钱穆:《国史大纲》,北京,商务印书馆1994年版。

［53］钱穆:《中国历代政治得失》,北京,九州出版社2012年版。

［54］钱穆:《中国历史研究法》,北京,生活·读书·新知三联书店2001年版。

［55］钱穆:《中国文化史导论》(修订本),北京,商务印书馆1994年版。

［56］瞿同祖:《中国法律与中国社会》,北京,中华书局1981年版。

［57］人民论坛编:《大国治理:国家治理体系和治理能力现代化》,北京,中国经济出版社2014年版。

［58］沈传亮:《大转型——中国治理变革研究》,石家庄,河北人民出版社2013年版。

［59］天津市社会科学界联合会:《中国特色社会主义制度和国家治理体系显著优势》,天津,天津人民出版社2021年版。

［60］王邦佐:《中国政党制度的社会生态分析》,上海,上海人民出版社2000年版。

［61］王浦劬等:《国家治理现代化:制度与文化》,北京,人民出版社2023年版。

［62］王清等:《新时代国家治理:制度建设与治理效能》,北京,社会科学文献出版社2022年版。

［63］王绍光、胡鞍钢:《中国国家能力报告》,沈阳,辽宁人民出版社1993年版。

［64］王绍光:《国家治理》,北京,中国人民大学出版社2014年版。

［65］王绍光:《中国·政道》,北京,中国人民大学出版社2014年版。

［66］王寿林:《国家治理现代化视域中的权力制约和监督》,天津,天津大学出版社2021年版。

［67］王彤:《中国之治:新时代国家治理体系和治理能力现代化研究》,北京,中共中央党校出版社2020年版。

［68］王伟光等:《国家治理体系和治理能力现代化论》,桂林,广西师范大学出版社2021年版。

［69］王颖等:《国家治理现代化研究》,长春,吉林教育出版社2021年版。

［70］王长江:《政党现代化论》,南京,江苏人民出版社2004年版。

［71］吴宏政:《国家治理的价值观先导原理》,北京,科学出版社2023年版。

［72］吴敬琏、郑永年等:《影子里的中国:即将到来的社会危机与应对之策》,南京,江苏文艺出版社2013年版。

［73］谢春涛:《中国共产党如何治理国家?》,北京,新世界出版社2013年版。

［74］辛向阳：《大国诸侯：中国中央与地方关系之结》，北京，中国社会出版社 2008
　　　年版。

［75］辛向阳：《马克思主义视野下的国家治理》，桂林，广西师范大学出版社 2014
　　　年版。

［76］徐勇：《国家治理的中国底色与路径》，北京，中国社会科学出版社 2018 年版。

［77］许海清：《国家治理体系和治理能力现代化》，北京，中共中央党校出版社
　　　2013 年版。

［78］许耀桐：《中国国家治理体系现代化总论》，北京，国家行政管理出版社 2016
　　　年版。

［79］许耀桐：《中国之治：国家治理现代化的发展路径》，北京，东方出版社 2020
　　　年版。

［80］鄢一龙、白钢等：《大道之行：中国共产党与中国社会主义》，北京，中国人民
　　　大学出版社 2015 年版。

［81］颜晓峰：《国家治理现代化十八讲》，北京，人民日报出版社 2019 年版。

［82］燕继荣等：《新时代国家治理变革研究》，北京，人民出版社 2022 年版。

［83］杨光斌：《新征程中的国家治理现代化》，北京，中国人民大学出版社 2023
　　　年版。

［84］杨光斌：《制度变迁与国家治理：中国政治发展研究》，北京，人民出版社
　　　2006 年版。

［85］杨华祥：《中国传统治理经验及其现代转换研究》，武汉，华中科技大学出版社
　　　2021 年版。

［86］俞可平：《国家治理评估：中国与世界》，北京，中央编译出版社 2009 年版。

［87］俞可平：《论国家治理现代化》，北京，社会科学文献出版社 2014 年版。

［88］俞可平：《推进国家治理与社会治理现代化》，北京，当代中国出版社 2014
　　　年版。

［89］俞可平：《治理与善治》，北京，社会科学文献出版社 2000 年版。

［90］虞崇胜、唐皇凤：《第五个现代化：国家治理体系和治理能力现代化》，武汉，
　　　湖北人民出版社 2015 年版。

［91］袁方成：《国家治理与社会成长》，上海，上海交通大学出版社 2021 年版。

［92］袁红：《新时代国家治理现代化理论与实践研究》，北京，人民出版社 2021
　　　年版。

［93］张康之：《合作的社会及其治理》，上海，上海人民出版社 2014 年版。

［94］张树华、韩旭等：《中国之治：制度体系与治理效能》，北京，中国社会科学出
　　　版社 2023 年版。

［95］张小劲、于晓虹:《推进国家治理体系和治理能力现代化六讲》，北京，人民出版社 2014 年版。

［96］张新民、高树军:《延安整风实录》，杭州，浙江人民出版社 2000 年版。

［97］张占斌等:《当代中国国家治理概论》，北京，中共中央党校出版社 2021 年版。

［98］郑永年:《全球化与中国国家转型》，郁建兴、何子英译，杭州，浙江人民出版社 2009 年版。

［99］周雪光:《中国国家治理的制度逻辑》，北京，生活·读书·新知三联书店 2017 年版。

［100］［澳］罗伯特·A.坎贝尔:《治理与社会领导力》，李栋飓译，上海，上海财经大学出版社 2021 年版。

［101］［丹］亨里克·P.邦:《治理:社会与政治交流》，任瑞柳译，上海，上海财经大学出版社 2021 年版。

［102］［德］马克斯·韦伯:《经济与社会》上卷，林荣远译，北京，商务印书馆 1997 年版。

［103］［德］乌尔里希·贝克:《风险社会》，何博闻译，南京，译林出版社 2008 年版。

［104］［法］马太·杜甘:《国家的比较》，文强译，北京，社会科学文献出版社 2010 年版。

［105］［法］让-皮埃尔·戈丹:《何谓治理》，钟震宇译，北京，社会科学文献出版社 2010 年版。

［106］［法］托克维尔:《论美国的民主》，董果良译，北京，商务印书馆 1995 年版。

［107］［韩］张夏成:《韩国式资本主义》，邢丽菊、许萌译，北京，中信出版社 2018 年版。

［108］［美］道格拉斯·诺思:《经济史中的结构与变迁》，陈郁等译，上海，上海三联书店 1991 年版。

［109］［美］道格拉斯·诺思:《制度、制度变迁与经济绩效》，杭行译，上海，格致出版社、上海三联书店、上海人民出版社 2008 年版。

［110］［美］费正清、费维恺:《剑桥中华民国史（1912—1949 年）》下卷，刘敬坤等译，北京，中国社会科学出版社 1994 年版。

［111］［美］费正清、赖肖尔:《中国:传统与变革》，陈仲丹、潘兴明、庞朝阳译，南京，江苏人民出版社 1992 年版。

［112］［美］费正清:《剑桥中华民国史（1912—1949 年）》，杨品泉等译，北京，中国社会科学出版社 1994 年版。

［113］［美］弗朗西斯·福山:《国家构建——21 世纪的国家治理与世界秩序》，黄胜

强、许铭原译，北京，中国社会科学出版社 2007 年版。

［114］［美］傅高义：《日本第一：对美国的启示》，谷英、张柯、丹柳译，上海，上海译文出版社 2016 年版。

［115］［美］李侃如：《治理中国——从革命到改革》，胡国成、赵梅译，北京，中国社会科学出版社 2010 年版。

［116］［美］利昂·D. 爱泼斯坦：《西方民主国家的政党》，何文辉译，北京，商务印书馆 2014 年版。

［117］［美］迈克尔·G. 罗斯金、罗伯特·L. 科德等：《政治科学》（第 14 版），雨辰、梅芳等译，北京，中国人民大学出版社 2022 年版。

［118］［美］迈克尔·罗斯金：《国家的常识：政权·地理·文化》（插图第 10 版），夏维勇译，北京，世界图书出版公司 2013 年版。

［119］［美］麦克法夸尔、费正清：《剑桥中华人民共和国史》（上卷　革命的中国的兴起　1949—1965 年），谢亮生等译，北京，中国社会科学出版社 1990 年版。

［120］［美］麦克法夸尔、费正清：《剑桥中华人民共和国史》（下卷　中国革命内部的革命　1966—1982 年），俞金戈等译，北京，中国社会科学出版社 1992 年版。

［121］［美］乔万尼·萨托利：《民主新论》（上卷　当代论争），冯克利、阎克文译，上海，上海人民出版社 2015 年版。

［122］［美］乔万尼·萨托利：《民主新论》（下卷　古典问题），冯克利、阎克文译，上海，上海人民出版社 2015 年版。

［123］［美］塞缪尔·亨廷顿：《变化社会中的政治秩序》，王冠华等译，上海，上海人民出版社 2008 年版。

［124］［美］沈大伟：《中国共产党：收缩与调适》，吕增奎、王新颖等译，北京，中央编译出版社 2012 年版。

［125］［美］伊曼纽尔·沃勒斯坦：《现代世界体系》第 1~4 卷，郭方等译，北京，高等教育出版社 1998 年版。

［126］［美］禹贞恩编：《发展型国家》，曹海军译，长春，吉林出版集团 2008 年版。

［127］［美］约翰·霍兰：《隐秩序：适应性造就复杂性》，周晓牧、韩晖译，上海，上海科技教育出版社 2000 年版。

［128］［美］约翰·刘易斯·加迪斯：《冷战》，翟强、张静译，北京，社会科学文献出版社 2013 年版。

［129］［美］约瑟夫·R. 斯特雷耶：《现代国家的起源》，华佳等译，上海，格致出版社、上海人民出版社 2011 年版。

［130］［美］詹姆斯·N.罗西瑙：《没有政府的治理》，张胜军、刘小林等译，南昌，江西人民出版社 2001 年版。

［131］［美］詹姆斯·汤森等：《中国政治》，顾速等译，南京，江苏人民出版社 1995 年版。

［132］［日］青木昌彦、吴敬琏等：《从威权到民主：可持续发展的政治经济学》，北京，中信出版社 2008 年版。

［133］［意］乔万尼·萨托利：《政党与政党体制》，王明进译，北京，商务印书馆 2006 年版。

［134］［英］戴维·毕瑟姆：《官僚制》，韩志明、张毅译，长春，吉林大学出版社 2005 年版。

［135］［英］拉尔夫·密里本德：《资本主义社会的国家》，沈汉、陈祖洲、蔡玲译，北京，商务印书馆 1997 年版。

［136］［英］罗伯特·白浦、林顿·罗宾斯：《英国的治理教训》，林瑞韬译，上海，上海财经大学出版社 2021 年版。

［137］［英］佩里·安德森：《绝对主义国家的系谱》，刘北成、龚晓庄译，上海，上海人民出版社 2018 年版。

［138］［英］维克托·迈尔-舍恩伯格、肯尼思·库克耶：《大数据时代》，盛杨燕、周涛译，杭州，浙江人民出版社 2013 年版。

［139］Amitai Etzioni. *The Spirit of Community*, New York: Simon & Schuster, 1993.

［140］Andrew Chadwick, *Internet Politics: States, Citizen, and New Communication Technologies*. New York: Oxford University Press, 2006.

［141］Commission on Global Governance. *Our Global Neighborhood: The Report of the Commission on Global Governance*, Oxford: Oxford University Press, 1995.

［142］Cheng Li. *Chinese Politics in the Xi Jinping Era: Reassessing Collective Leadership*, Washington, D.C.: Brookings Institution Press, 2016.

［143］David M. Lampton. *Following the Leader: Ruling China, from Deng Xiaoping to Xi Jinping*, Berkley, CA: University of California Press, 2014.

［144］Delisle Jacques and Avery Goldstein. *China's Global Engagement: Cooperation, Competition, and Influence in the 21st Century*, Washington, D.C.: Brookings Institution Press, 2017.

［145］Fulvio Attinà, Yi Feng. *China and World Politics in Transition: How China Transforms the World Political Order*, Cham: Springer, 2023.

［146］Francis Fukuyama. *Political Order and Political Decay: from the Industrial Revolution to the Globalization of Democracy*, New York: Macmillan, 2014.

［147］James C. Hsiung. *The Xi Jinping Era: His Comprehensive Strategy Toward the China Dream*, New York: CN Times Books Inc., 2015.

［148］Larry Diamond. *Consolidating the Third Wave Democracies*, Baltimore: Johns Hopkins University Press, 1997.

［149］Lijphart A. *Parliamentary Versus Presidential Government,* Oxford: Oxford University Press, 1992.

［150］Linz J J. *The Failure of Presidential Democracy*, Baltimore: Johns Hopkins University Press, 1994.

［151］Lorenzo Bencivelli, Flavia Tonelli. *China's International Projection in the Xi Jinping Era: An Economic Perspective*, Cham: Springer, 2020.

［152］Mark Gottdiener. *Leslle Budd and Panu Lehtovuori, Key Concepts in Urban Studies, Second Edition*, London: Sage Publicaions Ltd, 2016.

［153］Michael Mann. *States, War and Capitalism*, Oxford: Blackwell, 1998.

［154］Mark Mancall. *China at the Center: 300 Years of Foreign Policy*, New York: The Free Press, 1984.

［155］Nele Noesselt. *Governance Innovation and Policy Change: Recalibrations of Chinese Politics Under Xi Jinping*. Washington, D.C.: Rowman & Littlefield, 2018.

［156］Steve Tsang, Honghua Men. *China in the Xi Jinping Era*, Cham: Palgrave Macmillan, 2016.

［157］Tony Saich. *Governance and Politics of China (4th edition)*, Hampshire: Palgrave Macmillan, 2015.

［158］Vivienne Shue and Patricia M. Thornton. *To Govern China: Evolving Practices of Power*. New York: Cambridge University Press, 2017.

［159］Yongnian Zheng, Lance L. P. Gore. *China Entering the Xi Jinping Era*, London and New York: Routledge, 2015.

三、期刊类

［ 1 ］艾明江：《嵌入型逻辑：新型政党制度与中国国家治理——基于新中国成立 70 年来的发展经验》，《理论与改革》2019 年第 5 期。

［ 2 ］包国宪、刘强强：《中国国家治理中的循证逻辑：理论框架与研究议程》，《南京社会科学》2021 年第 1 期。

[3]　曹龙虎:《国家治理中的"路径依赖"与"范式转换":运动式治理再认识》,
　　　　《学海》2014 年第 3 期。

[4]　陈亮、王彩波:《国家治理现代化:理论诠释与实践路径》,《重庆社会科学》
　　　　2014 年第 9 期。

[5]　陈文学:《拉美国家对治理模式的探索及其经验教训》,《当代世界与社会主义》
　　　　2015 年第 2 期。

[6]　陈尧、陈甜甜:《制度何以产生治理效能:70 年来中国国家治理的经验》,《学
　　　　术月刊》2020 年第 2 期。

[7]　戴木才:《中国共产党培育和践行社会主义核心价值观的发展历程》,《桂海论
　　　　丛》2013 年第 5 期。

[8]　邓斌:《中国共产党的领导:中国国家治理体系全面现代化的关键和根本》,
　　　　《中国高等教育》2022 年第 12 期。

[9]　房宁:《探索国家治理的现代化》,《华中科技大学学报（社会科学版）》2014
　　　　年第 3 期。

[10]　冯兵:《中西方对比视角下中国国家治理的制度优势》,《南昌大学学报（人文
　　　　社会科学版）》2020 年第 6 期。

[11]　冯留建:《社会主义核心价值观培育的路径探析》,《北京师范大学学报（社会
　　　　科学版）》2013 年第 2 期。

[12]　高民政、姜崇辉:《政党治理与政党现代化——中国共产党目标性治理方略的
　　　　探索与前瞻》,《中国特色社会主义研究》2004 年第 2 期。

[13]　高小平:《国家治理体系与治理能力现代化的实现路径》,《中国行政管理》
　　　　2014 年第 1 期。

[14]　韩庆祥:《习近平理论创新六个重要特征》,《人民论坛》2014 年第 28 期。

[15]　韩旭、刘志中:《中国国家治理研究的哲学方法论审思》,《江海学刊》2021 年
　　　　第 6 期。

[16]　何增科:《理解国家治理及其现代化》,《马克思主义与现实》2014 年第 1 期。

[17]　胡鞍钢:《中国国家治理现代化的特征与方向》,《国家行政学院学报》2014 年
　　　　第 3 期。

[18]　黄建军:《中国国家治理体系和治理能力现代化的制度逻辑》,《马克思主义研
　　　　究》2020 年第 8 期。

[19]　景跃进等:《专家圆桌:"第五个现代化"启程》,《人民论坛》2014 年第 10 期。

[20]　孔祥云:《改革开放:发展中国特色社会主义的强大动力》,《清华大学学报（哲
　　　　学社会科学版）》2010 年第 1 期。

［21］ 李放:《现代国家制度建设：中国国家治理能力现代化的战略选择》,《新疆师范大学学报（哲学社会科学版）》2014 年第 4 期。

［22］ 李海青:《"国家治理现代化"的理论创新与理论地位》,《马克思主义与现实》2015 年第 3 期。

［23］ 李海青:《使命驱动型的治理现代化——对中国国家治理现代化的一种审视》,《社会科学辑刊》2020 年第 4 期。

［24］ 李路曲:《新加坡与中国国家治理方式变革的比较分析》,《学海》2017 年第 2 期。

［25］ 李玉才:《近年来国外共产党对中国国家治理的认知与评价》,《世界社会主义研究》2021 年第 7 期。

［26］ 林毅夫:《转型国家需要有效市场和有为政府》,《中国经济周刊》2014 年第 6 期。

［27］ 凌继尧:《习近平话语体系的风格研究》,《艺术百家》2015 年第 1 期。

［28］ 刘雨辰:《从参与者到倡导者：中国供给国际公共产品的身份变迁》,《太平洋学报》2015 年第 9 期。

［29］ 刘云山:《着力培育和践行社会主义核心价值观》,《党建》2014 年第 2 期。

［30］ 罗峰:《转型期中国的政党治理：生成、资源与框架》,《毛泽东邓小平理论研究》2014 年第 5 期。

［31］ 罗文东:《巩固国家治理现代化的思想道德基础》,《求是》2014 年第 16 期。

［32］ 罗祎楠:《中国国家治理"内生性演化"的学理探索——以宋元明历史为例》,《中国社会科学》2019 年第 1 期。

［33］ 莫纪宏:《国家治理体系和治理能力现代化与法治化》,《法学杂志》2014 年第 4 期。

［34］ 倪乐雄:《和平崛起与国际文化环境的思考》,《中国社会科学》2004 年第 5 期。

［35］ 欧阳康:《从真理标准探讨到构建人类命运共同体——改革开放 40 年来中国国家治理体系的演进逻辑、价值取向与比较优势》,《马克思主义理论学科研究》2018 年第 4 期。

［36］ 欧阳康:《制度优势转化为治理效能的内在机理》,《河南社会科学》2021 年第 7 期。

［37］ 欧阳康:《中国式现代化视域中的国家制度和国家治理现代化》,《中国社会科学》2023 年第 4 期。

［38］ 齐卫平:《中国共产党领导国家治理的优势论析》,《治理研究》2023 年第 1 期。

［39］ 乔兆红:《"国之大者"：理解当代中国国家治理体系的一个基点》,《人民论坛》

2022 年第 6 期。

[40] 渠敬东、周飞舟等:《从总体支配到技术治理——基于中国 30 年改革经验的社会学分析》,《中国社会科学》2009 年第 6 期。

[41] 桑玉成:《论现代国家治理体系的建构》,《思想理论教育》2014 年第 1 期。

[42] 宋雄伟、张婧婧等:《中国国家治理话语体系的构成与演化:基于语词、概念与主题的分析》,《政治学研究》2020 年第 6 期。

[43] 孙熙国、陈绍辉:《以人民为中心:中国国家制度和国家治理体系显著优势的内在逻辑》,《理论探讨》2021 年第 3 期。

[44] 孙秀民:《中国古代治国理政经验论要》,《政治学研究》2007 年第 1 期。

[45] 覃正爱:《社会主义核心价值观的本质、灵魂及与"以德治国"的关系》,《理论视野》2015 年第 9 期。

[46] 唐皇凤:《大国治理与政治建设——当代中国国家治理的战略选择》,《天津社会科学》2005 年第 3 期。

[47] 唐皇凤:《新中国 60 年国家治理体系的变迁及理性审视》,《经济社会体制比较》2009 年第 5 期。

[48] 唐亚林:《以人民为中心的治理观:中国共产党领导国家治理的基本经验》,《中国行政管理》2021 年第 7 期。

[49] 陶文昭:《国家治理怎样适应时代变化趋势》,《国家治理》2014 年第 15 期。

[50] 陶文昭:《习近平治国理政的科学思维》,《理论探索》2015 年第 4 期。

[51] 佟德志:《中国国家治理的复合体系与合力效应》,《政治学研究》2016 年第 5 期。

[52] 汪仕凯:《政治体制的能力、民主集中制与中国国家治理》,《探索》2018 年第 4 期。

[53] 王传利、赵丁琪:《国家治理体系和治理能力现代化视野中的中国反腐败优势》,《党的文献》2020 年第 5 期。

[54] 王沪宁:《社会资源总量与社会调控:中国意义》,《复旦学报(社会科学版)》1990 年第 4 期。

[55] 王钧林、武卫华:《中华民族治国理政的历史经验与传统智慧——王钧林先生访谈录》,《孔子研究》2015 年第 3 期。

[56] 王伟光:《努力推进国家治理体系和治理能力现代化》,《求是》2014 年第 12 期。

[57] 文丰安:《中国式现代化进程中推进国家治理体系和治理能力现代化的特色、困境与破解路径》,《中国行政管理》2023 年第 10 期。

[58] 吴瑞财:《治理体制、治理机制与国家治理的逻辑转换——中国国家治理变迁的一个观察视角》,《吉首大学学报（社会科学版）》2016 年第 2 期。

[59] 吴志成、李金潼:《国际公共产品供给的中国视角与实践》,《政治学研究》2014 年第 5 期。

[60] 项敬尧:《中国共产党政党能力与国家治理现代化》,《教学与研究》2023 年第 1 期。

[61] 肖滨:《中国国家治理现代化战略定位的四个维度》,《中国人民大学学报》2015 年第 2 期。

[62] 辛向阳:《当代中国国家治理体系的独特优势》,《中国特色社会主义研究》2014 年第 3 期。

[63] 辛向阳:《习近平国家治理思想的理论渊源》,《当代世界与社会主义》2014 年第 6 期。

[64] 熊光清、蔡正道:《中国国家治理体系和治理能力现代化的内涵及目的——从现代化进程角度的考察》,《学习与探索》2022 年第 8 期。

[65] 徐邦友:《推进国家治理体系和治理能力现代化的中国方案——基于制度理性的视角》,《治理研究》2020 年第 5 期。

[66] 徐海荣:《积极培育和践行社会主义核心价值观的路径》,《红旗文稿》2013 年第 7 期。

[67] 徐明江:《"网络民主"与我国民主政治建设》,《当代世界与社会主义》2012 年第 4 期。

[68] 徐湘林:《转型危机与国家治理：中国的经验》,《经济社会体制比较》2010 年第 5 期。

[69] 徐勇、吕楠:《热话题与冷思考——关于国家治理体系和治理能力现代化的对话》,《当代世界与社会主义》2014 年第 1 期。

[70] 徐勇:《GOVERNANCE：治理的阐释》,《政治学研究》1997 年第 1 期。

[71] 许耀桐、刘祺:《当代中国国家治理体系分析》,《理论探索》2014 年第 1 期。

[72] 许耀桐:《当代中国国家治理问题论析》,《理论探讨》2018 年第 2 期。

[73] 许耀桐:《习近平的国家治理现代化思想论析》,《上海行政学院学报》2014 年第 4 期。

[74] 许耀桐:《中国式现代化的内涵拓新和国家治理现代化的赋能加力》,《科学社会主义》2023 年第 1 期。

[75] 薛澜、李宇环:《走向国家治理现代化的政府职能转变：系统思维与改革取向》,《政治学研究》2014 年第 5 期。

［ 76 ］ 阎学通：《权力中心转移与国际体系转变》，《当代亚太》2012 年第 6 期。

［ 77 ］ 燕继荣：《体系与能力再造：新时代十年国家治理改革》，《中国行政管理》2023 年第 10 期。

［ 78 ］ 燕继荣：《现代国家治理与制度建设》，《中国行政管理》2014 年第 5 期。

［ 79 ］ 燕连福：《改革开放 40 年中国国家治理的实践经验、面临问题与改革着力点》，《西安交通大学学报（社会科学版）》2018 年第 6 期。

［ 80 ］ 杨光斌、郑伟铭：《国家形态与国家治理——苏联—俄罗斯转型经验研究》，《中国社会科学》2007 年第 4 期。

［ 81 ］ 杨光斌：《"国家治理体系和治理能力现代化"的世界政治意义》，《政治学研究》2014 年第 2 期。

［ 82 ］ 杨立华：《文明治理和治理文明：中国国家治理现代化的新方向》，《教学与研究》2020 年第 1 期。

［ 83 ］ 杨雪冬：《全球化进程与中国的国家治理现代化》，《当代世界与社会主义》2014 年第 1 期。

［ 84 ］ 杨志军、高小平：《解码中国国家治理奇迹——基于"中央总体—民众个体—地方单体"新机制考察》，《学术界》2022 年第 4 期。

［ 85 ］ 叶险明：《关于"中国国家治理"研究的方法论》，《理论与改革》2020 年第 3 期。

［ 86 ］ 叶小文、袁廷华：《从国家治理与政协功能看协商民主》，《中国政协理论研究》2014 年第 Z1 期。

［ 87 ］ 叶自成：《"原点"之思：历史、典籍中的执政思想源泉——传统文化精华与习近平治国理念》，《人民论坛·学术前沿》2014 年第 1 期。

［ 88 ］ 俞可平：《关于国家治理评估的若干思考》，《华中科技大学学报（社会科学版）》2014 年第 3 期。

［ 89 ］ 俞可平：《全球治理引论》，《马克思主义与现实》2002 年第 1 期。

［ 90 ］ 俞可平：《推进国家治理体系和治理能力现代化》，《前线》2014 年第 1 期。

［ 91 ］ 俞可平：《治理和善治引论》，《马克思主义与现实》1999 年第 5 期。

［ 92 ］ 俞可平：《中国治理变迁 30 年（1978—2008）》，《吉林大学社会科学学报》2008 年第 3 期。

［ 93 ］ 虞崇胜：《中国国家治理现代化中的"制""治"关系逻辑》，《东南学术》2020 年第 2 期。

［ 94 ］ 袁红、孙秀民：《中国共产党治国理政中的"治理"理念辨析》，《探索》2015 年第 3 期。

［95］张光平、张思萌:《国家治理现代化:国际经验与教训》,《当代世界与社会主义》2015年第2期。

［96］张来明:《以国家治理体系和治理能力现代化保证和推进中国社会主义现代化》,《管理世界》2022年第5期。

［97］张胜军:《为一个更加公正的世界而努力——全球深度治理的目标与前景》,《中国治理评论》2013年第1期。

［98］张文显:《中国式国家治理新形态》,《治理研究》2023年第1期。

［99］张献生:《多党合作制度在中国国家治理中的基本作用》,《政治学研究》2017第4期。

［100］张晓明:《美国国家治理体系和治理能力现代化的过程、做法及启示》,《当代世界与社会主义》2015年第2期。

［101］张妍:《传统文化与中国外交》,《国际关系学院学报》1998年第3期。

［102］张振:《中国传统文化中的"治国安邦"行政伦理思想》,《伦理学研究》2012年第5期。

［103］郑言、李猛:《推进国家治理体系与国家治理能力现代化》,《吉林大学社会科学学报》2014年第2期。

［104］郑智航:《当代中国国家治理能力现代化的提升路径》,《甘肃社会科学》2019年第3期。

［105］周可真:《中国传统国家治理思想的三种基本类型》,《哲学动态》2015年第1期。

［106］周雪光:《权威体制与有效治理:当代中国国家治理的制度逻辑》,《开放时代》2011年第10期。

［107］周雪光:《寻找中国国家治理的历史线索》,《中国社会科学》2019年第1期。

［108］周雪光:《运动型治理机制:中国国家治理的制度逻辑再思考》,《开放时代》2012年第9期。

［109］Bruce M. Russett and John D. Sullivan. Collective Goods and International Organization, *International Organization*, 1971(4).

［110］David Held. Regulating Globalization? The Reinvention of Politics, *International Sociology*, 2000(2).

［111］Dingping Guo. Xi's Leadership and Party-Centred Governance in China. *Chinese Political Science Review*, 2020(5).

［112］Gerry Stoker. Governance as Theory: Five Propositions, *International Social Science Journal*, 1998(155).

[113] Mancur Olson, Richard Zeckhauser. An Economic Theory of Alliances, *The Review of Economics and Statistics*, 1966(48).

[114] Robert Kelley. Ideology and Political Culture from Jefferson to Nixon, *The American Historical Review*, 1977(3).

[115] James N. Rosenau. Governance in the Twenty-First Century, *Global Governance*, 1995(1).

[116] Tony C. Lee. Can Xi Jinping Be the Next Mao Zedong? Using the Big Five Model to Study Political Leadership. *Journal of Chinese Political Science*, 2018(23).

四、报纸文章

[1]《2018—2022 年全国干部教育培训规划》,《人民日报》2018 年 11 月 2 日。

[2]《干部教育培训工作条例》,《光明日报》2015 年 10 月 19 日。

[3]《关于改革社会组织管理制度促进社会组织健康有序发展的意见》,《人民日报》2016 年 8 月 21 日。

[4]《关于加强基层服务型党组织建设的意见》,《人民日报》2014 年 5 月 29 日。

[5]《关于加强社会主义协商民主建设的意见》,《人民日报》2015 年 2 月 10 日。

[6]《联合国秘书长古特雷斯接受人民日报全媒体独家采访：中国是多边主义的最重要支柱》,《人民日报》2018 年 4 月 10 日。

[7]《全国社区社会组织超过 175 万家》,《人民日报》2023 年 7 月 17 日。

[8]《十八大以来已有 90 多万名党员出党》,《中国青年报》2021 年 8 月 27 日。

[9]《习近平会见基辛格等中美"二轨"高层对话美方代表》,《人民日报》2015 年 11 月 3 日。

[10]《习近平看 NBA　美国球迷直呼"太酷了"》,《成都晚报》2012 年 2 月 20 日。

[11]《习近平谈扶贫》,《人民日报（海外版）》2016 年 9 月 1 日。

[12]《习近平在学习贯彻党的二十大精神研讨班开班式上发表重要讲话强调　正确理解和大力推进中国式现代化》,《人民日报》2023 年 2 月 8 日。

[13]《习近平在中共中央政治局第二十七次集体学习时强调　推动全球治理体制更加公正更加合理　为我国发展和世界和平创造有利条件》,《光明日报》2015 年 10 月 14 日。

[14]《习近平在中国人民大学考察时强调　坚持党的领导传承红色基因扎根中国大地　走出一条建设中国特色世界一流大学新路》,《人民日报》2022 年 4 月 26 日。

[15]《习近平主席接受印度尼西亚和马来西亚媒体联合采访》,《人民日报》2013

年 10 月 3 日。

［ 16 ］《行业协会商会与行政机关脱钩总体方案》,《人民日报》2015 年 7 月 8 日。

［ 17 ］《中共中央印发〈干部教育培训工作条例〉》,《人民日报》2023 年 10 月 16 日。

［ 18 ］《中央党内法规制定工作五年规划纲要（2013—2017 年）》,《人民日报》2013 年 11 月 28 日。

［ 19 ］陈先达:《马克思主义和中国传统文化》,《光明日报》2015 年 7 月 3 日。

［ 20 ］邓联繁:《制度建设的新路向》,《学习时报》2014 年 4 月 28 日。

［ 21 ］房宁:《如何推进国家治理体系和治理能力现代化》,《人民日报》2014 年 1 月 28 日。

［ 22 ］房宁:《政治体制改革必须"摸着石头过河"》,《环球时报》2012 年 10 月 31 日。

［ 23 ］高奇琦:《突破西方评价标准垄断构建国家治理指数》,《人民日报》2015 年 8 月 30 日。

［ 24 ］郭亚丁:《习近平党建思想的鲜明特点》,《浙江日报》2016 年 1 月 13 日。

［ 25 ］国家发展改革委、外交部、商务部:《推动共建丝绸之路经济带和 21 世纪海上丝绸之路的愿景与行动》,《人民日报》2015 年 3 月 29 日。

［ 26 ］胡伟:《国家治理体系现代化与政治发展》,《解放日报》2014 年 6 月 14 日。

［ 27 ］黄树贤:《大力加强党内法规制度建设》,《人民日报》2014 年 12 月 16 日。

［ 28 ］靳昊、董振华等:《如何让治理更有水平》,《光明日报》2016 年 8 月 22 日。

［ 29 ］李大光:《"圣智"和"仁义"的优势》,《北京日报》2014 年 10 月 27 日。

［ 30 ］李克强:《在十二届全国人大一次会议答记者问:用壮士断腕的决心转变政府职能》,《人民日报》2013 年 3 月 18 日。

［ 31 ］林学启:《人心是最大的政治》,《学习时报》2015 年 8 月 3 日。

［ 32 ］刘云山:《为完善全球经济治理贡献政党智慧和力量——在"2016 中国共产党与世界对话会"上的主旨讲话》,《人民日报》2016 年 10 月 15 日。

［ 33 ］雒树刚:《"十二五"以来特别是党的十八大以来我国文化改革发展的辉煌成就》,《光明日报》2015 年 10 月 10 日。

［ 34 ］齐卫平:《国家治理现代化与党的领导能力建设》,《光明日报》2014 年 7 月 23 日。

［ 35 ］沈壮海:《建设具有自己特色和优势的学术话语体系》,《学习时报》2016 年 5 月 24 日。

［ 36 ］盛若蔚:《中央党内法规制度完成全面"体检"》,《人民日报》2014 年 11 月 18 日。

［ 37 ］孙杰:《全党都要增强看齐意识》,《光明日报》2016 年 5 月 3 日。

[38]　王比学:《实现国家治理的现代化——专访〈加快建设法治中国研究〉课题组首席专家、最高人民法院副院长江必新》,《人民日报》2013 年 12 月 3 日。

[39]　王珏:《满足人民文化需求　增强人民精神力量（中国这十年·系列主题新闻发布）》,《人民日报》2022 年 8 月 25 日。

[40]　王乐:《行政伦理委员会：国家治理的重要力量》,《学习时报》2016 年 7 月 28 日。

[41]　王岐山:《坚持党的领导　依规管党治党　为全面推进依法治国提供根本保证》,《人民日报》2014 年 11 月 3 日。

[42]　文秀:《习近平讲话的语言风格及特点》,《学习时报》2013 年 12 月 9 日。

[43]　习近平:《打开窗新鲜空气才能进来》,《人民日报（海外版）》2013 年 9 月 7 日。

[44]　习近平:《巩固发展最广泛的爱国统一战线为实现中国梦提供广泛力量支持》,《人民日报》2015 年 5 月 21 日。

[45]　习近平:《坚持实事求是的思想路线》,《学习时报》2012 年 5 月 28 日。

[46]　习近平:《牢记历史经验历史教训历史警示　为国家治理能力现代化提供有益借鉴》,《人民日报》2014 年 10 月 14 日。

[47]　徐伟新:《中央党校：十八大后培训学员是前八年总和》,《北京青年报》2016 年 7 月 7 日。

[48]　严赋憬、陈炜伟:《我国已与 152 个国家、32 个国际组织签署共建"一带一路"合作文件》,《人民日报》2023 年 8 月 26 日。

[49]　杨光斌:《民主集中制是我国根本政治制度的优势所在》,《光明日报》2014 年 9 月 30 日。

[50]　杨光斌:《用"国家治理"引领时代的话语权》,《北京日报》2014 年 8 月 4 日。

[51]　杨雪冬:《人大制度在国家治理上的优势》,《北京日报》2014 年 9 月 22 日。

[52]　张晋藩:《中国古代"治理"的一项重要经验》,《北京日报》2017 年 9 月 25 日。

[53]　赵兵:《立根固本，依靠学习走向未来——党的十八大以来干部教育培训跃上新台阶》,《人民日报》2017 年 8 月 1 日。

[54]　赵成:《习近平会见 21 世纪理事会北京会议外方代表》,《人民日报》2013 年 11 月 3 日。

[55]　赵磊:《打造参与全球经济治理制度话语权》,《学习时报》2016 年 7 月 11 日。

[56]　郑永年:《开放、竞争和参与：实践逻辑中的中国政治模式》,《人民日报（海外版）》2014 年 6 月 12 日。

[57]　中共中央办公厅法规局:《中国共产党党内法规体系》,《人民日报》2021 年 8 月 4 日。

［58］中华人民共和国国务院新闻办公室:《中国的民主》,《人民日报》2021年12月5日。

［59］周福志:《每次协商都是一次大考——民主党派成员热议加强政党协商》,《团结报》2015年3月12日。

［60］《中共中央关于进一步全面深化改革　推进中国式现代化的决定》,《人民日报》2024年7月22日。

五、网络文章

［1］《2023年1季度民政统计数据》,https://www.mca.gov.cn/mzsj/tjsj/2023/202301 tjsj.html。

［2］《诺奖得主施蒂格利茨:美抗疫物资短缺暴露"市场"局限性》,https://www.sohu.com/a/384270130_114911。

［3］《习近平:希望并相信APEC蓝能够保持下去》,http://politics.people.com.cn/n/2014/1113/c1001-26016436.html。

［4］《习近平在德国妙用〈浮士德〉回应"中国威胁论"》,http://news.cntv.cn/2014/03/30/ARTI1396116613616508.shtml。

［5］《郑永年:没想到十八大后中国发生如此大转型》,http://www.china.com.cn/opinion/think/2015-02/04/content_34733176.htm。

［6］《中共中央对党内法规制度进行集中清理　决定废止和宣布失效一批党内法规和规范性文件》,http://cpc.people.com.cn/n/2013/0830/c164113-22751167.html。

［7］《中共中央印发〈中央党内法规制定工作第二个五年规划(2018—2022年)〉》,http://www.gov.cn/zhengce/2018-02/23/content_5268274.htm。

［8］《中国关闭数千家违法网站》,http://www.chinanews.com/it/itxw/news/2009/03-11/1598209.shtml。

［9］《中华人民共和国全国人民代表大会和地方各级人民代表大会代表法》,https://www.gov.cn/xinwen/2015-08/30/content_2922101.htm。

［10］韩鹏:《美国打阿富汗20年,最大输家是公知》,https://news.ifeng.com/c/88py PGTJx0R。

［11］华国锋:《十一大上的政治报告》,https://www.cntheory.com/tbzt/sjjlzqh/ljddhgb/202110/t20211029_37379.html。

［12］金庸:《为什么中华民族总是能赢?》,http://www.whjlw.com/2016/0803/38137.html。

［13］兰军、武彦:《[2015两会　我在现场]全国政协副主席罗富和:民主党派每年五次进中南海》,http://news.cntv.cn/2015/03/08/ARTI1425794611451560.

shtml。

[14] 雷春美:《以习总书记系列讲话为指导 推动多党合作事业不断发展》,http://dangjian.people.com.cn/n/2014/0926/c117092-25738627.html。

[15] 宋黎明:《浅议中国特色社会主义参政党在现代国家治理中的作用》,http://www.jsmj.org.cn/zsjs/llyj/201409/t1555948.shtml。

[16] 陶永谊:《代议制民主的设计缺陷》,http://blog.sina.com.cn/s/blog_4143acb40101fllx.html。

[17] 王卓怡、李一丹:《这三年,习近平对传统文化的"超越式传承"》,https://pinglun.youth.cn/ll/201601/t20160121_7552172.html。

[18] 吴展团:《制度建设要谨防"牛栏关猫"》,http://cpc.people.com.cn/pinglun/n/2014/1023/c373193-25894215.html。

[19] 俞可平:《政治学的公理》,http://www.aisixiang.com/data/94935.html。

[20] 周效政、陆佳飞、隋笑飞:《特写:美国书展内外热议〈习近平谈治国理政〉》,http://www.gov.cn/xinwen/2015-05/29/content_2870659.html。

索　引

后　记

　　2014 年 8 月，我在中共中央党校协助徐志宏老师具体筹备全国中国特色社会主义理论研究会成立大会暨首届论坛。23 日傍晚在陪徐老师散步时，徐老师说道，党的十八届三中全会就全面深化改革作出重大部署，首次把"国家治理"写入中央文件，意义重大。为深入学习贯彻全会精神，几位老师拟在原先的全国"三个代表"重要思想研究会基础上重新组建全国中国特色社会主义理论研究会，并将首届论坛的主题定为"全面深化改革开放与中国特色社会主义"。徐老师知道我为筹备论坛进行了大量的理论学习，且对国家治理理论有了一些心得，建议继续关注、深入研究。柔和的晚风，静谧的校园，师生边走边聊了许久，最终敲定以"习近平国家治理思想"为题撰写大论文。

　　同年 10 月，《习近平谈治国理政》的公开出版助推"国家治理"的相关研究迅速走热。之后党的十九大把"国家治理体系和治理能力现代化"纳入我国社会主义现代化建设的战略安排中。其中，2035 年基本实现社会主义现代化之时，包含"基本实现国家治理体系和治理能力现代化"；本世纪中叶建成社会主义现代化强国之时，包含"实现国家治理体系和治理能力现代化"。党的十九届六中全会通过的《中共中央关于党的百年奋斗重大成就和历史经验的决议》和党的二十大报告再次重申了这一战略安排。现在 10 年过去了，不禁感慨徐老师对中国社会重大理论和现实问题的敏锐把握和深刻认识，他当时点的题目至少可以研究到本世纪中叶。这犹如找到了一座富矿让我受益无穷。借此良机，我不仅在当时就发表了一组反响较好的文章，而且此后又接连有一组代表性的成果问世，更在系统整理前期成果的基础上形成了今天呈现在大家面前的这本专著。因此，这本拙作首先献给我的恩师徐志宏教授。

　　2015 年，我有幸获得国家留学基金管理委员会资助到澳大利亚昆士兰大学（The University of Queensland）交流访学，在学识渊博、和蔼可亲的合作导师戴维（David Martin Jones）教授指导下进一步开展学术训练。戴维教授给我最大的启迪就是——好奇心，他鼓励我去接触新事物、尝试新方法，保持渴求欲、永远年轻态。在每周三例行的读书报告会，以及无数个专题研讨会上，戴维教授悉心指导我开展海外中国研究，极大地开拓了我的学术研究视野，对中西方关于国家、政党、民主等一系列重大理论和现实问题的认识更加深刻，也让本书具有一些国际比较视野。因此，这本拙作也献给我的外导戴维教授。

2019年，我有幸获得国家社会科学基金后期资助项目的支持，能够继续深入开展习近平总书记关于国家治理重要论述的研究。这里需要指出的是，"习近平新时代中国特色社会主义思想"提出并作为党的指导思想写入党章以后，"国家队"全方位开展了相关问题的研究，出版了诸如《习近平新时代中国特色社会主义思想三十讲》《习近平新时代中国特色社会主义思想基本问题》等有分量的理论读本，其中就涉及不少国家治理的内容。

鉴于此，本书坚持制度的分析思路，贯穿"制度与人"的分析主线。在基本观点上，坚持把制度理解为由人执行的制度，把人理解为执行制度的人。国家治理现代化就是要实现制度与人的良性互动，以制度的完善来提升人的能力，以能力的提升来完善制度。体现在内容设计上，不仅在微观上把论述制度与人结合起来，有专门的章节集中论述国家治理体系与国家治理能力问题；而且在宏观上也把论述制度与论述人的能力结合起来，即论述完制度（作为"硬制度"的法治和作为"软制度"的德治）建设后，紧接着论述"人"的能力的提升（重点论述领导国家治理的中国共产党如何加强和改进自身建设）。这样的安排，一方面体现了习近平总书记"把国家治理体系和治理能力现代化结合在一起"的思想，另一方面也希望达到古人所谓的"人法兼资，而天下之治成"的效果。

最后，有两件事情需要特别交代：一是本书还存在不少需要继续完善的地方，新时代中国国家治理是个处于发展状态的重大命题，跟得太紧容易失去"视野"，离得太远则可能不够"精确"，因此，目前本书对一些问题的研究仍然仅限于"点到为止"，需要进一步深入研究；二是我已立志从教，继续深入研究这些问题，希望做一个理论上的"明白人"。我们生逢一个需要理论而且一定能够产生理论的伟大时代。愿我们一起努力，为全面建设社会主义现代化国家、全面推进中华民族伟大复兴作出我们理论工作者应有的贡献。因此，本书也献给每一位同人。

初稿

2016 年 3 月 19 日夜

于昆士兰大学中心图书馆

修改

2022 年 10 月 26 日夜

于南方科技大学琳恩图书馆

再修改

2024 年 8 月 28 日夜

于南方科技大学一丹图书馆